Baukunst

im deutschen Südwesten

Karlheinz Fuchs

Baukunst
im deutschen Südwesten

Architekten und Baumeister
aus acht Jahrhunderten

DRW-Verlag

ISBN 3-87181-491-1

© 2004 by DRW-Verlag Weinbrenner GmbH & Co, Leinfelden-Echterdingen und
       Verlagsbüro Wais & Partner, Stuttgart

Konzeption, Redaktion und Produktion:
Verlagsbüro Wais & Partner, Stuttgart
Redaktion: Sibylle Maus, André Wais, Nicole Janke, Margit Riedmeier-Schadel
Gestaltung: Isabelle D. Oster und Rainer Maucher
Reproduktion: Digital Data Service Lenhard, Stuttgart
Gesamtherstellung: Karl Weinbrenner & Söhne GmbH & Co, Leinfelden-Echterdingen

Bestellnummer: 491

Vorspruch des Autors

Der Südwesten ist seit alters her bevorzugtes Bauland. Aber was weiß man über seine Baumeister, auch wenn sie bis heute ganz wesentlich unseren optischen Alltag regieren? Wer waren ihre Auftraggeber und inwieweit waren sie in der Lage, sich gegen sie durchzusetzen? Ein spannendes bau- wie landesgeschichtliches Thema. Deshalb sind diese Porträts weniger architekturtheoretischer Art als landes(kultur)kundlicher, gab es doch in jeder Epoche auch ein spezifisches Dienstleistungsverhältnis der Baumeister zur auftraggebenden Macht: Von den Parlern mit ihren himmelstürmerischen Reichsstädtern bis hin zu den „Wiederaufbauarchitekten" mit den gemeinderätlich verordneten Fiktionen einer autogerechten Stadt. Insofern lässt sich Landesgeschichte auch an den Werken unserer Architekten ablesen. Freilich hatten nur wenige das Glück, die Auftraggeber von ihrem Ingenium überzeugen zu können: darunter gewiss der Herrenberger Heinrich Schickhardt, Baumeister des weit denkenden Herzogs Friedrich I. von Württemberg. Oder Friedrich Weinbrenner, dem Karlsruhe bis heute seine architektonische Außergewöhnlichkeit verdankt. Auch der „kleine lustige Mann" Christian Friedrich Leins in Stuttgart dürfte zu ihnen gehören und natürlich Theodor Fischer, sei's in Stuttgart, Reutlingen, Pfullingen oder Ulm.

Mäzene indes vom Range der Schönborns, jenem hochbarocken, vom „bauwurmb" befallenen Adelsgeschlecht, von der Architekturbesessenheit also, gab es im Südwesten nur peripher. Einer wie Balthasar Neumann, *ihr* Baumeister, durfte hierzulande in Bruchsal und Neresheim bauen, in Stuttgart und Karlsruhe aber lediglich Vorschläge unterbreiten. Als die Stuttgarter Bauverantwortlichen um die Mitte des 18. Jahrhunderts seine Pläne für das Neue Schloss erblickten, mit denen man die Würzburger Residenz womöglich noch übertroffen hätte, begannen sie sich eben doch einer weitaus reduzierteren Lösung zuzuneigen. Seitdem ein Charakteristikum speziell Stuttgarter Stadtarchitektur – es bleibt halt bei der Paradoxie, dass sich diese Metropole, gern „Stadt der Architekten" genannt, Architektur nie so richtig zugetraut hat. Zum Beispiel: Als unter Wilhelm I. Mitte des 19. Jahrhunderts mit der Cannstatter Wilhelma ein mächtiges architektonisches und gartenbautechnisches Vorkommnis herangewachsen war, wusste es zumindest dieser König bei Lebzeiten vor seinen Untertanen zu verbergen. Im Gegensatz zu Karlsruhe, das sich unter Weinbrenner und seinen Schülern mehr und mehr zu einer geschlossenen Stadtanlage entwickelte und damit sozusagen den barocken Vorsatz weiter und weiter verwirklichte, hat man in Stuttgart (immer) eher an den

Solitär als an das Stadtbild gedacht. Aber die architektonische Konkurrenz dieser beiden ehemaligen Residenzstädte ist natürlich nur einer der vielen Aspekte, die sich aus den Baumeister-Lebensläufen hier ergeben.

Allerdings steht die verschwindend geringe Repräsentanz der Architekten in den einschlägigen Landesbiografien in keinem Verhältnis zu ihrer tatsächlichen öffentlichen Wirksamkeit. Es war also hohe Zeit, sich auf die Spuren unserer vielfach ja auch außerhalb berühmten Architekten zu setzen. Aus der Spurensuche ist schließlich die hier vorliegende Sammlung eines, nennen wir ihn „Architekturflaneur(s)" geworden, dessen schreiberische und fotografische Auseinandersetzungen mit der gebauten Umwelt zu Zeiten des Brutalismus begannen und dem die Fotografie für die große Theodor-Fischer-Ausstellung im Württembergischen Kunstverein Stuttgart (1989) wesentliche Aufschlüsse gab. Theodor Fischer, den der an historischer Architektur orientierte Rob Krier in den Achtzigerjahren für sich mit dem Bemerken wiederentdeckte, er sei überzeugt, dass eine Baumeister- und Architektenbegabung dieser Potenz in Deutschland derzeit keinerlei Chancen hätte: „Wenn ich sein Lebenswerk mit dem vergleiche, was wir in unserer Zeit ausführen können, muss man in Tränen ausbrechen über den Qualitätsverlust der deutschen Baukunst."

Fischer ist denn auch der Impulsgeber für die Bestandsaufnahmen hier. Gäbe es einen besseren Vermittler zwischen Historie und Gegenwart, zwischen dem lange so verpönten 19. Jahrhundert und dem „neuen bauen" des frühen deutschen Funktionalismus, mithin zwischen den Stilen? Keinesfalls ein Ideologe wie etwa die Vertreter der Stuttgarter oder Karlsruher „Wiederaufbauschule", die dem historischen Bauerbe, das es trotz aller Zerstörungen auch nach 1945 noch gegeben hat, oft nur mit hohnvoller Überheblichkeit begegneten. Vollends deshalb (man merkt es leicht an den Umfängen) galt das Interesse gerade den Zeugnissen von Architekturen des 19. und frühen 20. Jahrhunderts – Bauten, die das Glück hatten, den Pranken all jener Betonlöwen entkommen zu sein, die nach 1945, auch an den Architekturabteilungen der Stuttgarter und Karlsruher Technischen Hochschule, herangebildet wurden.

Unsere Spurensuche folgt weder akademischem Ehrgeiz noch Ansprüchen auf Vollständigkeit. Hierfür müsste man bauhistorische Oberseminare beschäftigen, denen für eine Art „Lexikon baden-württembergischer Architekten" viele Semester einzuräumen wären. Der Kundige mag insofern manchen Architekten vermissen und manch ein Architekt sich selber.

Insofern ist diese Arbeit am besten als eine Art subjektive Enzyklopädie zu verstehen, auch wegen der Fotografien, die zum größten Teil, vor allem beginnend mit dem Klassizismus, vom Autor selber stammen (der sich als Fotograf Karl G. Geiger nennt).

Hier allerdings, bei den Bildern, sind der Subjektivität dann doch wieder deutliche Grenzen gesetzt. Da geht es oft nur noch um ein mühsames Arrangement mit der Realität. Fast gar nichts lässt sich so fotografieren, wie man's gerne hätte oder auch gelernt hat, zumal nicht draußen. Dort, wo die interessantesten Architekturen zumindest des 19. und 20. Jahrhunderts stehen, gibt es kaum mehr die Möglichkeit einer frontalen Begegnung. Wenn unsere Städte insgesamt schon zugeparkt, zugewachsen, zugedrahtet und zumöbliert sind, so sind es die bedeutsamen Gebäude vollends. Allenthalben verdeckt gut gemeinte grüne Unerheblichkeit architektonische Einmaligkeit, konkurriert Astwerk mit Maßwerk. Die Ampelanlage vor dem Barockpalais oder der Jugendstilvilla ist eher die Regel. Und den Blick nach oben zum barocken Kirchengiebel verstellen oft genug Peitschenlampen und Kabelgeflechte jederlei Art. Es gibt keine Schneisen für Architekturbetrachtung mehr wie in Zeiten des Barock, wo man optische Kanäle inszeniert hat, in Ludwigsburg etwa von der Gartenterrasse des Alten Corps de Logis zum Favorite-Schlösschen. Und so gelingt

auch immer weniger die fotografische „Ganzkörperdarstellung" der reinen Baufigur, vor der sich die restliche Umgebung gleichsam nachgeordnet zurückzieht. Man beneidet die Altvorderen, wie sie sich mit ihren Plattenkameras an einem bevorzugten Point de vue aufbauen konnten.

Das von den Architekturfotografen bis hin zu Hugo Schmölz in den Fünfzigerjahren präsentierte pure, das auch menschenleere Architekturbild, dieser lediglich dem Objekt gehörende Blick – all das ist uns längst versagt. Der notgedrungen schräge Weitwinkelanschnitt, eine unvollkommene Perspektive gewiss, muss deshalb oft genügen, um Verdrahtungen, Möblierungen und Vergrünungen ausblendend zu verdrängen.

Gleichwohl hat sich beim Fotografieren, wo man weit näher an der Architekturfront ist als am Schreibtisch, immer wieder großes Interesse für das entstehende Werk gezeigt. Möge es anhalten, auch wenn, wie gesagt, mancher manchen vermissen mag. Es ist eben doch eine subjektive Enzyklopädie, die bei ihrer Spurensuche immer eher den für die Landes-Kulturgeschichte erheblichen Baumeister als den vorzugsweise an seinem Ort gerühmten Matador aufgesucht hat.

Aber damit der Leser nicht lediglich dem Spurensucher ausgeliefert bleibt, setzt ihn das Vorauskapitel von den Pfahlbauten bis zur Romanik erst einmal ein solides

Plateau, von dem aus er das kommende Architekturgeschehen wie von einem erhöhten Aussichtspunkt her betrachten kann, um dabei zu bemerken, wie sich Architektur mehr und mehr zu personifizieren beginnt, als eröffne sich mit einem Mal ein großer Marktplatz, auf dem sich alle tummeln – von den Parlern bis hin zu Behnisch, Schlaich und Stirling.

Dank nun an alle, die an dieser Reise teilgenommen haben. Zuerst natürlich André Wais, von dem Produktidee und Konzeption stammen und der stets dafür gesorgt hat, dass sich der Architekturflaneur bei seinen Gängen nicht verliert. Er hat dazuhin den archäologischen Part des Vorauskapitels geleistet und mit nachhaltiger Konsequenz die Bildredaktion besorgt. Ohne seinen Einsatz wäre dies Werk nie entstanden. Dank auch den Gestaltern, Rainer Maucher hat ein schlüssiges, die Betrachtung des Bandes animierendes Layout entwickelt, Isabelle Oster in kürzester Zeit die Materialmengen in die nun vorliegende Form gebracht. Dank den Reprographen und Dank auch dem Verlag, der trotz aller Schwierigkeiten, in denen sich das Verlagswesen derzeit befindet, nie die Hand von diesem Projekt zurückgezogen hat. Dank geht an den Heilbronner Bauhistoriker Dr. Hennze, der den komplizierten Teil vom Barock bis zum Historismus begleitet und auch an Dr. Kabierske vom Südwestdeutschen Archiv für Architektur und Ingenieurbau (saai), der uns von J. M. L. Rohrer bis Egon Eiermann viel Material aufbereitet hat. Erfreulich waren die vielen Pfarrer, die einen in ihren Kirchen unbehelligt arbeiten ließen und die Museen, die dem Fotografen die notwendigen Freiräume gewährten. Nicht unerwähnt in diesem Dankeskanon darf das Staatliche Vermögens- und Hochbauamt Stuttgart für seine freundlichen Ablichtungsgenehmigungen bleiben. Zu danken ist auch für die so einfühlsame wie nützliche Lektoratsarbeit durch Nicole Janke und Margit Riedmeier-Schadel. Und schließlich Sibylle Maus! Sie hat mit ihrem unerschütterlichen Sprachsinn dafür gesorgt, dass der Text nicht in akademistischen Untiefen verloren ging und stattdessen der dem Flaneur entsprechende feuilletonistische Duktus beibehalten blieb.

Wenn nun trotz aller erdenklichen Sorgfalt und Mühewaltung bei Materialsammlung und Durchsicht Irrtümer erhalten geblieben sein sollten, bitte ich dies zum Anlass für Berichtigungen und Ergänzungsvorschläge zu nehmen.

August 2004   *Karlheinz Fuchs*

Inhalt

Vom Pfahlbau

Zwischen Vorzeit und Mittelalter

zur Romanik

Bauland seit Menschengedenken

Kult-, Militär- und Wohnbauten aus fünf Jahrtausenden

Der Südwesten ist uraltes Bauland, besonders sein tiefer Süden, die Gegend um den Bodensee. Dort entstehen schon in der Jungsteinzeit vor etwa 5000 Jahren Häuser im Moor, die unter dem Begriff Pfahlbauten so populär wurden, dass ihre Rekonstruktionen in Unteruhldingen und am Federsee in Bad Buchau Jahr für Jahr Hunderttausende von Besuchern anlocken. Noch immer ist es faszinierend, wie unsere Urahnen lebten und ihre Wohnwelt gestalteten. Bauen jedenfalls konnten sie schon ganz respektabel. In perfekter Zimmermannskunst wurden unter Einsatz des Steinbeils Gebäude mit Satteldach und

Feuerstelle im Inneren errichtet. Wände bestanden aus runden oder behauenen senkrechten Balken mit eingeflochtenen Ästen, Flechtwerk und Spaltbohlen. Mit Lehm, Torf und Moos wurde abgedichtet und isoliert. Eine Konstruktion, die bis weit ins Mittelalter hinein vor allem bei Fachwerkbauten zum Ausfüllen der Gefache Anwendung fand.

Manchmal waren diese steinzeitlichen Wände kunstvoll verputzt, wie die Anfang der Neunzigerjahre gefundenen Reste in einer Pfahlbausiedlung bei Ludwigshafen am Überlinger See zeigen. Unter den bemalten Putzstücken sind sogar kleine weibliche Brüste, die wohl einst die Hauswände schmückten. Die Archäologen vermuten, dass es sich bei besagtem Gebäude nicht um ein schlichtes „Eigenheim", sondern eher um einen Kultbau gehandelt hat.

Dass man sich heute überhaupt ein so gutes Bild dieser frühen Hausbauten

Modell eines Pfahlhauses um 3900 v. Chr. nach den Ausgrabungsbefunden von Hornstaad. Tief greifende Pfählungen nahmen die Last der Fußböden und Wände auf. Die Dachkonstruktion ruhte auf in Pfahlschuhen eingezapften Ständern.

machen kann, haben die hervorragenden Erhaltungsbedingungen von Holz in den Feuchtböden an Seen und in Mooren bewirkt. Ganze Bauteile wie First- oder Ständerbalken nebst kompletten Hausböden konnten ausgegraben, fallweise konserviert oder unter Wasser von Tauchern dokumentiert werden. Durch diese Funde

Wie unsere Vorfahren von der Jungsteinzeit bis in die Bronzezeit gelebt haben, zeigen die gelungenen Rekonstruktionen im Pfahlbaumuseum Unteruhldingen. Hier ein spätbronzezeitliches Dorf.

Design oder Kult? In der Ufersiedlung Ludwigshafen-„Seehalde" wurden kunstvoll bemalte und mit weiblichen Brüsten verzierte Teile von Hauswänden entdeckt.

„Eigenheim-Interieur" der Jungsteinzeit: Inventar eines typischen Hauses der Siedlung Hornstaad am Bodensee (um 3900 v. Chr.), nachgezeichnet aufgrund dort gefundener Gegenstände.

lässt sich die Art des Bauens in Feuchtbodengebieten bis in die späte Bronzezeit kurz nach 1000 v. Chr. recht gut nachvollziehen. So war es möglich, nicht nur am Bodensee, sondern auch am Federsee bei Bad Buchau realitätsnahe und anschauliche Rekonstruktionen zu bauen. Die letzte große Siedlung, die „Wasserburg" Buchau am Federsee, bestand am Schluss aus neun großen dreiflügeligen Gehöften, die von einem mächtigen Ring dicht stehender Palisaden eingefriedet waren, daher der Name Burg. Wohl wegen des steigenden Wasserspiegels wurde sie im 9. Jahrhundert v. Chr. verlassen.

Zu den imposanteste, in keltischer Zeit errichteten Höhensiedlungen gehört der Ipf bei Bopfingen. Die verschiedenen Befestigungswälle, mit denen diese so genannten Fürstensitze oft gesichert waren, sind hier im Luftbild noch deutlich zu erkennen.

Höhensiedlungen, Viereckschanzen und ein Grenzwall

In der Zeit nach den „Moordörfern" wird es wieder schwieriger, sich ein Bild von den Baukünsten unserer Urahnen zu machen, denn aus der folgenden Eisenzeit (bis etwa 500 v. Chr. Hallstatt- und danach Latènezeit genannt) hat sich wenig erhalten. Man kann anhand von Bodenverfärbungen die Grundrisse von Vorrats-, Wirtschafts- und Wohnhausbauten beschreiben. Dagegen gibt es von aufgehenden Wänden oder Dachkonstruktionen nur wenig Kenntnisse. Bekannt aber ist, dass es vor allem um die so genannten Fürstensitze, die meist auf herausragenden Landmarken, wie dem Ipf, einem Zeugenberg der Ostalb, oder dem Asperg bei Ludwigsburg wie auch der Heuneburg an der Oberen Donau, errichtet wurden, eine rege Siedlungstätigkeit gegeben haben muss. Die Höhensitze selbst waren stark befestigt, was bis heute noch gut sichtbare Gräben, Wälle und so genannte Pfostenschlitzmauern, meterdicke Stein-Holz-Konstruktionen, bezeugen. Interessant, aber in ihrer Zweckhaftigkeit immer noch etwas mysteriös, sind die eisenzeitlichen Viereckschanzen. Durch Wall und Graben eingefriedete rechteckige Flächen meist zwischen einem halben und ganzen Hektar groß, wurden sie lange als keltische Kultstätten eingestuft, bis man bei Ehningen und auch in der Nähe des Ipfs deutliche Spuren landwirtschaftlicher

Nutzung und dazugehöriger Gebäude im Inneren der Schanzen entdeckte. Schon vorher hatte man in Schmiden bei Fellbach einen tiefen Schacht gefunden, der bis zum Grundwasser reichte, sorgfältig mit einer Bohlenverschalung ausgekleidet und durch Steigsprossen sogar begehbar war. Sicher ein Brunnen und kein reiner Kultschacht. Möglicherweise schützten diese Einfriedungen deshalb auch größere landwirtschaftliche Anwesen von „Herrschaftsfamilien".

Aus der Spätlatènezeit kennt man zahlreiche Viereckschanzen, rechteckige, bis zu einem Hektar große Wallanlagen, deren Funktion bis heute nicht sicher geklärt ist. Unser am Befund von Bopfingen orientiertes Bild zeigt Wohnbauten und Speicher. Innerhalb der Einfriedung könnten aber auch Kultbauten gestanden haben.

Um Christi Geburt kamen die Römer ins Land der Eisenzeitler oder Kelten im südwestdeutschen Raum, brachten eigene architektonische Vorstellungen mit und lösten hier sozusagen einen Quantensprung der Bau- und Ingenieurskunst aus. Militärisches Bauen war natürlich bei der Landnahme zuerst gefragt. An Gigantismus ließ man es dabei nicht mangeln: In der Endphase erreichte die Grenzbefestigung zum „freien Germanien", der Limes, eine Länge von 550 Kilometern, meist schnurgerade durch die Landschaft gezogen. Die Eroberung des deutschen Südens dauerte über 160 Jahre und war bis in die Mitte des 2. Jahrhunderts eine Phase reger Bautätigkeit, denn die Grenzbefestigungen mussten immer weiter nach Norden und Osten vorgeschoben werden. Zuletzt bestand der Limes aus Wall und Graben sowie dichten Palisaden. Von Lorch bis zur Donau bei Einig, dem 110 km langen Rätischen Limes, wurde eine kompakte, 1,5 Meter dicke und etwa 3 Meter hohe Mauer gezogen. In Abständen zwischen 400 und 800 Metern standen Wachtürme aus Holz-Stein-Konstruktionen, von denen noch heute zahlreiche Fundamente zu sehen sind. Ihre jetzigen Nachbauten gehören mit zum interessantesten historischen Gebäudeinventar im Südwesten.

Auch wenn sich die Limestürme als baulich recht ansehnlich zeigen, wurde bei dieser martialischen Grenzsicherung auf Ästhetik sicher weniger geachtet. Anders hingegen bei vielen der rund 120 Kastelle für die grenzverteidigenden Truppen: Eine bis zu sechs Meter hohe Zinnenmauer mit Wehrgang umfriedete hier ein meist rechteckiges Gelände, wobei an jeder Seite die Mauer durch eine doppelturmbewehrte Pforte unterbrochen war und die Ecken Wehrtürme hatten. In der Mitte des Innenraums stand die Principia, ein repräsentativer Bau meist mit Säulenportikus, in dem die Verwaltungsräume des Kommandeurs sowie Waffenkammern und das Heiligtum mit den Truppenstandarten untergebracht waren. Die einfachen Soldaten lebten zu je

Anders als bei der Limesbefestigung selbst, legten die römischen Baumeister bei den rund 120 Kastellen für die grenzverteidigenden Truppen durchaus Wert auf Ästhetik, so wie hier in Welzheim, wo das Westtor mit anschließender Wehrmauer nachgebaut wurde.

Aus Holz oder Steinen wurden im Abstand von 400 bis 800 Metern Wachtürme entlang der Limesbefestigung errichtet. Zahlreiche Nachbauten stehen heute an der Strecke, wie hier bei Grab (Schwäbischer Wald), wo ein steinerner Wachturm rekonstruiert und eine fast drei Meter hohe Palisade mit Wall wiederhergestellt wurde.

80 Mann in langen einstöckigen barackenartigen Häusern. Solch ein Lager stellte insgesamt ein Bauwerk dar, das nachhaltig auf die Urbevölkerung und den Feind jenseits der Grenze gewirkt haben musste. Ansehnliche Rekonstruktionen von Lagerteilen finden wir heute in Welzheim, wo auch ein Lagereingang mit Doppeltürmen rekonstruiert wurde; ähnliche Nachbauten sind bei den bayerischen Städten Pfünz und Weißenburg zu sehen.

Urbanes Bauen zwischen Alpen und Limes

Teilweise entwickelten sich vor den Kastelltoren zivile Ansiedlungen mit Handwerkern, Händlern und Dienstleistern, die ihr Geschäft mit den Kastellsoldaten machten. Hier wurden vor allem schmale, aber

Mit 3000 Quadratmetern Nutzfläche und einer atemberaubenden Innenausstattung ist die Villa urbana von Heitersheim einmalig im römischen Bauinventar Baden-Württembergs.

lange, Giebel an Giebel stehende Häuser gebaut, die zur Straße hin mit verschiedenartigen Portiken durchaus repräsentativ gestaltet waren. Im Vorderteil befanden sich Geschäfts- und Verkaufsräume, in der Mitte Wohnräume, danach dann die Lager und Werkstätten. Ein hausbreiter Streifen Freigelände hinter den Bauten diente hauptsächlich der Tierhaltung oder war sonst landwirtschaftlich genutzt. Unsere heutigen Straßendörfer erinnern noch stark an die Anordnung von Häusern und Grundstücken in diesen „Kastellvici" genannten Siedlungen.

Neben den Kastellsiedlungen entstanden schon im 1. Jahrhundert n. Chr. weitere zivil genutzte Gebäude. Zahlenmäßig am bedeutendsten sind dabei landwirtschaftliche Gutshöfe, die Villae rusticae, meist eingeschossige Porticusbauten, flankiert von höher gezogenen Risaliten mit Satteldach, nach hinten umschlossen Flügelbauten einen Innenhof. Oft war der rückseitige Bereich mit Mauern umfriedet, die zusätzliche Vorrats- oder auch Badegebäude einschlossen. Die Steinhäuser wurden teilweise recht aufwändig verputzt, rote Lehmziegel oder Schindeln deckten die flachen Satteldächer. Im Innern variierten die Ausstattungen je nach Geschmack und Wohlstand der Besitzer. Manche leisteten sich als besondere Annehmlichkeit im kühlen Norden Fußbodenheizungen (Hypokaustanlagen).

Von den Hunderten „Höfen" dieser Art sind meist nur noch die Grundmauern

erhalten. Eine Ausnahme kam zur Überraschung der Archäologen 1999 bei der Ausgrabung einer Villa rustica in Oberndorf-Bochingen zutage. Hier waren die Außenmauern eines Gebäudes wie ein Kartenhaus seitlich weggekippt und gaben nun in der Horizontalen Maße und Struktur preis, wodurch sich entscheidende Kenntnisse über römische Bauten hierzulande ergaben. Trotzdem bleiben Rekonstruktionen stets Interpretationen archäologischer Befunde. So etwa bei der imposanten Villa rustica von Hechingen-Stein, wo man Portikus-Teile und einen Seitenrisaliten nachgebaut hat.

Herausragend unter den Landvillen ist ein Gebäude bei Heitersheim (Südbaden), hier wurde von den Bauherren sozusagen repräsentativ geklotzt. Immer neue Anbauten ließen bis etwa zum Jahr 200 n. Chr. ein recht herrschaftliches Anwesen entstehen. Mit 3000 m² Nutzfläche und einer atemberaubenden Innenausstattung ist diese Villa urbane eine Besonderheit im römischen Bauinventar Baden-Württembergs. Ein Schutzpavillon bewahrt heute die Reste und etliche rekonstruierte Details vor weiterem Zerfall. Auch die nicht weit von Heitersheim gelegenen römischen Badeanlagen von Badenweiler werden auf diese Weise erhalten und zugänglich gemacht.

Der um 100 n. Chr. entstandene Kulturbau mit zwei äußerlich wie auch im Innern gespiegelten Flügeln, in denen die getrennten Badeeinrichtungen von Frauen

und Männern untergebracht waren, gehört zu den Höhepunkten römischer Baukunst nördlich der Alpen. Pendants dazu, allerdings weniger spektakulär erhalten, gibt es in Baden-Baden, Rottweil, Schwäbisch Gmünd, Buch und Walldürn. Weitere repräsentative Zivilbauten findet man in den größeren, meist an den Kreuzungen der gut ausgebauten römischen Straßen gelegenen Städten: etwa ein riesiges Handelshaus in Walheim, oder in Rottenburg unter anderem eine Straßenstation mit großem Pissoir, wobei das notwendige Reinigungswasser mittels einer sieben Kilometer langen gemauerten Leitung in die Stadt gelangte. In einigen Hauptzentren wie Heidenheim, Rottweil oder in Ladenburg gab es auch große dreischiffige Anlagen, die als Versammlungs- und Börsenhallen benutzt wurden. Eine Bauform, die uns bei Kirchen als Basilika in der Romanik wieder begegnen wird. Neben der Ver-

sammlungshalle gehörten in den größeren Städten meist auch Theater und Tempel zu den öffentlichen Gebäuden. Daneben ergänzten meist zahlreiche wohlausgestattete Privathäuser, wie man sie ähnlich etwa in Pompeji gefunden hat, den urbanen Charakter dieser römischen Zentralen.

All diese Bauherrlichkeit fand recht schlagartig mit dem Einfall germanischer Völkerschaften, die um 260 n. Chr. den Limes überrannten, ein Ende. Es sollte Jahrhunderte dauern, bis nördlich der Alpen eine auch nur annähernd gleichwertige Baukultur entstand.

Alamannen und Franken: zurück zum Holz

Die Architektur der nun beginnenden Völkerwanderungszeit, der folgenden Merowingerzeit und im Süden in den alamannischen Siedlungsräumen, erinnert, auch vom Erhaltungszustand her, an die der Eisenzeit. Gebaut wurde vor allem wieder mit Holz, von dem die Archäologen heute fast nur noch die Pfostensetzungen als Verfärbungen im Erdreich finden. Was aber geschah mit den prächtigen Römerbauten, haben es sich die neuen Herren darin bequem gemacht? Wohl eher nicht. Sie dienten als Steinbrüche, und in Wurmlingen (Kreis Tuttlingen) konnte man sogar innerhalb der Grundmauern eines römischen Gebäudes Spuren eines ala-

mannischen Gehöfts feststellen. Auch das römische Straßennetz verrottete, so hat man marode Stellen nicht repariert, sondern einfach umfahren, was Archäologen aufgrund von Wagenspuren nachweisen konnten. Es ging nun also wieder sehr ländlich zu.

Eine der wenigen alamannischen Siedlungen, die in den letzten Jahren genauer untersucht werden konnten, ist der bei Lauchheim gelegene Ort Mittelhofen. Das Bild des Dorfes prägten 6 Meter mal 18 Meter große Langhäuser in Pfosten-, Schwellbalken- oder Blockbauweise, die, wie Bodenproben ergaben, offensichtlich als Wohnstallhäuser genutzt wurden. Kleinere in den Boden eingetiefte Grubenhäuser dienten als Werkstätten etwa zur Textilherstellung, worauf vorgefundene Webgewichte schließen lassen. Auch gab

Frühmittelalterliche alamannische Hauskonstruktionen aus Lauchheim: links Pfostenhäuser, in der Mitte auf Schwellen gesetzte, so genannte Wandgräbchenhäuser, die auch mit schrägen Außenstützen vorkommen konnten (rechts).

es, wie in der Eisenzeit, Höhensiedlungen. Eine der bekanntesten ist der Runde Berg bei Urach, wo in alamannischer Zeit ab dem 3. Jahrhundert n. Chr. rege an Befestigungsanlagen mit Palisaden und Steinmauern gebaut wurde. Die Häuser auf dem Bergplateau, wiederum alle aus Holz, so konnten während der archäologischen Ausgrabungen nur die Pfostenlöcher erfasst und dokumentiert werden. Kurz nach dem Jahr 500 n. Chr. endete die Siedlungstätigkeit auf dem Runden Berg, die Franken übernahmen im alamannischen Gebiet die Macht.

Frühmittelalterlicher Kirchenbau – vom Holz zum Stein

Wie es nun aber mit dem Siedlungsbau im Frühmittelalter weiterging, fällt auch den Archäologen schwer zu sagen. Steinbauten konnte sich die bäuerliche Bevölkerung nicht leisten. Kirchen und Klöster, die im Zuge der Christianisierung entstanden, waren wohl die ersten Bauten, bei denen der Stein nach und nach das Holz ersetzte. Etwas später auch Herrensitze, aus denen sich die Burgen entwickelten. Symptomatisch vielleicht der archäologisch gut erschlossene Ort Unterregen-

Im Badgebäude von Wurmlingens römischer Villa wurden die Pfostenspuren eines eingebauten frühalamannischen Speichers ausgegraben.

bach, wo man im späten 8. Jahrhundert eine erste einschiffige Steinkirche gebaut hat, offenbar die zu einer herrschaftlichen Siedlung gehörende Eigenkirche. Das nahe Haus der Ortsherren war zwar deutlich repräsentativer als die Höfe und Häuser der einfachen Handwerker und Bauern, aber immer noch eine Holzkonstruktion. 1033 tritt Unterregenbach in die schriftlich überlieferte Geschichte ein: Kaiserin Gisela übereignet dem Kloster Würzburg ihren Unterregenbacher Besitz, wohl eine Basilika. Damit endet für den Ort auch schon die „normale" Entwicklung ins Hohe Mittelalter hinein. Das Beispiel zeigt aber durch die einschiffige Eigenkirche und die später entstandene Basilika, dass sich neben der nun eintretenden Verstädterung vor allem die Kirchen als baugeschichtliches Kontinuum manifestieren.

Mit der Romanik beginnt nach dem römischen Intermezzo die erste eminente, im Wortsinne auch nachhaltige, weiterwirkende Phase südwestdeutscher Baukunst – wiederum übrigens mit ihrem Entwicklungszentrum am Bodensee, wie wir es schon von den ersten baulichen Anfängen hierzulande kennen. Als sich 724 n. Chr. der iroschottische Wanderbischof Pirmin in missionarischer Absicht der „reichen Au", also der Reichenau, auf einem Kahn näherte, soll erst einmal alles Ungetier,

Gewürm und Ungeziefer panikartig die Insel verlassen haben. Wohl eine sinnbildhafte Deutung für ihre legendäre Fruchtbarkeit. Jedenfalls gab es durch den wundertätigen Einfluss Pirmins, der hier sogleich ein Benediktinerkloster errichtete, bald schon 20 Kirchen und Kapellen. Auch hierin war also die Reichenau äußerst fruchtbar. Übrig geblieben bis heute sind die drei Kirchen von Ober-, Mittel- und Unterzell, die der Reichenau unlängst zum Weltkulturerbe verholfen haben.

Am gewaltigsten ist Mittelzells St. Maria und Markus. Archäologisch hat man hier sechs übereinander liegende Münster entdeckt, von denen das erste wohl um 725 begonnen wurde. Heute ist Mittelzell vor allem bemerkenswert wegen seines Westbaus, eine stilistische Übergangsstelle zwischen karolingischen Westwerken und den gewaltigen staufischen Türmen, wie sie dann wieder in Wimpfen am Berg vorkommen. Dagegen irritiert der gewaltige spätgotische Ostchor die ursprüngliche rechtwinkelige Klarheit des romanischen Vorgängers. Nicht nur die Baukunst, auch die Bausünden hierzulande beginnen offenbar auf der Reichenau.

Typisch romanisch ist Niederzells St. Peter und Paul vor allem auch wegen seiner nach Osten gerichteten Doppelturmfassade, im 12. Jahrhundert angelegt, in spät-

gotischer Zeit (15. Jahrhundert) vollendet. Es ist *die* Reichenauer Kirche, an der wieder und wieder stilistisch experimentiert wurde: 799, in frühromanischer Zeit, stand der Urbau, und fast 1000 Jahre später erfuhr das Langhaus seine um 1900 wiederum überarbeitete Rokokoausstattung.

Von Mal zu Mal überraschend und in keiner wie auch immer gearteten Landesdarstellung fehlend ist die Stiftskirche St. Georg in Oberzell – nicht so sehr wegen des einfachen, eher dorfkirchenhaften Äußeren aus dem 10./11. Jahrhundert, sondern wegen der grandiosen, monumentalen Fresken an den Hochschiffwänden. Sie gelten als die frühesten Malereien dieser Art nördlich der Alpen. Wenn auch kaum noch Originales aus der Entstehungszeit vorhanden ist, vor allem wegen schwerer Restaurierungssünden zwischen 1880 und 1922, simulieren doch wenigstens die „Wiedererweckungsversuche" aus den Jahren 1981–1987 den Originaleindruck, und der ist nach wie vor überwältigend, sowohl in der Farbenkraft wie auch in der Fülle von Darstellungen biblischer Legenden. Nahe liegend demnach eine intensive Verwandtschaft zwischen diesen Fresken und der singulären Reichenauer Buchmalkunst um 1000.

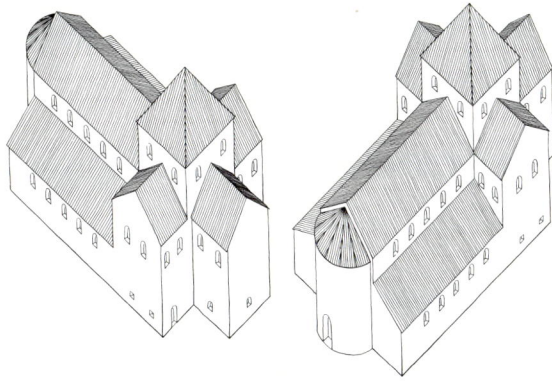

Stiftskirche St. Georg in Oberzell, weltberühmt wegen ihrer Freskenmalerei und Teil des Weltkulturerbes Reichenau (historisches Bild). Die Architektur geht im Kern auf das späte 9. Jahrhundert zurück und die Rekonstruktion zeigt, wie sie damals gedacht war.

Bauen im Zeichen puritanischer Mönchsreform

Im Südweststaat mit seinen 35 750 Quadratkilometern stehen noch etwa 70 Monumente aus früh- und hochmittelalterlicher Zeit, für die sich der Begriff „Romanik" eingebürgert hat, der hierzulande auf die Zeit zwischen 1000 bis 1250 angesetzt wird, wobei, weil im nahen Frankreich des 12. und 13. Jahrhunderts bereits die Gotik einzusetzen begann, die hiesige Kunstwissenschaft für diese Epoche, eben das Hochmittelalter, auch gern auf den Begriff „Vorgotik" ausweicht. Viele der bauhistorisch noch immer bekanntesten Gebäude des Landes stammen im Kern aus dieser Zeit: Die Klosteranlage in Hirsau etwa, eine Gegen-Reichenau, aber ganz ohne die fruchtbare Heiterkeit des Gnadensees, wie man den Bodensee damals auch nannte, sondern der Vorposten einer kompromisslos strengen, ja, avant le nom, puritanischen Mönchsreform, die von Cluny ausgehend, in diesem düster unbehausten Schwarzwaldtal mit ihrer auf Schmucklosigkeit getrimmten Reformarchitektur ihren Vorposten fand. Einer der ersten

rationalistischen Stile, reduziert auf die Notwendigkeiten mönchischen Alltags unter Verzicht auf jeden baukünstlerischen Zierrat. Fast so, als läge die Tendenz speziell der württembergischen Architektur, die mit geradezu glaubenskämpferischem, und später wird man sagen pietistischem Eifer Kunst aus der Architektur auszugrenzen versuchte, für die kommenden 1000 Jahre hier in diesem weltabgewandten Mönchstal begraben. Auch insofern, als in dieser spezifischen Kunstlosigkeit doch auch eine gewisse Größe steckt. Der schwäbische Kunsthistoriker Hans Koepf, der uns mit seinen bedenkenswerten Kommentaren bis hin zum Barock durch dieses Buch begleiten wird (denn danach endet für ihn die Baukunst), zu diesem Hirsauer Phänomen: „Für die Kunst hatten die (Hirsauer) Reformmönche nicht viel übrig. In der Kunst verkörperte sich nach ihrer Ansicht die ‚Welt', der man doch gerade entfliehen wollte. Nur die Architektur nahm eine Art Sonderstellung ein. Wenn es auch keine ‚Hirsauer Bauschule' im engeren Sinn des Wortes gibt, so blieben doch die strengen Hirsauer Vorschriften,

die schlechthin alles regelten, natürlich nicht ohne Auswirkung auf das Bauen, vor allem, was das Bauprogramm anbelangt. Das Bauen war nicht Selbstzweck, um interessante und einmalige Werke zu schaffen, sondern bestmögliche Ummantelung des mönchischen Alltags. Doch beschränkte sich das Hirsauer System nie auf rein negative Forderungen ... Die Schlichtheit der Reformbauten geht nie auf Kosten der Größe. Fast möchte man sagen, dass die Beschränkung auf das Wesentliche erst die Klarheit ermöglichte, die zwar nicht ‚schön', aber hoheitsvoll ist. Kennzeichen der Hirsauer Bauten ist deren rationelle Systematik, die in enger Anpassung an die Reformidee erfolgte. Alle schwellenden und runden Formen, die ‚weiblich' wirkten, wurden geächtet. Die runden Profile, die Apsiden mit ihren Halbkuppeln, die Gewölbe und vor allem der mütterliche Schoß der im Halbdunkel verdämmernden Krypten. Der Bogen, den man konstruktiv nicht gut missen konnte, wurde durch eine Rechteckrahmung umschlossen ..."

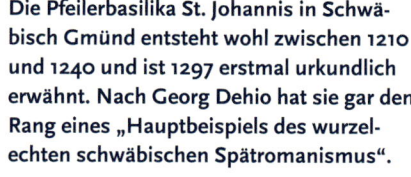

Die Pfeilerbasilika St. Johannis in Schwäbisch Gmünd entsteht wohl zwischen 1210 und 1240 und ist 1297 erstmal urkundlich erwähnt. Nach Georg Dehio hat sie gar den Rang eines „Hauptbeispiels des wurzelechten schwäbischen Spätromanismus".

Murrhardts Waltharich-Kapelle, wohl nach 1230 entstanden, gilt als einer der Höhepunkte der Spätromanik im Südwesten. Hier das kunstreich gemeißelte Portal.

Der Rote Turm gehört wie sein Pendant, der Blaue Turm, das Steinhaus und der Palas zur Kernsubstanz von Wimpfens romanischer Kaiserpfalz. Die zehn Meter langen Buckelquadermauern des Roten Turms mit ihren schmalen Fugen und Randschlägen gelten als Inbegriff staufischer Steinmetzkunst.

Das Steinhaus (wohl Anfang 13. Jahrhundert) westlich des Wimpfener Palas ist eines der größten erhalten gebliebenen Wohngebäude der Romanik in Deutschland. Den markanten Staffelgiebel oberhalb des dritten Geschosses erhielt es im 16. Jahrhundert.

Die Doppelarkaden an der Nordmauer des Palas in Wimpfen am Berg gehören wegen ihrer fantasiereich gearbeiteten Schäfte, bei denen der Stein manchmal wie gewrungen wirkt, zu den kunsthandwerklichen Pretiosen der Stauferzeit in Württemberg.

Die romanische Kirchenbaukunst hat sich im Gebiet des heutigen Baden-Württemberg bei weitem nicht auf solche Höhen geschwungen wie im restlichen deutschen Südwesten mit den Domen in Trier oder am Nördlichen Oberrhein entlang in Speyer, Worms und Mainz. Gleichwohl finden sich in Baden-Württemberg unter den 70 bedeutenden Objekten vor allem einige Klosterkirchen wie die Benediktinergründungen in Alpirsbach, Klosterreichenbach, Denkendorf, St. Maria und Nikolaus auf der Großcomburg bei Schwäbisch Hall. Aber auch Gotteshäuser wie die Stiftskirche St. Martin in Sindelfingen, Schwäbisch Halls Stadtkirche oder das in

seiner archaischen Kargheit berückende Kirchlein von Kentheim bei Zavelstein. Die auch touristisch höchst anziehenden Zisterzienserklöster von Maulbronn und Bebenhausen ragen ebenso in die Romanik zurück wie die Stiftskirche St. Veit in Ellwangen. Überhaupt ist der Osten Württembergs reich an grandiosen Beispielen wie die ehemalige Benediktinerklosterkirche St. Petrus und Paulus in Lorch, die Waltharichskapelle in Murrhardt oder gar die aufs Wunderbarste erhalten gebliebene St. Johanniskirche in Schwäbisch Gmünd.

Das eigentliche romanische Gesamtkunstwerk im Land aber ist die staufische Kaiserpfalz droben in Wimpfen am Berg.

Mit 250 Metern Ausdehnung zwischen den beiden Türmen stellt sie die größte Anlage ihrer Art nördlich der Alpen dar, dazuhin in ihrer hochmittelalterlichen Substanz (12. und 13. Jahrhundert) weitgehend original erhalten. Beeindruckend besonders der Rote Turm mit seinen grob behauenen staufischen Bossenquadern, noch achthundert Jahre später Vorbild für Paul Bonatz' Stuttgarter Hauptbahnhof-Turm, auch steinmetztechnisch.

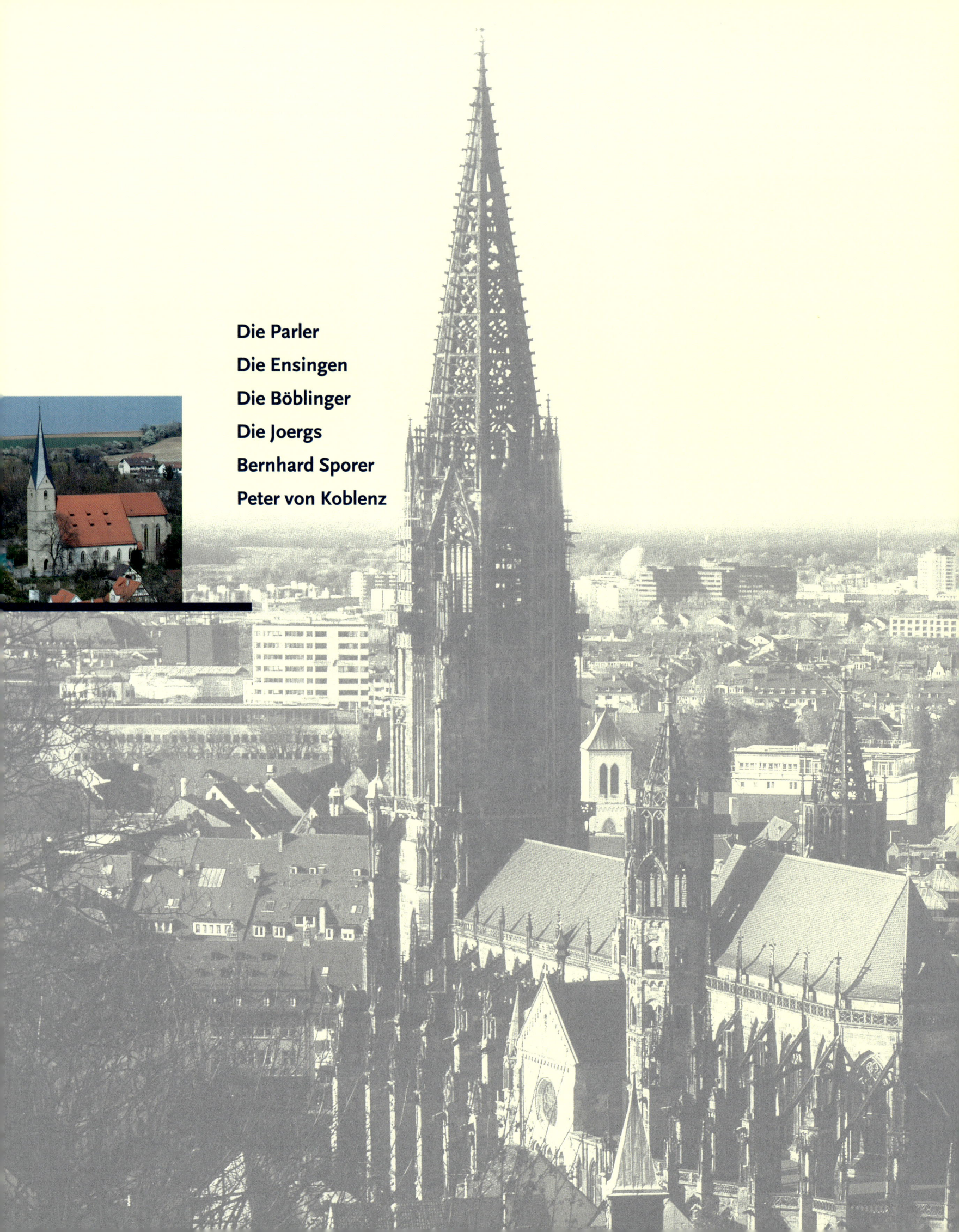

Die Parler
Die Ensingen
Die Böblinger
Die Joergs
Bernhard Sporer
Peter von Koblenz

Mitte 12. bis Ende 15. Jahrhundert

Gotik

Dem Himmel entgegen

Die Bauhütten streben nach Licht

1771 steigt Johann Wolfgang von Goethe auf das Straßburger Münster. Im Jahr darauf erscheint seine Betrachtung „Von deutscher Baukunst", ein nachhaltiger Prosatext des Sturm und Drang, der erst einmal die massiven Vorurteile der aufgeklärten deutschen Gelehrtenwelt gegen die Gotik versammelt: „Unter die Rubrik Gotisch, gleich dem Artikel eines Wörterbuchs, häufte ich alle synonymistischen Missverständnisse, die mir von Unbestimmtem, Ungeordnetem, Unnatürlichem, Zusammengestoppeltem, Aufgeflicktem, Überladenem jemals durch den Kopf gezogen waren ... und so graute mir's im Gehen vorm Anblick eines missgeformten, krausborstigen Ungeheuers."

Aber wie staunte der nachmalige Olympier angesichts des Ereignisses selber: „Ein ganzer großer Eindruck füllte meine Seele, den, weil er aus tausend harmonierenden Einzelheiten bestand, ich wohl schmecken und genießen, keineswegs aber erkennen und erklären konnte. Sie sagen, dass es also mit den Freuden des Himmels sei. Und wie oft bin ich zurückgekehrt, diese himmlisch irdische Freude zu genießen, den Riesengeist unserer älteren Brüder in ihren Werken zu umfassen." Und er empfindet dann eine geradezu körperliche Sympathie für diesen gotischen Kirchenbau: „Wie frisch leuchtet' er im Morgenduftglanz mir entgegen, wie froh konnt' ich ihm meine Arme entgegen-

strecken, schauen die großen harmonischen Massen, zu unzählig kleinen Teilen belebt, wie in Werken der ewigen Natur ... wie das festgegründete, ungeheure Gebäude sich leicht in die Luft hebt, wie durchbrochen alles und doch für die Ewigkeit! Das ist deutsche Baukunst, unsere Baukunst, da der Italiener sich keiner eigenen rühmen darf, viel weniger der Franzos."

Gotik – die Baukunst des Nordens

„Gotik", den Begriff, empfindet Goethe hingegen als ein „unverstandenes", als „verkleinertes" Wort, dem „Hörensagen neidischer Nachbarn" entstammend. Und in der Tat, als Baukunst des Hoch- und Spätmittelalters war die Gotik, etwa von Rom her betrachtet, eine weitgehend transalpine Spezies, eine (Kirchen-)Baukunst des Nordens: Erste Spuren dieses nachromanischen Stils finden sich Mitte des 12. Jahrhunderts in der Normandie, von wo aus er schnell Einfluss auf das restliche Frankreich und auch England gewinnt – hier verkennt Goethe den „Franzos".

In Südwestdeutschland beginnt die Gotik etwa hundert Jahre später und erreicht ihre Blüte oft erst im 15. und frühen 16. Jahrhundert, eine Entwicklung, der man den Begriff „Sondergotik" verliehen hat.

„Gotik", diese Bezeichnung kommt im Italien des 15. Jahrhunderts auf und ist eher abwertend wo nicht zynisch gemeint. Goethe wiederum: „Nicht gescheiter als ein Volk, das die ganze fremde Welt barbarisch nennt, hieß alles Gotisch." Die Goten als Inbegriff des germanischen, des „dumpfen" Mittelalters: eine düstere Negativfolie, vor der die jenseits der Alpen beginnende Wiedergeburt der lichtvollen mediterranen Antike, die Renaissance, umso heller erscheinen sollte. Nur, und hier irren die Zyniker, auch die Gotik strebt nach Licht. Und wie!

Doch zunächst einmal wurden viele gotische Kirchen „barockisiert", und zu Zeiten des anschließenden Klassizismus, jener Epoche der durch die wiederent-

Ein Giebel wie ein Turm: die hochstrebende Westfassade der Parlerschen Heilig-Kreuz-Kirche in Schwäbisch Gmünd.

deckte Renaissance vermittelten Antike (etwa 1770–1860), galt Gotik, bei aller Bewunderung für die Handwerklichkeit vor allem ihrer Steinmetze, oft genug als Synonym für formalen Kitsch, „ganz vom Zierrat erdrückt!", wie es bei Goethe heißt.

Bauhütte und Bauhaus

150 Jahre nach dieser Betrachtung sollte die deutsche Moderne Gotik auf ihre Weise entdecken: „Bauhaus", das war Anspielung auf die mittelalterliche Bauhütte. Walter Gropius erinnert an sie in seinem Epoche machenden Faltblatt „Programm des Staatlichen Bauhauses in Weimar" von 1919 mit Lyonel Feiningers Holzschnitt einer stilisierten gotischen Kathedrale als Titel und fordert: Aus dem Bauhütten-Bauhaus müsse ein neuer, vom Handwerk inspirierter Geist für die Architektur entstehen. Er nennt ihn „Kathedralgeist", eingedenk dass die augenfälligste Leistung der Gotik, ihre Kathedralen, vom Stadtbürgertum ins Leben gerufen wurde.

In Gropius' „Manifest" heißt es dazu in großer Programmatik: „Architekten, Bildhauer, Maler, wir alle müssen zum Handwerk zurück! Denn es gibt keine ‚Kunst von Beruf' ... Der Künstler ist eine Steigerung des Handwerkers ... Bilden wir also eine neue Zunft der Handwerker ..., erschaffen wir gemeinsam den neuen Bau der Zukunft, der alles in einer Gestalt sein wird: Architektur und Plastik und Malerei, der aus Millionen Händen der Handwerker einst gen Himmel steigen wird als kristallenes Sinnbild eines neuen kommenden Glaubens ... Die Schule ist die Dienerin der Werkstatt, sie wird eines Tages in ihr aufgehen. Deshalb nicht Lehrer und Schüler im Bauhaus, sondern Meister, Gesellen und Lehrlinge ... Was mir schon lange Jahre im Kopf spukt: eine Bauhütte! mit einigen wesensverwandten Künstlern. Keinerlei Politik nach außen, nur gegenseitige Befruchtung in regelmäßigen Zusammenkünften, Versuch eines eigenen Zeremoniells."

Mittlerweile gilt die Gotik als der erste „Bauingenieurstil", bei dem das steinerne

Bernhard Sporers Beteiligung am Chor der Heilbronner Kilianskirche ist mittlerweile ebenso umstritten wie die Aberlin Joergs und Anton Pilgrams, des Brünner Meisters und Mitarbeiters am Wiener Stephansdom, der Sporer ja den Auftrag für Wimpfen beschafft haben soll. Chor und Gewölbe umrahmen indes höchst stimmig Hans Seyfers aus Lindenholz geschnitzten Hochaltar von 1498.

Strebenwerk zum statischen Hilfsgerüst wird, das all die gewaltigen Schübe ihrer hochstrebenden Kirchen abzufangen hat. Auch die spitzen Bögen an Fenstern und Portalen lassen sich so deuten. Gotik als Baustil ist, im Gegensatz zu dem, was man mit „dumpfem Mittelalter" assoziiert, viel eher der Versuch, die Baumassen zu entmaterialisieren, das Irdisch-Drückende der Romanik zu „entschweren". Was als Technik gedacht war, wird unversehens zur Kunst. In Lewis Mumfords Standardwerk „Die Stadt" heißt es dazu: „Neue dynamische Kräfte drangen in die Stadt ein und schufen Spannungen, die in dem Bau der neuen gotischen Kathedralen symbolischen Ausdruck fanden. Sie gaben die Festigkeit der Mauern preis, um das Innere einer Flut von Licht zu öffnen."

Kathedralen und Urbanisierung

Über den Kathedralbau, über jene steinernen Himmelsleitern hinaus ist gerade für den Südwesten die Gotik eine Epoche der Urbanisierung. Die von Staufern und Zähringern begründeten Städte beginnen sich um ihre „Bürgerkathedralen" herum zu entwickeln. Mumford zu den wesentlichen Elementen der mittelalterlichen Planung: „Mauer, Tore und Verwaltungskern bestimmen die Hauptverkehrswege. Die Mauer verwandelte mit ihrem davor liegenden Graben, Kanal oder Fluss die Stadt in eine Insel. Die Mauer war nicht bloß militärisch nützlich, sondern wurde ebenso wie die Kirchtürme wegen ihres Symbolwertes geschätzt. Der mittelalterliche Geist fühlte sich wohl in einer Welt der klaren Abgrenzungen, festen Mauern und begrenzten Ausblicke; selbst Himmel und Hölle besaßen runde Grenzen."

Entdeckung des Raumes mithilfe der Architektur

Bis heute ist die Gotik der spektakulärste historische Stil im Südwesten, darin wesentlich ein Verdienst der Parler, einer weit verzweigten Baumeistersippe, im Dreieck zwischen Köln, Mailand und Prag bereits europäisch tätig, wobei ihr architektonisches Epizentrum ausgerechnet im reichsstädtischen Schwäbisch Gmünd lag. „Erst als Angehörige der aus Köln kommenden Baumeisterfamilie der Parler im Jahr 1351 den Hallenchor in Schwäbisch Gmünd begannen, hatte die Reichsstadt provinzielle Enge abgestreift", so Hans Koepf, nennen wir ihn die schwäbische Kunstgeschichts-Institution.

Was nun die bauhistorische Bedeutung dieser Gmünder Kirche anbelangt: Ihr Hallenchor bedeutet den für die südwestdeutsche Spätgotik so typischen Übergang von Basilika zur Hallenkirche wie auch die Verbindung von auf Einfachheit und Reduktion angelegtem Zisterziensertum mit der Großartigkeit der französischen Kathedralgotik. Koepf: „Die Hallenform ist fraglos das wichtigste Kriterium der deutschen Sondergotik. Erst durch die Anpassung der Schiffhöhen wurde folgerichtig der letzte Schritt zur Vereinfachung und Abklärung des gotischen Systems getan." Die Entdeckung des Raums mithilfe der Architektur, hier ist's vollbracht!

Ist der Nördliche Oberrhein mit Speyer, Worms und Mainz gleichsam *die* Landschaft der romanischen Dome, so sind Hoch- und Südlicher Oberrhein gotische Münsterlandschaften: Konstanz, Basel, Freiburg, Straßburg. Dazu, und wir bleiben im Südwesten, die „binnenländischen" Gotteshäuser wie Esslingens Frauenkirche, das Ulmer Münster und eben Schwäbisch Gmünds Heiliges Kreuz. Sie alle hingen über ihre Bauhütten, die der Parler, Ensingen und Böblinger, aufs Kreativste miteinander zusammen. Und speziell der Esslinger Bauhütte verdanken die schwäbischen Reichsstädte ihre erstaunliche Architekturentwicklung.

Aus dem Neckarland, so wiederum Koepf, war am Ende des 15. Jahrhunderts „ein blühender Garten der Spätgotik" geworden: Die Ritter-Stiftskirche zu Wimpfen im Tal, stark unter französischem Einfluss, und die sehr deutsche, „sondergotische" Stadtkirche oben auf dem Berg, Heilbronns Kilians- und Marbachs Alexanderkirche, die Stuttgarter und Tübinger Stiftskirche, Reutlingens Marienkirche und Rottweils Kapellenturm. Und eben auch die gotischen Bestandteile von Klöstern wie Maulbronn (Kapuzinersaal), das Sommerrefektorium in Bebenhausen, dessen charakteristischer Turm über der Vierung schon das übersteigt, was Bettelorden (wie etwa die Zisterzienser) an Turmlösungen zuließen. Die kunstvolle Raffinesse hier: Der Vierungsturm lässt sich auch als Dachreiter deuten, und der war den Kirchen der Bettelorden erlaubt.

Indes: „Die Sehnsucht der schwäbischen Gotik, die nach anfänglichem Zögern gleich nach den Sternen griff, hat sich in den Türmen nicht erfüllt. Wurden die Türme von Rottweil und Reutlingen in

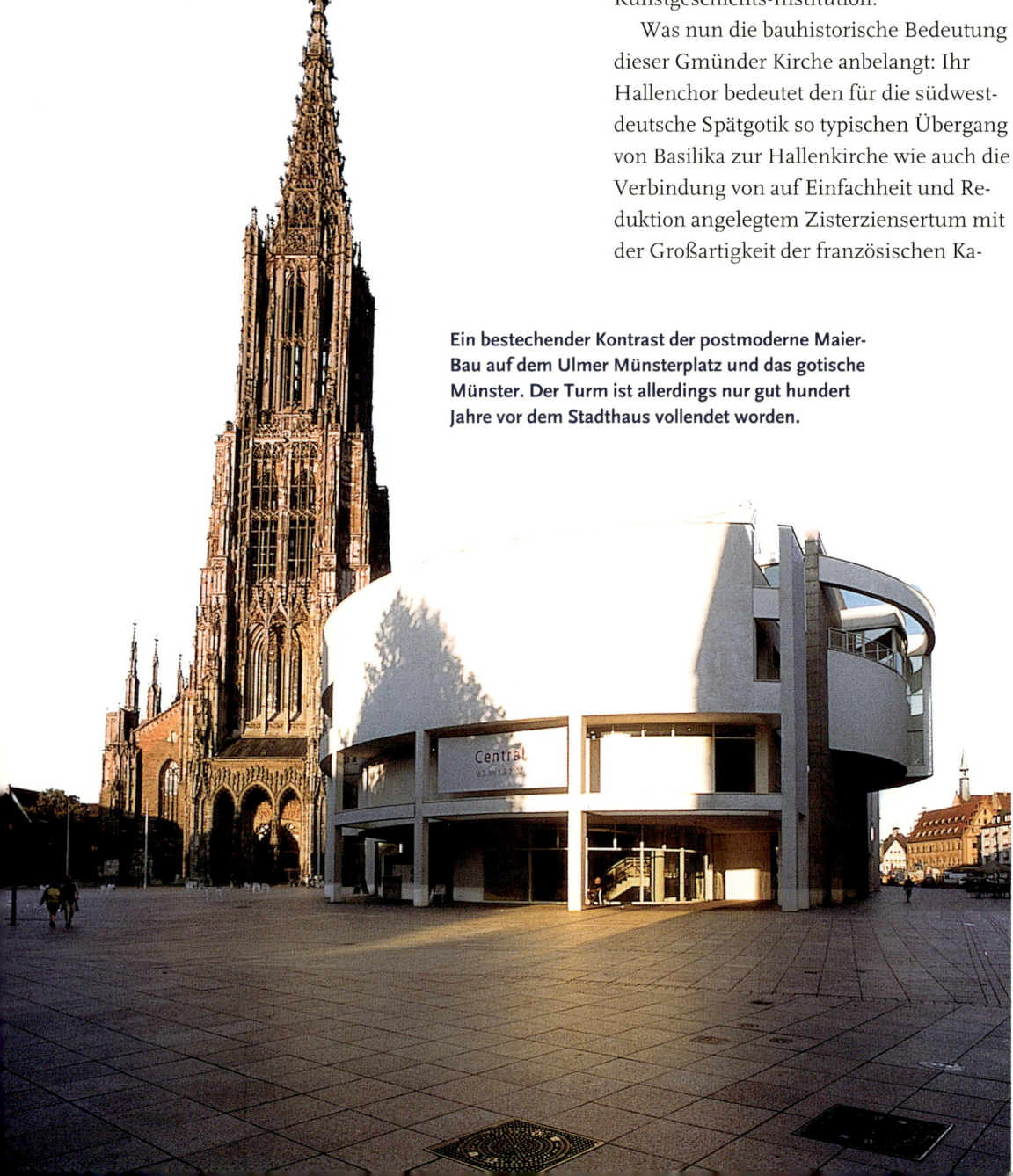

Ein bestechender Kontrast der postmoderne Maier-Bau auf dem Ulmer Münsterplatz und das gotische Münster. Der Turm ist allerdings nur gut hundert Jahre vor dem Stadthaus vollendet worden.

Wimpfen im Tal, Stiftskirche St. Peter. In den Spitzgiebeln des Kreuzgangs Drei- und Vierpässe, die häufigsten gotischen Maßwerkfiguren.

Chor der Stiftskirche Wimpfen im Tal, berühmt auch wegen seines Chorgestühls.

ganz anderem Sinne vollendet, als sie ursprünglich geplant waren, so blieb der Ulmer Riesenturm mit schweren Bauschäden unvollendet liegen: Er war der schwäbischen Gotik ‚Glück und Ende‘." (Koepf). Und es ist ja mit das Erste, was man bei jeder Ulmer Münsterführung erfährt, dass die Parler zwar große Hallenbaukünstler, jedoch keine Turmbauer waren: Ihr Heilig-Kreuz-Münster in Schwäbisch Gmünd etwa trägt nur einen kleinen Dachreiter auf steilem Satteldach.

Wenig profane Überlieferung

Die Gotik im Südwesten ist weitgehend sakral. Doch auch die Anfänge einiger profaner Bauten gehen noch auf sie zurück, etwa die Rathäuser in Ulm oder Bad Waldsee. Reich an weltlicher Spätgotik ist Ravensburg mit seinen meist aus dem 14./15. Jahrhundert stammenden Stadttoren wie dem „Mehlsack", mit der Zehntscheuer (1378) oder dem Waaghaus (1498). Ahnungen von der Maßstäblichkeit eines spätgotischen Stadtensembles in all seiner schmalhäusigen Enge, die andererseits auch wieder Zusammengehörigkeit suggeriert, bietet Freiburg in der Gegend um Oberlinden, wo die Häuser noch Namen

tragen wie „Zum alten Kameltier" oder „Zu den drei güldenen Schwänen".

Ein außergewöhnliches Beispiel des spätgotischen Schlösserbaus ist die Entenburg bei Pfohren (Donaueschingen). Ein Jagdschloss der Fürstenbergs von 1471, nahe der Donau, erdenschwer (und insofern eigentlich noch romanisch) im Wasser kauernd, ein absolutes Gegenstück zu himmelan gerecktem gotisch schlanken Strebewerk. „Entenburg", den gelungenen Namen für dies Wasserschloss soll Maximilian I. (1459–1519) bei einem Besuch 1507 gefunden haben, also eben der Kaiser an der Wende von Mittelalter zu Neuzeit. Aber noch hat man damals gerade hierzulande baulich vorwiegend mit dem Mittelalter zu tun, wird auch noch im 16. Jahrhundert an mittelalterlichen Kirchen wie Esslingen und Freiburg gebaut. Und der bereits im 15. Jahrhundert als höchster Turm der Christenheit konzipierte Ulmer Münsterturm wird gar erst Ende des 19. Jahrhunderts (1885–1890) fertig nach den mittelalterlichen Plänen des Matthäus Böblinger, dem ingeniösen Kopf der Esslinger Bauhütte. Damals, um 1880, in Zeiten eines hochstrebenden Nationalismus, wurde Gotik, ganz im Gegensatz zur als

orientalisch geltenden Romanik, als „germanisch-christlicher" Stil ideologisiert. Wogegen Goethe doch eher ihre aufklärerisch-künstlerische, in die Zukunft weisende Größe der Gotik bewundert hatte: „… tretet hin und erkennet das tiefste Gefühl von Wahrheit und Schönheit der Verhältnisse, wirkend aus starker, rauer deutscher Seele, auf dem eingeschränkten, düsteren Pfaffenschauplatz des medii aevi", also des Mittelalters. Wie gut, dass endlich das Bauhaus diesen Goethe'schen Impuls und die konstruktivistische Größe der gotischen Architekturepoche wiederentdeckt hat.

DIE PARLER

Ein Name als Synonym für gotische Kirchenarchitektur in unseren Breiten. Doch ist jene Baumeistersippe mit dem Kölner, Mailänder, Wiener oder Prager Dom ebenso intensiv verquickt. Zwischen diesen Städten liegen auch einige der bedeutendsten Kirchenbauwerke des gotischen Südwestens: Freiburg, Ulm und Schwäbisch Gmünd. Der „Thieme-Becker" als grundlegende deutsche Künstlerbiografie zählt 15 Mitglieder der Parler-Familie, deren Name sich von Parlier=Polier ableiten soll, also der Bezeichnung für den zweiten, den üblicherweise ausübenden Baumeister. Nicht ungewöhnlich; im 14. Jahrhundert entstehen Familiennamen häufig aufgrund von Berufsbezeichnungen.

Mehr als die Hälfte der Parler war hier im Südwesten tätig: Heinrich I., auch „der Ältere" Parler genannt, sein Sohn Peter, Heinrich II., der als Stammvater der süddeutschen Parler gilt, Michael II./III., Heinrich III., Johann I., Johann II., Heinrich IV. Die anderen Parler arbeiteten zumeist in Prag.

HEINRICH I. PARLER (um 1310)

Wohl um 1310 geboren, gilt er als Stammvater der Sippe. Der Beiname „von Gmünd" verweist auf seinen hauptsächlichen Wirkungsort. Denn dorthin, nach Gmünd, hatte man ihn vom Kölner Dombau weggerufen. Heinrich I. Parler soll manchen Darstellungen zufolge „Erfinder" des 1351 begonnenen Hallenchors im Gmünder Heilig-Kreuz-Münster gewesen sein, dem „Urwürfel" der schwäbischen Spätgotik. Hans Koepf: „Kaum ein zweites Bauwerk in Schwaben, dessen Strahlungsfeld größer gewesen wäre als das der Pfarrkirche von Schwäbisch Gmünd ... Weitausladend geht durch (ihren) Chor ein Zug von Einheitlichkeit. Größe und Schönheit, lange bevor die Renaissance Einzug hielt." Heinrich I. Parler gilt nach dem Dehio Baden-Württemberg von 1993 allerdings mit (einiger) Sicherheit nur als Schöpfer des Langhauses. Der Chor könnte deshalb auch ein gemeinsames Geniestück von Vater Heinrich und Sohn Peter sein. Oder aber die Einzeltat des einen oder anderen. Die Kunstwissenschaft lässt es derzeit noch offen.

PETER PARLER (1330–1399)

1330 in Gmünd geboren und 1399 in Prag gestorben, erfuhr er die für seine Profession damals höchste Gunst: Kaiser Karl IV. rief ihn als Dombaumeister nach Prag. Anderen Darstellungen zufolge nahm der Kaiser ihn gar vom Münsterbau gleich mit, als er 1353 seine Freie Reichsstadt Gmünd besuchte. Peter Parler gilt als Vollender des Prager Veitsdoms und im Übrigen auch als

Denkmalrelief der Grundsteinlegung für das Ulmer Münster (nach 1377) mit dem Modell der Kirche, das ein in die Knie gehender Baumeister zu schultern versucht (wohl Heinrich II. Parler).

Auch diese Figur ist unter der Ulmer Arbeitslast in die Knie gegangen: Mutmaßlich Heinrich III. Parler, verborgen im Konsolenlaubwerk gegenüber der Kanzel.

außerordentlicher Bildhauer. Zu seinem 600. Todestag 1999 hat Schwäbisch Gmünd als Heimatstadt des wohl größten Parler einen goldenen Siegelring in einer Auflage von 750 Stück zu einem Preis von damals noch DM 1000 aufgelegt, deren Erlös für „sein" Heilig-Kreuz-Münster gedacht ist.

HEINRICH II., MICHAEL UND HEINRICH III. PARLER, JOHANN VON GMÜND

Ein anderer Sohn Heinrichs von Gmünd, als „Heinrich II." geführt, gilt als Erbauer des Ulmer Münsterchors – das Ulmer Münster ist ja vom Chor im Osten zum Turm nach Westen hin gewachsen.

Heilig-Kreuz-Kirche, Aufblick ins Chorgewölbe.

Schwäbisch-Gmünds Heilig-Kreuz-Kirche von der Stadtseite her.

1377 hat er als der erste Ulmer Münsterbaumeister damit begonnen, 1383 folgte ihm der von Prag herbeigerufene Michael Parler. Michael war Bruder des kaiserlichen Günstlings Peter und brachte aus Prag das neueste gotische Formengut mit, etwa das Maßwerk für die Chorfenster. Auch wird unter Michael Parler der Ulmer Chor zumindest bis zum ersten Kranzgesims abgeschlossen und erhält damals wohl das Dach. Nach Erkenntnissen des Münsterforschers Reinhard Wortmann stellt das Baumeisterbildnis im Chor eben diesen Michael Parler dar, in der Forschung oft „Michael II./III." genannt.

Auch das Ulmer Langhaus geht auf die Parler zurück. Als sein Meister wird Heinrich III. (etwa 1350–1400) genannt, den eine Kostenabrechnung von 1387 als „Werkmeister" aufführt, „der neu bestellt ist worden". Unter seiner Bauleitung wächst das Langhaus weiter nach Westen.

Schwäbisch Gmünds Heilig-Kreuz-Kirche:
Langhaus mit Chor.

Ulmer Münster mit Blick nach Westen, zur
Turmseite hin.

Ulmer Münster. Aufblick ins
Netzgewölbe der Seitenschiffe.

Freiburger Münster von der
Schlossbergseite her.

Ulmer Münster: Vom Chor der Parler her entwickelte sich das Gotteshaus in einem halben Jahrtausend zu seinem weltberühmten Kirchturm hin.

Heinrich III., vermutlich ein Sohn von Heinrich II., hat seine Ausbildung wahrscheinlich an der Prager Domhütte erfahren. Und vielleicht verewigt ihn die hockende Männergestalt im Laubwerk gegenüber der Kanzel.

Doch die Parler bieten uns bei aller Verbreitung und Berühmtheit noch erhebliche Rätsel. Was wir wissen, ist, dass ihre 1376 begonnene Ulmer Periode 1391/92 endet, und zwar mit dem Auftreten des kongenialen Ulrich von Ensingen. Heinrich III. hingegen folgt im November 1391 einem Ruf an die Mailänder Dombauhütte, wo man ihn „Henrico de Ulma" nennt. Mit seiner Kritik am bisherigen Dombau in Mailand aber dringt er nicht durch; nach 1392 verlieren

sich seine Spuren irgendwo in Oberitalien. Es kann nicht wundern, dass der unzweifelhaft bedeutendste und vollkommenste gotische „Originalbau" im Südwesten, das Freiburger Münster, auch ganz wesentlich von den Parlern mitgestaltet wurde. Wohl schon 1354 hat sich ein Angehöriger der Sippe, Johann oder Johans von Gmünd (etwa 1340–1400), von Basel her kommend, wo er bereits am Münsterbau beteiligt war, um den Freiburger Chor bemüht. 1359 haben ihn die Freiburger dann auf Lebenszeit als Werkmeister angestellt. Insofern sind der Gmünder und der Freiburger Hallenchor mit ihren Kapellenkränzen entlang der Innenwand enge und fast gleichaltrige Parler-Verwandte.

DIE ENSINGEN

Den Parlern folgen in der südwestdeutschen Baumeisterchronologie die Ensingen. Was für die Parler vor allem Prag war, wird für die Ensingen erst einmal Straßburg – *die* wegweisende Münsterbauhütte für die Entwicklung der südwestdeutschen Kirchenbaukunst.

ULRICH VON ENSINGEN (1350–1419)

war Ahnherr der Ensingen-Familie und zugleich ein den Parlern ebenbürtiger Baumeister, dazu ein Schwabe, 1350 entweder in Oberensingen bei Nürtingen oder in Ensingen bei Ulm geboren und 1419 als Münsterbaumeister in Straßburg gestorben. Ulrich von Ensingens Laufbahn weist frappierende Überschneidungen zu der Heinrichs III. Parler auf: Er löst Heinrich 1391/92 als Werkmeister am Ulmer Münster ab, obwohl er eigentlich beabsichtigt hatte, als „ingenerio" an die Mailänder Dombauhütte zu gehen. Statt seiner aber machte sich erst einmal Heinrich III. auf

den Weg dorthin, wo er mit seiner Beratung ebenso wenig ausrichten konnte wie eben kurz darauf, 1394, der Ensingen, den man 1394 in der nämlichen Funktion nach Mailand gebeten hatte.

Ulrich von Ensingen gilt als *der* Ulmer Münsterbaumeister, darüber hinaus als Überflieger und Visionär: Die „Umformulierung" des Münsters von einer eher schlicht gedachten Stadtpfarrkirche zu einem kolossalen, alle bisher auch nur denkbaren Maßstäbe sprengenden Kirchenbau ist sein Werk. Ulrich hatte, von Freiburg her inspiriert, die Idee eines monumentalen Westturms, darin wohl auch unterstützt von der reichsstädtischen Ulmer Bürgerschaft. Gegenüber der Parlerschen Vorgabe war das eine Art Paradigmenwechsel. Denn dieser gigantisch gedachte Turm erforderte nicht nur aus ästhetischen, sondern auch aus statischen Gründen die Änderung des Mittelschiffs: von der – Parlerschen – Halle stilistisch wiederum zu-

Die Esslinger Frauenkirche als spätgotisches Verkehrsopfer, von der Seite ihres eingezogenen Chors her entdeckt.

HANS VON KUN (ca. 1390 bis ca. 1440)

Ulrichs Schwiegersohn Hans Kun, den man ebenfalls zu den Ensingen zählt, vertritt seit 1417 den Schwiegervater, der ja in Straßburg weilt, im Ulmer Münster. Unter Kun wird am Westturm weitergebaut. 1434 scheint dann der auf 40 Meter Höhe gediehene Bogen zwischen Turmhalle und Mittelschiff fertig gestellt und die Bauarbeiter erhalten „schlößwin", also den fest-

rück zur Basilika. Den Westturm, heute mit 161 Metern höchster Kirchturm der Welt, hat Ulrich schon gleich bei seinem Amtsantritt konzipiert. Man begann nach seinen Plänen daran zu bauen, doch gedeihen nur Turmobergeschoss mit der Vorhalle darunter und ein Teil des ersten Obergeschosses. Bis zur Vollendung der von Ensingen erdachten Dimension sollte es, trotz Weiterbauten im Mittelalter, noch 400 Jahre dauern: Erst von 1885 bis 1890 führte der aus Künzelsau stammende und an der Stuttgarter Kunstgewerkeschule ausgebildete August von Beyer (1834–1899) den Turm auf seine heutige Höhe von 161 Metern – allerdings, aufgrund der Pläne Matthäus Böblingers.

Nach 1395 wieder in Ulm, wird Ulrich von Ensingen 1399 von der Straßburger Münsterverwaltung mit der Weiterführung des Turms dort betraut und fast gleichzeitig mit der Bauleitung von Esslingens damals entstehender Frauenkirche, wo er das westliche Langhaus vollendet und den Unterbau für den daran anschließenden Turm setzt (nach 1398).

Damit ist Ulrich von Ensingen um 1400 in leitender Funktion mit den damals größten deutschen Kirchenbauten beschäftigt: Ulm, Straßburg und Esslingen, Bürgerkirchen dreier Reichsstädte. Schließlich holt man ihn 1414 auch noch zu Beratungen an den Basler Münsterbau. 1419, mitten in den Arbeiten am Oktogon für den Nordturm des Straßburger Münsters, ereilt ihn der Tod. Nach Hans Koepf war Ulrich von Ensingen „die gewaltigste Erscheinung der schwäbischen Spätgotik (und) ist mit Recht immer schon der große Erbe der Parler genannt worden."

Steinerne Himmelsleiter aus Maßwerk und Krabben am Turmhelm der Frauenkirche.

Kreuzrippen im Langhausgewölbe der Frauenkirche.
Kreuzrippengeteilter Sternenhimmel über dem Chor.

Blick vom Haupt- ins nördliche Nebenschiff der Frauenkirche.

lichen Abschlusswein. Der Figurenschmuck in der Vorhalle des Westportals, darunter Hans Multschers Schmerzensmann (1429), entsteht ebenfalls in der Ära Kun. Auch die Bessererkapelle (1429/30) an der Südseite des Chors wird ihm zugeschrieben.

Matthäus Ensinger, nach 1424 Leiter am Bau der Esslinger Frauenkirche, hier an der Chor-Nordseite des Ulmer Münsters, wo er bis zu seinem Tod 1463 gearbeitet hat.

KASPAR (um 1400) und MATTHÄUS ENSINGER (um 1390–1463)

Die Söhne Ulrich von Ensingens, Kaspar und Matthäus, scheinen sich nun *Ensinger* zu nennen. Kaspar, der ältere, arbeitet erst unter seinem Vater am Straßburger Münster und ist seit 1427 als Werkmeister unter seinem Schwager Hans Kun in Ulm nachweisbar. Er muss um 1430 gestorben sein. Der zweite Sohn des Ulrich von Ensingen, Matthäus Ensinger, wird um 1390 in Ulm geboren und stirbt dort 1463. Auch er wirkt zunächst unter seinem Vater am Straßburger und nach dessen Tod von 1420/21 bis 1424 am Berner Münster. Danach trifft man ihn in der Esslinger Frauenkirche, wo er den vom Vater begonnenen Turm weiterführt. Dabei steht ihm seit 1436 sein Bruder Matthias zur Seite, der dritte und jüngste Sohn Ulrichs, allerdings nur für zwei Jahre, denn er stirbt schon im Herbst 1438. Auch Matthias hat, wie der älteste Bruder Kaspar, unter seinem Schwager Hans Kun am Ulmer Münster gearbeitet.

Matthäus Ensinger aber, der zweite und weitaus bedeutendste der Ensingen-Söhne, leitet seit 1446 den Ulmer Münsterbau. Er beginnt sogleich mit der Einwölbung. 1449 bereits ist das Chorgewölbe fertig, Vorbild dafür war der Prager Dom. Bis 1455 sind dann nördliches und südliches Seitenschiff eingewölbt. Auch die Vollendung der Neithartkapelle an der Nordseite des Chors, 1444 unter Kaspar Kun begonnen, scheint auf Matthäus Ensinger zurückzugehen.

MORITZ ENSINGER (1430–1483)

Nach seinem Tod (1463) übernimmt der Sohn Moritz die Arbeit am Ulmer Münster. 1465 erhält er einen zehnjährigen Anstellungsvertrag. Seine Hauptleistung war die Einwölbung des Mittelschiffs zwischen 1469 und 1471, die er mit der Chorwölbung koordinierte. Auch den Turmbau führte Moritz Ensinger weiter in die Höhe. Sein Aktionsradius war wie der seiner Altvorderen weiträumig: Man sieht ihn beim Umbau des Geislinger Spitals, als Gutachter für die Nördlinger Georgskirche sowie die Münchner Frauenkirche. Auch am Münster seiner Heimatstadt Bern, wo er 1430 geboren wurde und 1483 stirbt, wirkt er mit. Sein ältester Bruder Vincenz (1422/23 in Bern geboren), ist um 1459 ebenfalls als Konstanzer Dombaumeister nachgewiesen. Wenig später, 1460, wird er auch als Werkmeister an der Colmarer Martinskirche und zehn Jahre darauf als Bauleiter am Basler Münster genannt. Gleichwohl scheint er weiterhin, zumindest aber bis 1487, die Bauleitung fürs Münster in Konstanz innegehabt zu haben, wo er nach 1493 stirbt – nach einem eminenten Lebenswerk zum Ruhm seiner Sippe.

Die Böblinger (auch Beblinger)

Wie der große Ulrich von Ensingen entstammen auch die bedeutenden Böblinger Hans und sein Sohn Matthäus der Esslinger Bauhütte, *der* Talentschmiede des ausgehenden 15. Jahrhunderts im Schwäbischen. Beide Böblinger haben sich in dieser Werkstatt von einfachen Steinmetzen zu überregionalen Baukünstlern entwickelt.

Hans Böblingers Pfarrkirche Liebfrauen in Mettingen von Osten: spätgotischer Chor (um 1480), Fünfknopfturm, dann aber nüchtern neuzeitliche Anbauung.

Hans der Ältere
Böblinger (um 1410 bis nach 1470)

oft auch Hans von Böblingen, ist zum ersten Mal 1435 in Konstanz nachgewiesen. Eine im Münchner Nationalmuseum aus seiner Hand überlieferte Zeichnung trägt die Beschriftung „Ich Hanns von Böblingen ain Steinmetz". Der Rat der Freien Reichsstadt Esslingen will ihn für die Frauenkirche gewinnen, muss freilich am 8. April 1439 den Mächtigeren gegenüber einknicken: „Hanns von Böblingen der hat aber unserer gnädigen Herrschaft von Wirtemberg geschworen." Nur wenige Monate später gelingt es, wohl auf Empfehlung von Matthäus Ensinger, Hans Böblinger als Polier an die Esslinger Frauenkirche zu berufen. Vom Frühjahr 1440 an ist er dort als Steinmetz belegt; ein Werkvertrag weist ihn als des „Thurnes und buves Maister" aus. Einen Aufriss aus seiner Hand gibt es seit 1439. Er baut danach bis zum dritten Obergeschoss, wohl über einen Zeitraum von dreißig Jahren – sein letztes Zeichen findet sich 1471 am Treppenturm.

Ein Spätwerk Hans von Böblingens ist nahe Esslingen der Chor von Mettingens evangelischer Pfarrkirche Unserer Lieben Frau (wohl zwischen 1470 und 1478). Nach dem neuesten Dehio „eine der reifsten Leistungen neckarschwäbischer Spätgotik", leider durch ein neu gebautes Langhaus und die nüchterne Ausstattung gänzlich aus der ästhetischen Balance geraten.

Auch die evangelische Pfarrkirche St. Martin in (Stuttgart-)Möhringen, der „Filderdom", ist ursprünglich ein Werk Böblingers, erbaut zwischen 1464 und 1466, zu Zeiten, als Möhringen noch zur Freien Reichsstadt Esslingen gehörte (bis 1802). Fast 400 Jahre später, von 1853–1855, hat der unermüdliche Stuttgarter Historist

Steinmetzzeichen der Böblinger in der Esslinger Frauenkirche.

Christian Friedrich Leins dies Gotteshaus unter Beibehaltung von Böblingers Chor und Turm zu einer dreischiffigen Basilika umgewandelt und so gewissermaßen ins Neugotische übersetzt.

1463 nach dem Tod Matthäus Ensingers bekommt Hans Böblinger die Oberleitung über die Esslinger Frauenkirche, die er bis zu seinem Tod im Jahr 1482 beibehält. Mit dem an Freiburg gemahnenden Turmhelm, mit all seinen Drei-, Vier- und Sechspässen das Charakteristikum dieses Esslinger Kirchengipfels, hat er wohl 1477, also fünf Jahre vor seinem Tod, begonnen.

Aus Böblingers 1440 in Esslingen geschlossener Ehe mit Ursula Koch sind sechs Söhne und die Tochter Ursula hervorgegangen. Der älteste, Hans, ist seit 1475 als Steinmetz nachgewiesen; auf 1510 wird sein Sakramentshaus in der Bopfinger Stadtpfarrkirche St. Blasius datiert. Die bildhauerische Tätigkeit Hans Ernsts ist seit 1490 bekannt. So stammt etwa das ursprünglich für die Stuttgarter Hospitalkirche gearbeitete und nun in der dortigen Leonhardskirche befindliche Chorgestühl von ihm.

Böblingers Mettinger Chor mit neuer Fenster- und Stuhlausstattung.

Die Söhne Marx und Dionysius sind noch bis ins frühe 16. Jahrhundert an der Esslinger Frauenkirche tätig. Lux Böblinger ist, wie schon sein Vater Hans, dann mehr als ein halbes Jahrhundert später am Konstanzer Münster tätig. Um 1490 nennt man ihn als Meister der dortigen Franz-Xaver-Kapelle.

MATTHÄUS BÖBLINGER (um 1450–1505)

Der „nachhaltigste" Sohn Hans Böblingers allerdings war Matthäus, sein Zweiter, dessen Schaffensperiode von 1470 bis zu seinem Tod (1505) gedauert hat. Er gilt als Vertrauter des großen Ulrich von Ensingen, der ihn als Dombaumeister nach Ulm berufen haben soll.

Matthäus Böblinger und nicht etwa Ulrich von Ensingen hat denn auch den Plan zum höchsten Turm der Christenheit geliefert, der dann 400 Jahre später verwirklicht werden sollte. Der Ensingen hatte um 1480 zwar die grandiose Idee zum Ulmer Westturm gehabt, und sein Riss ist auch feinsinniger, strebenhafter, irgendwie geometrischer und in jedem Fall filigraner gestaltet als der Matthäus Böblingers, der wesentlich kompakter und monumentalistischer wirkt, oder, wenn die Zeit den Begriff hergäbe, auch „romantischer", auf jeden Fall aber „Freiburgerischer".

1477 wurde Matthäus Ensinger von Esslingen aus, wo er mit seinem Vater zusammen an der Frauenkirche arbeitete, als, wie es heißt, „Vertreter" Ulrichs von Ensingen nach Ulm berufen, wo man ihn schließlich 1480 auf Lebenszeit anstellte. Böblingers Name taucht noch bis 1495 in den Ulmer Hüttenbüchern auf. Danach findet man ihn in seiner Heimatstadt Esslingen, wo er 1505 stirbt und wo auch die feingliedrigste der von diesem Baumeistergeschlecht vollendete Arbeit steht, die Frauenkirche. Eine veritable, in 200 Jahren gewachsene Bürgerkirche. Darin am ehesten dem Freiburger

Esslingen, Frauenkirche: Langhaus mit Orgelempore auf der nach Westen weisenden Turmseite.

Münster vergleichbar, wie eben durch ihren westlichen Hauptportalturm und vor allem den Umstand, dass die Frauenkirche wie das Freiburger Münster eine der wenigen gotischen Kirchen ist, die an einem Stück, und das weitgehend im Mittelalter, vollendet wurden. Otto Borst, der Esslinger Landes-Kunsthistoriker, gibt zu bedenken: „Wenn die Baumeisterdynastien Ensingen und Böblinger, denen wir diese köstliche Kirche verdanken, warmroten Sandstein verwendet hätten, wie man's im Oberrheinischen tat, dann träten diese Verbindungslinien zum Freiburger und Straßburger Münster noch stärker hervor."
Dass eine solche Kirche dann in den Sechzigerjahren des 20. Jahrhunderts durch planerische Schandtaten wie eine sechsspurige „Stadtautobahn" vom Kern dessen, was sie Jahrhunderte dominiert hat, der Altstadt, regelrecht abgenabelt wo nicht abgefräßt wurde und nun ein Dasein im Abseits des alten Stadtkonnex fristet, den sie einst mitdominiert hat, zeigt, wie wenig man einst vor Ort die Taten seiner überragenden Bauhütte zu würdigen wusste. Denn allein der Umstand, dass auch das wichtigste Bauwerk der württembergischen Grafen und späteren Herzöge, die Stuttgarter Stiftskirche, wesentlich unter dem Einfluss der Esslinger Bauhütte stand, beweist, wie wichtig diese Einrichtung während des 15. Jahrhunderts im Südwesten geworden war.
Matthäus Böblinger hat für seine Heimatstadt noch die Spitalkapelle auf dem Marktplatz geplant (1484) und in der Langenauer Pfarrkirche (bei Ulm) zwischen 1477 und 1480 einen Taufstein gearbeitet. In Radolfzell geht das Münster Mariä Himmelfahrt (1477–1480) auf ihn zurück. Und in Ulm baute er schon 15 Jahre vor seiner eigentlichen Zeit am Münster die ehemalige Valentinskapelle auf dessen Pfarrfriedhof (1461/62).

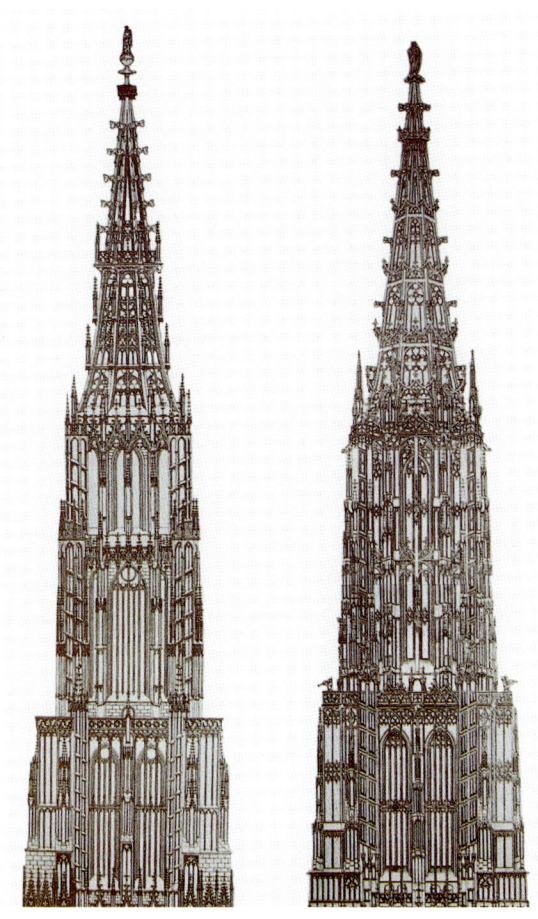

Spätgotische Turmfantasien zum Ulmer Münster: links der filigrane Riss Ulrichs von Ensingen, rechts der später realisierte Entwurf Matthäus Böblingers.

DIE JOERGS

Die Stuttgarter Baumeisterfamilie Joerg (auch Jörg, Jerg oder Gerg) arbeitete fast das gesamte 15. Jahrhundert für die Grafen von Württemberg – während der Teilung des Landes von 1442 bis 1482 vorwiegend für die in Stuttgart residierende, so genannte Neuffener Linie.

HÄNSLIN JOERG
DER ÄLTERE (um 1380 bis ca. 1450)

ist Ahnherr dieser Baumeistersippe und Vater von Aberlin und Hänslin dem Jüngeren. Den bauhistorischen Forschungen des unermüdlichen Hans Koepf verdanken wir die Erkenntnis, dass nicht so sehr der weitaus bekanntere Aberlin Joerg, sondern der Vater Hänslin das eigentliche Ingenium je-

ner württembergischen Künstlerfamilie war. Er wurde um 1380 in Stuttgart geboren und ist gegen 1450 auch hier gestorben. Hänslin Joerg d. Ä. vermittelt das Erbe der Parler von den Reichsstädten in den württembergischen Territorialstaat. Als Schüler Ulrichs von Ensingen, in manchen Darstellungen auch als dessen Vertrauter gesehen, stand dieser Joerg intensiv in der Parlerschen Tradition. Nach Koepf hat er unter Ulrich von Ensingen in der Esslinger Hütte Parlerpläne bearbeitet. 1419 berichtet eine Straßburger Urkunde von einem Joerg, „des von Wirtemberg Meister", denn Hänslin d. Ä. hat etwa seit 1410 für die Grafen von Württemberg gearbeitet. Dann holt man ihn nach Straßburg, um dort mit ihm über die Nachfolge Ulrichs von Ensingen zu beraten.

Von Hänslin Joerg d. Ä. stammt die um 1409 begonnene Stuttgarter Leonhardskirche, ebenso wie die um 1430 angesetzte Planung der Stiftskirche hier als Hauptkirche des Landes. Noch vor seinem Tod 1450 muss das Langhaus fertig geworden sein. Gegen Ende seines Lebens – 1443 nach der Inschrift am Chorhaupt – beginnt er den „großartigen Turmchor" (Koepf) der Balinger Stadtkirche.

Die Joergs sind bereits um 1390 als begüterte Familie in Stuttgart nachgewiesen. Hänslin Joergs Söhne Aberlin und Hänslin d. J. waren materiell gut ausgestattet, als sie das ideelle Erbe des Vaters übernahmen, insbesondere den Weiterbau und die Einwölbungen der von ihm angefangenen Kirchen.

Hänslin Joerg d. Ä., Porträt in der Stuttgarter Stiftskirche.

Aberlin Joergs Zeichen im Chorgewölbe der Markgröninger Stadtkirche, von einem Engel behütet.

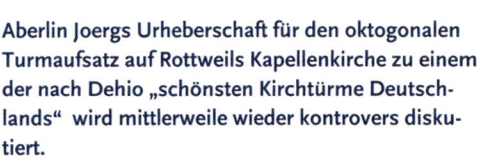

Aberlin Joergs Urheberschaft für den oktogonalen Turmaufsatz auf Rottweils Kapellenkirche zu einem der nach Dehio „schönsten Kirchtürme Deutschlands" wird mittlerweile wieder kontrovers diskutiert.

ABERLIN JOERG (um 1410–1492)

Er ist wohl der fleißigste und noch immer namhafteste Architekt im Württemberg des 15. Jahrhunderts. Der „Hausarchitekt" von Graf Ulrich V., des „Vielgeliebten" arbeitete bisweilen aber auch in Reichsstädten wie Heilbronn oder Rottweil.

Aberlin Joerg, älterer Sohn „des von Wirtemberg Meister" Hänslin Joerg, ist vermutlich um 1410 geboren. Genaueres über sein Herkommen wissen wir nicht; es gab damals noch keine Kirchenbücher. Aberlin war vor allem ein großer Umbauer von Gotteshäusern. Als sein Hauptwerk gilt die Stuttgarter Stiftskirche, an deren Langhaus er, zuerst noch zusammen mit Vater Hänslin, von 1433 bis zu seinem Lebensende 1492 arbeitet. In Stuttgart baut er auch an den beiden – damaligen – Vorstadtgotteshäusern, der St. Leonhardskirche (wohl zwischen 1463 und 1468) sowie der Hospitalkirche (1473–1493). Joerg, bald schon ein wohlhabender Exponent der Stuttgarter Oberschicht und mit dem Prädikat „der ehrsam weise" versehen, bezog um 1455 das Hauflersche Haus am Marktplatz 5, residierte also in unmittelbarer Nähe seiner Hauptwirkungsstätte Stiftskirche. Auch das Gelände, auf dem heute der Mittnachtbau steht, gehörte ihm.

Berühmt bis heute sind seine Choreinwölbungen, etwa in der Heilbronner Kilianskirche (1485–1487), der Schwäbisch Gmünder Heilig-Kreuz-Kirche (um1490), der Aidlinger Pfarr- (1470) und der Balinger Stadtkirche (1443 ja vom Vater begonnen). Die Netzrippen im Chor von Markgröningens

mächtiger St. Bartholomäuskirche hat er 1472 geschaffen und sich dabei in einem Schlussstein verewigt: Ein Engel behütet sein Sternenwappen. Zu anderen wichtigen Arbeiten gehören die Marbacher Alexanderkirche, in manchen Darstellungen gar für sein frühes Gesamtkunstwerk gehalten. Doch nach Forschungen des Landesdenkmalamts aus den Neunzigerjahren wissen wir, dass nur der Chor (um 1450) und Anfänge des Langhauses (1453) von ihm stammen. Der Rest wurde nach der von

den Württembergern vernichtend verlorenen Schlacht bei Seckenheim (1462), durch die Marbach für einige Zeit an die Kurpfalz geriet, wohl von Meistern der Heidelberger Bauhütte vollendet.

Aberlin Joerg hat auch noch die Cannstatter Stadtkirche (1471–1506) begonnen. Deren Turm setzte dann mehr als hundert Jahre später ein anderer großer der schwäbischen Baukunst: Heinrich Schickhardt. Weit über Württemberg hinaus machte Aberlin Joerg die Turmgestaltung der Rott-

Stuttgarts 1944 zerstörte und sehr vereinfacht wieder aufgebaute Leonhardskirche. Wohl schon im ersten Drittel des 15. Jahrhunderts vonn Hänslin Joerg d. Ä. (Chor, Südturm) begonnen und 1463 bis 1470 von Aberlin Joerg vollendet, der das Langhaus zu einer dreischiffigen Halle umbaut, sie einwölbt und den Turm aufstockt.

Marbacher Alexanderkirche (1450–1481)
von der Stadtseite her.

Bei Marbachs Alexanderkirche (1450 begonnen),
lange für das geniale Frühwerk Aberlin Joergs
gehalten, scheint nun wenigstens seine Arbeit an
Chor und Langhaus gesichert.

weiler Kapellenkirche bekannt: Durch den Aufsatz der achteckigen Obergeschosse (ab 1473), offenbar seine Idee, geriet der Kapellenturm zu einem der bedeutendsten Kirchtürme Deutschlands, wenn auch nach Dehio Joergs Urheberschaft nicht gesichert ist.

Ein profanes Werk jenes Großbaumeisters der württembergischen Spätgotik wurde 1945 in letzter Sekunde vor den anrückenden Alliierten gesprengt – seine 1456 gebaute steinerne Enzbrücke in Bietigheim. Hans Koepf betrachtet den an der Bauhütte der Stuttgarter Stiftskirche ausgebildeten Aberlin Joerg eher als Kraft aus dem zweiten Glied: „Aberlin zeichnet sich durch eine äußerst saubere handwerkliche Arbeit und vorzügliche Genauigkeit im Steinmetzdetail – vor allem im Maßwerk – aus. Er war jedoch kein schöpferischer Kopf mit neuen Ideen oder gar mit originellen Gedanken. So passt er trefflich zu seinem Herrn, dem Grafen Ulrich dem Vielgeliebten, der selbst treu und bieder, sicher aber kein überragender Fürst war. Der geniale Eberhard im Bart konnte sich mit dem hausbacken redlichen Aberlin nicht anfreunden. Bei der reichen Bautätigkeit, die gerade Eberhard im

Stuttgarter Gebiet entfaltete, ist es mehr als auffallend, dass Aberlin nunmehr für die Reichsstädte tätig sein musste." Und in der Tat, die reichsstädtischen Tätigkeiten fallen meist in die Zeit nach dem Tod des Grafen Ulrich (1480).

HÄNSLIN JOERG D. J. (um 1420 bis ca. 1490)

Die Quellen zu Aberlin Joergs jüngerem Bruder Hänslin sind äußerst unergiebig. Belegt scheinen allenfalls seine Lebensdaten (zwischen 1420 und 1490). Der Baden-Württemberg-Dehio erwähnt lediglich seine ausführende Beteiligung an der vom Vater geplanten Balinger Stadtkirche und den Einbau der Gewölbe in die Osttürme von Weil der Stadts St. Peter und Paul (um 1470). Koepf mutmaßt, Hänslin d. J. sei,

wie Bruder Aberlin, an der Stuttgarter Bauhütte ausgebildet worden. Offenbar hilft er um 1470 in Markgröningen, wo die Familie reich begütert war (zumindest nach Koepf) seinem Bruder Aberlin beim Einwölben des Bartholomäuskirchen-Chors. Später arbeitet er mit Bernhard Sporer zusammen am Chor der Münsinger Pfarrkirche St. Johannes d. T. Koepf bewertet ihn trotz dieses doch etwas vagen Werknachweises so: „Im Steinmetzdetail ist er schwächer und sein Lebenswerk lässt sich mit dem seines fleißigeren und gründlicheren Bruders, der ihn auch bei kleineren Bauten als Mitarbeiter beschäftigt haben dürfte, kaum messen. Von seinem gleichnamigen Sohn, der noch 1474 in Calw erwähnt ist, finden wir später keine Spuren mehr."

BERNHARD SPORER (ca. 1450/1460 bis nach 1520)

Der „Steinmetz Bernhard von Lewnberg", welchen Beinamen Bernhard Sporer hatte, gehörte der Generation nach Aberlin Joerg an, die, im Spätmittelalter geboren, in die Zeitenwende geriet, den Übergang zur Neuzeit, bei uns identifiziert mit dem Beginn der Reformation im frühen 16. Jahrhundert. Sporer wird zwischen 1450 und

1460 in Leonberg geboren und gelangt 1470 in die Lehre Aberlin Joergs. Seine erste bemerkenswerte Arbeit ist um 1480 die Mitwirkung an der Pfarrkirche Johannes der Täufer in Münchingen, nahe seiner Heimatstadt Leonberg. In Münchingen taucht dann auch zum ersten Mal sein Meisterzeichen auf – neben dem der Joergs.

Floral aufblühendes Gewölbe in der Stadtkiche von Wimpfen am Berg.

Steinmetzzeichen Bernhard Sporers über dem Hauptportal der Stadtkirche von Bad Wimpfen am Berg.

Um 1487 kommen Sporer und Joerg in der Heilbronner Kilianskirche zusammen. Mit dabei ist Hans von Urach, der vordem auf Seiten der Urachschen württembergischen Linie arbeitete. In Heilbronn könnte Sporer auf den berühmten Wiener Baumeister Anton Pilgram getroffen sein. Indes ist Pilgrams Umbau des Hallenchors (1480–1487) neuerdings umstritten. Sicherer dagegen scheint Sporers Beteiligung an der Stadtkirche zu Wimpfen am Berg, wo nach Koepf und Dehio wiederum Spuren auf Anton Pilgram weisen, der hier um 1500 Bauplaner gewesen sein könnte und dabei Sporer als ausführenden wie vollendenden Mitarbeiter beschäftigte. Sporers Vertrag von 1510 enthält unter anderem eine Art Wimpfener Pflichtenkanon, „den inneren Bau in der Pfarrkirche zu machen mit runden (Säulen-)Schäften, zierlichem Obergesims, Gewölbeanfängen für 12 Bogen" und auch einen „Predigtstuhl".

Schwaigerns Stadtkirche St. Johannes der Täufer, die Sporer von 1514 bis 1519 unter Beibehaltung des romanischen Kerns neu gebaut hat.

Bei aller Bedeutsamkeit der Wimpfener Arbeiten scheint Sporers Hauptstärke doch die Stadtkirche St. Johannes der Täufer in Schwaigern, nahe Heilbronn, gewesen zu sein, entstanden zwischen 1514 und 1520. Koepf: Sie gilt ihm schlicht als Werk der Vollendung. „Sie bildet nicht nur den Höhepunkt von Sporers Schaffen, (sondern den)

der schwäbischen Spätgotik überhaupt, die später kein ähnlich geschlossenes Gebilde mehr zu schaffen vermochte ..." Erwähnenswert, dass zu Bernhard Sporers Schwaigerner Zeit auch der so tragisch endende, wegen seiner Beteiligung am Bauernkrieg zu Tode gefolterte Jerg Rathgeb in Schwaigern gearbeitet hat.

PETER VON KOBLENZ (ca. 1450 bis um 1500)

Er ist der Baumeister Eberhards V. und gehört demnach zu den „Urachern", die nach Wiedervereinigung der seit 1442 geteilten Grafschaft Württemberg 1482 unter dem legendären Eberhard im Bart das innere Württemberg bebaut haben, allerdings nicht mehr ganz so spektakulär wie die Joergs, die nach der Landesteilung in Stuttgart ihre wichtigen Kirchen zu bauen begonnen haben.

Peters Geburtsdatum ist nicht bekannt, sein Herkommen nicht gesichert. Nach älteren Forschungen stammt er aus dem Elsass, nach neueren vom Mittelrhein.

Steinmetzzeichen des Peter von Koblenz.

Koblenz löst Aberlin Joerg ab, der seit den Achtzigerjahren mehr und mehr in das reichsstädtische Umfeld ausweicht oder, nach Koepf, ausweichen muss.

Eines seiner Hauptwerke ist die um 1475 begonnene Amanduskirche in Eberhards damaliger Residenz Urach. Die Anlage einer dreischiffigen Basilika rekurriert auf vorparlersche gotische Vorbilder, vielleicht ein Symptom, dass er offenbar vom Parlerschen Hallenkirchengedanken noch nicht berührt war. In der Amanduskirche findet sich auch der Grabstein Peters, dessen Todesdatum mit um 1500 angegeben wird. Aus dem späteren 15. Jahrhundert stammt auch der von ihm entworfene Uracher Marktbrunnen, in dessen Figurenreliefs sich der Meister, versehen mit Klüpfel und Meißel, verewigt haben könnte. Ebenso wird Urachs Spitalkirche Peters Schule hier zugerechnet, auch wenn sie erst zwanzig Jahre nach seinem Tod entstanden ist.

Das Meisterzeichen Peters von Koblenz zeigt sich unter anderem an den Stichkappen von Dettingens evangelischer Pfarrkirche.

In Münsingen, das zum ursprünglichen Machtbereich Eberhards gehörte, signiert Peter ebenfalls mit seinem Meisterzeichen für Chor und Sakristei (1495). Im württembergischen Kernland, in Eltingen bei Leonberg, ist er als Erbauer der Pfarrkirche St. Michael überliefert. Zwischen 1487 und 1490 gebaut, bekennt der in Bewertungsdingen ja überwiegend spröde Dehio: „Eine der wenigen in einem Zug erbauten und gut ausgestatteten Dorfkirchen des Kreises." Am Ende bleibt: Peter von Koblenz ist ein Meister ohne eigentliche Meisterschaft. Auch seine Beteiligung an der Tübinger Stiftskirche und am Kreuzgang des Hirsauer Klosters wird mittlerweile in der Kunsthistorie bezweifelt. Seine eigentliche Größe als „Sterneinwölber" und die Bedeutung als handwerkliches Genie scheint aber in unseren Tagen wieder entdeckt zu werden.

Der Architekt als Mit-Protagonist des 8,4 Meter hohen, spätgotischen Marktbrunnen-Turms (um 1495). Der Entwurf Peters von Koblenz enthält vermutlich auch sein Selbstporträt (Bild).

Die Stadtkirche in Weilheim/Teck mit ihrem prägnanten, eingezogenen Chor hat Peter von Koblenz 1489 entworfen (Grundriss unten) und mit dem Bau begonnen.

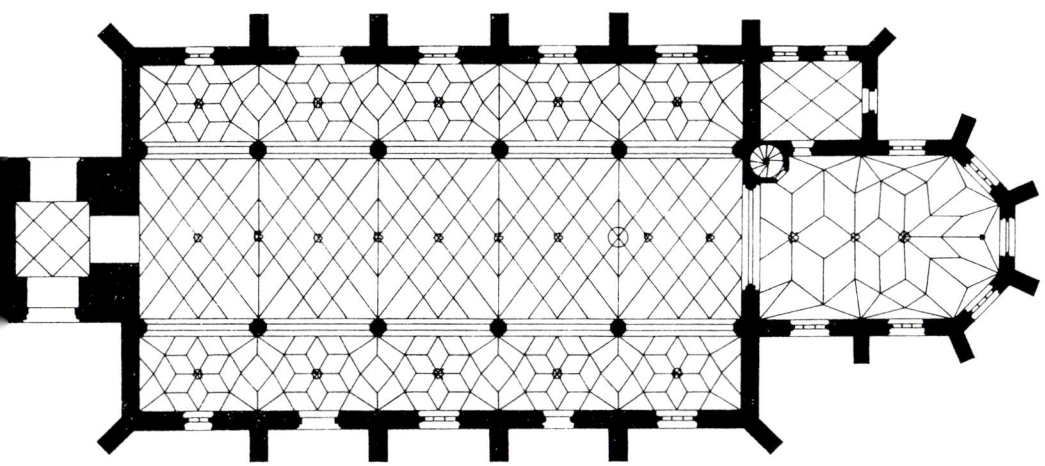

Aberlin Tretsch

Georg Beer

Georg Kern

Heinrich Schickhardt

Renaissance

Anfang 16. bis Ende 17. Jahrhundert

Abschied vom Mittelalter

Dem Menschen zugewandt

Die „Wiedergeburt der Antike", also die „Renaissance", bewirkt durch den Rückgriff auf das vorchristliche Altertum ironischerweise einen eminenten kulturellen Fortschritt: Jacob Burckhardt (1818–1897), wegweisender Basler Kulturhistoriker, wertet die Renaissance generell als Befreiung vom Mittelalter und den Eintritt in die Neuzeit unter Vermittlung Italiens. Befreiung des Menschen von Glaubenszwängen oder der „Abschied vom Mittelalter", wie es bei Egon Friedell (1878–1938) heißt, dem brillant generalisierenden Wiener Kulturschriftsteller. Es ereignet sich eine Entdeckung der „Persönlichkeit" und zugleich auch ein wachsendes Interesse am Biografischen. „Bei den Italienern", so Burckhardt, „wird nun das Aufsuchen der charakteristischen Züge bedeutender Menschen eine herrschende Tendenz, und dies ist es, was sie von den übrigen Abendländern unterscheidet."

In unserem Architekturzusammenhang wird besonders *ein* Architekt als Künstlerperson fassbar, ganz anders als noch in der Gotik, wo wir weitgehend auf Mutmaßungen, Steinmetzzeichen und Epitaphien angewiesen waren: Heinrich Schickhardt. Er begegnet uns mit äußerst originellen und scharfsichtigen Reiseberichten aus Italien, die schon den Rang früher Architekturkritiken haben.

Ästhetische Einheit durch Symmetrie und Gleichmaß

Die Renaissance setzt in der italienischen Baukunst etwa um 1420 ein und endet gegen 1600, wo sie in die (bei uns wenig ausgeprägte) Phase des Manierismus übergeht. Die biografischen Daten ihres überragenden Baumeisters Andrea Palladio (1508–1580) markieren zugleich Höhepunkt und Ausklang der italienischen Architekturrenaissance mit ihren Forderungen nach Symmetrie, Gleichmaß und Harmonie.

An der Wende vom 16. zum 17. Jahrhundert, als sich in Italien über den Frühbarock bereits eine neue Architekturära zu entwickeln begann, entstanden hierzulande, wie schon zu Zeiten der Gotik reichlich zeitversetzt, erste Renaissancebauten.

Der noch immer imposanteste Renaissancebau im heutigen Baden-Württemberg, das kurpfälzische Heidelberger Schloss, wuchs zwischen 1540 und 1630. Während der Franzoseneinfälle im Pfälzer Krieg (1688–1697) hat es der unerbittliche

Der „Ritter", eigentlich „Zum Ritter St. Georg", eine der Dominanten in Heidelbergs Hauptstraße, gilt als einzig erhalten gebliebenes der vom Schlossbau beeinflussten Heidelberger Renaissancehäuser. 1592 hat es sich der hugenottische Tuchhändler Charles Béhier als Stadtpalais errichten lassen.

Das Haus des reichen Murgflößers Johann Jakob Kast in Gernsbach (1617/18), eines der wenigen repräsentativen Renaissance-Bürgerhäuser im Land.

Melac zerstört und dabei Deutschland um
seine wohl bedeutsamste Renaissancearchitektur gebracht. Die als hohe Sand-
steinwand aufragende Fassade des Ottheinrichsbaus (ca. 1556–1566) veranschau-
licht diese Wertschätzung nach wie vor.
Aber weder für ihn noch die weiteren
Schlosstrakte kennen wir den Architekten,
ebenso wenig wie für das andere berühmte Heidelberger Renaissance-Stück, den
„Ritter" in der Hauptstraße, ein wie von
den Schlosshöhen herabgestiegener „bürgerlicher" Ableger des Ottheinrichsbaus,
1592 für den hugenottischen Tuchgroß-
händler Charles Béhier errichtet. Vollends
wegen seiner einst bunten Bemalung
muss es ehedem wie ein fürstliches Stadtpalais gewirkt haben. Mittlerweile ein ra-
res Relikt für Reichtum und Stil des bür-
gerlich-calvinistischen Heidelberg vor den
Zerstörungen des 17. Jahrhunderts, mit
denen zu Beginn des Dreißigjährigen
Kriegs der bayerisch-katholische Heer-
führer Tilly begonnen hat.

Sinnbild des erstarkten Bürgerwillens

Die bürgerliche Renaissance in Baden
und Württemberg kennt kaum geschlossene Stadtbilder. Aber es gibt nennenswerte
Solitäre. Etwa auch das mit Beginn des
Dreißigjährigen Kriegs vollendete Palais
des zu Reichtum gekommenen Murgflößers Johann Jakob Kast (1617/18) in
Gernsbach, später dann das Rathaus. Ein
exemplarischer Buntsandsteinbau mit

kunstvoll nach außen gewendeter Diesseitsbejahung: Dreigeschossige Hauptfassade mit wiederum dreigeschossigem Schmuckgiebel, daran Voluten oder Schnecken, ohnedies *das* Erkennungszeichen der Renaissancegiebel. Dazu Zierobelisken. Über Eck ein zweistöckig polygoner Erker, abgeschlossen von einer welschen Haube, Vorbote des Barock. Prächtig das aus dem Buntsandstein herausgearbeitete Portal. Markant auch die Fensterlaibungen mit ihren Sprenggiebeln. Kurzum, das Werk eines Meisters, dessen Namen wir nicht kennen, der uns aber mit der Fassade gewissermaßen ein Musterbuch des Renaissancebaus aufschlägt: Die Fülle der Erscheinungen wird durch Ebenmaß und erkennbare Wiederkehr ihrer vielfältigen formalen Elemente in wohl geordneter ästhetischer Einheit gehalten.

Eine der wenigen Renaissance-Großformen hierzulande ist Schickhardts Freudenstadt (um 1600). Sie wurde allerdings 1945, noch kurz vor Kriegsende, fast dem Erdboden gleichgemacht und hernach, gegen die Vorgaben des Urhebers, aber immerhin im Maßstab, nicht mehr giebel- sondern traufseitig wieder aufgebaut, wiewohl der bekannte traditionalistische Architekt Paul Schmitthenner 1946, zur Planung hinzugezogen, eine giebelständige Rekonstruktion anriet. Aber wir ahnen noch heute das Renaissance-Urmodell und seine Einmaligkeit fürs Land.

Eine Epoche der Schlösser

Wo in der Gotik Kirchen das Hauptprodukt der Bauepoche waren, wurden es in der Renaissance bei uns vor allem die Schlösser. Nach dem überragenden Hei-

delberg ist das gut erhaltene Schloss Weikersheim ein weiterer Beleg dafür. Dort, im Hohenlohischen, liegen ohnedies die wesentlichen Vorkommen südwestdeutscher Renaissance-Baukunst. Die reichlichen Duodezfürstentümer hier waren fest bemüht, sich voneinander abzuheben. Der bevorzugte Baumeister dabei heißt Georg Kern. Er arbeitet in Langenburg, Neuenstein, Harmersberg, Öhringen, Zweiflingen oder auch Friedrichsruhe, oft zusammen mit oder eher unter dem unermüdlichen Heinrich Schickhardt. Neuenstein, Hohenlohes wichtigstes Schloss allerdings, wurde zwischen 1555 und 1568 von dem „Reichsstädter" Balthasar Wolff aus Heilbronn erbaut, mit dessen Hilfe fast gleichzeitig auch Waldenburg zum Residenzschloss gedieh.

Auch sonst finden sich im Nordosten Württembergs ebenso wie im Unteren Neckarland zahllose Renaissancebauten, vom Deutschordensschloss in Heuchlingen bis zum Hof des Heilbronner Deutschhauses über dem Neckar bei Gundelsheim und den Renaissanceschlosspartien der Comburg über Schwäbisch Hall. Dazu das Schloss der Berlichinger in Jagsthausen und die Schlösser in Lehrensteinsfeld, Eltershofen und Vellberg oder auch Schloss Braunsbach am Kocher. Ebenso im Neckarland: Das unauffällige Schloss Gemmingen, das Deutschordensschloss in Neckarsulm oder das mittlerweile kräftig renovierte Schloss Liebenstein bei Lauffen und die weit über das Obere Neckarland ragende Weitenburg bei Rotten-

Freiburgs Haus zum Walfisch (mit Zinnengiebel) in der Franziskanerstraße 13, im Jahr 1516 begonnen, einer der repräsentativsten Stadtpaläste der Renaissance, hatte von 1529–1531 seinen bis heute berühmtesten Bewohner, den Humanisten Erasmus von Rotterdam. 1909–1911 wurde es von dem Späthistoristen Max Meckel nach den ursprünglichen Planungen ausgebaut und nach den Zerstörungen von 1944 in eben dieser Form rekonstruiert.

Auch das Karlsruher Schloss Gottesaue (jetzt Staatliche Hochschule für Musik) ist eine Rekonstruktion: 1588–1598 als Lustschloss entstanden, eine typische Vierflügelanlage der Renaissance mit dominierenden Ecktürmen, 1689 im so genannten Pfälzischen Erbfolgekrieg zerstört, 1740 wieder aufgebaut, 1944 wieder zerstört und 1984 bis 1989 schließlich rekonstruiert.

burg. Was wäre nicht noch alles zu nennen, allein fürs Württembergische – die Schlösser Weißenstein und Donzdorf auf der Ostalb, die oberschwäbischen in Wolfegg und Zeil oder das Schloss derer von Zimmern in Meßkirch von Jörg Schwartzenberger (1557). Auch das Schloss Heiligenberg (Bodenseekreis), das „Festungsschloss" auf dem Hohentwiel – und das über Württembergs eigentlicher Universitätsstadt gleichwohl wie eine Festung thronende Hohentübingen.

An badischer Renaissance ist nach den spektakulären Objekten in Heidelberg und Gernsbach gewiss noch das zwischen 1588 und 1594 gebaute Baden-Durlachsche Lustschloss Gottesaue in Karlsruhe bedeutsam, ein weithin auffallender rosaroter Prachtbau mit markanten runden

Von Heinrich Schickhardt entworfen, das triumphbogenartig umrahmte äußere Tor des Schlosses Hohentübingen.

haus sowie die Erweiterung des Rathauses dort gehören ebenso in die Epoche wie das heute als Museum genutzte Kiechelhaus mit seinem prächtigen Interieur.

Zumal für die schwäbischen Reichsstädte der Renaissance gilt, was Egon Friedell vor vielen Jahrzehnten in seiner „Kulturgeschichte der Neuzeit" beobachtet hat: „Dass sich Baufleiß und Kunstsinn" damals vor allem „auf die öffentlichen Gebäude" erstreckt habe, auf „Kirchen, Rathäuser, städtische Kauflokale; es äußert sich hierin offenbar noch ein Rest von mittelalterlichem Kollektivempfinden".

Nur spielt bei diesem „Kollektivempfinden", ganz im Gegensatz zu Italien, der Kirchenbau nördlich der Alpen bei weitem nicht mehr die Rolle. Hier im Südwesten gelingen Schickhardt mit der durch seine eigene Stadtplanung bedingten Freudenstädter „Winkelhakenkirche" (um 1600) und der Göppinger Stadtkirche (1618/19) noch einmal zwei überragende Exempel. Unter dem Einfluss Georg Kerns, Schickhardts Mitarbeiter aus dem Hohenlohischen, entstehen dort um 1600 auch noch einige bemerkenswerte Hallenkirchen (Ingelfingen, Künzelsau, Neuenstein, Waldenburg und Weikersheim). Und Aberlin Tretschs Kapelle in Stuttgarts Altem Schloss ist dann der Erstling des protestantischen Kirchenbaus im herzoglichen Württemberg – die erste evangelische Kirche, die hier nach der Reformation gebaut wurde.

Ecktürmen unter grauen welschen Hauben. Aber auch das Pendant zur protestantischen Residenz in Baden-Durlach, das Neue Schloss der katholischen Residenz Baden-Baden.

Die bürgerliche Renaissance, weitgehend repräsentativ für die Reichsstädte des Südwestens, wurde meist, wenn sie die Kriege des 17. Jahrhunderts überstanden hatte, im Zweiten Weltkrieg zerstört. Wo ihre Bauwerke vor Luftangriffen verschont blieben, gibt es Anschauungsmaterial wie in Esslingen mit dem „Blaubeurer Pfleghof" (1575). In Schwäbisch Hall hat der Stadtbrand von 1728 etwa am Markt einige Beispiele übrig gelassen, darunter Volutengiebel und Portal des Widmannschen Hauses (1564) beim Rathaus. Von reichsstädtischem Bürgerstolz kündet das 1950 wieder aufgebaute Heilbronner Rathaus mit seinem pittoresken Uhrengiebel (1579/80). Ulms Salz- und Büchsenstadel, das Korn-

ABERLIN TRETSCH (um 1500–1577)

Der württembergische Renaissancebaumeister Aberlin Tretsch ist um 1500 in Stuttgart geboren und 1577 hier auch gestorben. Zum Ende seines Lebens bekennt er, seine unentwegte Architektentätigkeit habe ihm nichts weiter gebracht, „dann ain dollen Kopf, böse blinde Augen, lame Schenkel und ain schwachen, kranken Leib." So wie die Joergs, insbesondere Hänslin d. Ä., Baumeister der württembergischen Grafen waren, war Aberlin Tretsch der Baumeister Herzog Christophs (1515–1568), in

dessen Diensten er seit 1537 nachgewiesen ist. Er baut fast ausschließlich im Gebiet Altwürttembergs, also dem von 1495 bis 1803 existierenden Herzogtum.

Tretschs Hauptwerk ist Stuttgarts Altes Schloss, dessen erste Anfänge wohl schon in die Gründungszeit der Stadt im 10. Jahrhundert zurückgehen. Trotz schwerer Zerstörungen 1931 und 1944 zeigt es noch das von Tretsch zwischen 1553 und 1563 konzipierte Erscheinungsbild, eine kompakte, hermetische Vierflügelanlage. 1562 wird die

im Südwestflügel eingerichtete Schlosskirche geweiht, sozusagen der Protagonist des protestantischen Kirchenbaus in Württemberg. Von 1557 an entstehen die drei Arkadenflügel des Innenhofs. Vor der wehrburghaften Außenfront begreift man unversehens das Prinzip der „Arcana status", der trutzigen Abgeschlossenheit des Machtausübungs-Bereichs in dem für bürgerliche Untertanen uneinnehmbaren landesfürstlichen Quartier. Politik war hier „gut eingebunkert".

Umso überraschender dann im Inneren der Schlosshof mit seinen dreistöckigen Laubengängen, den variationsreichen, kannelierten Säulen und all den verschiedenen Kapitellen. Ästhetologisch gilt auch beim Alten Schloss der kaum anfechtbare Hans Koepf: „Man wollte es den Italienern gleichtun, wenn auch die fremde Sprache der Renaissance mit schwäbischem Akzent vorgetragen wurde."

Eine ähnliche, fast gleichzeitig absolvierte Aufgabe für Christoph ist das Göppinger Schloss (1556–1565) anstelle einer mittelalterlichen Burg. Und ungefähr zu dieser Zeit entsteht, wiederum für Herzog Christoph, das Leonberger Schloss (1560–1565), heute, wie sein Göppinger Gegenstück, Amtsgericht und Finanzamt. Auch hier war das Vorgebäude eine verfallene mittelalterliche Burg. Etwa fünfzig Jahre später hat sich noch Heinrich Schickhardt um diesen Bau verdient gemacht. Für das Waldenbucher Jagdschloss Herzog Christophs nimmt man ebenfalls eine mittelalterliche Burganlage aus dem 13. Jahrhundert als Vorgänger an. Aberlin Tretsch arbeitet daran von 1558 bis 1570, Schickhardt baut, wohl zu Beginn des 17. Jahrhunderts, weiter – wieder eine Parallele zu Leonberg.

Für Herzog Christoph baute Aberlin Tretsch 1560–1565 das Jagdschloss Pfullingen.

Nach Hans Koepf erscheint hier der Süden im schwäbischen Architekturdialekt: Innenhof des Alten Schlosses.

Stuttgarts Altes Schloss, zwischen 1553 bis 1563 nach Plänen Aberlin Tretschs gebaut – das Hauptwerk dieses unermüdlichen württembergischen Schlösservollenders.

Zurück zu Herzog Christoph, der in den Sechziger- und Siebzigerjahren des 16. Jahrhunderts mit repräsentativen Bauten Duftmarken seiner vorabsolutistischen Macht setzt, Schlösser hier, Schlösser da: Am Albfuß in Pfullingen baut ihm Tretsch von 1560 bis 1565 ein wiederum aus dem Mittelalter überkommenes Wasserschloss an der Echaz zum Jagdschloss um und setzt davor eine steinerne Buckelbrücke über das Flüsschen. Ein exterritorialer, aber seit 1521 gleichwohl württembergischer Schlosssitz im damals vorderösterreichischen Gebiet war der berüchtigte Hohentwiel oberhalb Singens, eine als uneinnehmbar geltende Festung, in der wie auf dem Hohenasperg so manch politischer Gegner württembergischer Herzöge, etwa der Landeskonsulent Johann Jakob Moser, schmachtete. Aberlin Tretsch baute dort

innerhalb des Festungsrings 1553/54 auf dem Mauerwerk der mittelalterlichen Burg erneut ein Schloss für Christoph. Weitaus nachhaltiger für die geistige Entwicklung Württembergs als die Schlossbauten war Tretschs Umbau des ehemaligen Tübinger Augustinerklosters nach der Reformation in ein theologisches Internat mit den entsprechenden Wohnzellen von 1557 bis 1560, bekannt geworden als „Tübinger Stift". Eine seiner wenigen „außer-

herzoglichen" Bauten dann in Esslingen der Blaubeurer Pfleghof (1575), auch so ein Neubau auf mittelalterlichen Resten. Aberlin Tretsch macht sich noch erste Gedanken über ein Stuttgarter Lusthaus, das dann sein Nachfolger Georg Beer verwirklichen sollte. An ihn gibt er, zermürbt von all den Reisen und zugigen Aufenthalten in den kalten Wiederaufbauruinen schließlich seinen Planungszirkel als herzoglicher Hofbaumeister weiter.

Auch der Schlossbereich auf der Festung Hohentwiel bei Singen ist eine der Schöpfungen Tretschs.

Tretschs Steinmetzzeichen.

Das Stuttgarter Lusthaus Georg Beers als baulicher Kontrast zum Alten Schloss galt um 1580 als einer der eindrucksvollsten Renaissancebauten nördlich der Alpen. Durch immer neue Überbauungen zerstört, erinnern heute nur noch alte Stiche an die versunkene Pracht. Fast einschüchternd, die kraftvollen Wölbungen im Festsaal von Beers Lusthaus oben.

GEORG BEER (um 1530 bis um 1600)

„Eine heitere und gefällige architektonische Note zeigen die Bauten des württembergischen Hofbaumeisters Georg Beer." Hans Koepfs Einschätzung ist etwas gönnerhaft – Beers Lusthaus im Stuttgarter Schlossgarten, just an der Stelle, wo sich heute Theodor Fischers Kunstgebäude erhebt, war nicht nur gefällig, sondern schlicht grandios.

Georg Beers Porträtskulptur als Schlussstein an einem Portal der Stuttgarter Villa Berg, einem frühen Beispiel der Neorenaissance in Deutschland (um 1850). Die Anspielung ist leicht zu enträtseln: Beer hatte um 1580 mit seinem Stuttgarter Lusthaus die – originale – Renaissance heimisch gemacht in Württemberg.

Beer (auch Behr) wurde um 1530 in Bönnigheim bei Ludwigsburg geboren, trat aber erst 1575 als Baumeister in die Dienste des württembergischen Herzogs Ludwig (1568–1593) ein. 1581 begannen die Planungen für sein Opus magnum, eben Stuttgarts Neues Lusthaus, das die ungeheure Menge von drei Tonnen Gold gekostet haben soll, so zumindest zeitgenössische Berichte.

1593, im Todesjahr des Herzogs vollendet, hielt man es bald für einen der großartigsten Renaissancebauten nördlich der Alpen. Als längliches Rechteck konzipiert, war er im Erdgeschoss von einer umlaufenden Arkadenloggia mit zierlichen Säulen umge-

ben. Den Dachbereich schmückten prachtvolle, renaissancetypische Schneckengiebel, die Ecken akzentuierten vier markante Rundtürme mit Kegeldächern – als Anspielung auf das gegenüberliegende Alte Schloss. Der große Saal im zweiten Obergeschoss, 58 Meter lang und 20 Meter breit, einer der größten seiner Zeit, galt wegen der hölzernen Tonnendecke als technisches Wunderwerk, da sie lediglich am Dachstuhl aufgehängt war. Verschwenderisch die Ausstattung, insbesondere an Skulpturen und Malereien: Ein Lusthaus als prachtvoller architektonischer Repräsentant des vorpietistischen Württemberg.

Andere Werke Beers sind ein längst abge-
gangenes Stuttgarter Bürgerhaus von 1586
in der Calwerstraße 10, das Collegium
Illustre (Wilhelmstift) in Tübingen und das
Hirsauer Lust- und Jagdschloss (um 1592),
seit den Franzoseneinfällen Ende des
17. Jahrhunderts ja eine noble Ruine und
durch Uhlands Gedicht „Die Ulme zu Hirsau" auch literarisch geadelt:

> „Zu Hirsau in den Trümmern,
> Da wiegt ein Ulmenbaum
> Frischgrünend seine Krone
> Hoch überm Giebelsaum."

Über das Leben dieses Bauvirtuosen ist so
gut wie nichts bekannt. Beers Selbstein-
schätzung scheint indes nicht gering gewesen: So hat er sich als Konsolfigur an seinem Hauptbauwerk verewigen lassen, als
welche er auf die Welt seiner Bewunderer
hinabsehen konnte und vielleicht auch hinüber auf das Hauptwerk seines jungen Mitarbeiters Heinrich Schickhardt, den Neuen
Bau beim Alten Schloss, kurz nach dem
Lusthaus errichtet, aber 1757 abgebrannt.
Beers Hauptwerk ging es nicht wesentlich
besser. 150 Jahre lang als *die* Attraktion der
württembergischen Residenzstadt im Original erhalten geblieben, ließ es Herzog
Carl Eugen zum Opernhaus, König Friedrich zum Schauspiel und Wilhelm I.
schließlich zum Hoftheater umfunktionie-
ren, in welcher Gestalt es 1902 abbrannte.
Unter dem Schutt kam dann die in aller
Monumentalität doch auch grazile Treppenanlage von Beers Lusthaus zum Vor-
schein, die längst als eine Art Objet trouvé
in Stuttgarts Mittleren Anlagen ihren Platz
bezogen hat – zum Nachdenken über ver-
sunkenen architektonischen Glanz, zumal
auch dieser letzte Überrest vom Verfall bedroht ist und mit einem selber schon pati-

**An Hirsaus Jagdschloss, nach der kurpfälzi-
schen Heidelberger Residenz die berühmteste
Ruine im Land, hat bereits Beers Meisterschüler Heinrich Schickhardt mitgewirkt.**

**Ruinöses Ruinenstück: eine der Lusthaus-
treppen, 1902, nach dem Abriss des abgebrannten Hoftheaters am Stuttgarter
Schlossplatz aufgetaucht und längst als
eine Art Object trouvée in den Mittleren Anlagen aufgestellt, ist die letzte Reminiszenz
an den Renaissance-Palast, muss nun aber
selber konservatorisch betreut werden.**

nierten Metallrohrgerüst geschient und zu-
sammengehalten werden muss.
Beer, nach neuesten Erkenntnissen um
1600 in Stuttgart gestorben, steht als württembergischer Hofbaumeister der Renaissance zwischen Aberlin Tretsch und Heinrich Schickhardt, als dessen Lehrer er ihm
ein wichtiges Erbe mitgab: die „gute Ordnung" in der Stadtplanung. Ein Prinzip,
nach welchem Beer um 1590 das abge-
brannte Schiltach an der Kinzig wieder aufgebaut hat – unter Assistenz Schickhardts.

GEORG KERN (1583 bis nach 1631)

Georg Kern entstammt einer während des 16. und 17. Jahrhunderts tätigen Künstlerfamilie aus dem hohenlohischen Forchtenberg am Kocher. Als ihr berühmtester Vertreter gilt der Bildhauer Leonhard Kern (1588–1662). Georg (1583/nach 1631) war wohl bis 1607 unter seinem Vater Michael I Kern in der Heimatstadt tätig, um sich dann weiter hinauszuwagen ins Hohenlohische, zumeist in ergänzender, vollendender oder optimierender Funktion, darin seinem großen Stuttgarter Kollegen Heinrich Schickhardt ähnlich, nach dessen Rat und Plan er einige Male arbeitet, so beim Umbau der Kapelle in Adolzfurt bei Bretzfeld (1618–1621), beim Weiterbau des Schlosses in Waldenburg (1613–1621) und bei den Schlossportalen in Neuenstein, wo er von 1609 bis 1611 auch die Stadtkirche errichtet, seine wahrscheinlich erste große eigenständige Arbeit. Ebenfalls zu dieser Zeit entsteht auch der Sakristeianbau in Lan-

Auch Kern, im Hohenlohischen häufig bei der Zusammenarbeit mit Heinrich Schickhardt anzutreffen, ist ein Meister des Turmabschlusses. Hier der des Waldenburger Schlosses mit seinen berühmten „Männles"-Figuren zuoberst.

Innenhof des Öhringer Schlosses mit Rundarkaden und Treppenturm.

Links der von den spätgotischen Baumeistern Hans von Urach und Bernhard Sporer erbauten Stadtkirche St. Peter und Paul das auf Georg Kern zurückgehende Öhringer Renaissanceschloss (heute Rathaus), von 1611–1614 nach den Plänen Georg Kerns errichtet; eines seiner Hauptwerke.

ner Zeit. Kurz darauf entsteht in Künzelsau sein dreischiffiges, flachgedecktes Langhaus für die evangelische Stadtkirche Johannes der Täufer (1612–1617).

Kerns Hauptwerk ist ohne Zweifel das Öhringer Schloss (1611–1614), ein freistehender Rechteckbau aus behauenem Bruchstein. Imposant die über Eck gestellten Volutengiebel mit ihren bekrönenden Fächerrosetten. Eine gängige Renaissance-Zierform, etwa auch beim nahen Schloss Langenburg – oder dann als „Remake" in der historischen Neorenaissance des 19. Jahrhunderts.

Georg Kerns Langenburger Schloss aus der Luft: Typische Vierflügelanlage mit Rundtürmen an den Ecken, aber wie aufgelockert und heiter wirkend etwa gegenüber der Hermetik von Aberlin Tretschs Stuttgarter Altem Schloss. Bei dem zwischen 1610 und 1627 entstandenen Komplex ist Kerns Urheberschaft allerdings nicht gewiss.

genbeutingen (1609), bei dem er noch auf gotisches Formengut zurückgreift. Im selben Jahr, Kerns produktivstem, entsteht dazuhin da Schloss Hermersberg bei Ingelfingen als Erweiterung eines Jagdschlosses von 1550. Vor allem der Saalbau mit seinem aufwändigen Rittersaal nach dem Vorbild der bis heute als Musterbuch des Renaissance-Schlossbaus bedeutenden Weikersheimer Anlage zeigt Kern auf der Höhe sei-

Die zweistöckigen Kolonaden im östlichen Verbindungsteil der Pfedelbacher Schlossanlage baute Georg Kern aufgrund eines Gutachtens von Heinrich Schickhardt.

HEINRICH SCHICKHARDT (1558–1634)

Es herrscht derzeit eine Renaissance um den großen württembergischen Renaissancebaumeister, den Herrenberger Heinrich Schickhardt (1558–1634), wegen seiner überragenden Ingenieurleistungen etwa auf dem Gebiete des Wasserbaus auch „Schwäbischer Leonardo" genannt. Schickhardt war ein Universalist, der, lange bevor es an der Wende vom 19. zum 20. Jahrhundert gefordert wurde, den Architekten mit dem Bauingenieur zu vereinen wusste, den Ästheten und Stilisten mit dem Erfinder und Praktiker.

Er stammt aus einer Handwerkerfamilie – seine Vorfahren waren Bildschnitzer oder Schreiner. Und auch Schickhardt erlernt zunächst den Beruf des Schreiners. Aber schon als Zwanzigjähriger hatte er es zum Gehilfen des berühmten Hofbaumeisters Georg Beer gebracht und assistierte ihm beim Bau des legendären, 1902 abgebrannten Stuttgarter Lusthauses, zu seiner Zeit ein herausragendes Stück deutscher Renaissancearchitektur. Seit 1590 für den württembergischen Hof in Stuttgart tätig, dessen herzoglicher Baumeister er 1596 wurde, hatte Schickhardt Beer bis zu dessen Tod (1600) peu à peu zu ersetzen begonnen. Kurz hintereinander (1598 und 1599/1600) bereiste er Italien, unter an-

Porträtzeichnung des Baumeisters Heinrich Schickhardt nach einer Männerbüste am ehemaligen Lusthaus in Stuttgart, wo sich der Meister wohl selbst dargestellt hat.

derem zu Studienzwecken für Stuttgarts „Neuen Bau", sein Opus magnum (1599–1609), das 1757 abbrannte.

Schickhardts Reisetagebücher sind über die Originalität der Beobachtung – und Orthographie – hinaus eine Fundgrube für die Renaissancearchitektur in Deutschland. Über den Petersdom schreibt er: „Der Neuw bauw aber (ist) ... ein so uberauß schön, groß unn herrlich Gebäuw das sich darob zu verwundern außwendig nach der rechten Kunst der Architectur, an Thüren, Fenstern, Colonnen und Gesembsen, gantz schön und zierlich geordnet, auf das allerfleissigste gehauwen und versetzt." Ähnlich enthusiasmiert äußert er sich über die Arbeiten Andrea Palladios (1508–1580). Schickhardt gilt als einer der ersten Architekten nördlich der Alpen, der Palladios

Der zierhafte Uhrengiebel (1586–1589) an der Nordfassade von Esslingens Altem Rathaus, eine der bekanntesten und leichthändigsten Arbeiten Schickhardts.

Schickhardts Planung für Freudenstadt (um 1600) nach Maßgaben eines Mühlbrettmusters ist eine der wenigen Renaissance-Stadtanlagen nördlich der Alpen.

kräftige, strenge Formen zur Grundlage seines eigenen Schaffens gemacht hat. Und in Italien lernt er auch den „ordentlichen" Städtebau kennen. Über Ferrara juchzt er: „Es hat das Ansehen, alsz seye diese statt umb viel erweitert und die Gassen in besserer Ordnung weder zuvor angelegt worden. Am größten Theil der statt aber, besonders in der Gegene umb den neuen Marckt, hat es schöne gerade lange weite Gassen ... alles schnurgerade – in so schöner Ordnung gebaut, das es eine Lust zu sehen ist." Man ahnt also auch von hier aus den Impuls zu Freudenstadt.

Schon zehn Jahre vorher, 1590, beim Wiederaufbau des abgebrannten Schwarzwaldstädtchens Schiltach, wo er seinem Lehrmeister Georg Beer beisteht, kommt er zu dem Befund: „Anstatt alter bawfelliger und ibel geordneter Gassen und Heiser" habe die Stadt „wohl geordnete Gassen und Heiser" erhalten. Das Hauptstück der Zusammenarbeit mit Georg Beer ist längst eine wahrzeichenhafte Ruine, das Jagdschloss in Hirsau, von 1589 bis 1593 ausgeführt, oder, wie es bei Schickhardt selber heißt: „Hiersen – denselbigen Hauptbau dem Bauwmeister Georg Behren helffen fiehren."

Stadtplaner und Städtebauer

Auch darin wesentlich Städtebauer war Schickhardt Hauptgestalter des ehemaligen Stuttgarter Schlossplatzes vor dem

Schickhardts „Stiftsfruchtkasten" (1578–1596) ist das letzte Relikt des von ihm einst gestalteten Alten Schlossplatzes (heute Schillerplatz). Nach Kriegszerstörungen verändert wieder aufgebaut.

Zum Genius Schickhardts gehört auch seine Meisterschaft in der Gestaltung von Turmhelmen. Das Beispiel auf der Cannstatter Stadtkirche ist dabei erhalten geblieben ...

... das von St. Martin in Backnang wurde nach Zerstörungen oberhalb des Schickhardtschen Fachwerkaufsatzes allerdings verändert.

Mühlbrettraster mit der Winkelhakenkirche (1601–1618) als einer der vier Eckmarkierungen. Die Idee der Laubengänge rund um den Marktplatz soll Schickhardt aus Italien mitgebracht haben.

Zu seinen vielen unausgeführten, aber oft bis ins Feinste ausgedachten Projekten gehört neben dem Freudenstädter Schloss, um das herum sich die Mühlbrettmusterstadt mit ihren Laubengängen scharen sollte, das Schloss in Calw. Wäre es zustande gekommen, man hätte heute am Nordschwarzwaldrand, oberhalb der Nagold, gewiss die bedeutendste Renaissanceruine in Württemberg, denn ebenso wenig wie das Heidelberger hätte wohl das Calwer Schloss den Franzoseneinfällen im Pfälzer Krieg Ende des 17. Jahrhunderts widerstanden. Die Zerstörung des nahen Klosterkomplexes in Hirsau, an dem er ja mit seinem Lehrmeister Beer mitgewirkt hatte, gibt dafür ein beredtes Beispiel. Exemplarisch sind Schickhardts Kirchturmaufbauten und Turmverbesserungen etwa in Cannstatt, Vaihingen/Enz, Backnang oder Denkendorf. Überhaupt: Während Schickhardts Zeit als Hofbaumeister gab es im Herzogtum Württemberg kaum eine wichtige Baumaßnahme an Kirchen und Schlössern, an der er nicht wenigstens beratend mitgewirkt hätte. Den Zeichnungen und Grundrissen des Stadtplaners Schickhardt verdanken etwa Orte wie Balingen, Loßburg, Oelbronn, Oppenau oder Vaihingen/Enz ihr Aussehen – und vor allem auch Mömpelgard, die Hauptstadt der

Alten Schloss. Er hat am Prinzenbau mitgewirkt (heute Justizministerium) und dem Fruchtkasten neben der Stiftskirche seinen zierlich stolzen Renaissancegiebel aufgesetzt. Andere noch nachvollziehbare

Hauptwerke sind der jüngst erst renovierte Esslinger Rathausgiebel mit seinem Glockenspiel (1586–1589) oder eben die überaus originelle Gründungsidee für Freudenstadt (1599) auf einem hochvergrößerten

Schickhardts vierbogige Steinbrücke über den Neckar bei Köngen (1600–1602) erinnert an den „Wasserbauingenieur" und großen Brückenbauer, der er – auch – war. Im Zweiten Weltkrieg zerstört, danach wieder aufgebaut, wirkt sie nach wie vor flussbildprägend.

Der Garten vor dem Leonberger Schloss, 1609–1611 von **Schickhardt** geschaffen, ist eine der ersten Renaissance-Gartenanlagen im Südwesten. Regelmäßige Beete, Brunnen und vier Eckpavillons sind seine Charakteristika. 1976–1980 hat man diese überraschende Anlage rekonstruiert.

gleichnamigen Grafschaft im südlichen Elsass, die ja am Ende des 14. Jahrhunderts an Württemberg gefallen war und in die Schickhardt 1600 sogar seinen Hausstand verlegte, um den Bauarbeiten dort nahe zu sein.

Mit seinem Hauptauftraggeber und Mäzen Herzog Friedrich I. (1557–1608) bildete Schickhardt eine Art Unio mystica, eine tief verwurzelte Verwandtschaft in Geist und Vorstellung. Friedrich zog ihn zu allen wichtigen Bauvorhaben heran. Dennoch gelangen Schickhardt auch außerhalb des Herzogtums geniale Lösungen, so in der nahen Reichsstadt Esslingen die gleichsam als Großglockenspiel vor das spätgotische Fachwerk des Alten Rathauses gestellte Renaissancefront oder im hohenlohischen Waldenburg die evangelische Pfarrkirche (1590–1593).

Für unseren Baumeister war Herzog Friedrich der „theire Held", und als der am 29. Januar 1608 stirbt, resümiert Schickhardt: „Bey disem Herren habe ich große Miehe und Arbeit gehabt, auch vil schwehre und gefahrliche Raisen volbracht, also das ich in 15 Jaren nit iber den halben Thail bey meiner Haushaltung sein künen." Aber Friedrich habe ihn „mit gnedigem Zusprechen und ansehnlichen Verehrungen ... wider lustig (und die) ... Geschefte darmit leicht gemacht."

Wie viel Schickhardt Friedrich zu verdanken hatte, sollte sich alsbald nach dessen Tod zeigen, als der neue Herzog, Friedrichs

Sohn Johann Friedrich, trotz Schickhardts Ernennung zum Landbaumeister und einer damit verbundenen Gehaltsaufbesserung Großprojekte stornierte: allen voran die beiden „Schwarzwaldschlösser" Freudenstadt und Calw.

Der Mann, der so viel Konstruktives und Erhabenes für die Baukultur Württembergs geleistet hat, wurde 1634 Opfer einer marodierenden kaiserlichen Soldateska, die seinen Heimatort Herrenberg heimsuchte. Heute führt eine nach ihm benannte Straße vom Elsass nach Backnang, das ihm sein Schloss verdankt und auch den bis ins endende 17. Jahrhundert erhalten gebliebenen pittoresken, aber mittlerweile abgewandelten Aufsatz des Martinsturms. Eine Straße mitten durch die Bauwelt dieses altwürttembergischen Genius.

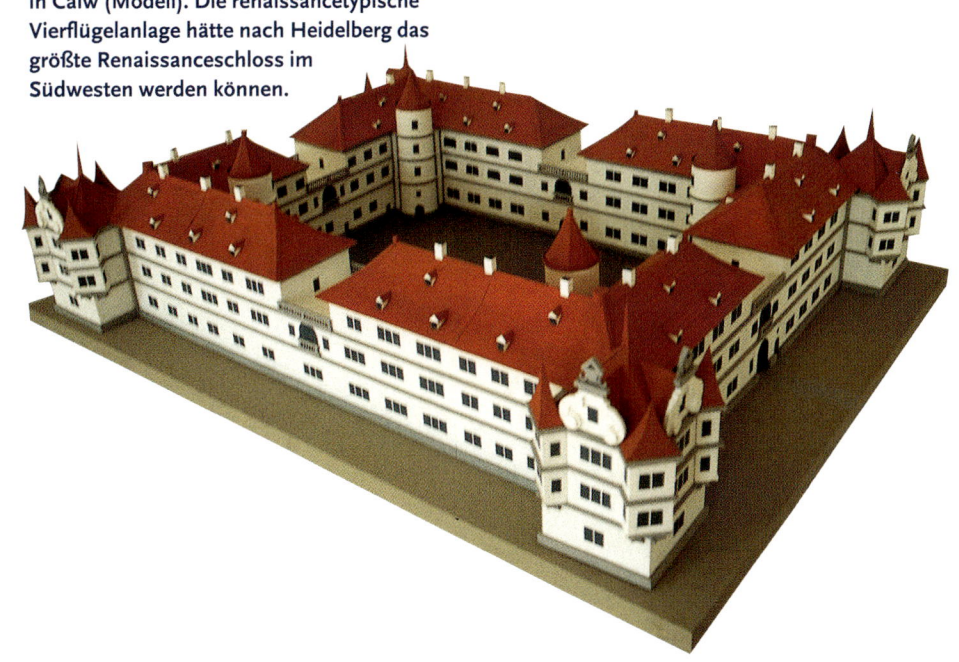

Schickhardts Vorstellungen für ein Schloss in Calw (Modell). Die renaissancetypische Vierflügelanlage hätte nach Heidelberg das größte Renaissanceschloss im Südwesten werden können.

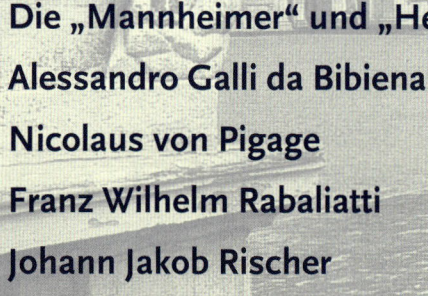

Barock,

Ende 17. bis spätes 18. Jahrhundert

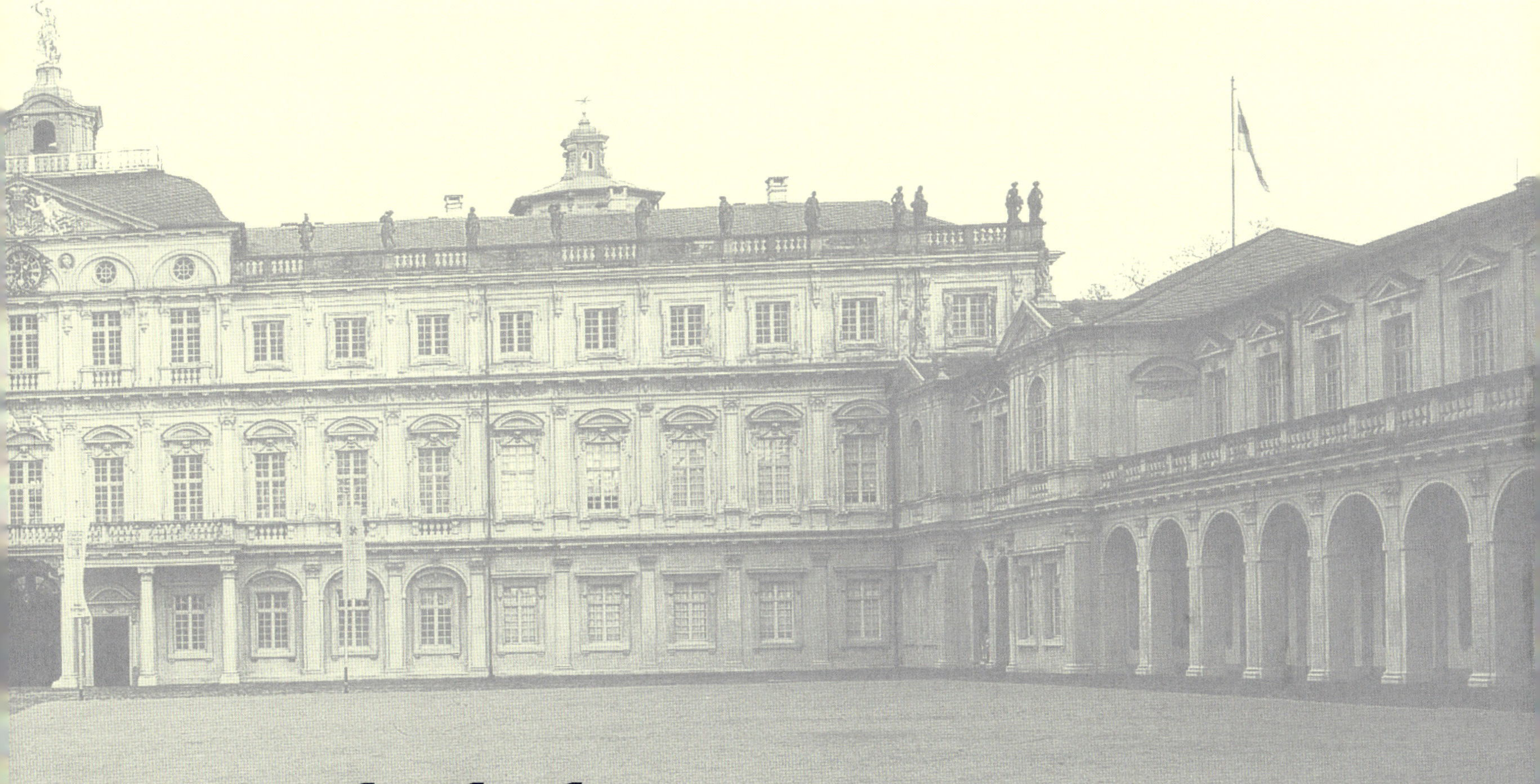

Frühklassizismus

Schlösser, Kirchen, Reißbrettstädte

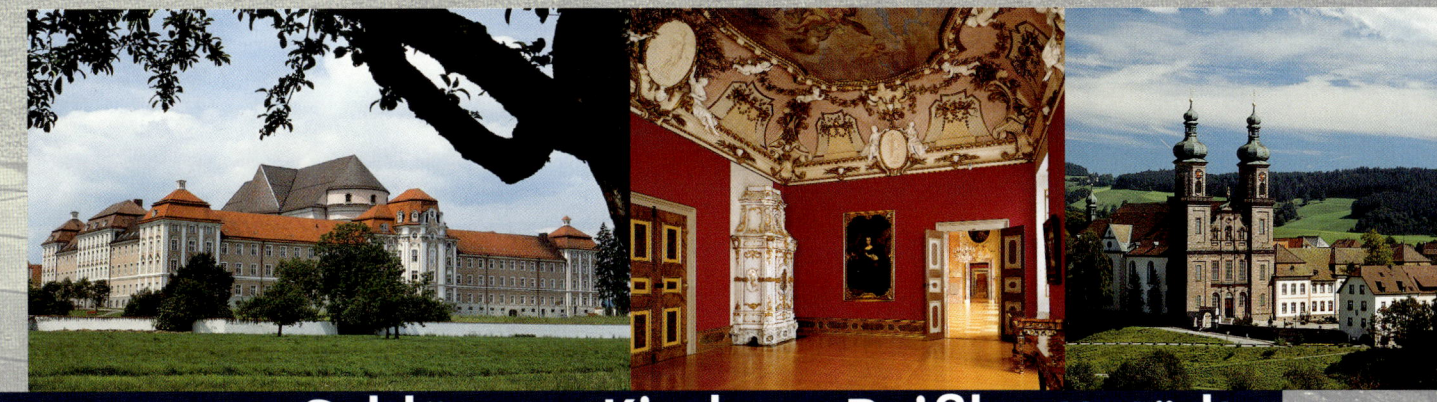

Prunkbauten aus Absolutismus und Gegenreformation

Barock – ein Wort wohl aus dem Portugiesischen, denn „barocco" steht dort für eine unbearbeitete, ungleichmäßige, schiefrunde Perle. So wird der Begriff zum Synonym für Skurriles, Wunderliches, Ungeordnetes. Ein Stil außerhalb der Reihe, ähnlich wie „Gotik" durch ein Unwort gekennzeichnet und im Lauf des 19. Jahrhunderts verrufen wie später, von 1920 bis 1975, Historismus und Jugendstil. Den Barock setzt der seinerzeit hoch angesehene Stuttgarter und dann Zürcher Bauhistoriker Wilhelm Lübke in seiner „Geschichte der Architektur" (1865) auf zwei Jahrhunderte an; er dauert bei ihm zwischen 1580 und 1780. Sein Urteil indes ist vernichtend und zeigt, wie sehr auch die „wissenschaftliche" Betrachtung von Kunst je und je dem Zeitgeist unterliegt:

„Was für den gothischen Styl die Gothik des fünfzehnten Jahrhunderts, das ist der Barockstyl für die Renaissance: die Epoche der Verwilderung, der emancipirten Decoration. Der Inhalt, die Zwecke sind dieselben geblieben; nur der Ausdruck ist ein anderer. Michel Angelo ist der Vater des Barockstyles. In seiner gewaltigen Subjektivität, welche die Fesseln des Hergebrachten brach und anstelle streng gesetzlicher Ordnung die Berechtigung ihrer Willkür setzte, bereitete er jenen übertriebenen, schwülstigen Charakter, jenes willkürliche Leben der Decoration vor, das von seinen jüngeren Nachfolgern in's Extrem ausgebeutet wurde."

Die kunsthistorische Epoche des Barock wird mittlerweile zeitlich enger gefasst als bei Lübke und dauert neuerdings von 1600 bis etwa 1760. Danach folgt hierzulande, zumal im Schlösserbau, ein barock geprägter Klassizismus. In den Barock ragt eine neuerliche Variante, ein leicht-sinniger, eleganter Dekorationsstil, dessen Name sich von einem darin vielfach verwendeten Ausschmückungselement ableitet – der „rocaille", dem Grotten- oder Muschelwerk: das Rokoko. Es „entschwert" sozusagen den Barock, während der Klassizismus ihn versachlicht. Im Gegensatz zu den großen neuzeitlichen Stilen Renaissance und Barock, mit denen uns Italien inspiriert hat, sind Rokoko wie barocker Klassizismus französische Importe.

Barock im deutschen Südwesten ist die Bauepoche des fürstlichen Absolutismus und der katholischen Gegenreformation. Im Norden sind es vor allem die Residenzen, im Süden, auf vorderösterreichischem Territorium, auf den Gebieten des Deutschen Ordens und der großen Reichsabteien, schlug damals die Stunde der Gegenreformation: Die katholische Kirche prunkte allenthalben mit Prachtentfaltung. Ein barockes Pendant zum katholischen Kirchenbau gab es weder im protestantischen Nordbaden und schon gar nicht im pietistisch unterminierten Herzogtum Württemberg. Kaum irgendwo evangelische Kirchen mit Kanzelaltären und mehrstöckigen Emporen, wie sie für den Einflussbereich der sächsisch-protestantischen Gotteshäuser im Barock so typisch sind, etwa im angrenzenden Unterfranken. Geschweige denn Annäherungen an einen solch evangelischen „Dom" wie Dresdens Frauenkirche.

Den gegenreformatorischen Kirchenstil im südlichen Südwesten prägen zwischen 1650 bis gegen 1800 die „Vorarlberger" aus dem Bregenzer Wald, vor allem aus Au oder Bezau. In Oberschwaben, am Bo-

Musteranlage barocker Schloss- und Stadtplanung: Karlsruher Fächer im Hardtwald, dessen jahrzehntelanger Ausbau 1715 mit der Grundsteinlegung des Schlossturms beginnt, dem weithin erkennbaren Ausgangspunkt.

Domenikus Zimmermanns katholische Pfarrkirche St. Peter und Paul mit Wallfahrt zur
Schmerzhaften Mutter Gottes in Steinhausen
gilt als eine der schönsten Dorfkirchen der
Welt. Von 1728 bis 1733 entstanden, rühmt
sie selbst der gestrenge Georg Dehio: „Diesem … aus bescheidenem Material ausge-

führten Bau gebührt kraft der geistreichen Erfindung und der glänzenden Beherrschung
der künstlerischen Darstellungsmittel einer
der ersten Plätze in der süddeutschen Architektur des 18. Jahrhunderts. Er ist weder ita-
lienisierend noch französierend, vor allem
ganz unakademisch."

Leichtester, fast elysischer Barock. Auch
Christian Wiedemanns katholische Stadtpfarrkirche St. Georg in Ochsenhausen
entsteht, wie Steinhausen, im ersten Drittel
des 18. Jahrhunderts (von 1725 an).

densee, am Hoch- und dem Südlichen
Oberrhein brillieren sie als glänzend ausgebildete Bau- wie Ausstattungskünstler
und bringen eminente Kloster- und Kir-
chenanlagen zuwege: Zwiefalten, St. Peter,
Obermarchtal, Birnau und natürlich das
grandiose Weingarten. Der Zusammenschluss in einem zunftmäßigen und bru-
derschaftlich organisierten Unternehmer-
verband brachte den Vorarlbergern eine
fast monopolistische Stellung auf diesem
Gebiet. Wir haben es im Südwesten dabei
meist mit den familiär eng verquickten
Sippen der Beer und Thumb zu tun. Der
andere wichtige weit nach Oberschwaben
und an den Bodensee reichende Barock-
bauplatz gehört dem Deutschen Orden.
Ihn „bearbeiten" Vater und Sohn Bagnato.

Städte auf dem Reißbrett

Im nördlichen Südwesten dagegen entstehen neue, ausufernde Herrschaftsbe-
reiche mit dazugehörenden „Reißbrett-
städten" für die jeweilige Beamtenschaft:
Am Oberrhein verlegt Markgraf Ludwig
Wilhelm von Baden (1655–1707) seine
katholische Residenz von der Höhe hinunter in die breite Flussebene, von Baden-
Baden nach Rastatt, als Ausdruck absolu-
tistischer Omnipotenz nach dem sattsam
bekannten Beispiel Versailles. Hier wächst
zum ersten Mal im heutigen Landesgebiet
neben einer mächtigen Residenz seit 1697
zugleich auch eine barocke Planstadt heran.
Weiter nördlich in der Rheinebene lässt
Ludwig Wilhelms protestantischer Mark-
grafenkollege Karl Wilhelm von Baden-
Durlach im Hardtwald eine radiale Konzeption verwirklichen, wonach die Straßen
wie Sonnenstrahlen vom Schloss aus die

Frisonis Palais Graevenitz in Ludwigsburg
(1728). Innensicht vom ersten Stock.

Bürgerstadt bestreichen. Baubeginn war
hier 1715, und noch immer spürt man
in Karlsruhe den Zusammenhang von
Schloss und Stadt.
1720 wird dann die kurpfälzische Residenz von Heidelberg direkt an den Rhein
nach Mannheim verlegt, wo sich ebenfalls

eine barocke Planstadt entwickelt. Daneben, ein wenig weiter östlich, entsteht in der „Spargelebene" des Kraichgaus als Residenz für das Fürstbistum Speyer die überaus imposante Bruchsaler Schlossanlage.

Mannheim wie Bruchsal sind sozusagen Fluchtschlösser. Beide Male entziehen sich hier katholische Landesherren ihren protestantischen Stadtuntertanen und etablieren sich in unberührtem Tiefland: Der Pfälzer Kurfürst Carl Philipp weicht vor den reformierten Heidelbergern nach Mannheim und der Fürstbischof Damian Hugo von Schönborn vor den protestantischen Speyerern nach Bruchsal aus.

Schließlich entwickelt sich unter Herzog Eberhard Ludwig von Württemberg aus einem Jagdschloss in unwegsamem, schwierigem Gelände trotz zähem Widerstand der protestantischen Stände ein nicht mehr enden wollendes Schlossprojekt mit obligater, allerdings nur zur Hälfte fertig gestellter Barockstadt. Bald von den württembergischen Herrschern abgelehnt oder allenfalls sporadisch genutzt, ist Ludwigsburg heute mit seinem blühenden Barock ein Magnet des Tourismus im Land.

Augenfällig an diesen Schlossanlagen ist ihre Dreiflügeligkeit, im Gegensatz zum vorhergehenden Renaissance-Schloss-Stil mit den hermetisch wirkenden Vierflügel-Komplexen. Nur in Ludwigsburg wuchs, um nicht zu sagen „wucherte", eine klassische Dreiflügelanlage durch ständiges Weiterbauen gewissermaßen wieder vierflügelig zu.

Gleichwohl: Schlossbau in Verbindung mit Städtebau, das war auch Investition und Ausgangspunkt für einen kleinen Wohlstand der Beteiligten. Die über Jahrzehnte gehenden Maßnahmen in Verbindung mit der zu erneuernden oder gar neu zu schaffenden Infrastruktur, also Straßen, Brücken, Kanäle oder Wasserwerke – überall gab es nun Arbeit! Auch brachte der „Bau" höchst interessante Leute ins Land. Allein die bedeutsame Karlsruher Architekturschule des 19. Jahrhunderts (Weinbrenner, Berckmüller) hat ihre Ursprünge auch im Zuzug von Handwerkern, die aus allen Richtungen gekommen waren, um sich am Aufbau dieser markgräflichen Musterresidenz zu bewähren.

Auch bei den schlossartigen Klosteranlagen von Wiblingen (1714–1760) ist Christian Wiedmann der Planer.

Der Rokoko-Bibliothekssaal von Kloster Wiblingen (um 1750), worin, nach einer Portalinschrift, „alle Schätze der Weisheit und Wissenschaft" geborgen sein sollen, gilt über alle Ausstattungspracht hinaus als eminente Raumschöpfung.

Fassadenwucht. Wiblingens spätbarocke katholische Pfarrkirche
St. Martin (1772–1783) wirkt wie eine
gegenreformatorische Glaubens-
festung.

Barocke Weiterentwicklung im Frühklassizismus

Nach Siegfried Giedion (1888–1968) endet mit dem spätbarocken Klassizismus zugleich die große Barockepoche und beginnt mit dem romantischen Klassizismus eine gänzlich neue Ära.

Wichtig für die Begriffsbestimmung von Frühklassizismus besonders in unseren Breiten ist dabei die Erkenntnis, dass sich Frühklassizismus und „Rückbesinnung auf die Antike", nicht gleichsetzen lassen, vielmehr greift der Frühklassizismus auf Formen des Frühbarock zurück, wie er um 1700 in Frankreich en vogue war. Es kommt deshalb nicht von ungefähr, dass gerade im deutschen Südwesten französische Architekten wie Nicolas de Pigage, Philippe de La Guêpière oder Michael d'Ixnard nach der Mitte des 18. Jahrhunderts eine herausragende Rolle spielen – Pigage in Mannheim, Guêpière in Stuttgart und d'Ixnard im südlichen Südwestdeutschland.

Höfische Lustarchitektur: Das Schieß-
haus des fürstbischöflichen Speyrer
Fürstbischofs Franz Christoph von Hut-
ten oberhalb des Bruchsaler Schlosses
(1756–1761).

DIE „VORARLBERGER"

Die Vorarlberger Verzeichnisse der Baumeister, Meister und Hilfskräfte des Maurer-, Steinhauer- und Zimmererhandwerks für die Barockzeit enthalten etwa 700 Namen – von Aberer bis Zumkeller, von Zündel bis Albrecht. Als die größten gelten Beer, Kuen, Moosbrugger und Thumb. Dabei waren die Beers und Thumbs für den südlichen Südwesten, also für Oberschwaben, Bodensee, Hoch- und Oberrhein überaus ergiebig.

MICHAEL I. BEER
VON BLAICHTEN (um 1605–1666)

Der Ahnherr jener Baumeistersippe stammt wie ein gut Teil der Vorarlberger Baumeister aus Au im Bregenzer Wald. Er hat schon bald nach dem Dreißigjährigen Krieg etliche wichtige Werke im Südwürttembergischen geplant und auch zu bauen begonnen: Von 1652 gibt es einen Entwurf zur Kirche des Benediktinerklosters in Isny und aus demselben Jahr zum „Langen Bau" für das Zisterzienserinnenstift Heiligkreuztal. Von 1654–1661 geht er den „Neuen Bau"

des Benediktinerinnenstifts Weingarten an. Auch am Umbau des gräflich-hohenzollerschen Schlosses in Hechingen (1662–1665) ist er beteiligt. Ganz in der Nähe, in Inzigkofen, baut er für das Augustinerkloster den Konventsbau und die Kirche (1659–1663). Und in Rottenburg, so zumindest sein Biograf Norbert Lieb, das Jesuitenkolleg, nachmalig das Bischöfliche Palais. Michael I. Beer, einer der ersten Meister des Frühbarock im Südwesten, von dem wir sonst nicht mehr viel wissen, ertrinkt 1666 auf dem Heimritt in der Hochwasser führenden Bregenzer Aache, dem Fluss seiner Kindheit.

FRANZ II. BEER
VON BLAICHTEN (1660–1726)

Der Grande unter den sieben großen „Vorarlbergern" (drei Beer, ein Kuen, ein Moosbrugger und zwei Thumbs) war Franz Beer von Blaichten (auch Bleichten; 1660–1726), als der zweite Beer zur Unterscheidung von seinem Vater Michael (um 1605–1666) auch Franz II. Beer von Blaichten genannt. Den Adelstitel verlieh ihm Kaiser Karl VI. 1722. Damit, so sein Biograf Norbert Lieb,

An Weingartens grandioser Benediktinerabtei (ca. 1712–1804) haben viele Barockbaumeister gearbeitet, auch Vorarlberger wie seit 1716 Christian Thumb als Bauleiter. Franz Beer oblag es wohl, zwischen 1712 und 1715 die Pläne zu überarbeiten.

Heilig-Kreuz-Kirche in Offenburg, 1689 von den Franzosen zerstört, von 1700 an durch Franz Beer erneuert – auffallend die elegante Einbeziehung des Turms in die Fassade.

Hochaltar der ehemaligen Prämonstratenser-Abteikirche St. Peter und Paul in Obermarchtal, eine Vorarlberger Kooperation (Michael und Christian Thumb, Franz Beer).

Blick in Weingartens katholische Pfarrkirche St. Martin und Oswald, das Zentrum der Klosteranlage.

steht dieser Vorarlberger in einer Reihe mit Fischer von Erlach (geadelt 1696) und Johann Lukas von Hildebrandt (geadelt 1720). Das Bauhandwerk lernt Beer von 1677 bis 1680 in der Auer Zunft bei seinem Vetter Michael Thumb. Als dessen Mitarbeiter in Obermarchtal gelangt er nach Oberschwaben, ein lebensentscheidender Aufenthalt. Denn fortan sollte auch er, wie vordem der Vater, weitgehend im südlichen Südwestdeutschland arbeiten, sei's in Oberschwaben, sei's im heutigen Südbaden. 1687 heiratet er in Saulgau die Tochter eines reichen Metzgermeisters, 1692 trifft man ihn als Baumeister der Benediktinerabtei Zwiefalten. Nach dem Tod seiner Ehefrau siedelt er 1705 nach Konstanz über, wo er sich wiederum günstig verehelicht: diesmal mit der

Tochter eines politisch einflussreichen und begüterten einheimischen Gastwirts. Zwischen seinem 30. und 66. Lebensjahr absolviert Beer etwa sechzig Arbeiten meist sakraler Natur. Sein „Markenzeichen" wird um 1700 die weit ausgesetzte, markant vor das Langhaus gestellte Doppelturmfassade. Die meisten Aufträge und zugleich die bedeutendsten künstlerischen Ergebnisse hat er beim Bau von Klöstern und Stiften. Sein Biograf Norbert Lieb wiederum: „Unterschieden von der Trockenheit Christian Thumbs und der Zucht Kaspar Moosbruggers schaltet Franz Beer in den ansehnlichsten klösterlichen Bauaufgaben mit großzügiger Gebärde. In Salem (und) Weingarten hat er Werke geschaffen, mit denen die Reichstiftsarchitektur Schwabens dem imperialen Barock der österreichischen Stifte nahe kommt."

Das Konventsgebäude der ehemaligen Zisterzienserabtei Salem, 1697 abgebrannt, ist ein
Neubau Franz Beers (um 1710).

Auch andere Stifts- und Klosterbauten zeugen vom Wirken des Architekten im Süden
Baden-Württembergs, so seine Beteiligun-
gen am Klostergebäude Beuron (1694),
mittlerweile „aus künstlerischen, wissenschaftlichen und heimatgeschichtlichen
Gründen" ins Denkmalbuch eingetragen,
oder am bischöflichen Konvikt samt Kirche
in Ehingen/Donau (1698–1706). Ebenso an
den Klostergebäuden Mariaberg bei Sigmaringen (1682–1687), in Sießen bei Saulgau
(1716–1722), dem Zisterzienserinnenstift
Salem (1697–1706) und dem Zisterzien-
serinnenkloster in Wald bei Sigmaringen
(1696–1698), an der Prämonstratenser-
abtei Weißenau bei Ravensburg (um 1705).
Die Zwiefaltener Klosteranlage (1692–1710)
vollendet er gar.
Bedeutende Kirchenbauten Beers stehen
insbesondere im Südbadischen, so die
katholische Stadtpfarrkirche St. Maria in
Gengenbach (1690–1722) und die katholische Stadtpfarrkirche Hl. Kreuz in Offenburg (ab 1700).
Franz Beers Sohn Johann Michael (1700–
1767) galt als weltmännisch und hoch
begabt, hatte aber keineswegs mehr die
Konsequenz und Linie des väterlichen
Schaffens.

Blick zum Hochaltar der Wallfahrtskirche
Unserer Lieben Frau auf dem Schönenberg bei
Ellwangen, im Wesentlichen ein Werk der bei-
den Vorarlberger Brüder Michael und Christian
Thumb, die 1682 damit begannen (Weihe
1729).

DIE THUMBS

Der erste in unserem Zusammenhang
wichtige Baumeister dieser mit den Beers
versippten Familie ist Michael Thumb, um
1640 im Bregenzer Wald geboren und 1690
dort auch, in Bezau, gestorben. Er lernt unter seinem Onkel Michael Beer und bildet
selber seinen Bruder Johann Christian I.
sowie seinen Vetter Franz II. Beer aus. Dem
Onkel assistiert er zuerst beim Zisterzienserinnenstift Rottenmünster bei Rottweil

und baut es nach dessen Tod 1666–1669
fertig. Das berühmteste ihm zugeschriebe-
ne Werk ist die Wallfahrtskirche im Weg-
gental bei Rottenburg.
Mit seiner größten Arbeit beginnt er 1684.
Sie sollte ihn bis zu seinem Tod beschäftigen: In Zwiefalten baut er für das Benediktinerkloster den Ostflügel mit Bibliothek,
Priorat und Marienkapelle. Auch an einem
anderen, ähnlich spektakulären Objekt ist
er bis zum Lebensende beteiligt: der Prämonstratenser-Klosterkirche in Obermarchtal. Allerdings stürzen hier 1689 die Türme
ein, sodass erst seine beiden Schüler und
Mitarbeiter Christian I. Thumb und Franz II.
Beer das Gotteshaus 1692 vollenden können. Für die Benediktinerkirche in Villingen

Peter Thumb gilt zusammen mit seinem Schwiegervater Franz II. Beer von Blaichten als der bedeutendste von den im Südwesten tätigen Vorarlbergern.

fertigte er 1687 die Pläne. Sie wird zwar bereits 1688 begonnen, dann aber so zögerlich ausgeführt, dass man sie erst 1719 vollendet. Michael Thumbs letzte überlieferte Arbeit im Land ist der Gästebau für das Priorat des baufreudigen Weingartener Stifts in Friedrichshafen (1688–1690).

Der jüngere Bruder Johann Christian I. Thumb, ebenfalls aus dem Bregenzer Wald, wird wohl 1645 in Au geboren, wo er 1726 nach einem langen Baumeisterleben auch stirbt. Nachdem er bei seinem Bruder Michael das Steinmetz- und Maurerhandwerk erlernt hatte, bildet er selber dann in Au noch 38 Lehrlinge aus.

Hierzulande trifft man ihn erst einmal von 1681 bis 1683 in Ellwangen am Jesuitenkolleg als Mitarbeiter seines Bruders Michael, dessen Pläne für die Wallfahrtskirche auf dem Schönenberg er dort zwischen 1682 und 1686 verwirklicht. Ebenso verhält es sich bei der Prämonstratenser-Klosterkirche Obermarchtal, wo er 1686 erst die Bauausführung innehat und 1690, nach dem Tod des Bruders, die Arbeiten bis zur Vollen-

dung des Rohbaus 1692 weiterführt. Ähnlich wie der Bruder baut auch er in Friedrichshafen für das Priorat des Benediktinerklosters Weingarten, und zwar die Kirche und das Prioratsgebäude. Einige seiner Klosterpläne, so in Schussenried und Sießen, wurden nicht ausgeführt. Der Kapitelsaal im Obermarchtaler Kloster (1702) wird ihm lediglich zugeschrieben.

Insofern steht auch er deutlich im Schatten des unzweifelhaft bedeutendsten und fruchtbarsten Peter II. Thumb (1681–1766). Peter wurde in Bezau geboren und zählt zu den großen Vorarlbergern am Bau, die vor allem auch im Südwesten den Barock heimisch gemacht haben. Zugleich gehört Thumb in die barocke „Gipfelgeneration" der Joseph Schmuzer, Dominikus Zimmermann, Cosmas Damian Asam, Balthasar Neumann, Kilian Ignaz Dientzenhofer oder Johann Michael Fischer.

Wie viele seiner zeitgenössischen Kollegen kommt auch Peter Thumb aus dem Hand-

werk. Früh vaterlos, erlernt er mit 16 den Maurer- und Steinhauerberuf, kommt, gerade 20, als Zeichner nach Ottobeuren zu dem großen Franz Beer (II. von Blaichten), seinem späteren Schwiegervater, dem er 25 Jahre lang auch beruflich verbunden bleiben sollte. 1720 bewirbt Thumb sich um das Konstanzer Bürgerrecht, das ihm jedoch erst 1726 gewährt wird, als sein Vermögen bei 15 000 Gulden angekommen war. Er erwirbt – welch eine Anspielung auf seine Karriere – das Haus „Zur Leiter", nahe St. Stephan, das er 1727 umbaut. Daneben treibt er Weinbau sowie Naturalien- und Textilhandel und gilt bald als einer der reichsten Konstanzer; 1751 mit einem Vermögen von 61 300 Gulden.

Das berühmteste Werk dieses lebenstüchtigen Architekten im Südwesten ist die katholische Pfarrkirche von St. Peter im Hochschwarzwald, die er 1724 im Stil der Vorarlberger Wandpfeilerkirchen ausführte. Der Abt von St. Peter nannte Thumb einen Bau-

Hilzinger Pfarrkirche St. Peter und Paul (1747–1753). Innensicht zur Orgelempore hin.

Birnaus Marien-Wallfahrtskirche, mit der Peter Thumb 1745 betraut wurde.

meister, der „hierzulande keinen ... seinesgleichen" habe. Insbesondere wird seine Raumkunst gerühmt, beispielhaft wiederum nachzuvollziehen im Bibliothekssaal von St. Peter (1737).

Thumbs Sakralbauten vor allem im heutigen Regierungsbezirk Freiburg sind fast Legion: Wallfahrtskirche Birnau (1746–1750), Klosteranlage von Ettenheimmünster (1718–1734), Zisterzienserabtei Tennenbach in Freiamt (um 1726), St. Johann Baptist in Friedenweiler (1725–1729), St. Peter und Paul in Hilzingen bei Konstanz (1747–1753), St. Georg in Mundelfingen (1750/51), Stadtkirche Tiengen (1753–1755), Arbeiten am Benediktinerkloster St. Trudbert (1715–1730), St. Peter und Paul in St. Ulrich (1739–1741) oder St. Margaretha, Waldkirch (1732–1734). Peter II. Thumb wurde von all den berühmten Vorarlbergern am ältesten, arbeitete noch mit achtzig und starb fünfundachtzigjährig 1766, im selben Jahr wie seine kongenialen Kollegen Johann Michael Fischer und Domenikus Zimmermann – alle drei in stetem Einklang mit ihrer großen Bauepoche, dem Barock.

DIE „RASTATTER"

DOMENICO EGIDIO ROSSI

(wohl zwischen 1670 und 1710)

„Rossi" oder auch „Rosso" ist einer der im 18. Jahrhundert häufigsten italienischen Künstlernamen. Domenico Egidio Rossi, wohl um 1670 geboren und nach 1708 verschollen, stammt aus Fano bei Bologna, gehört also zur ersten Generation oberitalienischer Barockbaumeister im Südwesten. Rossi lernt Architekturmalerei und entwickelt sich dabei zum Meister der Perspektive. Aber auch ihn bringt der Weg erst einmal nach Prag, damals ja Dorado für oberitalienische Baukünstler. Er arbeitet auf dem Hradschin, und möglicherweise hat sich darüber eine Beziehung zu den Kunsthandwerkern in Schlackenwerth ergeben, jenem in Böhmen gelegenen Schloss, das die sächsisch-lauenburgische Prinzessin Sibylla Augusta als Erbteil in die Heirat mit Ludwig Wilhelm von Baden, dem „Türkenlouis", eingebracht hatte.

So könnte sich nämlich das Engagement Rossis und der in Schlackenwerth tätigen Gebrüder Rohrer für den Aufbau der katholischen badischen Residenz in Rastatt ergeben haben.

Rossi verschlägt es dann weiter in die habsburgische Metropole, wo er als „Ingenieur zu Wien" bald Ansehen genießt und 1695 auch als Architekturmaler in Schönbrunn nachgewiesen ist. Dort muss der „Türkenlouis" auf ihn aufmerksam geworden sein, seit seinem Sieg über die Osmanen in der Schlacht von Salankamen 1691 ein unumstrittener Held. Die damals für Rossi in Aussicht gestellte Aufgabe, eine Residenz für diesen badischen Feldherrn zu errichten, schien wohl so reizvoll, dass er Wien einfach fahren ließ, um, als „flüchtger Rossi", wie man ihn jetzt dort nannte, von 1697 an mit Rastatt die bis heute umfangreichste Schlossanlage in der Oberrheinebene zu realisieren. Schon bald Schlossarchitekt und Oberbaudirektor der Markgrafschaft Baden-Baden, beginnt er seine Arbeit, wie es heißt, rücksichtslos gegenüber allen vorhandenen, meist technisch überlegenen Kapazitäten am Bau, die Gunst des in Kriegszügen befindlichen Bauherrn ausnützend. Johann Jakob Rischer (Rüscher) war sein prominentestes Opfer. Der hatte zwar bereits als Oberparlier in Wien unter ihm gearbeitet, wird aber nun von Rossi aus Rastatt ins Kurpfälzische „verbellt". Der setzt die von Italien her kommende und im Böhmischen geprägte Baukunst eines schweren, üppigen Barock im Oberrheinischen mit der katholischen Residenz der Baden-Badener Markgrafen in Rastatt fort, plant aber auch für die konfessionelle Konkurrenz – das markgräflich evangelische Baden-Durlach. Seine Herkunft aus der Architekturmalerei mit all ihren perspektivisch verschobenen, oft überwirklich erscheinenden Prospekten lassen ihn gern als hypertroph und maßlos erscheinen. Aber für die größte Herrschaftsanlage am Oberrhein, eben Rastatt, brauchte man offenbar einen wie ihn.

Als der Bau- und Kriegsherr Ludwig Wilhelm 1707 an einer Schusswunde starb, entließ seine Nachfolgerin, die nun regierende Markgräfin Sibylla Augusta, den Großbaukünstler trotz allen herrschaftlichen Glanzes, den er verbreitete. Wenig später, 1708, verlieren sich seine Spuren. Die Gebrüder Rohrer, seine „Schüler", setzen den Maestro weiter handwerklich um.

DIE GEBRÜDER ROHRER

Johann Michael Ludwig Rohrer (1683–1732) und sein jüngerer Bruder Johann Peter Ernst Rohrer (1687–1762) vertreten das böhmische Element am Oberrhein. Beide waren Zeitgenossen ihres großen, 1687

geborenen Landsmanns Balthasar Neumann, mit dem es um 1730 bei der höchst originellen Eremitage Waghäusel auch zur Zusammenarbeit kam.

Die Tätigkeit der Rohrers vornehmlich in der katholischen Markgrafschaft Baden-Baden geht auf die Schlackenwerther Schlossbauhütte zurück. Ihr gehörte als Zimmerer und Brunnenmeister Vater Michael Ludwig Anton Rohrer an, den der Markgraf mitsamt seinen beiden Söhnen nach Rastatt übernahm.

Über Schlackenwerth gab es wohl schon Arbeitskontakte zu Christoph Dientzenhofer (1655–1722), dem Ahnherrn der vor allem im Fränkischen tätigen Baumeistersippe (Kloster Banz und große Arbeiten im jetzigen Weltkulturerbe Bamberg). Christoph Dientzenhofer gilt vor allem als Meister des Zentralbaus; die Eremitage Waghäusel als die gewiss eigenwilligste Arbeit des älteren der Rohrer-Brüder zeugt von dieser Schule. Dass sich hier am Oberrhein in direkter Nähe zu Frankreich ein zum französisch-westlichen, „schlanken" Klassizismus geradezu gegensätzlicher, üppiger Barock halten konnte, liegt wesentlich an der Bauherrin selbst. Markgräfin Sibylla war die Tochter des in Schlackenwerth residieren-

Schwerer, böhmisch geprägter Barock im Rastatter Schloss.

Von Domenico Egidio Rossi 1698 begonnen und den Gebrüdern
Rohrer weitergeführt: Schloss Rastatt, hier der Ehrenhof.

den Herzogs von Sachsen-Lauenburg und
vom böhmischen Stil so geprägt, dass sie
ihn zeitlebens für den einzigen hielt:
Schließlich hat sie ja auch das Anwesen
Schlackenwerth in die Ehe eingebracht.

Hofbaumeister bei Sibylla Augusta

Johann Michael Ludwig Rohrer war noch
unter Domenico Egidio Rossi am Rastatter
Schlossbau beteiligt. 1707 beerbt er ihn
gewissermaßen, denn Sibylla Augusta von
Baden, nach dem Tod Ludwig Wilhelms
(1655–1707) Regentin der katholischen
Markgrafschaft Baden-Baden, macht Rohrer d. Ä. zu ihrem Hofbaumeister. Als Ge-
genleistung errichtet er ihr das Sommerschloss Favorite auf halbem Weg zwischen
Rastatt und Baden-Baden in der Rheinebene bei Förch. Wie eine Schlackenwerther Miniatur! Schwerer Stil – mit Fresken,
Fayencefliesen, Intarsien, Skulpturen und
Stuckwerk, mit Chinoiserien und Scagliola-
Fußböden vollkommen überladen. Ein Lehr-

beispiel für den barocken Horror vacui.
Kaum ein freies, unbehandeltes Fleckchen
an Decken und Wänden. Für die Zeitgenossen schon befremdlich altmodisch, heute
eine Märchenkulisse. Schier unglaublich,
dass Rohrer dies so reich ausgestattete
Objekt, das als sein frühes Meisterstück
gilt, offenbar in nur zwei Jahren, von 1710
bis 1712 fertig gebracht hat – und das bei
diesem Riesenaufwand von Künstlern und
Kunsthandwerkern; Rohrer war damals
erst 27!
Fast zur gleichen Zeit setzte er der damaligen Stiftskirche Peter und Paul in Baden-
Baden die Turmbekrönung auf (1712/13).
Wenig später baut er am Baden-Badener
Fremersberg das Jagdhaus St. Hubertus
(1716–1721) für die Söhne der Regentin, wie
auch die St. Magdalenenkapelle im Schlosspark von Favorite – ein Zentralbau über
kreuzförmigem Grundriss mit zentralem
Oktogon und vier Flügeln, woran man die
Dientzenhofersche Schule erkennt. Kurz

darauf beginnt Rohrers Engagement bei
der berühmtesten und einflussreichsten
Bauherrenfamilie des deutschen Barock,
den vom „bauwurmb" befallenen Schönborns. Für den in Speyer residierenden
Fürstbischof und Kardinal Damian Hugo
von Schönborn, zu dessen Sprengel auch
Bruchsal gehörte, übernimmt er für das
1720 begonnene Schloss zwischen 1723
und 1728 die Bauleitung, bis er dann von
Johann Leonhard Stahl, dem eigentlichen
Bruchsaler Baumeister, abgelöst wird.
In dieser Bruchsaler Zeit entsteht auch die
runde Zentralbauanlage der Eremitage von
Waghäusel (1723–1726), eben nach dem
Vorbild der Magdalenenkapelle im Rastat-
ter Favoritepark. Auch der 1723 begonnene
Wiederaufbau von Schloss Kislau (heute
Strafvollzugsanstalt), gehört zu Rohrers
Bruchsaler Taten. Zu gleicher Zeit
(1721–1726) baut er für seine badische
Brotgeberin Sibylla Augusta das einst von
Rossi für Ludwig Wilhelm erstellte Jagd-

schloss Scheibenhardt um. Auch am von Rossi in großer Eile begonnenen Residenzschloss in Rastatt ist er beteiligt. Hier besteht sein Beitrag erst einmal in der Beseitigung schwerer Bauschäden aufgrund eines neuerlichen Franzoseneinfalls 1707. Rohrer baut um und er erweitert, aber seine eigentliche Rastatter Arbeit ist die Schlosskirche (1719–1723). Er stirbt recht jung, 1732, noch keine fünfzig Jahre alt. Seine letzte Arbeit ist (wohl) die katholische Pfarrkirche St. Martin in Ettlingen, wo er sich um Langhaus und Turm bemüht.

Der jüngere Bruder, Johann Peter Ernst Rohrer, sollte Johann Michael Ludwig um dreißig Jahre überleben. Er übernimmt den Architektenzirkel und vollendet vieles, was unter dem Bruder nur begonnen werden

konnte, etwa eben die Fassade der Ettlinger Martinskirche. Das neben dem Rastatter Schloss liegende Piaristenkloster hat er 1738–1745 nach Plänen Johann Michael Ludwigs gebaut; die Rastatter Stadtkirche St. Alexander soll auf Pläne beider Brüder zurückgehen. 1765 wurde sie beendet und geweiht. Eine andere bemerkenswerte Arbeit Johann Peter Ernst Rohrers ist 1751 die Wiederherstellung der ehemaligen Baden-Badener Stiftskirche, die beim Franzoseneinfall von 1689 zerstört worden war – der Bruder hatte ihr ja bereits 40 Jahre zuvor (1711) die Turmbekrönung aufgesetzt. Und in Bietigheim bei Rastatt baut Rohrer d. J. Langhaus, Chor und Sakristei an den kräftigen Westturm.

Magdalenenkapelle im Schlosspark Favorite. Nach ihrem achteckigen Grundriss entsteht auch die Eremitage Waghäusel bei Bruchsal.

J. M. L. Rohrer, Rastatter Schlosstreppenhaus.

Rastatt, aus dem Barock überkommene Stadtanlage.

J. M. L. Rohrers Sommerschloss Favorite in der Rheinebene bei Förch nahe Rastatt (1710–1712), vor allem in Inneren eines der letzten Beispiele des böhmisch blühenden Barock, hoffnungslos überladen mit Boden-, Wand und Deckendekor.

Bemerkenswert besonders das Ausstattungsmaterial aus Scagliola, eine einfache Formmasse aus Gips, Leimwasser und Farbe zur Imitation von Marmor.

Ein interessantes Belegstück für das Ineinander der brüderlichen Arbeit ist die katholische St. Valentinskirche in Daxlanden (Karlsruhe): Johann Michael Ludwig Rohrer hat sie von 1713 bis 1723 errichtet, Johann Peter Ernst ihr einen Turm vorgesetzt. Johann Ludwig Weinbrenner schließlich, Verwandter des bedeutsamen Klassizisten, seines Zeichens schon ein Romantiker, hat ihr schließlich eine neue Fassade gegeben. Ein badischer Architekturpalimpsest sozusagen.

DIE „LUDWIGSBURGER" UND „STUTTGARTER"

JOHANN FRIEDRICH NETTE (1672–1714)

Das Ludwigsburger Schloss entstand hauptsächlich im ersten Drittel des 18. Jahrhunderts. Philipp Joseph Jenisch, der Hofarchitekt des württembergischen Herzogs Eberhard Ludwig, begann den gewaltigen Komplex 1704 mit dem Fürstenbau, Grundstock für das „Alte Corps de logis". Damals war allerdings nur an ein Jagdschloss in der Art eines italienischen Palazzo auf dem Gebiet des verwilderten Erlachhofs, einem früheren Klostergut, gedacht.

Der Planungswandel vom Jagdschloss zur mächtigen Residenzanlage beginnt 1707 unter Johann Friedrich Nette. Der wohl 1672 in Nancy geborene Baumeister war, wie dann auch sein Nachfolger Donato Giuseppe Frisoni, von Wien und Prag her geprägt. In Anlehnung an Jenischs Pläne, gestalterisch aber weitgehend autonom, setzt er dem Fürstenbau das erste und zweite Stockwerk auf und flankiert ihn im Süden mit zwei Flügeln, dem Ordens- und dem Riesenbau. Die so entstandene, zeittypische Dreiflügelanlage beschließt Nette mit zwei Pavillons an den Seiten des ehemaligen „Jagdschlosses" und jetzigen (alten) Corps de logis.

Nettes Dekorationskünstler, „Innenausstatter" wäre ein zu kleines Wort, sind meist aus Böhmen geholte Oberitaliener. So beginnt bereits mit ihm die „Italienisierung" des Ludwigsburger Schlossprojekts, die später durch Frisoni und Paolo Retti für so viel böses Blut sorgen sollte. Auch die ersten Planungen zur Reißbrettstadt Ludwigsburg, die ja im Wesentlichen Frisoni vollendete, gehen noch auf Nette zurück, der sich außerhalb Ludwigsburgs sonst nur um die Ostfassade des Prinzenbaus an Stuttgarts Altem Schlossplatz (heute Justizministerium am Schillerplatz) verdient gemacht hat.

DONATO GIUSEPPE FRISONI (1683–1733)

Er ist der Ahnherr der im Südwesten so effektiv für den Schlossbau tätigen Oberitaliener. 1683 in Laino geboren, findet er wohl bereits zu Beginn des 18. Jahrhunderts als Stuckateur Beschäftigung in Prag, wo er sich einiges Renommee erwirbt. Man ruft ihn nach Ludwigsburg, um das von Johann Friedrich Nette begonnene Schloss auszustatten. Er bewährt sich dabei derart, dass ihn Herzog Eberhard Ludwig nach Nettes Tod, 1714, zu dessen Nachfolger ernennt. Frisoni legt 1715 Pläne vor, nach denen das Schloss schließlich um das Dreifache erweitert wird. Das arme Herzogtum Württemberg bekommt so einen der ersten und größten Fürstensitze in Deutschland. Der Bauherr, Herzog Eberhard Ludwig, trägt die Arbeiten an diesem schwäbischen Versailles bis zu seinem Tod im Jahr 1733. Frisoni, seinem „Baudirigierungsgott", wie die Schönborns ihn genannt haben würden, schien jedoch der Erfolg bald zu Kopf gestiegen.

1717 wird er Baudirektor, dann Major und 1726 gar Obristleutnant. Er gilt als arrogant und prahlerisch, offenbar blüht auch der Nepotismus unter ihm: Nur noch Landsleute und insbesondere seinen Neffen Paolo Retti soll er schließlich geduldet haben. Als Eberhard Ludwig 1733 stirbt, schlagen die Neider zu – Frisoni und Retti geraten wegen „Unterschleif" (Unterschlagung) in Festungshaft. Ein darauf eingeleiteter Prozess bringt indes keinerlei Beweise. Frisoni stirbt kurz danach, 1735, in Ludwigsburg – unbelastet. Erst etwa 15 Jahre später wird unter Carl Eugen die Arbeit am Ludwigsburger Schloss wieder aufgenommen, zum Teil nach korrigierenden Entwürfen Philippe de La Guêpières.

Frisonis Lebensarbeit vollzieht sich wesentlich in Ludwigsburg an der Vollendung von Nettes Planungsansätzen. Nicht nur beim Residenzschloss, auch beim nahen Schloss Favorite, dem Point de vue in der Hauptachse des Schlosses, liegen von Johann Friedrich Nette erste Pläne aus dem Jahr 1709 vor. Und auch hier findet sich wieder diese Ludwigsburger Idealkombination: Frisoni entwickelt die Pläne weiter und sein älterer Neffe Paolo Retti realisiert sie.

Ludwigsburg. Das Alte Corps de logis Johann Friedrich Nettes (1707/08) war ursprünglich als Jagdschloss gedacht. Dann aber wurde es zum Ausgangspunkt für die gewaltige barocke Schlossanlage (1704–1733).

Das dem Residenzschloss benachbarte, charmante Palais Graevenitz, heute Verwaltungssitz der Ludwigsburger Schlossfestspiele, entwirft Frisoni 1728. Auch Grafenbau (1724), das Palais Schütz-Isengarten (1725/26), das Palais von Pöllnitz (1729), etliche Amtshäuser sowie der Entwurf des einfachen, barocken Stadtwohnhauses – all das stammt von Frisoni. Und er entwickelt auch die von Nette vorgegebene Ludwigsburger Stadtanlage weiter: Die Ludwigstadt westlich des Schlossgartens (1715–1733), Württembergs einzige barocke Planstadt. Kein Wunder, dass das Wahrzeichen dieser Ludwigstadt, die evangelische Stadtkirche, 1721 bis 1726 nach Plänen Frisonis errichtet wurde, mit Ergänzungen seines Neffen Paolo und diesmal auch Leopoldo Rettis, der ja hauptsächlich mit Stuttgarts Neuem Schloss beschäftigt war.

Außerhalb Ludwigsburgs erlebt man Frisoni kaum. In Waldenburg wird er als Erbauer des Südflügels für das Jagdschloss genannt

Der Prinzenbau an Stuttgarts weitgehend renaissancegeprägtem Schillerplatz beherbergt heute das Justizministerium und wurde um 1605 von Heinrich Schickhardt als Gesandtenhotel angelegt. Nette hat gegen 1700 an der Umgestaltung mitgewirkt.

Die evangelische Stadtkirche als Dominante des Ludwigsburger Marktplatzes. Nach Plänen Frisonis 1718 bis 1726 erbaut und von Paolo Retti vervollkommnet.

(1717–1719), an dem immerhin während der Renaissance Aberlin Tretsch und Heinrich Schickhardt gewirkt haben. Allerdings, und das ist überraschend für einen Baumeister, der überwiegend im streng protestantischen Herzogtum Württemberg tätig war – zu Benediktinerkloster und Kirche im oberschwäbischen Weingarten liefert Frisoni Entwürfe für die Kirchtürme (1717–1719) sowie – seine Spezialität – einen „Idealplan" für den Klosterbau.

Favorite, das Lustschloss in der Blickachse zum Alten Corps de logis, ist eine Ludwigsburger Gemeinschaftsarbeit von Johann Friedrich Nette, Donato Giuseppe Frisoni und Paolo Retti: Nette hat 1709 mit den Planungen begonnen, Frisoni 1715 das Schloss entworfen und Paolo Retti, der „Entrepreneur" und eigentliche Ludwigsburger Realisator, hat es von 1716 bis 1719 schließlich gebaut.

PAOLO RETTI (1691–1748)

Paolo Retti entstammt einer ursprünglich aus Laino zwischen Comer und Luganer See ansässigen Künstlerfamilie. Er war der Neffe des ebenfalls aus Laino gebürtigen Barockbaumeisters Donato Giuseppe Frisoni (1683–1735), der am Entstehen von Schloss und Stadt Ludwigsburg wesentlichen Anteil hat. Paolo wurde 1691 in Laino als Sohn des später in Ludwigsburg als Stuckateur tätigen Lorenzo Mattia Retti geboren.

Paolo Retti arbeitete zuerst in Wien als eine Art Bauunternehmer, bis ihn, damals erst 26, sein Onkel Donato Giuseppe Frisoni sozusagen zur praktischen Vollendung Ludwigsburgs holt, wo er erst einmal das 1718 von Frisoni begonnene Favoriteschlösschen und die Türme der Stadtkirche fertig stellt (1730) und sich vor allem an die Erweiterung des Schlosses macht (1725–1733). Retti war kein Erfinder oder gar Neuerer, sondern vielmehr der Praktiker. Ein „Superballier", ein Überpolier, oder besser noch der geborene „Entrepreneur", also eine Art Generalunternehmer. Paolo Retti kann, avant le nom, als Pionier des schlüsselfertigen Bauens gelten: Er übernahm die Schlossbauarbeiten bis zur Fertigstellung erst einmal für einen Pauschalpreis, den er bis zur Übergabe auf eigene Rechnung vorschoss. Mit dieser Risikobereitschaft

wurde er seinerzeit zum unumschränkten Bauunternehmer Württembergs. Der Neid blieb nicht aus. 1733, nach dem Tod Herzog Eberhard Ludwigs, werden Paolo Retti und sein Onkel Frisoni wegen Verdacht auf „Unterschleif", also Unterschlagung, in Festungshaft gebracht. Erst nach Hohenurach, dann auf den Hohenneuffen. 1735 entlässt sie Eberhard Ludwigs Nachfolger Carl Alexander wieder. Sie erhalten ihr Vermögen zurück, das allerdings mit dem Tod Carl Alexanders 1737 dann wieder eingezogen wird. Retti flieht aus Ludwigsburg, der Stadt, die seiner zupackenden Art ein gut Teil ihres Erscheinungsbilds zu verdanken hat. Seine eher schlicht-pragmatische Baugesinnung verrät sich dabei auch an den Landschlössern von Freudenthal (1728) und Heimsheim (1729/30), die er beide für Eberhards Mätresse Wilhelmine von Graevenitz entworfen hat. 1748 stirbt er in seiner oberitalienischen Heimat.

LEOPOLDO RETTI (1705–1751)

Er ist der um 14 Jahre jüngere Bruder Paolos und hat einen ähnlichen Berufsweg aufzuweisen. Auch er kommt über Wien auf Vermittlung seines Onkels Donato Giuseppe Frisoni bereits mit 22 Jahren nach Ludwigsburg, erhält dann aber 1731 einen Ruf an den markgräflichen Hof in Ansbach, wo man ihn 1732 zum Baudirektor ernennt. Bis

1744 ist er sowohl im Ansbachischen wie auch im benachbarten Württembergischen tätig. Doch dann holt ihn Herzog Carl Eugen endgültig zum Schlossbau nach Stuttgart und befördert ihn 1750 zum Obristleutnant und Oberbaudirektor.

Zuvor baut Leopoldo Retti anderswo in Württemberg, etwa in Ludwigsburg zusammen mit seinem Bruder Paolo an den Türmen der Stadtkirche, die er um ein Stockwerk erhöht, sowie auf der Bergfestung Teck das Wacht- und Kommandohaus und die Kaserne. Seine Hauptleistung allerdings ist die „Inszenierung" des Stuttgarter Neuen Schlosses, wo er sich clever mit weit kleineren, dem Genius Loci entsprechenden Vorschlägen gegen den großen Balthasar Neumann durchsetzt. Leopoldo Retti beginnt mit den Arbeiten an Gartenflügel und Corps de logis Ende der Vierzigerjahre – aber es bleibt doch immer die Frage, was sein größeres Verdienst ist: Planung und Beginn des Neuen Schlosses oder die Entdeckung Philippe de La Guêpières, dem er 1750 in Paris begegnet und unversehens nach Stuttgart und Karlsruhe vermittelt. Ob die Erscheinungsbilder der beiden Residenzschlösser dort nun Retti oder La Guê-

pière zu verdanken sind, scheint in der Fachliteratur noch nicht entschieden, aber neuerdings neigt sich die Waage doch zu La Guepière, denn Leopoldo Retti starb bereits 1751 in Stuttgart. Im Thieme-Becker wird er als ein Vorbereiter der französischen Schule genannt, der speziell wegen seiner Anteile am Stuttgarter Neuen Schloss „in die erste Reihe der deutschen Architekten um (die) Mitte des 18. Jahrhunderts" trete.

Zur Abrundung seines Werkverzeichnisses im Land seien noch die Jagdschlösser im hohenlohischen Langenburg und in Stutensee bei Karlsruhe erwähnt sowie das Schloss in Obersulm bei Heilbronn, allesamt aus den Vierzigerjahren des 18. Jahrhunderts. In die Ludwigsburger Verwick-

lungen seines Bruders Paolo und des Onkels Frisoni war Leopoldo Retti offenbar nicht involviert. Vielleicht halfen ihm hier auch seine häufigen Absenzen durch die Engagements in Ansbach, wo er unter anderem an der berühmten Gumbertuskirche und am Schloss mitwirkte und zwischen 1744 und 1746 die Synagoge baute.

PHILIPPE DE LA GUÊPIÈRE (um 1715–1773)

Eine existenzielle Dramatik umgibt ihn: Als einer der angesehensten Architekten seiner Zeit endet er, kaum 60, als Sozialfall. Er war der Baubotschafter Frankreichs in der deutschen Provinz, in der Markgrafschaft Baden-Durlach und dem Herzogtum Württemberg. Ein ästhetischer Landesvereiniger im Sinne des französischen Frühklassizismus, stilistisch eine Rückbesinnung auf die Anfänge des – französischen – Barock um 1700. La Guêpière, 1752 von Paris nach Stuttgart berufen, hatte eine klassische französische Architektenausbildung hinter sich. Der Stuttgarter Kunsthistoriker Hans Andreas Klaiber, der dem Baumeister um 1960 eine ausführliche Studie widmete: „Dabei hatte

er nicht das Glück, wie mancher seiner Kollegen in Deutschland, als ‚Kavaliersarchitekt' ausgebildet zu werden. So durchlief er, sicher nicht zu seinem Nachteil, eine Ausbildung wie jeder bürgerliche Architekt in Frankreich und konnte sich dazu in einem eingehenden Studium der Praxis Erfahrungen erwerben, die ihm später in Deutschland sehr zustatten kamen."

So vermochte sich La Guêpière entscheidend von seinen deutschen Kollegen absetzen; Klaiber: „Während die deutschen Baumeister in der handwerklichen Praxis aufwuchsen und sich in der Lehrzeit ihre künstlerischen Vorstellungen weitgehend an den Werken ihrer Meister und an den Traditionen der Bauschulen bilden mussten, war das Studium der französischen Architekten vorwiegend theoretisch." La Guêpière ergänzt die Theorie durch eine Lehre, erst als Maurer, dann als Steinmetz. Dabei bringt er es zum „Ballier", also zum Polier und Bauaufseher. Auch in der Bildhauerei versucht er sich. Und er lernt Gartenarchitektur in Theorie und Praxis. Im Architekturstich gar bringt er es zur Meisterschaft. – Nach einer solch fulminanten

Rundumbildung verwundert es nicht, dass La Guêpière beim Schlossbau für Karlsruhe wie für Stuttgart seine Konkurrenten dann sozusagen ausstechen konnte.

1750 kam es in Paris, möglicherweise im Atelier des berühmten Architekturstechers Claude Lucas, zu einer bedeutsamen Begegnung. Leopoldo Retti war, mitten im Bau am Stuttgarter Neuen Schloss, von seinem Herzog Carl Eugen in die französische Metropole geschickt worden, um dort Inspirationen zu gewinnen. Auch sollte bei Lucas der Generalplan für die Stuttgarter Residenz gestochen werden. Retti muss damals von La Guêpières Arbeiten so überzeugt gewesen sein, dass er ihn sogleich als ein „in der Praxis erfahrenes subjectum" an Markgraf Carl Friedrich von Baden-Durlach für das Karlsruher Schloss empfahl, obwohl er dazu auch eigene Pläne vorgelegt hatte. Retti konnte den Zirkel gerade noch rechtzeitig weitergeben, denn im Jahr darauf starb er während seiner Bau-Arbeiten. So führte Guêpières Weg erst nach Stuttgart, bevor er das Karlsruher Schloss angehen konnte.

Am 23. April 1752 wird er im Rang eines „würklichen Majors" am württembergischen Hof angestellt – für das stattliche Jahressalär von 2500 Gulden. Dazuhin hat er freies Logis „in dem bisherigen Rettischen Hauß nebst dem neuen Schlossbau."

Architekturbotschafter des französischen Frühklassizismus im Herzogtum Württemberg: Philippe de La Guêpière.

Vollendung des Neuen Schlosses in Stuttgart

Der Architekt führte sich gleich mannhaft ein, indem er gutachterlich die von Herzog Carl Eugen beanstandeten Dachfiguren auf dem Neuen Schloss verteidigte. Und so stehen sie heute noch auf ihrem Platz. Retti hatte die Rohbauten des Corps de logis und des Gartenflügels sowie Fundamente des Stadtflügels hinterlassen. Auf den Nachfolger kam nun die Riesenarbeit der außen- und innenarchitektonischen Vollendung zu. Für die Außenhaut blieb wenig Spielraum. Aber zumindest den Stadtflügel, also das Vis-a-vis zum Alten Schloss, dürfen wir als genuinen La Guêpière betrachten. Bei der

Die Stuttgarter Planie flankierend: Guêpières Stadtflügel (1752–1756) des Neuen Schlosses – eindrucksvolles Beispiel für den Frühklassizismus im Land.

Innenausstattung hatte er dann wohl alle Freiheiten.

1756 war der Stadtflügel beendet. Klaiber: „Die mittleren Teile der Stadtfassade leben ganz aus dem Geist des ‚Goût grec'. Sie sind ein Musterbeispiel dafür, wie man mit einem geringen Aufwand von architektonischen Mitteln zu einer wirklich vornehmen Lösung gelangen konnte, die bei diesem höfischen Bau nicht ohne das Salz einer gewissen Eleganz ist. Sehr bezeichnend für die ganze Auffassung ist der Verzicht auf eine ausgebildete Säulenordnung." Elegant – eben im Sinn einer griechischen Serenität – gewiss auch Guêpières Lösung für das Hauptportal des Corps de logis. Hier hatte sich Retti nur einen kleinen, einachsigen Vorbau gedacht, den sein Nachfolger Guêpière nun durch eine dreiachsige Vorhalle von klassisch-ruhiger Wirkung mit bekrönendem Tympanon ersetzt. Klaiber: „Dadurch wurde die ganze Fassade ... umgestimmt. Die Ambivalenz eines solchen ... Aufbaus sowohl zum Barocken wie zum Klassischen ist bemerkenswert."

Als Klaibers Aufsatz 1960 erschien, war kurz zuvor das 1944 bombenzerstörte Neue Schloss aufs Heftigste vom Abriss bedroht. Selbst ernannte „Progressive" um den Stuttgarter Wiederaufbaupapst Richard Döcker wollten nach dem Beispiel Ulbrichts (Berliner Stadtschloss) den Stuttgarter

Komplex als eine Art Schandmal des Feudalismus niederlegen, ohne dabei zu bedenken, dass La Guêpière als sein Architekt auch stilistisch ein Protagonist der damals höchst progressiven Aufklärung war und damit seinerseits ein Moderner.

Allerdings gehören zum Schicksal des Neuen Schlosses von vornherein Bedrohungen: 1762 brennt der Gartenflügel aus und bleibt bis in die Achtzigerjahre Ruine. Denn wenig nach dem Brand erlischt das Interesse Carl Eugens an seiner Stuttgarter Stadtresidenz. Er wendet sich der Solitude zu, wo 1764, höchstwahrscheinlich nach eigenhändigen Plänen des Herzogs, eine der größten Landschlossanlagen im damaligen Deutschen Reich zu entstehen beginnt. Erst 1767, als man sich offenbar völlig verfahren hatte – der Herzog versuchte es vorab nach Dilettantenart mit zweitklassigen Leuten – wurde La Guêpière hinzugezogen und kümmerte sich vor allem um das Erscheinungsbild des charakteristischen runden Mittelpavillons (Segmentgiebel über dem Hauptportal) und um die Innendekoration, die nun ganz auf ihn zurückgeht. Vorher hatte er schon das Schlosstheater in Ludwigsburg gebaut, das späterhin Thouret sehr akademisch-klassizistisch gestalten sollte. Nahezu gleichzeitig kam der Befehl – La Guêpière war ja „würklicher Major" – in Georg Beers Renaissance-Lusthaus eine Oper einzubauen, die größte europäische zusammen mit der von Turin, und qualitativ eine der herausragendsten.

Zugleich befasste sich La Guêpière mit Wiederaufbauplänen für das Straßburger Münster, das 1750 durch einen Blitzschlag mittendurch getroffen wurde. Er arbeitete an Umgestaltungen des Münsters zu Konstanz und entwickelte auch einen Plan für das dortige Kloster Petershausen.

Das Schloss in Karlsruhe

Alles waren sozusagen Nebendinge, denn seine andere große Tätigkeit war der Karlsruher Schlossbau, wo er durch die auffallend schräg gestellten Seitenflügel und die schon in den Bereich der Scheinarchitektur übergehende Lisenengliederung des Hauptbaus Furore macht. In Stuttgart wurde La Guêpière übrigens weit besser bezahlt, in Karlsruhe aber umso herzlicher aufgenommen, zumal er für die in Malerei dilettierende Markgräfin Caroline Louise verschiedentlich Pariser Kontakte herstellte.

Indes, 1768 waren Herzog Carl Eugen endgültig Geld und Lust an seinem Neuen Schloss in Stuttgart ausgegangen, zumal er 1764 seine Residenz wieder nach Ludwigsburg verlegt hatte. Man konnte sich den mittlerweile hoch dekorierten Philippe de La Guêpière nicht mehr leisten: Mitglied von Akademien in Paris, Berlin, Augsburg und seit 1764 von König Ludwig XV. für die Verbreitung der französischen Architektur im Ausland dekoriert. Habsburgs Kaiser Franz I. erhebt ihn gar in den Freiherrenstand und Maria Theresia ehrt diesen Meister mit 30 Goldmedaillen.

Auch unter den ungekrönten Zeitgenossen erwarb er sich durch „das Umfassende und die Überlegenheit seines Talents" hohe Anerkennung. Über sein „Seehaus", das später in „Monrepos" umbenannte Seeschlösschen bei Ludwigsburg, heißt es etwa noch 50 Jahre später (1821), dass es „das Vollendetste sei, was wir in Württemberg haben". La Guêpières Originalität wirkt in seinem chronisch überforderten Schüler R. F. H. Fischer nicht mehr so impulsiv fort. Nicht der Landessohn Fischer, der Franzose Guêpière setzt die wegbereitenden Maßstäbe für den „Schwäbischen Klassizismus", der sich dann architektonisch von Nikolaus Friedrich von Thouret bis hin zum intensiv französisch beeinflussten Christian Friedrich Leins weit ins 19. Jahrhundert fortentwickelt.

Das Treppenhaus in Stuttgarts Neuem Schloss (um 1760).

Mit seiner Rückkunft aus dem Württembergischen nach Paris scheint La Guêpière kein Glück gehabt zu haben. Die Aufträge, wenn überhaupt, werden unerheblich, die Ehrungen versiegen. Eine nicht identifizierte Krankheit beginnt ihn zu zeichnen, seine berühmte Architekturzeichnerhand fängt an zu verzittern. Mit Geld hatte er, trotz oder vielleicht eher wegen hoher fürstlicher Zuwendungen, nie umzugehen vermocht. Am 30. Oktober 1773 stirbt er in Paris als mittelloser Pflegefall.

REINHARD FERDINAND HEINRICH FISCHER (1746–1813)

Er war Schüler Philippe de La Guêpières und soll manchen Darstellungen zufolge ein unehelicher Sohn seines später nahezu ausschließlichen Auftraggebers, Herzog Carl Eugen von Württemberg, gewesen sein. Fischer wird 1746 in Stuttgart geboren und stirbt hier 1813, gehört also der aus dem Barock hervorgegangenen Phase des Frühklassizismus an. Nur, als Klassizist reüssiert er keinesfalls, da ihn sein möglicher „Erzeuger" schonungslos für sein Hohenheim-Vorhaben einsetzt, jenen frühromantischen Architektur- und Landschaftsgarten oben auf der fruchtbaren Filderebene. Dort ließ sich der durch die Lebensgemeinschaft mit

Fischers Schloss Hohenheim (1781–1789) von der Parkseite her, seine bedeutendste Arbeit, die mitsamt den zahllosen Bauten im herzoglichen Lustgarten ringsum fast sein ganzes Baumeisterleben verschlang.

seiner Mätresse Franziska von Hohenheim geläuterte Despot Carl Eugen ein umfangreiches mikrokosmisches Idyll schaffen, dem unten im Tal, in der Residenz, vorherrschenden Goût grec und der damit verbundenen Reduktion der Stilmittel zum Trotz. Carl Eugen hat sich zwar moralisch, aber keinesfalls geschmacklich oder gar ökonomisch gewandelt: Seine despotischen Schrebergärten in Hohenheim, eine exzessiv verschwenderische Unternehmung. Goethe, 1797 auf seiner Schweizerreise in Württemberg, kann es sich leisten, entsetzt zu sein: „Den 1. September war ich mit Herrn Professor Dannecker in Hohenheim ... Der Garten sowohl als das Schloss ist eine merkwürdige Erscheinung. Der ganze Garten ist mit kleinen und größeren Gebäuden übersät, die mehr oder weniger teils einen engen, teils einen Repräsentationsgeist verraten ... Der Wassermangel, dem man durch gepflasterte schmale Bachbetten und durch kleine Bassins und Teiche hat abhelfen wollen, gibt dem Ganzen ein kümmerliches Ansehen, besonders da auch die Pappeln nur ärmlich dastehen ... Das Schloss, das mit seinen Nebengebäuden ein ausgebreitetes Werk darstellt, gewährt den gleichgültigsten Anblick von der Welt, so wie auch sämtliche Gebäude ganz weiß angestrichen sind. Man kann beim äußeren Anblick der Gebäude sagen, dass sie in gar keinem Geschmack gebaut sind, indem sie nicht die geringste Empfindung weder der Neigung noch des Widerwillens

Architektonischer Hofdiener und Mann zwischen den Stilen: Reinhard Ferdinand Heinrich Fischer, mutmaßlich ein unehelicher Sohn Herzog Carl Eugens, auf einem Gemälde des schwäbischen Klassizisten Ph. F. Hetsch.

im Ganzen erregen; eher ist das völlig Charakterlose einer bloßen beinah nur handwerksmäßigen Bauart auffallend ... Der Hauptsaal, leider mit Marmor dekoriert, ist ein Beispiel einer bis zum Unsinn ungeschickten Architektur."

Friedrich Eugen setzt auf Thouret

Unter Herzog Ludwig Eugens kurzfristiger Regentschaft (1793–1797) war Fischer noch Günstling, unter dessen ebenfalls nur zwei Jahre regierendem Nachfolger Friedrich Eugen (1795–1797) aber wurde er zugunsten Nikolaus Friedrich von Thourets kaltgestellt. Die Weiterarbeit an Hohenheim war nicht mehr bezahlbar und Fischer –

zumindest im Blick auf Hohenheim – stilistisch hoffnungslos überlebt.

Sein Hauptwerk bleibt gleichwohl diese Architektur- und Landschaftsanlage. 1772 hat er damit begonnen: Eine um ein respektables Schloss gescharte Kleinwelt mit viel Römischem: Grabmalen, Trajanssäulen und Säulenruinen, Sibyllentempeln, ja, gar einem antiken Kerker. Aber auch Schweizerhäuser mit Köhlerhütte, dann wieder Konzert- und Rathaus, irgendwo eine Kapelle, Wasserfälle und Felsenlandschaften. Sogar ein amerikanischer Park und ein englisches Dorf, dazu Pfarrhäusle und Eremitenklause ... Ein unentwirrbares Quodlibet, an dem Fischer bis 1793, bis zum Tod Herzog Carl Eugens, über zwanzig Jahre als sein architektonischer Hofdiener herumbosselte. Der württembergische Kunsttheoretiker Bertold Pfeiffer 1906: „(Fischer) war ein gewandter Arbeiter von rascher Erfindungsgabe und wurde als solcher leider von Herzog Carl zu früh und zu stark ausgenützt, um zur Meisterschaft in höherem Sinne durchzudringen.“

Andere Arbeiten dieses durch Hohenheim absorbierten Mannes: Von 1775 an baut er die „Untere Kaserne“ zur nachmalig durch Schiller so berühmten Hohen Carlsschule um, an welcher Fischer übrigens im selben Jahr auch Professor der Zivilbaukunst wird. Gegen 1780 gelingt ihm in Birkach, also in Sichtweite zu Hohenheim, eine der schönsten barock-frühklassizistischen Dorfkirchen des protestantischen Württemberg. Auch das charmante, neuerdings wieder hergerichtete Landschlösschen in Scharnhausen (1784) trägt einiges zur Ehrenrettung des von den „Jungen Wilden“ seiner Zeit (Dannecker, Thouret) doch eher verunglimpften Baumeisters bei.

Ein treffliches Bild des Häuserbauers Reinhard Ferdinand Heinrich Fischer gibt das Stadtpalais für den reichen Kaufmann Johann Martin Vischer in Calw, das er von

Birkachs evangelische Pfarrkirche (1779/80) in der Alten Dorfstraße mit ihrem einbezogenen Pfarrhaus, eines der wenigen protestantischen Gotteshäuser Württembergs aus jener Zeit.

1787 bis 1791 an erhabenem Punkt über die Altstadt setzt. Ein Spätwerk. Hier, weitab vom Stuttgarter Hof, konnte er sich wohl einmal ungehemmt als Schüler La Guêpières und darin eben auch als Klassizist outen. Von den Stuttgarter Stadtbauten Fischers wurde die letzte, in der Charlottenstraße, noch in den Achtzigerjahren abgerissen. Dagegen haben die Calwer ihr Vischer-/Fischer-Haus längst instand gesetzt, um dort ihr Städtisches Museum einzurichten, in dem nun die viel besuchte Hermann-Hesse-Gedenkstätte untergebracht ist.

DIE BAGNATOS

JOHANN CASPAR BAGNATO (1696–1757)

Er war einer der bedeutendsten Architekten, die je für den Deutschen Orden gearbeitet haben. Sein Tätigkeitsfeld lag im südlichen Schwäbischen Reichskreis, zwischen Elsass und Lech. Geboren wurde er im pfälzischen Landau als Sohn eines italienischen Bauhandwerkers. Der Vater nutzte dort wie tausende anderer damaliger „Gastarbeiter“ den gigantischen Festungsbau Vaubans

(Ludwigs XIV. einschlägig bekannter Kriegsarchitekt) als Überlebenschance. Bagnatos Mutter, Anna Maria Stickelmeyer, war eine Einheimische. Der Baumeister selber wuchs wohl – einigermaßen – deutschsprachig auf, denn er soll seine Geschäftskorrespondenz zeitlebens in einem bizarren, „drolligen“ Deutsch abgewickelt haben.

Das Bürgerrecht erwarb er sich 1729 durch Heirat mit der Ravensburgerin Maria Anna Walser, die einem angesehenen, wohlhabenden Bürgergeschlecht entstammte. Aber das Schicksal war ihm gleichwohl nicht hold: Der älteste Sohn, Johann Michael, den er gern zum Nachfolger herangezogen hätte, wurde kriminell, die Frau untreu, er selber dauerhaft krank, gequält von der „pottagra“, einer Gelenkgicht, die ihm das Reisen zu seinen weit auseinander liegen-

Immer „in eill“, Johann Caspar Bagnato, der ingenieuse Baumeister des Deutschen Ordens im Südwesten.

Das Treppenhaus des Meersburger Schlosses (nach 1760) gilt als Genietat des hier mitwirkenden Franz Anton Bagnato.

lich ist das Pfarrhaus in Ravensburg (1731). Dann aber: 1731–1733 St. Maria Magdalena in Friedberg bei Saulgau, 1732 eine Kapelle für St. Martin in Meßkirch, 1747 St. Otmar in Bremelau bei Münsigen und der Kloster-Weiterbau in Obermarchtal, 1753–1755 St. Afra in Obernheim sowie 1754–1758 Chor und Sakristei von St. Blasius in Ehingen (Donau). Als Hauptwerk gilt das Deutschordensschloss Altshausen bei Ravensburg, an dem Bagnato von 1729 an tätig war und das auch den meistbesuchten Ort seiner Reiseverzeichnisse ausmacht. Seit etwa 1900 lebt hier der herzogliche Zweig des württembergischen Königshauses. Mittlerweile eindrucksvoll renoviert, steht es wie eine Erscheinung über dem sonst eher unauffälligen Ort – eine Spätblüte repräsentativer Barockpracht, unbeeindruckt von all den damals beginnenden reformistisch-klassizistischen Anwandlungen.

FRANZ ANTON BAGNATO (1732–1810)

Er war der andere, weitaus unproblematischere Sohn Johann Caspar Bagnatos, dessen Bedeutung wesentlich darin bestand, schon von früh an für den viel beschäftigten Vater als Baudirektor zu fungieren. Er reüssiert auch gesellschaftlich und gehört in der reichen Handels-Reichsstadt Ravensburg bald zur Führungsschicht.
In Altshausen baut er nach Plänen des Vaters Orangerie und Park. Andere Projekte waren: Schloss Bürgeln in Obereggen bei Lörrach (1762) und das Neue Schloss in Meersburg, an dessen Treppenhaus er mitarbeitet. In Achstetten bei Biberach baut er ebenso am Schloss (1794–1796) mit wie an der katholischen Stadtkirche St. Martin (1770–1782) in Meßkirch. Bei seinen eigenen Planungen für die katholische Pfarrkirche in Oberdischingen (1761) wird ihm allerdings der stilistisch schon um eine Generation davongeeilte Klassizist Michel d'Ixnard (Dixnard) vorgezogen. Dafür sind zwei Stadthäuser von ihm überliefert: das Lagerhaus Greth am Überlinger Hafen (1788) und das ehemalige Ritterhaus neben dem Ravensburger Tor zu Wangen im Allgäu aus dem Revolutionsjahr 1789.

den Projekten zur permanenten Pein machte. „In eill" war eines der häufigsten Worte seiner Korrespondenz. Am 15. Juni 1757, gerade sechzig, wurde er auf einer Reise zur Insel Mainau, wo er die katholische Schlosskirche Maria baute, „von einer Krankheit überfallen und ins Grab gelegt."
Im Blick auf Los und fragile Gesundheit bleibt sein Arbeitspensum enorm. Frag-

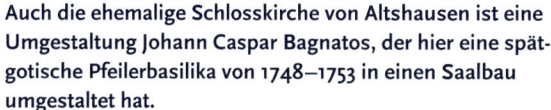

Das ehemalige Deutschordensschloss Altshausen bei Ravensburg hat Johann Caspar Bagnato von 1729 an neu geplant. Es sollte seine Lebensaufgabe werden.

Auch die ehemalige Schlosskirche von Altshausen ist eine Umgestaltung Johann Caspar Bagnatos, der hier eine spätgotische Pfeilerbasilika von 1748–1753 in einen Saalbau umgestaltet hat.

DIE „MANNHEIMER" UND „HEIDELBERGER"

ALESSANDRO GALLI DA BIBIENA

(1687 bis um 1770)

Galli ist der Name einer weitläufigen Bologneser Künstlerfamilie. Den Beinamen „da Bibiena" legte sich der Stammvater jener Sippe, Giovanni Maria Galli zu, um sich von einem gleichnamigen Mitschüler zu unterscheiden. Die Gallis gelten als Dekorations- und Theaterbau-Meister, wirkten hauptsächlich in Wien, aber offenbar auch darüber hinaus, heißt es doch von ihnen, es hätte kaum einen europäischen Hof ohne einen Galli da Bibiena gegeben. Alessandro war der einzige Architekt in der Familie, arbeitete jedoch ebenso als Maler. Er ist der älteste Sohn Giovanni Marias, wird 1687 in Parma geboren und stirbt um 1770. Die kurpfälzischen Dienste nimmt er bereits 1719 auf, also lange vor Machtantritt des baulustigen Carl Theodor, dessen Regentschaft erst 1743 beginnt. Mit seinem großfamiliären Hintergrund konnte Galli leicht Ansprüche gegen „Neuerer" wie den wesentlich jüngeren Franzosen Pigage reklamieren – man begreift von hierher die Schwierigkeiten Pigages in der Kurpfalz besser.

Gleichwohl, wir verdanken Bibiena, über dessen Leben nur wenig bekannt ist, erhebliche Bauwerke, so die Mannheimer Jesuitenkirche, zwischen 1733 bis 1756 errichtet als die größte katholische Kirche nördlich der Alpen. Mühsam, fast puzzleartig waren die Rekonstruktionen nach den Bomben des Zweiten Weltkriegs. Nun aber ist wieder

ein atemraubender kirchlicher Innenraum entstanden. „Eine durchaus eigenartige Anlage", heißt es im „Thieme-Becker", der uns einen kleinen Bericht noch vor der Zerstörung liefert. Von außen ist die Kirche, kommt man von Norden, noch lange vor dem Schloss Wahr- und Erkennungszeichen.

Diese ehemalige Mannheimer Residenz, heute Domizil der Universität, ist mit sechs Hektar überbautem Raum und einer Front von 450 Metern Länge zur Stadt hin eines der größten Schlösser weltweit. 1720 von heute nur mehr wenig bekannten Baumeistern begonnen, übernahm Galli da Bibiena, 1741 zum kurpfälzischen Oberbaudirektor

Alessandro Galli da Bibiena, einer der Gestalter des barocken Mannheim.

Mannheims Jesuitenkirche (auf dem Bild der Chor), gilt als eine der größten katholischen Kirchen nördlich der Alpen. Hier hat die Crème der kurfürstlichen Baumeisterschaft gewirkt: 1738 von Bibiena entworfen, übernahm 1748 Franz Wilhelm Rabaliatti die Arbeiten und im Jahr darauf Nicolas de Pigage den Innenausbau. Für Fresken und Stuckaturen bestellte man übrigens keinen Geringeren als Egid Quirin Asam.

Ehrenhof des Mannheimer Schlosses, heute Universität und gegenwärtig Großbaustelle. Bibiena arbeitete von 1737 bis 1742 an der Vollendung dieser Riesenanlage.

ernannt, bis zu seinem Tod 1748 die Leitung der Arbeiten, freilich ohne dem Ganzen noch eigene künstlerische Impulse vermitteln zu können, denn die Hälfte der Riesenanlage war schon fertig. Sein eigentlicher Beitrag, das Opernhaus, ging 1795 im Krieg mit Frankreich zugrunde – Mannheim wurde schon während der Revolutionskriege fast völlig zerstört. Erhalten geblieben ist das Wohnhaus in Heidelbergs Haspelgasse 12. Dies so genannte Bibienhaus von 1735 gilt als eines der bedeutendsten Heidelberger Gebäude aus dem Barock, an dem die Universitätsstadt ja überreich ist.

Erwähnenswert noch der „Theoretiker" Alessandro Galli da Bibiena, der für Schwetzingens Schlossparkanlage die charakteristische Zirkelbebauung erfindet: Den nördlichen Bau 1748–1750 und den südlichen 1753/54. Beide führt dann sein jüngerer Landsmann Franz Wilhelm Rabaliatti aus. Und für Stuttgart ist Galli da Bibiena um 1747 mit einem Gutachten über das Neue Schloss befasst, wo er beiläufig in direkte Konkurrenz zum überragenden Architekten seiner Epoche gerät – zu Balthasar Neumann.

Nicolaus von Pigage

(Nicolas de Pigage; 1723–1796)

Pigage war *der* Architekt des baulustigen Wittelsbacher Kurfürsten Carl Theodor von der Pfalz, der 1743 an die Macht gelangte. Beider Lebensdaten sind ähnlich: Der Baumeister lebt von 1723 bis 1796, sein Bauherr von 1724 bis 1799.

Pigage wird 1723 im lothringischen Lunéville geboren und vom kühlen Pariser Barockstil am dortigen Hof geprägt, welcher Einfluss seinen Weg in den Klassizismus zwangsläufig ausmacht. Auch die Ausbildung an der Pariser Académie royale d'Architecture nobilitiert ihn in diese Richtung. Bereits 1749, mit 26 Jahren, tritt er in die Dienste Carl Theodors, vor allem als „Gartenintendant". Drei Jahre später war er schon kurpfälzischer Oberbau- und Gartendirektor. Dass er nicht als „de" sondern als „von" Pigage in die Baugeschichte eingegangen ist, verdankt er dem deutschen Reichsadel, den er 1768 erhielt.

Pigage wird also Mitte des 18. Jahrhunderts in der Kurpfalz tätig, einer Phase, während der sich im Südwesten die Waage von den alles beherrschenden (Ober)Italienern mit ihrem oft in Prag und Wien gelernten, über-

sprießenden Barock zu den kühl klassizistisch operierenden Franzosen neigt. Aber, wo etwa im Württembergischen der Wechsel zwischen Leopoldo Retti und Philippe de La Guêpière quasi reibungslos vonstatten geht, hat es Pigage in der Kurpfalz mit heftigen Widerständen der Adepten Galli da Bibienas zu tun: Dieser Maestro hat immerhin die beiden Zirkelbauten entworfen, die sich vor Pigages Hauptwerk, dem wundersamen Schwetzinger Schlossgarten, wie Fittiche ausbreiten.

Dafür dann Orangerie, Theater, Apoll-, Merkur- und Minerva-Tempel, Badhaus, dazu Tempel der Botanik – alles Pigages Erfindung. Und die berühmte, weitläufige Moschee, erst 1795, nach 15 Jahren Bauzeit, vollendet, als krönender Abschluss kurz vor seinem Tod. Die Anregung dafür empfing

Nicolas de Pigage, Vollender der kurfürstlichen Schlossanlagen in Mannheim und Schwetzingen.

**Pigages Apollotempel (1762–1777),
ein Hauptstück des Schwetzinger Natur-
theaters im Schlosspark.**

er vom geachteten Münchner Gartenarchitekten Friedrich Ludwig Sckell (1750–1823),
der damals erste Nachahmungen maurischer Architektur in England entdeckt hatte.
Noch heute dient die Moschee bisweilen
als Gotteshaus sowie als „natürliche" Kulisse für Mozarts „Entführung aus dem
Serail", bekanntermaßen eine Opera a la
turca.

Pigage umgibt der Ruch des Genialischen.
Seine enormen Kostenüberschreitungen
waren legendär. Der große künstlerisch-
schriftstellerische Werkauftrag, den er erhalten hatte, eine „Architecture Palatine"
zu verfassen, blieb trotz hoher Zuschüsse
des Kurfürsten Torso. Auch ein angekündig-
tes Werk über die englische Gartenkunst
ward gänzlich unausgeführt. Zum enzyklo-
pädischen Buchautor war er offensichtlich
nicht gemacht. Dafür gilt er als Vollender
der Mannheimer Schlossanlage (1749–
1760). Ein spektakuläres, überraschendes

**Pigages Karlstor für Kurfürst Carl Theodor
am Ostende der Heidelberger Altstadt, von
1775 bis 1781 entstanden, gilt bereits als
(früh)klassizistisch.**

Stück, wie es kaum eine Stadt mehr hat, ist
noch immer das Karlstor (1775–1781) am
Südeingang zu Heidelbergs Hauptstraße.
Mit Michel d'Ixnard (Dixnard) kooperiert er
an der gigantischen Abteikirche in St. Blasien, wobei seine Vorschläge subtiler und
feinsinniger gewesen sein sollen als die des
Frühklassizisten.

Nicolas de Pigage, ein hochorigineller architektonischer Kopf zwischen den Stilen,
war darin seinem vor allem im Württembergischen tätigen Landsmann Philippe
de La Guêpière nicht ganz unähnlich.

FRANZ WILHELM RABALIATTI (1716–1782)

Franz Wilhelm Rabaliatti ist ohne seinen
Landsmann Alessandro Galli da Bibiena
nicht zu denken. Er war, zumindest in
Mannheim und Schwetzingen, Bibienas
rechte Hand, Praktiker, Handwerker, aber
auch Geschäftsmann durch und durch,
ehrgeizig und äußerst geschickt in seiner
Sozialisation. Das „Gespann" Rabaliatti/

Galli da Babiena erinnert in so manchem
an das Duo Frisoni / Paolo Retti, die „Vollender" des Ludwigsburger Schlosses: Wie
Paolo Retti übernimmt auch Rabaliatti Aufträge der baulichen Gesamtausführung und
gibt sie dann weiter an seine Verwandten.
Franz Wilhelm Rabaliatti stammt aus der
Gegend von Savona bei Genua, also aus
Oberitalien, wie so viele Architekturgenies
seiner Tage und eben auch sein Mentor
Alessandro Galli da Bibiena. Rabaliattis
große Mannheimer Zeit beginnt Mitte des
Jahrhunderts. 1748 heiratet er Maria Theresia Nau, die Tochter eines ehemaligen
Mannheimer Bürgermeisters und nachmaligen Bauunternehmers. Durch diese Verbindung gelangt er mitten hinein in die
Mannheimer Baukünstlerszene: 1746 ist er
als Steinhauerpolier bei Galli da Bibiena an
der Jesuitenkirche beschäftigt, die er 1748,
nach Bibienas Tod, auch vollendet. Die dadurch gewonnenen Beziehungen zum Je-
suitenorden wurden prägend für Rabaliatti.

In Ermangelung eines Porträts die beherzte Unterschrift Franz Wilhelm Rabaliattis.

Die Fassade der Mannheimer Jesuitenkirche (1751/52) gilt als sein Hauptwerk, und auch im schweizerischen Fribourg wirkt er an der Jesuitenkirche mit.

Am Mannheimer Schloss arbeitet er darüber hinaus unter Nicolas de Pigages Oberaufsicht am östlichen Querflügel und dem Marstall. Geprägt vom lebensfroh bunten, rheinisch-fränkischen Barock und dabei insbesondere von Balthasar Neumann, dem er in Mannheim des Öfteren begegnet, kommt es dabei gerade mit Pigage als dem Vertreter eines kühlen, westlich rationalistisch reduzierten Baustils zu heftigsten Auseinandersetzungen: Symptome eines architektonischen Paradigmenwechsels zur Mitte des 18. Jahrhunderts.

Einer der markantesten Bauten, die Mannheim trotz aller Kriegsverwüstungen erhalten geblieben sind, Rabaliattis 33 Meter hoher Sternwartenturm (1772–1774), erscheint in einer edlen Synopse mit „seiner" Jesuitenkirche. In ihr, der Sternwarte, heißt es, hat Carl Theodors Hofastronom Christian Mayer die Doppelsterne entdeckt.

Für Bretten plant Rabaliatti noch die evangelische Stadtkirche St. Laurentius, die 1778 dann von einem anderen vereinfacht gebaut wird. Die katholische Kirche St. Michael in Neckarhausen bei Edingen entstand 1781–1783 nach seinen Plänen, galt allerdings mit ihrer Pilasterfassade im römischen Barockstil schon damals als nicht mehr zeitgemäß.

Eine der schönsten profanen Architekturen Rabaliattis ist seine noch erstaunlich original wirkende Mannheimer Sternwarte (1772–1774) unmittelbar hinter der Jesuitenkirche, an der er ja auch wesentlich mitgewirkt hat.

Mächtige Sandsteingiebelfront: Heidelbergs Jesuitenkirche (heute katholische Pfarrkirche Hl. Geist und St. Ignatius) in unmittelbarer Universitätsnähe, 1751 von Rabaliatti errichtet.

JOHANN JAKOB RISCHER

(auch RÜSCHER; 1662–1755)

Die Familie Rischer stammt aus Au im Bregenzerwald. Ob Johann Jakob Rischer selber dort geboren wurde, ist ungewiss. Von Herkommen und Ausbildung zählt er eher zu den Vorarlbergern, lernt aber auch in Tirol und Oberitalien. Dann folgt er dem großen Strom seiner Landsleute ins kriegszerstörte (Südwest-)Deutschland und trifft

Schwetzinger Schlossanlage: Südlicher Zirkelbau, 1753/54 von Rabaliatti erbaut.

zuerst auf seinen Landsmann Franz II. von Blaichten, der in Gengenbach für den Benediktinerorden Kloster und Kirche baut. Dort bleibt Rischer die zehn Jahre von 1692 bis 1702. Offenbar zieht er während dieser Zeit Eifersucht und Neid des handwerklich weniger kompetenten Oberbaudirektors Domenico Egidio Rossi auf sich, der in Rastatt um 1695 an der damals größten deutschen Schlossanlage tätig war. Rossis Arm war so lang, dass Rischer zumindest in der Markgrafschaft Baden-Baden keinen Fuß mehr auf den Boden bekam. Er „flieht" daher in die baufreudige Kurpfalz und lässt sich in Heidelberg nieder. Und auch das nahe Bistum Speyer hat Aufträge zu vergeben.

Rischers größte Arbeit war der Ostflügel des Mannheimer Schlosses, bei dem er sich, wie auch Paolo Retti in Ludwigsburg, offenbar als Generalunternehmer betätigte und dabei Unsummen einstrich. Sein Stil gilt denn auch als wuchtig. In Mannheim und Heidelberg baut er sich, für einen „Bürgerlichen" bis dato unüblich, veritable Stadtpaläste. Von 1715 bis 1717 konnte er sich an die Vollendung der Gengenbacher Abteikirche machen – sieben Jahre nach Rossis Tod! In Adelsheim, zwischen Mosbach und Tauberbischofsheim, formt er von 1734–1738 eine frühneuzeitliche Wasserburg in ein Stadtschlösschen um („Sennefelder Schloss" oder auch „Unterschloss"). Im nahen Birnau errichtet er zwischen 1742 und 1744 ein einfaches, zweigeschossiges Schloss für den Freiherrn Friedrich Leopold

von und zu Adelsheim. Zeitlich nicht genau fixiert, aber wohl zu Beginn des 18. Jahrhunderts entstand das Landschloss in Bödigheim unterhalb einer imposanten mittelalterlichen Burgruine. In Heddesheim baut er zwischen 1719 und 1722 das Rathaus, in Heidelberg entsteht nach seinen Plänen bereits um 1700 mit der kurfürstlichen Apotheke in der Hauptstraße 190 eines der ersten Barockhäuser der kurz zuvor durch die Franzoseneinfälle nahezu ruinierten Renaissancestadt. In diese Zeit fällt auch das Haus Buhl (Hauptstraße 232–234).
In der Unteren Straße 11 steht das eigene Palais des Barockbaumeisters (1711). Damals macht er sich in Leutershausen auch an seinen künstlerisch bedeutendsten Schlossbau. Beauftragt hat ihn hierfür der Reichsgraf von Wiser (1710). In Wiblingen bei Heidelberg entsteht zwischen 1744 und 1746 die katholische Bartholomäuskirche, eines seiner letzten Werke. Rischer, der mit 93 Jahren ein nicht nur für seine Epoche biblisches Alter erreichte, soll bis zuletzt Risse gezeichnet haben, ganz zum Schluss für die Stiftskirche in St. Gallen.

BALTHASAR NEUMANN (1687–1753)

Nichts deutet anfangs darauf hin, dass er einmal ein säkularer Architekt werden würde, gar *der* Baumeister des deutschen Barock, an künstlerischem Rang allenfalls vergleichbar mit dem Komponisten Johann Sebastian Bach (1685–1750); Bachs und Neumanns Lebensdaten sind einander, Zufall oder nicht, sehr nahe.

Balthasar Neumann, vierzigjährig, auf dem Gemälde Marcus Friedrich Kleinerts von 1727. Drei Jahre zuvor war Neumann zum hochfürstlich-würzburgischen Artillerie- und Ingenieurmajor ernannt worden.

1687 wird er als siebtes von acht Kindern eines armen Hutmachers in Eger geboren. Um die Jahrhundertwende kommt er dort zu seinem Paten in die Lehre, lernt das Handwerk des Glocken- und Geschützgießers und macht sich um 1711 auf den Weg nach Würzburg zur Gießhütte des Ignaz Kopp. Neumann war damals bereits 24, ein Alter, in dem manche seiner Zeitgenossen an ihre ersten größeren Bauaufgaben gingen. Aber seine Architekturbegabung war noch nicht einmal entdeckt. Das blieb der zufälligen Bekanntschaft mit dem Würzburger Ingenieurhauptmann Andreas Müller vorbehalten.
Balthasar Neumann holt nach, „von einem Rausch des Lernens und Begreifens gepackt", so der Biograf Max H. von Freeden. Als ihm das Geld für die Lernmittel ausgeht, wendet er sich 1712 an die Stadtväter in Eger, die ihm tatsächlich beispringen.

Mannheims Marktplatzdominante, die Untere Pfarrkirche St. Sebastian, hat mit dem Rathaus zusammen ein und denselben Turm. 1704 hatte Rischer hier den Rohbau vollendet (Kirchenweihe 1726).

Bruchsal, Blick auf die Gesamtanlage des Schlosses, für das Neumann lange beratend tätig war.

„Selten", so Freeden, „ist wohl ein Darlehen besser angelegt worden." Neumann lernt Geometrie, Geodäsie, Französisch und vor allem Zivil- wie auch Militärarchitektur. Dabei entdeckt er sein eigentliches Lebensziel: Baumeister, ein Vorhaben, das der Eintritt in die Würzburger Schloss-Leibkompanie 1714 erleichtert, wo er Adjutant seines Lehrers Andreas Müller wird.

Nach erst einmal mühseligem Aufstieg scheint Neumann nun alles zuzufliegen: Mit dem berühmten Joseph Greising (1664–1721) zieht er durchs Unterfränkische, wird 1716 bei ihm Tiefbauspezialist, nimmt als Militäringenieur 1717 an der Belagerung Belgrads unter Prinz Eugen teil und lernt so nebenbei die Wiener Hofarchitektur kennen. Eigentlich wollten ihn die Wiener behalten, doch es drängt ihn weiter. Seine militärische Laufbahn führt 1718 nach Mailand, wo er die oberitalienische Barockarchitektur studiert.

Von heute her wissen wir, dass Neumann durch die „zweite Lehrzeit" (etwa von 1712 bis 1718) glänzend auf seine Riesenaufgaben vorbereitet war. Aber man muss vor allem Vertrauen und Weitsicht seiner Auftraggeber, der geistlichen Fürsten aus dem Hause der Grafen von Schönborn rühmen. So ergibt sich nach aller bisherigen Karriere auch noch das Wunder, dass im Herbst 1719 mit Domprobst Johann Philipp Franz Graf von Schönborn ein Vertreter jener Herrschersippe die Regentschaft über das Würzburger Fürstbistum antrat, die nach eigenem Bekunden vom „bauwurmb" besessen war – man denkt hier etwa an „Drehwurm" und definiert es am besten

als Bausucht, die einen nicht stillehalten, nicht ruhen lässt. Auch spätere Architekten, etwa Paul Bonatz, nehmen diese Metapher vom „Bauwurm" auf.

Stadtbaumeister in Würzburg

Bauherren und Baumeister sind nun nicht ohne einander zu denken: Ein jeder sorgt für den Nachruhm des anderen. 1719 geht Johann Philipp Franz Graf von Schönborn zur späten Ehre seines Geschlechts das Risiko ein, den vor allem in künstlerischen Dingen unerfahrenen würzburgischen Ingenieurhauptmann Balthasar Neumann mit der größten Architekturaufgabe zu betrauen, die damals in Deutschland zu vergeben war – Würzburgs Residenz. Und als 1722 eine Baukommission gegründet wird, untersteht Neumann das gesamte „bürgerliche Bauwesen" in Würzburg – er wird nun auch zum Stadtbaumeister.

Diese Residenz, die Georg Dehio „für den vollkommensten Profanbau des 18. Jahrhunderts" hielt, wird sein Haupt- und Lebenswerk und Würzburg, der „Sitz" Balthasar Neumanns, bald zum Ausgangspunkt deutscher (Barock-)Architektur: „Von Köln bis Konstanz und vom Main zur Donau; um die Jahrhundertmitte entstand in diesem Bereich fast kein Bauwerk mehr, ohne dass man sich nicht wenigstens seines Rates versichert hätte. ‚Herr Obrist Neumann aus Würzburg' plante, beriet und baute weit über Frankens engere Grenzen hinaus."

Durch eine geschickte Heirat, 1727, hat sich Neumann wie so manch zeitgenössischer Kollege gesellschaftlich quasi unanfechtbar gemacht: Er rückte ins Würzburger Stadt-

patriarchat auf. Der Biograf (Freeden) schildert sein damaliges Erscheinungsbild so: „Neumann ist, als er sich 1727 von dem Nürnberger Porträtisten Kleinert malen ließ, vierzig Jahre alt; er ist, was auch die Dokumente, seine Briefe und die Handschrift verraten, ein kerngesunder Mann und ein völlig lauterer Charakter. Zu der kräftigen, reichlich mittelgroßen Statur passt das ovale, von hoher Stirn bestimmte Gesicht mit der kräftigen, geraden Nase, dem vollen Mund und dem gerundeten, energischen Kinn; es wird beherrscht von den freundlich, aber aufmerksam prüfend blickenden hellen, großen Augen, in denen Wohlwollen und Humor sich mit dem Selbstbewusstsein und der unbestechlichen Beobachtungsgabe dieser reinen Architektennatur mischen."

Dass Balthasar Neumann im heutigen Baden-Württemberg wirksam werden konnte, hängt naturgemäß mit den Schönborns zusammen: Damian Hugo Schönborn (1719–1743) als Fürstbischof von Speyer war den seit langem schon schwelenden Konflikt mit seinen protestantischen Reichsstädtern leid. Er beschloss deshalb, seine Hofhaltung in das ebenfalls zu seinem Kirchensprengel gehörende Bruchsal zu verlegen. „Ich habe nuhn den orth ausgelesen, wohe meine residenz hinkommen solle, ich habe mein tag kein schönere situation von allem gesehen, es ist zu Bruchsal, ein statt, viel größer als Aschaffenburg, rechdt schön wieder gebauet."

Grundsteinlegung war 1722. Damian Hugo von Schönborn allerdings galt als „Knicker". Um keine höher besoldeten Baumeister einstellen zu müssen, nahm er erst einmal Kräfte aus der zweiten Reihe, wobei er sich im Übrigen auch selber kräftig in die Planung mit einbrachte – wie etwa Herzog Carl Eugen bei seiner Solitude ein halbes Jahrhundert später.

Vor allem bei der Treppe hatte sich Damian Hugo so vertan, dass statt dem vorgesehenen Stiegenhaus allenfalls noch eine Art Schacht oder Kamin Platz gefunden hätte. Die Stunde Balthasar Neumanns, der nun, von 1728 bis zu seinem Tod 1753, als ständiger Berater oder besser als Spiritus Rector für den Bruchsaler Schlossbau zur Verfügung stand. Mit der völlig verkorksten Stiegenhaussituation gelang ihm dabei schon gleich ein Geniestreich: Zwei, drei Kniffe, und aus einem dumpfen Wendeltreppenaufgang war ein festliches Vorspiel für die zu ersteigenden Prunkräume geworden. Neumanns spektakulärste Bruchsaler Tat, wobei er auch sonst überall beteiligt war; vom Vestibül bis zur Gartenfassade und von der Reithalle bis zur Wasserleitung. Er hat Bruchsal bis zu seinem Lebensende zwölf Mal besucht, so wichtig war ihm dies Objekt.

In der Nähe entsteht damals auch die Eremitage Waghäusel, die von Johann Michael Ludwig Rohrer (1683–1732) als oktogonaler Zentralbau dem Beispiel seiner Magdalenenkapelle im Rastatter Favorite-Schlosspark nachempfunden war. Neumann nun hatte 1747 die Idee, dem runden Bau vier umringende Pavillons vorzusetzen, die noch immer mit ihrem oktogonalen Grundriss und den entsprechenden, biberschwanzgedeckten Mansarddächern die Originalität der Gesamtanlage ausmachen – zumindest drei von ihnen; einen hatte man in den bauhistorisch desinteressierten Zeiten um 1970 abgerissen. Mittlerweile von einem Allerweltsindustriegebiet eingeschnürt, hat diese Insel barocker Baukunst durch das Engagement des Denkmalschutzes als eine Art Ikone überlebt.

Das Treppenhaus des Bruchsaler Schlosses, eine der vielen Genieleistungen Neumanns (1730/31).

Blick in Neumanns spätes Meisterwerk, die Neresheimer Benediktiner-Abteikirche Hl. Kreuz, St. Ulrich und Afra (1747 bis zu seinem Tod 1753).

Strahlenstadt mit Orientierungszeichen

Neumanns Vorschläge zu den Schlössern in Stuttgart und Karlsruhe sind eminent, aber bekanntlich keinesfalls realisiert. Für Stuttgart hätte sich ein prachtvolles Hauptgebäude (Corps de logis) konkurrierend dem Alten Schloss entgegengestellt und mit seinen beiden Seitenflügeln, je in der Größe des heutigen Mitteltraktes, die Stadt gewissermaßen umarmt. Und über allem die für Neumann so typischen, leicht türkisch anmutenden, schiefergedeckten „Kissendächer". Man bevorzugte schließlich die viel kleinere und natürlich auch viel billigere, allerdings doch respektable Lösung von Leopoldo Retti und Philippe de La Guêpière. So haben die Stuttgarter damals aus Gründen eines wohl doch angeborenen Pragmatismus ihr Weltkulturerbe verabsäumt.

Karlsruhe war von vornherein einfacher veranlagt. Der Gedanke, dass von einem Schloss die Stadt ausgehen solle, war Neumann als einem Baumeister des Absolutismus natürlich nicht fremd. Dass allerdings ein Schloss in der Ebene zum Zeichen einer gewissen Erhabenheit auch ein Orientierungszeichen brauche, einen Turm, daran hat Neumann für Karlsruhe mit Nachdruck festgehalten. Wenn wir ihm also trotz all seiner so großartigen wie vergeblichen Planungen am Karlsruher Schloss wenigstens eines verdanken, dann den Erhalt dieses bereits 1715–1718 entstandenen, mittelpunktsetzenden Turmes – im Gegensatz zu Stuttgart immerhin ein Balthasar Neumann als Denkmalschützer!

Das eigentliche Bauwerk des Maestro im Land ist aber, wie jedermann weiß, die Benediktinerabtei in Neresheim. Sie kam zustande, weil es hier im Gegensatz zu Stuttgart und Karlsruhe wiederum Beziehungen zu den Schönborns gab, und zwar über Ellwangen, denn am dortigen Stift regierte seit 1732 als Fürstprobst Franz Georg Graf von Schönborn, zugleich Kurfürst von Trier

(1729–1756) und Bischof von Worms. 1747 hat man Neumann nach Ellwangen gebeten, um ein neues Rathaus zu bauen sowie Veränderungen an Schloss, Priesterseminar und Spital vorzunehmen. Schon zwei Jahre zuvor, 1745, hatten Abt Aurelius und sein eifriger Pater Benedikt Maria Anghern in Neresheim mit dem Kirchenbau begonnen. Anghern sollte sich später rühmen, „zu der jetzigen herrlichen Kirche den Grundriss und Hauptgedanken so verfertigt (zu haben), dass derselbe bei Neumann alle Approbation gefunden".

Nach Neumanns Tod (1753) übernahm erst einmal einer seiner Bruchsaler Meisterschüler, Johann Leonhard Stahl, die Bauleitung. Mit Freskierung, Stuckierung und Ausstattung war die Klosterkirche dann erst 1801 vollendet. Ihre Restaurierung von 1969 bis 1975, also rechtzeitig zum Europäischen Denkmalschutzjahr (1975), war das erste spektakuläre Denkmalprojekt der baden-württembergischen Landesregierung. Jetzt endlich ließ sich auch wieder der hoch gestimmte Satz des Papstes der deutschen Kunstgeschichtsschreibung, Georg Dehio,

über Neresheim nachvollziehen: „Der Vater des Barock, Michelangelo, hat in Neumann einen kongenialen Enkel gefunden, ebenso in der Größe der Konzeption wie in der Nichtachtung der gewohnten Harmoniegesetze."

Und Max H. von Freeden rühmt Neumanns Neresheimer Abteikirche ähnlich entschieden. Nur Johann Michael Fischers Ottobeurener Klosterkirche und Domenikus Zimmermanns Wieskirche seien noch „Gefährten des Titanenwerks von Neresheim": „Schon die Ausmaße ... mit dreiundachtzig Metern (sind) von kathedraler Großartigkeit ... Es ist Neumann hier gelungen, die Systeme von Basilika, Wandpfeiler-, Freistützen- und Zentralanlage ganz mühelos zu einem jeder Klassifizierung spottenden Raumwunder von souveräner Pracht zu verflechten." Auch erziele der Baumeister bereits Materialeffekte, wie sie erst 150 Jahre später durch den Eisenbeton möglich wurden. Und Freeden weiter: „Der Ingenieur Neumann wusste für den Künstler Neumann immer Möglichkeiten, um das gesteckte Ziel zu erreichen."

St. Blasiens „Schwarzwalddom", d'Ixnards berühmteste Arbeit (1768–1783) und eines der wichtigsten Werke des Frühklassizismus im Land.

Pierre Michel d'Ixnard (Dixnard; 1723–1795)

Er stammt aus Nîmes im Süden Frankreichs, war armer Herkunft, aber reich an Gaben, und wusste sich vom einfachen Handwerker zum Stararchitekten emporzuarbeiten. Eine akademische Ausbildung war ihm nicht vergönnt. Es heißt, er sei nicht einmal des Schreibens „uneingeschränkt kundig" gewesen. Und obwohl die meisten seiner Bauten hier im Südwesten entstanden, beherrschte er kaum hundert Worte Deutsch, sodass er für seine Anweisungen am Bau stets einen Dolmetscher dabei haben musste. Pierre Michel d'Ixnard hieß eigentlich nur Pierre Michel. Er hängte sich das adlig wirkende d'Ixnard einfach aus Kompensationsgründen an; man findet deshalb oft auch die Schreibweise „Dixnard". Sein Hauptwerk, die Klosterkirche von St. Blasien (1768–1783), ist vor allem wegen ihrer kolossalen Kuppel, mit 32 Meter eine der weitestgespannten überhaupt, gewis-

sermaßen die gigantische Überhöhung seines Baumeisterlebens, das mit Tingeln in der Provinz begonnen hatte, wo sich „Pierre Michel" als Maurer, Schreiner, Steinmetz, Schlosser und Spiegelmacher durchschlug. Seine praktische Ausbildung erhielt er während 14 Jahren Paris, prägend aber war wohl ein längerer Romaufenthalt hernach und hier besonders die Beschäftigung mit dem Pantheon. Die Auseinandersetzung damit dürfte ihn bewogen haben, sich stilistisch vom Barock weg in Richtung Klassizismus zu entwickeln.

D'Ixnard, der um 1775 nach Straßburg gezogen war, baute vor allem im Süden des Südwestens: in Freiburg das noble „Palais Sickingen" (1769) und das Schloss im oberschwäbischen Aulendorf (1778–1782). Dazwischen (1773) ist er wesentlich an Reparatur und Umbau der Buchauer Stiftskirche beteiligt. 1780–1783 entsteht nach seinen Plänen die Stiftskirche in Hechingen, eine der bedeutendsten Kirchen des klassizistischen Nachbarock, als dessen wichtigster Vertreter d'Ixnard zumindest in Südwestdeutschland gilt. Sein Porträt, das einzig

von ihm bekannte, wird dem Freiburger Barockkünstler und Architekten Johann Christian Wenzinger zugeschrieben. Es zeigt ihn vor Plänen seines „Wurfs" in St. Blasien, mit dessen Bau er 1768 betraut worden war.

Dieser monumentale „Schwarzwalddom" ist bei allen evidenten Einflüssen des römischen Pantheon vor allem das Ergebnis eines in Frankreich entstehenden Stilempfindens, des „Goût antique", mit dem sich d'Ixnard seit 1770 durch das Studium entsprechender Stichfolgen intensiv beschäftigt haben soll. Dadurch unterschied er sich als „Moderner" ganz wesentlich von den im Südwesten tätigen Vorarlbergern mit ihrem massigen, ländlich satten, bodenständigen Barock. D'Ixnard wurde so zu einem der ersten Vermittler des französischen, frühklassizistischen Stils in Deutschland.

Repräsentant des Frühklassizismus im südlichen Südwesten: Michel d'Ixnard (oft auch Dixnard).

Blick in die Rotunde (Durchmesser 36 Meter), von 20 freistehenden Säulen getragen.

Bad Buchau, Stadtpfarrkirche St. Cornelius und Cyprian. Die dunkel bemalte Flachdecke kontrastiert zum überwiegenden Weiß des Kirchenraums – beginnende klassizistische Strenge.

Klassizismus,
Romantik,

Ende 18. bis Mitte 19. Jahrhundert

Vom Barock zu schlichteren Formen

Gottlob Georg Barth

Karl Joseph Berckmüller

Friedrich Eisenlohr

Ludwig Friedrich Gaab

Karl Alexander von Heideloff

Heinrich Hübsch

Giovanni Battista Salucci

Georg Jakob Schneider

Nikolaus Friedrich von Thouret

Johann Jakob Friedrich Weinbrenner

Karl Ludwig Wilhelm Zanth

Rundbogenstil

Im Dickicht der Definitionen

Während der bauhistorischen Phase von 1770–1860 ist, zumindest im Südwesten, der Klassizismus das vorherrschende Element, auch wenn die Kunstwissenschaft gern vor dem Umgang mit dem Begriff warnt oder gar davor kapituliert: Er führe ins „Dickicht", wo nicht gar in die „Wirrnis". Jakob Wörners Standardwerk „Architektur des Frühklassizismus in Süddeutschland" (1979) lässt ganze Definitionslitaneien vorbeiziehen, aus denen deutlich wird, dass diese Architekturphase mitnichten so übersichtlich ist wie etwa der nämliche Zeitraum in der Musikgeschichte, wo man mit „Wiener Klassik", „Früh- und Hochromantik" immerhin eine bis heute brauchbare Nomenklatur geschaffen hat.

Der Kunsthistoriker Fritz Landsberger versucht in seinem wiederum grundlegenden Werk über die „Kunst der Goethezeit" (1931) für die Phase zwischen 1750–1830 folgende Einteilung: „Frühklassizismus", „Gotizismus", „Hochklassizismus", „Romantischer Klassizismus" und „Spätklassizismus". Wobei es zu beträchtlichen Unschärfen kommt. Erst komprimieren sich die klassizistischen Unterepochen, dann jedoch bleibt zwischen 1830 und 1860 eine beträchtliche Lücke. Wörner selber, eingedenk all dieser dem eher klaren Gegenstand konträren Schwierigkeiten, rät schließlich, darin wiederum Georg Dehio folgend, „dem unübersehbaren Gestrüpp der Diskussion um den Begriff ‚Klassizismus' überhaupt aus dem Weg zu gehen."

Er betrachtet ihn lediglich als „Notbehelf". Andererseits verweist Wörner dann doch auf die klugen Überlegungen des Schweizer Kunstgelehrten Siegfried Giedion (1888–1968), die für unsere Belange schon deshalb erhellend sind, weil trotz aller Widrigkeiten, die der abstrakte Begriff seinen Erforschern macht, in Wirklichkeit die beiden Residenzstädte Karlsruhe und Stuttgart augenfällig und trotz aller Kriegs- und Nachkriegszerstörungen ganz wesentlich vom Klassizismus geprägt sind.

Giedions Begriffsbestimmungen führen so aus der Abstraktion in die Freiheit der Anschauung: „Klassizismus; sein Begriff verworren. Kaum ein Geschlecht, durch das nicht – stärker oder schwächer – klassizistische Zuckungen gingen. Wer zieht die Grenze, wer entscheidet, dass eine Zeit vor allen anderen das Recht habe, Klassizismus genannt zu werden? – Was bedeutet es, mit einem Scheinwerfer Bauten nach Säulen und Portikus abzutasten: Schreiendste Verschiedenheiten bergen sich dabei unter gemeinsamem Mantel."

Aber nach diesem Eingeständnis kommt Giedion dann doch zu äußerst luziden und

Das Löwentor, eines der Wahrzeichen Stuttgarts, geht auf die beiden flankierenden Wachhäuschen Saluccis zurück (1834). Das schön gemeißelte Schilfsandsteintor hat dann 1858 Johann Michael Knapp gesetzt, der zusammen mit Christian Friedrich Leins zu dieser Zeit auch am Königsbau beteiligt war (1855–1859).

Säulen und Dreiecksgiebel. Badischer Klassizismus pur. Schauseite des Palais Hamilton (1808) in Baden-Baden.

für unseren – südwestdeutschen – Zusammenhang nachvollziehbaren Lösungen, vor allem durch seine wegweisenden Unterscheidungen und Erkenntnisse etwa über die Verwandtschaft von Barock (mit seiner Spielart des Rokoko) und Frühklassizismus. So gelangt er auf die so einfache wie geniale Unterscheidung von „barockem" und „romantischem Klassizismus": „Der Barock endigt in einem Klassizismus, die Romantik beginnt mit einem ... Barock und Romantik stehn einander gegenüber ... Der Klassizismus, der beide überbrückt, mag manchmal die Grenzmarken verwischen, um sie dann – durch die verschiedenartige Verwendung der Urform desto abrupter aufleuchten zu lassen."

Die frühklassizistische Phase endet gegen 1770. Danach fällt es im Südwesten allerdings schwer, auf einen „romantischen Klassizismus" zu treffen, es sei denn, man betrachtet die Rückbesinnung auf die Antike bereits als Form der Romantik. Indes denkt Giedion im Zusammenhang mit Romantik vor allem an den norddeutschen Klassizismus, an Schinkel zumal: „Man kann ... (im romantischen Klassizismus) nicht den eigentlichen Atem der Zeit übersehen, diesen geben aber die entscheidenden Schöpfungen. Sie tragen schon die Zukunft. Sie zeigen das innere Gesicht, zeigen in Grundrissen des späten Schinkels schon ein bis in die Tiefen zerrissenes Geschlecht, das sein Blut über das Jahrhundert verspritzte. Dagegen erscheint die verschlungene Harmonie eines barocken Systems in der leichten und doch unverrückbaren Haltung, wie ein einziges, glückliches Lächeln."

Heinrich Hübsch, Karlsruher Orangerie, ein Schlüsselwerk des Rundbogenstils.

Weinbrenners Casino (1821–1824),
Baden-Badens Hauptattraktion.

Klassizismus und Protestantismus – die Residenzen Stuttgart und Karlsruhe

Dagegen wirkt der südwestdeutsche Klassizismus, namentlich zu den Karlsruher Wirkungszeiten eines Friedrich Weinbrenner, also von 1797 bis 1826, wie ein Hochklassizismus, eine Stilart, die sich in den beiden protestantischen Residenzen Karlsruhe und Stuttgart bis weit ins 19. Jahrhundert halten sollte. In Karlsruhe 1825 durch die Gründung des auf Weinbrenner zurückgehenden „Polytechnikums", des ersten in Deutschland. In Stuttgart durch die Gründung einer „Kunst- und Gewerbeschule" in einem Gebäude Nikolaus Friedrich von Thourets, der auch ihr erster Lehrer war und die 1840 zum Polytechnikum erhoben wurde. Beide Schulen lehrten „die Antiken".

Heidnische und Christliche Antike

In Karlsruhe kam es allerdings um 1830 zum Bruch mit der römisch-klassizistischen Manier Weinbrenners, als dessen Schüler Heinrich Hübsch sein Nachfolger wurde und den „Rundbogenstil" zu lehren und praktizieren begann, der seinerseits wieder auf die christliche Antike zurückging. Hübsch fand in dem anderen bedeutenden Weinbrenner-Schüler Friedrich Eisenlohr einen Weggenossen. Beide bauten im Rundbogenstil, in seiner Mischung aus frühchristlich-byzantinischen Formen und solchen der italienischen Romanik bei manchen wissenschaftlichen Bewertern schon der erste historistische Stil. Denn sein Repertoire bezieht sich ja nicht mehr auf die klassische, „heidnische" Antike, sondern auf den Formenkanon des Urchristentums. Insofern laufen gerade in Karlsruhe etwa seit 1830 zwei Bauweisen parallel, der „Historismus" des Rundbogenstils und der Klassizismus von Meister Weinbrenner, in dessen Manier wiederum andere Schüler weiterbauen. Vielleicht sollte man deshalb auch hier, wie schon

beim Klassizismus, trennen und von einem Früh- und Späthistorismus sprechen, wobei der Frühhistorismus den Klassizismus bis zu dessen endgültigem Ausblühen um 1860 begleitet.

Klassizismus, der Stuttgarter Nationalstil

In Stuttgart nun ist es weniger die Strahlkraft eines übermächtigen Lehrers wie Weinbrenner, es ist seit 1829 die Schule selber, aus der, seit ihrer Gründung, Württemberg fast das gesamte 19. Jahrhundert hindurch seine Architektur bezieht. Klassizismus ist hier schlichtweg „Nationalstil", so der Kunstgelehrte und Goethe-Freund Gottlob Heinrich Rapp, einer der einflussreichsten Bürger Stuttgarts um 1800.

Klassizismus ist in Stuttgart der bis etwa 1860 dominierende Stil und von Johann Gottlieb Barth bis zu Ludwig Zanth war es üblich, sich für längere Zeit zu Studienzwecken in Paris und Rom aufzuhalten. In Paris lernte man Frühklassizismus und französische Revolutionsarchitektur mit ihrem Übergang vom spätfeudalistischen Formenüberschwang zu gemäßigter Monumentalität. Und in Rom studierte man Säulenordnungen, Symmetrie, Dreiecksgiebel und Betonung der Horizontalen. All die wichtigen Architekten aus den polytechnischen Anstalten in Karlsruhe und Stuttgart hatten diesen Weg hinter sich und kamen hoch gebildet, polyglott und mit besten Beziehungen als junge Weltmänner an ihre Wirkungsorte zurück. Wo aber die Architekten nicht aus der eigenen Schule stammten – wie in Stuttgart Phlippe de La Guêpière, Giovanni Salucci oder Karl Ludwig Wilhelm von Zanth – so waren sie doch durch Italien oder Frankreich geprägt. Wir können speziell den südwestdeutschen Klassizismus als den Stil eines urbanen, humanistisch gebildeten Residenzstadtbürgertums begreifen, was indes mehr für Weinbrenners Karlsruhe als für Stuttgart gilt, wo die wesentlichen klassizistischen Gebäude, sei's die Rotenbergkapelle oder das Hohenheimer Schloss, seien's Kronprinzen- und Wilhelmspalais, der Stadtflügel des Neuen Schlosses oder auch die nachmalige Staatsgalerie auf höfische Initiative hin entstanden.

Hauptportal von Hübschs Karlsruher Universitätsbau (1833–1835), der auf die Polytechnische Schule seines Lehrers Friedrich Weinbrenner zurückgeht.

Interessant übrigens, dass auch der Schweizer Kunstgelehrte Bruno Carl 1963 die Epoche des benachbarten, helvetischen Klassizismus exakt mit den Jahreszahlen 1770–1860 versieht. Parallel dazu, sozusagen unter dem Deckmantel des Klassizismus, entwickeln sich historistische Bauarten, angefangen mit dem Rundbogenstil, dessen große Architekten bei uns, Hübsch und Eisenlohr, von ihrer Ausbildung her allerdings auch klassizistisch geformt sind. Bei Eisenlohr entsteht über eine Art Neo-Tudorstil eine badische Neugotik, bei seinem Mitarbeiter Johann Jakob Schneider, dem badischen Synagogenbauer, eine badische Neoromanik.

Übergänge zum Historismus

Elegante Übergänge vom Klassizismus hinüber in den Historismus finden die beiden größten historistischen Architekten des Landes, der Karlsruher Josef Durm und der Stuttgarter Christian Friedrich Leins mit der eng verwandten Neorenaissance. Was zeigt, dass die exakte Grenzziehung zwischen Klassizismus und Historismus wiederum ähnlich undankbar ist wie die zwischen Barock und Klassizismus, nur insofern noch schwieriger, als erst einmal verschiedene Spielarten nebeneinander herlaufen – Neorenaissance, Neogotik und Neoromanik etwa und dazu eine romantische Gotikbewegung, die hier im Land, genauer im Württembergischen, zwei Gipfel hat – die Rekonstruktion von Schloss Lichtenstein am Albrand hoch über der Honauer Steige nach Maßgaben von Wilhelm Hauffs gleichnamigem Roman und die Aufführung des Ulmer Münsterturms nach Plänen des gotischen Baumeisters Matthäus Böblinger (um 1480) zum höchsten Kirchturm der Welt, vollzogen wiederum von dem an Stuttgarts Kunstgewerkschule erst einmal klassizistisch geschulten Künstler August von Beyer (1834–1899).

Eingangspavillon zu Zanths größtem Werk, der Stuttgarter „Wilhelma", ursprünglich ein „Maurischer Garten" (1842–1864).

Gottlob Georg Barth am Beginn und am Ende seiner württembergischen Baumeisterkarriere.

GOTTLOB GEORG BARTH (1777–1848)

1777 als Sohn eines Hofbaumeisters und Steinhauers in Stuttgart geboren, wurde Barth bereits mit neun Jahren als Hiesiger oder „Oppidianer" an die Hohe Carlsschule aufgenommen. Er war, wie andere Söhne von Handwerkern, die es zu Hofämtern gebracht hatten, zum Baumeister vorbestimmt. Sein Lehrer – vermutlich der Schöpfer Hohenheims, Reinhard Ferdinand Heinrich Fischer (1746–1813). Barth hat sich offensichtlich so geschickt angestellt, dass man ihn 1800 an die eben erst (1799) gegründete königliche Bauaka-

demie nach Berlin schickte, wo er als Mitschüler Leo von Klenzes in den Einflussbereich des früh vollendeten Friedrich Gilly (1772–1800) gerät, aus dessen Berliner Baukunst sich schließlich Friedrich Schinkels Klassizismus entwickeln sollte. Danach besucht Barth die „Ecole polytechnique" in Paris, damals die gesuchteste Architekturschule Europas, eine Gründung Jean-Nicolas-Louis Durands (1760–1834), dessen Maximen Systematisierung, Zweckbezogenheit, Übersichtlichkeit, Materialgerechtigkeit und Sparsamkeit schon weit

in die Moderne weisen. Durand wirkt nicht nur heftig auf Barth, wie sich bei dessen Spätwerk, der Stuttgarter Staatsgalerie, zeigen sollte, sondern auch auf die nachmalig weit berühmteren Klassizismus-Kollegen Klenze, Schinkel und Hübsch.

Auch wenn Paris damals Zentrum der modernen Architektur war, Barth zieht es 1803 an den Gegenpol, nach Rom, wo er als

Barths Alte Staatsgalerie in Stuttgart (1838–1843) mit dem Reiterdenkmal Wilhelms I. von Württemberg im Innenhof.

Die Kirche als Bestandteil des Schlosses der Grafen Neipperg in Schwaigern, entstanden nach Plänen G. G. Barths und C. F. Leins: Spätester Klassizismus mit Formen der in Württemberg lange vorherrschenden Neorenaissance.

Stammgast im Caffe del Grecco in prominenter Umgebung verkehrt; namentlich Berthel Thorvaldsen und die Humboldts zählen zu seinem Freundeskreis.

1805 lockt ihn die Heimat. Die politischen Turbulenzen verheißen Arbeit. Napoleon will im Januar 1806 sein gerade initiiertes Königreich Württemberg besuchen. Barth entwirft für den Zug des Kaisers durchs Land einen Triumphbogen bei Göppingen. Andere Triumphbögen schuf der königliche Hofbaumeister Nikolaus Friedrich von Thouret, der den begabten jungen Konkurrenten erst einmal der vorgegebenen Ochsentour überantwortet, sodass Barths württembergische Laufbahn weit draußen als Hofbaukontrolleur in der Provinz beginnt; 1808 ist er in dieser Funktion etwa in Heilbronn nachgewiesen. 1818 schließlich wird er Oberbaurat im Finanzministerium, wo er großen Einfluss auf das Bauwesen des kleinen Königreichs nimmt und auch architektonisch eingreifen kann. 1819, Württemberg erhält gerade seine Verfassung, entsteht sogleich (s)ein Meisterstück, der Ständesaal für die Zweite Kammer des württembergischen Landtags, der so genannte Halbmondsaal, ein Parlamentsplenum, das zu den schönsten Europas zählte und im Übrigen Vorbild für das wenig später gebaute Karlsruher Ständehaus wurde. Vorbild wiederum für Barth war die in Paris erfahrene französische Revolutionsarchitektur: Dort wurde der halbkreisförmige Saal als ideal für parlamentarisch wirksame rhetorische Auftritte wie auch für anatomische Demonstrationen entdeckt.

Im Widerpart zu Thouret und Zanth

Bis zu Barths Hauptwerk, Stuttgarts Staatsgalerie an der Neckarstraße, dauerte es allerdings noch zwanzig Jahre. Der Grundgedanke kam vom Pariser Louvre: Kunst sollte endlich der Erbauung des bürgerlichen Publikums dienen und nicht lediglich der Möblierung adliger Paläste.

Nach dem Halbmondsaal schien Barths Bauaktivität für einige Zeit erloschen. Wohl hatte er als Oberbaurat im Finanzministerium vor allem mit gutachterlicher Arbeit zu tun. Dann legt er 1822/23 seinen ersten Plan für einen Antikensaal in der Friedrichstraße vor, ein „angedachter" Vorläufer des späteren Kunstgebäudes, bei dem Barth wiederum heftig in Konkurrenz zu Thouret gerät, wie übrigens auch zu dem späteren Wilhelma-Erbauer Karl Ludwig Wilhelm von Zanth.

Barths Alte Staaatsgalerie in dem zeitgenössischen Stahlstich von Friedrich Keller.

Thouret hatte sich für ein solches Gebäude die Magistrale der Residenz ausersehen, analog zum Leitgedanken seiner klassizistischen Mitstreiter Schinkel und Klenze, die Bildende Kunst „als Teil einer Staatsidee denkmalhaft zum Ausdruck zu bringen."

Als diese Königstraßenpläne scheitern, kommt Thouret der Gedanke, das Kunstgebäude (also die heutige Staatsgalerie) wenigstens an die Neckarstraße zu setzen. Barth, seit 1834 auf Lebenszeit geadelt, übernimmt von diesem Plan in seinem Entwurf von 1837/38 nicht nur den Standort, sondern auch den u-förmigen Grundriss sowie die Anordnung der Galerieräume. Doch war ihm als Kunstgebäude-Planer in dem etwa zwanzig Jahre jüngeren Zanth ein noch ernsthafterer Konkurrent als Thouret erwachsen, denn Zanths weltläufiger Entwurf gefiel dem gern als amusisch und kunstlos eingestuften König Wilhelm I. am besten. Allein, dem Finanzministerium schien er zu teuer – oder wurde er dort nur als zu teuer deklariert? Inwieweit der königliche Oberbaurat im Finanzministerium,

Georg Gottlob von Barth, seine Finger dabei im Spiel hatte, werden wir wohl nie erfahren. Indes: 1839 wurde nach seinen Plänen die heutige „Alte Staatsgalerie" gebaut und am 1. Mai 1843 eingeweiht.

Die Reaktion war teilweise vernichtend. „Kahl, nüchtern, unfrei, trocken, eng und arm" hieß es in einer zeitgenössischen Kritik, die den Baumeister schwer gekränkt haben dürfte: Das Porträt von J. B. Gutekunst, ungefähr zeitgleich, 1844, ein Jahr nach Barths Pensionierung gefertigt, zeigt einen verbitterten, alten Graukopf – Barth war damals 67. Jetzt, inmitten der tatsächlich „kahlen, nüchternen und trockenen" Wiederaufbautaten der Stuttgarter Innenstadt, wirkt die Staatsgalerie als spätklassizistisches Kleinod, vom respektvollanspielungsreichen Weiterbau der „Neuen Staatsgalerie" eines James Stirling vollends geadelt. Der Thouret-Forscher Axel Burkarth mit einer heutigen Bewertung im Katalog zur Stuttgarter Klassizismus-Ausstellung von 1993: „Wenn das Stuttgarter ‚Museum der bildenden Künste' nüchter-

ner geriet als die Bauten Klenzes und Schinkels, so weniger deshalb, weil man die Planung schließlich einem Baurat aus dem Finanzministerium anvertraute: Das architektonische Konzept, dessen Realisierung Barth übernahm, zielte von vorn herein nicht auf visionäre Weite. Das Kunstgebäude an der Neckarstraße fiel so nüchtern aus wie die Bilanz, die sich aus dem Hin und Her der Stuttgarter Museumsplanungen im Verlauf von zwei Jahrzehnten ergab."

Als Dreiflügelanlage mit offenem Ehrenhof verbindet Barth die repräsentative Grundform eines Barockschlosses mit der praktischen Aufgabe eines bürgerlichen Museums, das man immerhin nach dem Zweiten Weltkrieg wieder aufgebaut hat, im Gegensatz zum fast gleichzeitig entstande-

Berckmüllers Karlsruher Naturkundemuseum, 1870 im Stil der Neurenaissance.

nen und durch den Bombenkrieg ähnlich beschädigten Kronprinzenpalais Ludwig Friedrich Gaabs oder Joseph von Egles grandiosem Hauptbau des Polytechnikums am Stadtgarten.

Barth baut zwischen 1841 und 1845 noch die Neue Aula der Tübinger Universität, wobei der neueste Dehio (1993) die Einschätzung der Zeitgenossen gegenüber der Staatsgalerie sozusagen dupliziert und von der „sachlich trockenen Schule Jean-Nicolas-Louis Durands" spricht – Durand, bei dem Barth ja auf seinen Wanderjahren zu

Beginn des Jahrhunderts gelernt hatte. Mit diesen beiden letzten „Durandschen" Bauten Barths endet die (klassizistische) Staatsbaukunst in Württemberg. Mehr und mehr beginnt sich nun das 1829 zusammen mit Thourets Kunstschule eingerichtete Polytechnikum (damals noch Gewerbeschule) architektonisch in Württemberg zu rühren mit Bauten nach Art der italienischen Renaissance und Meistern wie Joseph von Egle, Alexander von Tritschler und vor allem natürlich mit Christian Friedrich Leins.

Das 1835 entstandene neogotische Denkmal für den badisch-alemannischen Dichter Johann Peter Hebel im Karlsruher Schlossgarten.

KARL JOSEPH BERCKMÜLLER (1800–1879)

Von Herkommen, Prägung und Tätigkeiten gibt es kaum eine prägnantere, „umfangreichere" Persönlichkeit als den Architekten und Maler Karl Joseph Berckmüller. Er ist der Spross einer von Anfang an mit dem Aufbau Karlsruhes beschäftigten Bauhandwerkersippe. Der Urgroßvater Antonius Berckmüller war zu Zeiten der Stadtgründung, im frühen 18. Jahrhundert, als Maurer nach Karlsruhe gekommen, wo er Obermeister seiner Zunft wurde. Der Großvater Dominik Berckmüller hatte es bereits zum Maurer und Werkmeister bei Hofe gebracht. Der Vater, Johann Andreas Joseph Berckmüller, fungierte schließlich als Maurermeister und einflussreicher Unternehmer: So baute er etwa Weinbrenners hochbedeutende katholische Stadtkirche St. Stephan (1808–1814). Als Karlsruher Stadtbaumeister gehörte er zum Patriziat. Der Sohn Karl Joseph wurde so 1800 in beste Verhältnisse hineingeboren. Er kommt an Karlsruhes Gymnasium illustre, dessen Lehrer und Direktor damals kein anderer war als Johann Peter Hebel (1760–1826), der weithin bekannte alemannische Dichter mit seinen vielfachen Beziehungen auch

über das Großherzogtum hinaus. Ihm sollte Berckmüller um 1835 zusammen mit Fridolin Fechtig das gusseiserne Denkmal im Schlosspark errichten.

In dieser Zeit hatte sich Karl Joseph Berckmüller längst für die Architektur entschieden, wobei er zwangsläufig an Friedrich Weinbrenner geriet. Nicht nur, dass er von 1817 bis 1823 bei ihm studierte, er begleitete ihn auch auf seinen Reisen an den Niederrhein und nach Holland. Berckmüller selbst sollte – wie so viele seiner zeitgenös-

Baumeister, Künstler und Fabrikant: der Weinbrenner-Schüler Joseph Berckmüller.

sischen Kollegen – durchs Reisen geprägt werden: Von 1823 bis 1827 durchquert er das deutschsprachige Europa, er kommt nach London, vor allem aber nach Paris und Rom, den beiden „Prägestätten" klassizistischer Architektur. Hier eröffnen sich zahlreiche Analogien zu württembergischen Klassizismus-Kollegen wie Thouret oder Barth: Auch Berckmüller widmet sich besonders der „Nachantike", der italienischen Renaissance, die schließlich „sein" Stil werden sollte.

Während des Studienaufenthalts in Italien (1823–1827) stirbt der Lehrer Weinbrenner

(1826). Berckmüller legt seine Staatsprüfung bei dessen „abtrünnigem" Schüler Heinrich Hübsch ab, tritt aber kein Baumeisteramt an, sondern übernimmt für 13 Jahre (bis 1844) die Munitions- und Textilfabrik des Schwiegervaters in St. Blasien. Damals entsteht lediglich das genannte Hebel-Denkmal und das Grabmal für den Rheinbegradiger Gottfried Tulla in Paris. Nach seiner Unternehmertätigkeit in St. Blasien nimmt man ihn 1844 in Karlsruhe als Bezirksbaumeister auf. 1853 wird er Baurat und steht dem Hofbauamt vor. 1862 ernennt man ihn zum Oberbaurat und Mitglied der Baudirektion. Hoch dekoriert verabschiedet er sich 1878, mit 78 Jahren, in den Ruhestand und stirbt das Jahr darauf in seiner Heimatstadt Karlsruhe.

Das Hauptverdienst dieses Künstlerarchitekten war die Weiterarbeit an den Hochbauten der badischen Eisenbahn, mit denen der ebenfalls aus Karlsruher Weinbrenner-Prägung stammende Friedrich

Eisenlohr auf der Oberrheinstrecke begonnen hatte. Berckmüller nun führte diese Arbeit um das Rheinknie herum fort und weiter am Hochrhein entlang, von Haltingen über Basel (für das er Pläne zum Badischen Bahnhof zeichnet) und schließlich bis Waldshut.

An Bauwerken ist wenig von ihm geblieben. Lediglich etwa die Erweiterung der Karlsruher Orangerie seines Lehrers Hübsch oder der stadtbildprägende, in zwölf Jahren entstandene Bau für die Großherzoglichen Sammlungen (1864–1876) am Karlsruher Friedrichsplatz, heute das Naturkundliche Museum. „Ein wegen seiner großen und glücklichen Außenwirkung und seiner verständnisvollen Innenraumeinteilung von der zeitgenössischen Kritik gerühmtes Bauwerk", hebt sogar der „Thieme-Becker" hervor. Allerdings hat es durch Kriegszerstörungen (1942) und Wiederaufbau (1950–1972) erheblich gelitten, vor allem durch die Abtragung der Kuppel.

Offenburgs neugotische evangelische Stadtkirche, nach Plänen Eisenlohrs 1857–1864 in vereinfachter Form errichtet.

FRIEDRICH EISENLOHR (1805–1858)

Arthur Valdenaire, der wegweisende Weinbrenner-Biograf, nennt Eisenlohr in einem Atem mit Heinrich Hübsch: Beide seien sie die bedeutendsten Schüler des

großen Karlsruher Klassizisten. Aber trotz vieler Gemeinsamkeiten verlief Eisenlohrs mit 53 Jahren recht früh vollendetes Architektenleben weit weniger spektakulär als das Hübschs. Der baut allein mehr als vierzig Kirchen, während Eisenlohrs Œuvre insgesamt auf einen kleinen Kanon beschränkt bleibt. Auch war Eisenlohr, wiederum im Gegensatz zu Hübsch, kein die Zeitgenossen aufrüttelnder Architekturschriftsteller. Eines jedoch ist beiden gleich: die Leidenschaft, wo nicht Besessenheit für historische Kirchenbauformen – Hübsch für frühchristliche Basiliken, Eisenlohr für gotische Dome.

Friedrich Eisenlohr wurde 1805 in Lörrach geboren und starb 1858 in Karlsruhe. Seine Biografie spielte sich wesentlich im und am Rand des südlichen Oberrheingrabens ab. Er studierte erst beim Weinbrenner-Verwandten Christian Arnold in Freiburg (von 1821 bis 1824), bei dem auch sein nachmaliger Kollege und Arbeitsfreund Johann Jakob Schneider Bauzeichenkurse belegte. 1824 ist er dann reif fürs Studium bei Weinbrenner in Karlsruhe. Er belegt dort bis 1826 und geht hernach zwei Jahre zu Studienzwecken nach Italien, was ihn wiederum mit Hübsch verbindet, ebenso wie der Umstand, dass beide zwar Weinbrenners Schüler, keineswegs aber seine Jünger waren. Doch anders als Hübsch, der in Rom

Romantiker, Eisenbahnbauer, Architekturprofessor: Friedrich Eisenlohr, einer der Meisterschüler Friedrich Weinbrenners.

die Architektur des Urchristentums entdeckt, wendet sich Eisenlohr entschieden von allem „Antiken" ab und stattdessen dem deutschen Mittelalter zu. Von 1832 bis 1839 Lehrbeauftragter am Karlsruher Polytechnikum, argumentiert, ja polemisiert er bei seiner Antrittsvorlesung 1833 aber wiederum ganz im Sinne von Hübschs Traktat „In welchem Style sollen wir bauen" (1828) und sucht bei den antiken Tempeln nach „jenem freien Emporstreben ..., welches die christlichen Kirchen auszeichnet ... als eine versinnlichte Allegorie jener christlichen Idee."

„Kathedralen des Fortschritts"

Die Ironie jenes Baumeisterlebens war dann doch, dass Eisenlohr, Romanik und Gotik aufs Innigste zugetan, als Professor für „Constructionslehre" am Karlsruher Polytechnikum, welches Amt er von 1839 bis 1854 versah, in den Vierzigerjahren mit sämtlichen Bauten der Oberrheinstrecke zwischen Basel und Mannheim betraut wurde. Dabei hat er, seiner Neigung entsprechend, versucht, die aufbrausende Industrieepoche – architektonisch – mit dem christlichen Mittelalter zu versöhnen. Welch eine Architekturdialektik. Wenn das Wort von den Bahnhöfen als „Kathedralen des Fortschritts" zutrifft, dann auch aufgrund von Eisenlohrs badischen Bahnhofsentwürfen, bei denen etwa eine Karlsruher Skizze an eine dreischiffige romanische Halle mit gotischem Turmaufbau erinnert. Von seinen Baukünsten an zwei Bruchsaler Bahnhöfen (1842, 1850) sowie an der Oberrheinstrecke, etwa bei den Bahnhöfen Mannheim (1840), Heidelberg (1846), Karlsruhe (1842), Baden-Baden (1846) und Freiburg (1846), ist nichts übrig geblieben.

Aber oberhalb der Strecke begegnet bei Offenburg jenes Werk, das seinen Nachruhm und seine romantisch-historistische Bauauffassung dokumentiert: Schloss Ortenberg

in der Nähe Offenburgs, ursprünglich eine vermutlich von den Zähringern angelegte Sperrburg am Ausgang des Kinzigtals auf einen Bergsporn gesetzt und dann unter den Staufern zu einer spätromanischen Mauerburg ausgebaut. Nach wechselnden Herren schließlich 1678 von den Franzosen bei ihren oberrheinischen Zerstörungszügen ver-

Evangelische Stiftskirche Lahr, 1851 von Eisenlohr umgebaut. Auch der Turm stammt von ihm.

**Eisenlohrs Hauptwerk, Burg Ortenberg süd-
östlich von Offenburg, lange eine romantische Ruine, dann 1838–1843 unter Mitwirkung seines Schülers Georg Jakob Schneider
im Tudorstil wieder aufgebaut.**

wüstet, blieb auch ihr nur das Schicksal einer romantischen Ruine. Der livländische
Kaufherr und Deutschordensritter Gabriel
Leonhard von Berkholtz erwarb im frühen
19.Jahrhundert das Anwesen und beauftrag-
te Eisenlohr mit der Neugestaltung, der nun
von 1838 bis 1843 eine Art mittelalterliche
Burganlage mit Schloss im Tudorstil, nach
Art der englischen Neugotik, formte. Eisenlohr ließ dabei historisches Mauerwerk ab-
tragen, um es für den historistischen Wiederaufbau der Gebäude wiederzuverwenden.
Vielleicht sollten wir ihn deshalb auch als
einen der ersten praktizierenden Denkmalschützer im Land begreifen.

Mit der Bauleitung betraute er seinen Schüler und Freund Georg Jakob Schneider. Bei

diesem eindrucksvollen Komplex schwingt
sich selbst der sonst so bewertungskarge
Dehio zu der Bemerkung auf: „Als Produkt
historistischer Baugesinnung und romantisierender Feudalimitation ist das neue
Schloss ein bedeutendes Zeugnis der Geis-
tes- und Sozialgeschichte des 19. Jahrhunderts."

Danach entstehen in Badenweiler Trinkhalle und Kurhaus (1851–1853). Eine andere
Arbeit Eisenlohrs im Oberrheingraben ist
der Turm für die evangelische Pfarrkirche
in Lahr, die er auch restauriert hat (1848–
1851). Seinen letzten großen Entwurf, die
evangelische Stadtkirche in Offenburg,
konnte er nicht mehr selber betreuen. Der
neogotische Sandsteinbau wurde schließlich bis 1864 in vereinfachter Form ausgeführt.

Ähnlich verhielt es sich mit Baden-Badens
protestantischer Kirche. Von Eisenlohr
noch 1855 begonnen, wurde sie erst 1864
vollendet.

Doch begegnet uns dieser strenge und
prinzipientreue Architekt, dessen neoroma-
nische Architekturen „reicher und eleganter
ausgestaltet (sind) als die der gleichzeitigen Münchener Schule" „Thieme-Becker",
in anderem, unerwarteten Zusammenhang: Eisenlohr gilt als „Erfinder" der
Schwarzwalduhr oder vielmehr – ihres Ge-
häuses. Das wiederum war dem von ihm
entwickelten Typus des badischen Bahn-
wärterhauses nachempfunden. „Höchst
unglücklich" wiederum der allzeit gestrenge „Thieme-Becker".

Ludwig Friedrich Gaab (1800–1869)

Über sein Leben wissen wir wenig, ein Bildnis haben wir keines. Aber sein Stuttgarter Kronprinzenpalais erinnert, gerade weil es abgerissen ist, bis heute an eine der größten Wiederaufbausünden hier. Aus vermeintlichen und, wie längst bekannt, lediglich vorgeschobenen Verkehrsnotwendigkeiten, wurde dies Identifikationsstück, dessen noble Fassade die Bombardements des Zweiten Weltkriegs fast unversehrt überstanden hatte, 1964 abgerissen. Dabei, so Harald Schuhkraft in seinen „Stuttgarter Straßen-Geschichte(n)" von 1986, hätte der „Planietunnel auch unter Beibehaltung des Kronprinzenpalais (gebaut werden können), wie ein kurzer Seitenblick zum Münchener Prinz-Carl-Palais beweist."

Der spätere Oberbaurat Ludwig Friedrich Gaab wurde 1800 in Tübingen geboren und starb 1869 in Stuttgart. Sein Lehrer war Adam Friedrich Groß, Erbauer etwa des Stockgebäudes in der Mittleren Königstraße (um 1835) oder auch des Rathauses in Rotenberg (1836/37).

Das Kronprinzenpalais entsteht zwischen 1844 und 1849. Es sollte die Planie, die königliche Flaniermeile zwischen Neuem und Altem Schloss, nach Westen abschließen, als Pendant zum Prinzessinnenpalast

Saluccis von 1834 (heute bekannt als „Wilhelmspalais", welchen Namen es seit 1887 trägt). Gaab bediente sich zur Arrondierung dieses von Thouret angelegten Stadtgeländes feinster spätklassizistischer Stilmittel, gekonnt zurückhaltend etwa nach Art eines Leo von Klenze in München: Rustiziertes, mächtiges Sandstein-Sockelgeschoss mit langen Querfugen, darüber zwei Geschosse, in Putz ausgeführt, vertikale Sandstein-Pilastergliederung und abschließend korinthische Kapitell-Andeutungen. Ein Stadtpalazzo fürwahr, mit 18 Achsen und einem im Übrigen gut durchdachten, variationsreichen Fensterbildungsprogramm: Sandsteinumrahmungen etwa mit Giebelaufsätzen, Ädikula, als seien es kleine Tempelchen.

Eine Form der Fenstergestaltung, die dann im Stuttgarter Historismus der Gründerzeit häufig praktiziert wird. Am Ende also auch bauhistorisch-antikisches Anschauungsmaterial inmitten einer Stadt, die sich ihres humanistischen Gymnasialerbes ja bis heute und trotz allem rühmt. Nach dem Abriss stand noch lange eine dieser übermannshohen Fenster-Ädikula vor der Betonplatte des Kleinen Schlossplatzes, als trauriger Schamrest.

Dieser in seiner spätklassizistischen Reduktion so überaus Stuttgarterische Bau war für Kronprinz Karl bestimmt – daher der Name – und Karl bewohnte ihn wohl von 1850 bis zu seiner Thronbesteigung 1864. Danach diente es Kronprinz Wilhelm als Palais, nachmalig als Wilhelm II. letzter württembergischer König. Nach Abdankung des Herrscherhauses aufgrund der Revolutionsereignisse des November 1918 beherbergte das Kronprinzenpalais bis zu seiner Bombardierung 1944 die Staatlichen Kunstsammlungen, bevorzugt Schwäbische Malerei.

Lange vor seinem Kronprinzenpalais hatte Gaab ein anderes Stuttgarter Monument vollendet, den 1827 von seinem Kollegen Johann Kaspar Vogel begonnenen Rotebühlbau, bis 1918 Kaserne. Über die hier dienenden Regimenter gibt ein Obelisk an der Rotebühlstraße Auskunft. Heute besetzt das Stuttgarter Finanzamt diesen riesigen Natursteinkomplex, dessen Grundmaterial weitgehend von der um 1820 abgerissenen Kaltentaler Burg stammt.

Linker Flügel des mächtigen Steinbaus der Stuttgarter Rotebühlkaserne (heute Finanzamt), 1827 von Johann Kaspar Vogel begonnen, von Gaab weitergeführt und 1843 vollendet.

Gaabs Stuttgarter Kronprinzenpalais entstand zwischen 1844 und 1849. Im Zweiten Weltkrieg ausgebrannt, wurden die Reste nach dem Krieg der autogerechten Stadt geopfert.

(Neu-)Gotisches Erkennungsmerkmal: die Kirchturmfassade. Gaabs evangelische Kirche in Stuttgart-Berg (1853–1855).

Gaab hat noch drei Kirchen gebaut: Im badischen Loffenau bei Rastatt (1843), in Neckarwestheim (1844) und dem damals noch nicht nach Stuttgart eingemeindeten Neckarort Berg (1853–1855), wo er auf der linken Flussseite einen Stilwandel von Spätklassizismus beziehungsweise Neorenaissance hin zu einer zart verblühenden Neogotik vollzieht. Bei seinem spätesten Werk, dem Metzinger Bahnhof (1857–1859), hat er ihn projektgemäß zugunsten einer ihm doch wohl angestammten spätklassizistischen Sachlichkeit wieder zurückgenommen. Der „Landbaumeister" (so sein letzter Titel) stirbt 1869 in Stuttgart.

KARL ALEXANDER VON HEIDELOFF (1789–1865)

Die Heideloffs (im 18. Jahrhundert auch Heydeloff) sind eine aus dem Hannoveranischen stammende Künstlerfamilie, die etwa seit Mitte des 18. Jahrhunderts in Stuttgart nachgewiesen ist. Carl Heideloff war hier herzoglicher Hofvergolder und bittet 1787 für seinen 1757 in Stuttgart geborenen Sohn Victor Wilhelm Peter um die Stelle des ersten Maschinisten am Stuttgarter Hoftheater. Victor Wilhelm Peter Heideloff hatte dafür die im damaligen Herzogtum bestmögliche Ausbildung: 1771 wurde er an die Hohe Carlsschule aufgenommen und

traf dort unter anderem auf Dannecker und Schiller, dem er auch seine posthume Berühmtheit verdankt: Denn von Victor Heideloff stammt die Skizze über Schillers Lesung aus seinen „Räubern" im Bopserwäldchen an einem Maiensonntag des Jahres 1778.

Der Sohn dieses Schillerfreundes, Carl Alexander (von) Heideloff, kam 1789 zur Welt. Als Schüler der Carlsakademie-Absolventen Dannecker, Seele und Thouret, ist er sozusagen ein Originalprodukt des schwäbischen oder besser, des württembergischen

„Lichtenstein". 1837 hatte Herzog Wilhelm von Urach, Graf von Württemberg, von seinem Vetter, König Wilhelm I. von Württemberg, ein kleines, pittoreskes Forsthaus auf dem Felsen dort oben erworben und den damals in Nürnberg wirkenden Heideloff gewonnen, ihm bis 1842 ein „württembergisches Neuschwanstein" zu schaffen. Daraus wurde ein weit in die Ritterzeit zurück-gefallenes neogotisches Konstrukt, eben mit Rittersaal, Zugbrücke, Waffenhalle und Königzimmer, überragt von einem schlank-runden Zinnenturm, Wahrzeichen dieser

Klassizismus, der wesentlich ein Stuttgar-ter Klassizismus ist. Anfangs muss Heide-loff dem halb erblindeten Vater bei seiner Stuttgarter Hoftheatermalerei assistieren, dann aber ergreift ihn gegen 1815 heftig die Romantik, und er entdeckt die gotische und romanische Architektur.
Heideloff war ein Multitalent, das er we-sentlich an das „Altdeutsche" verschwen-dete, in seiner Frühzeit, bis um 1820, vor allem als Maler. Eines seiner bekanntesten Bilder ist noch immer das Aquarell zur Skizze des Vaters über Schillers „Räuber"-Darbietung im Bopserwald. Nach einem Architekturauftrag für den Herzog von Sachsen-Coburg (1816: Schloss Rosenau) verschafft er sich 1822 in Nürnberg als Kon-servator der städtischen Kunstdenkmäler und Lehrer an der polytechnischen Schule (bis 1854) einen Brotberuf. Sein architekto-nisches Credo ist die „Stilreinheit" oder

auch „stilgerechte Wiederherstellung". So trifft man ihn hauptsächlich als Architektur-Restaurator im Fränkischen: Sebaldus-, Frauen- und Heilig-Geist-Kirche, St. Lorenz, St. Aegidien, St. Jakob sowie das Dürer-haus, alle in Nürnberg und von 1828–1837 dann der Bamberger Dom.
Im heimatlichen Württemberg stattet er die Hl.-Kreuzkirche in Rottweil sowie die Stutt-garter Stiftskirche neogotisch aus, religions-historisch Württembergs bedeutendstes Gotteshaus – von hier ging ja 1534 die Re-formation im Lande aus.
Heideloffs berühmteste, am nachhaltigsten mit seinem Namen versehene Arbeit aber ist Schloss Lichtenstein, oberhalb der Ho-nauer Steige auf eine Schwindel erregende Felsnadel gesetzt. Recht einmalig die Ge-nese jenes Bauwerks – es ist das Schloss zum Buch, die steinerne Endfassung von Wilhelm Hauffs romantischem Roman

Friedhof an der Haßfurter Ritterkapelle: Porträtbüste Heideloffs auf seinem selbst-entworfenen neogotischen Grabmal.

neuteutonisch-nürnbergerischen Riesenspielzeugarchitektur, bei der man nicht erstaunt wäre, wenn Rapunzel jeden Augenblick ihren Zopf herunterließe. Heideloff betreibt eine Remake-Architektur und ist darin weit eher ein romantisierender, die Gotik nachahmender Designer als ein Historist, denn er rekonstruiert in der Tat und appliziert nicht lediglich spektakuläre Fassadendetails. Bis zur reinen Dekoration sollte es in der Stilentwicklung noch gut dreißig Jahre dauern.

Über einem anderen Remake stirbt Heideloff schließlich 1865: der Regotisierung des Ritterkapellen-Chors im mainfränkischen Haßfurt. Dort steht auf dem Friedhof, unmittelbar hinter dem Chor, sein – naturgemäß – (neo)gotisches Grabmal mit Büste; ein markanter Kopf, aber doch auch reichlich verdrossen.

Heinrich Hübsch (1795–1863)

Er gilt als eigentlicher, wenn auch stilistisch nicht unbedingt nachhaltigster Schüler des Karlsruher Klassizisten Friedrich Weinbrenner (1766–1826) und war in Baden gewiss der fleißigste von ihnen. Hübschs Zeit begann so recht mit der Kritik an der „antiken Architektur" des Lehrers. Wo sich Weinbrenner akribisch mit dem vorchristlichen Rom auseinander setzte, wandte sich Hübsch auf seinen zahlreichen Italienreisen der Baukunst des frühen Christentums zu. Architektonisches Leitbild, sein Faszinosum, wird die altchristliche Basilika. Die Beschäftigung damit brachte ihn gar zur Konversion: 1850 tritt in Rom zum Katholizismus über, wiewohl streng im evangelischen Glauben erzogen und als Architekt in einem strikt protestantischen Milieu, dem Karlsruhe Friedrich Weinbrenners, herangereift. Hübsch entspricht darin den literarischen Vertretern der Heidelberger Romantik (Görres, Eichendorff, Arnim, Brentano etwa), die sich ja auch in das katholische, vorreformatorische deutsche Mittelalter zurücksehnten. So stand er der „neudeutsch-religiös-patriotischen"

Kunstrichtung nahe, die dann unter der eher ironischen Bezeichnung „Nazarener" ihren Platz in der Kunstgeschichte finden sollte.

Eine einfühlsame Würdigung bietet die „Fredericiana", Karlsruhes Hochschulzeitschrift zum 150. Jubiläum der Universität (1975): „In bemerkenswerter Weise vereinigte Hübsch in sich die beiden Grundströme der Zeit: Den Romantiker beeindruckte das religiöse Zeitempfinden, die weltfremde Hinneigung zu vergangenen Zeiten größerer Glaubenstiefe. In seiner Kirchenbautätigkeit sah er einen Gottes-Dienst, der frei zu sein hatte von aller Selbstdarstellung. Aus dieser Einstellung heraus, die er mit den Nazarenern teilte, wird auch seine Trennung allen baukünstlerischen Schaffens in ‚höhere (Kirchen-)Architektur' und ‚Utilitaritätsarchitektur' verständlich. Gleichzeitig faszinierten ihn, als ingeniös veranlagten Rationalisten, die technischen Entwicklungen einer sich formierenden Industrie." Hübschs Credo war deshalb die Verbindung, besser die Verbündung, des Konstruktiven mit dem Ästhetischen.

Skepsis gegenüber dem Klassizismus, Versöhnung mit der Technik: der „Romantiker" Heinrich Hübsch.

Vom Klassizismus zur Romantik – Wortgewandt gegen die „Antiken"

Wo also der Lehrer Weinbrenner einer der bedeutendsten klassizistischen Baumeister Deutschlands war, wurde der Schüler einer seiner bedeutendsten romantischen. Bei aller Unterschiedlichkeit haben beide die Architektur des badischen Großherzogtums im frühen 19. Jahrhundert entscheidend

Blick in die Kuppel von Hübschs Orangerie, seit 1925 Ausstellungsort der benachbarten, ebenfalls von Hübsch stammenden Kunsthalle (1837–1846).

Karlsruhes Botanischer Garten verdankt seinen architektonischen Rang vor allem Heinrich Hübsch, der von 1853 bis 1857 Gewächshäuser und Orangerie gebaut hat. Hier sein wuchtiges Dopelturmtor zwischen den Gewächshäusern.

geprägt, insbesondere die Karlsruhes und Baden-Badens.

Hübschs architektonische Überlegungen sind literarisch reichlich reflektiert. Er ist auch ein nennenswerter Architekturschriftsteller. Der Titel seiner bekanntesten Schrift „In welchem Style sollen wir bauen?", bis heute *die* Kardinalfrage der Architektur, wird 1828 verlegt, ein Jahr, nachdem er sein Karlsruher Amt als Residenzbaumeister angetreten hatte. Ein wortgewandtes Pamphlet gegen den Lehrer Friedrich Weinbrenner, dem er nach dessen Tod (1826) als oberster Baubeamter des Landes 1829 nachfolgen sollte. (1831 wurde Hübsch schließlich noch Oberbaurat und 1841 Baudirektor.)

In diesem Pamphlet geht es nicht nur gegen Weinbrenner, sondern gegen die „Antiken" überhaupt, namentlich also gegen den „Styl" der Klassizisten: „Die Malerei und die Bildhauerei haben in der neueren Zeit längst die todte Nachahmung der Antike verlassen. Die Architektur allein ist noch nicht mündig geworden, sie fährt fort, den antiken Styl nachzuahmen ... (denn die Architekten beharren) beinahe allgemein darauf. Ein großer Theil derselben lebt wirklich in dem Glauben, dass die schönen Formen in der Architectur etwas Absolutes seien, was für alle Zeiten und Umstände

unverändert bleiben könne, und dass einzig und allein der antike Styl dieselben in ihrem vollkommenen Ideale darstelle ... (Der Baumeister) hält es demnach auch für unmöglich, einen passenden Styl in der Architektur durch Reflexion erzeugen zu können, und baut so zu sagen in der Verzweiflung in dem antiken Style fort, wobei ihn we-nigstens eine verjährte Autorität deckt." Und mit dieser „Autorität" ist ganz gewiss Weinbrenner gemeint.

Indes, und hier kommt wieder der Rationalist zu Wort: „Sieht man die Sache practischer an, so bekömmt man wieder Muth ... Man begnüge sich, dass die Bildung der Hauptformen aus objectiven Grundsätzen hervorgeht, und lasse im Übrigen dem Geschmacke des Künstlers freies Feld."

Für den Romantiker Hübsch geht es um die Befreiung von den „Fesseln der Antike", oder, näher liegend, den Einflüssen des Übervaters Weinbrenner. Selten hat sich ein architektonischer Generationenkonflikt so öffentlich sichtbar vollzogen – der ähnlich veranlagte Konflikt zwischen Paul Bonatz und Theodor Fischer im 20. Jahrhundert findet dann ja eher in nicht publizierten Briefen statt.

Hübschs Erkennungsmerkmal ist sein „Rundbogenstil", eindrucksvoll nachzuvollziehen am Karlsruher Polytechnikum

(1833–1835), sozusagen die 1:1-Vorlage für die hier unter ihm Lernenden. Andere Rundbogen-Arbeiten sind etwa das Alte Dampfbad (1846–1848) in Baden-Baden oder die Trinkhalle (1839–1842) dort, zusammen mit der Karlsruher Orangerie (1853–1857) wohl seine populärste Arbeit. Bei Baden-Badens Trinkhalle tritt er in direkte optische Konkurrenz zu Friedrich Weinbrenner und dessen von 1821–1824 entstandenem Kurhaus. Aber hier erlaubt sich Hübsch dann doch deutliche klassizistische Anspielungen wie das figurengeschmückte Tympanon über dem Säulenportikus der Hauptfassade.

Bei allem ist unser Architekt seiner religiösen Grundüberzeugung treu geblieben – er war im Wesentlichen Kirchenbauer. Von

Die Neue Trinkhalle in Baden-Baden (1839–1842), Hübschs bis heute populärstes Werk.

Baden-Badens Altes Dampfbad (1846–1848) zwischen Stiftskirche und Carl Dernfelds späthistorischem Friedrichsbad. Die Apsis im Vordergrund ist ein stilgleicher Anbau Lukas Engessers von 1864/65.

Hübschs ehemalige Finanzkanzlei (1823–1833) am Schlossplatz war den Karlsruhern so viel wert, dass sie das kriegszerstörte Gebäude bereits 1950 wieder aufbauten.

Baden-Oos bis Ziegelhausen hat er an etwa vierzig badischen Gotteshäusern gewirkt, hat mitgeplant, ergänzt oder umgestaltet, gleich, ob es evangelische oder katholische waren. Seine monumentalste Kirchenarbeit allerdings liegt knapp hinter der Grenze des Großherzogtums – die im Übrigen nicht ganz unumstrittene Restaurierung des Speyrer Doms (1852–1858).

GIOVANNI BATTISTA SALUCCI (1769–1845)

Giovanni Battista Salucci war ein Florentiner mit bizarrem Lebenslauf und, so heißt es, schwierigem Charakter. Stuttgart verdankt ihm einige wahrzeichenhafte Gebäude: Neben der Kapelle auf dem Rotenberg (1820–1824) vor allem Schloss Rosenstein (1822–1826) oberhalb der Wilhelma, die Mitwirkung am fein gearbeiteten Löwentor (1834) unterhalb des Pragsattels sowie das Wilhelmspalais (1834–1840) am Charlottenplatz, inzwischen Sitz der Stadtbücherei und vielleicht bald Ort eines Stadtmuseums. Zu Saluccis Arbeiten außerhalb Stuttgarts gehören das Jagdschlösschen in Weil bei Esslingen (1818–1820) und der Umbau von Schloss Friedrichshafen zur Sommerresidenz für Wilhelm I. von Württemberg (1824).

So, wie Schickhardt als Baumeister Herzog Friedrichs I. gelten kann und Thouret als der König Friedrichs I., war der Baumeister Wilhelms I., der Württemberg fast fünfzig

Jahre lang, von 1816 bis 1864 regierte, erst einmal Giovanni Battista Salucci, ehe ihn der weltgewandtere, geschmeidigere und ohne Zweifel viel modernere Karl Ludwig von Zanth (1796–1857) in diesem Rang folgte.

Salucci, Sohn wohlhabender Bürgersleute in Florenz, die sich um eine feste Ausbildung für den Spross sorgten, kam erst einmal auf das Colleg nach Pistoja. Man lehrte dort vor allem die schöne Literatur und galt als fortschrittlich. Doch ein Onkel, fanatischer Kapuzinermönch, veranlasste, dass der Zögling Giovanni die Schule verließ und stattdessen in Livorno Kaufmann lernte. Indes war die Begabung fürs Zeichnen so auffällig, dass man den Knaben schließlich zum Studium der Schönen Künste an die Akademie seiner Heimatstadt Florenz schickte, zu Niccolo Paoletti, einem entschiedenen Vertreter des Palladianismus. Salucci geriet also heftig in die oberitalieni-

sche Strömung, die unter dem frühklassizistischen Einfluss Palladios den im Süden noch vorherrschenden Barock zu verdrängen begann.

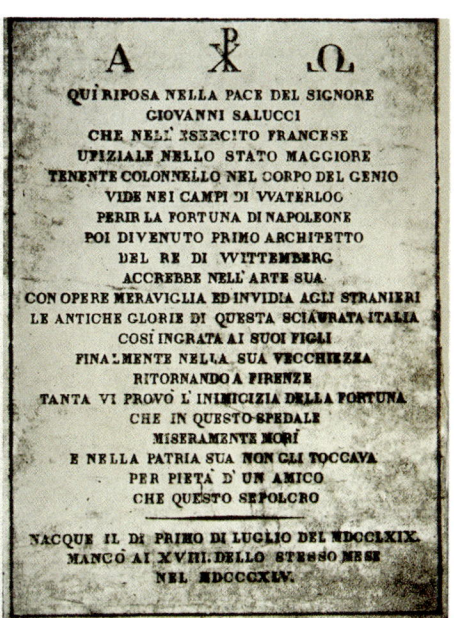

In Ermangelung eines Porträts: Inschrift auf Saluccis Grab im Kreuzgang von S. Marco in Florenz (1845).

Saluccis populärstes Bauwerk, weithin Stuttgarts Neckargegend dominierend: die Grabkapelle auf dem Württemberg (1820–1824), im Volksmund „Rotenbergkapelle".

Revolutionär und Soldat

Nach immerhin zehnjährigem Architekturstudium musste er die Akademie verlassen. Der Vater war gestorben. Salucci übernahm kleinere Arbeiten, etwa als Vedutenmaler in Padua. Als entschiedener Parteigänger der Französischen Revolution beteiligte er sich in Bologna an einer Verschwörung gegen

die Habsburger, wurde deshalb 1798 in Abwesenheit zum Tode verurteilt und musste notwendig seine oberitalienische Heimat meiden. Er trat 1799 in das Pionierkorps der französischen Armee ein und erwarb sich alsbald Verdienste im Fortifikationswesen. Über seine Teilnahme an Napoleons Russlandfeldzug heißt es, Salucci, ein großer, kräftiger Mann, sei einer der wenigen „Südländer" gewesen, die unbeschadet den russischen Winter überstanden hätten. Seine Begeisterung für Napoleon war so ausgeprägt, dass er sich nach dessen Rückkehr von Elba (1815) wiederum der französischen Armee anschloss und, mittlerweile hoher französischer Offizier, nach dem Debakel von Waterloo (1815) als hoher Pionier-Offizier in englische Gefangenschaft geriet, von wo aus es ihm gelang, sich in die französische Schweiz abzusetzen. Dort bekam er 1816 vom Genfer Bankier Eynard den Auftrag für ein Stadtpalais. Und über Eynard ergab sich die Beziehung zu Wilhelm I. von Württemberg. Bereits im August 1817 trat er in Stuttgart seine Dienste als Nachfolger Nikolaus Friedrich von Thourets an, dem Hofbaumeister Friedrichs I. von Württemberg, denn dessen Sohn Wil-

helm I. hatte Thouret nach seinem Machtantritt im Oktober 1816 entlassen und mit dem Titel eines „Architekturprofessors" abgefunden. Salucci wurde dann, 1818, nach Ablauf eines Probejahrs – darauf hatte er selber bestanden – Erster Hofbaumeister, ein Amt, das er bis 1839 bekleiden sollte.

Es war wohl nicht einfach mit Salucci, selbstbewusst und jähzornig wie er gewesen sein soll und dazu der Landessprache keinesfalls und – wer weiß – auch bewusst nicht mächtig. So hatte selbst sein Hauptauftraggeber, der württembergische König, französisch mit ihm zu reden.

Dabei war das auswärtige Urteil über seine Tätigkeit nicht unbedingt euphorisch. So schreibt Achim von Arnim 1820 aus Stuttgart an seine Bettina: „Große Gartenanlagen, viele neue Straßen (haben sie in Stuttgart seit 18 Jahren erbaut), aber die Häuser, meist hölzern, wie die Kartenhäuser, und kaum eins darunter, (das der

Die Miniatur des Rotenbergs: Saluccis Benckendorff-Mausoleum (1823) auf dem Friedhof von Stuttgart-Heslach.

Das Licht fällt durch ein „Oeil de dome" in die Benckendorff-Kapelle.

Baumeister Thouret sich selbst erbaut), was einen eigenen Baugedanken verriet. Jetzt treibt ein Italiener Salucci dort sein Wesen und scheint eben auch kein sonderlich kühner Meister."

Ja, gar der Intrige hielt man Salucci für fähig. Als 1823 die Symbole für Macht und Stärke, Löwe und Hirsch des römisch-schwäbischen Bildhauers Antonio Isopi (dessen Arbeit 1797 auch Goethes Anerkennung bei seinem Hohenheim-Besuch fand), vor dem Ehrenhof des Stuttgarter Neuen Schlosses deponiert wurden, standen die beiden Tiere, im Widersinn zur Absicht des Künstlers, parallel nebeneinander auf ihren Sockeln, statt frontal zueinander, Brust gegen Brust, wie heute. Ein beleidigender Irrtum. Ein Bubenstück gar! Jedenfalls war Isopi zutiefst verletzt und hielt den Hofbaumeister Salucci für den Urheber dieser Sache. – Erst 1905 ließ König Wilhelm II. die beiden Symbolfiguren, wie von Isopi gedacht, richtig aufstellen, also einander vis-a-vis.

Saluccis Stuttgarter Arbeiten, weitgehend zwischen 1820 und 1840 entstanden, haben bis heute prägenden Charakter auf ihre Umgebung. Wahrzeichen ist und bleibt die Grabkapelle auf dem rebenumstandenen Wirtemberg beim Weinort Rotenberg, die „Rotenbergkapelle" (1820–1824). Anlass hierfür war der plötzliche Tod der beliebten und noch sehr jungen Königin Katharina (1788–1819), einer Zarentochter. Für das Memento mori wählte Wilhelm I. den prominentesten Punkt im Land, eben den reb-umrankten Wirtemberg mit dem Stammsitz der Württemberger obenauf, eine pittoreske Ruine über dem Neckar, an deren Romantik selbst der pragmatische Friedrich, Württembergs erster König, so viel Gefallen gefunden hatte, dass er viel daran restaurieren ließ und die Stuttgarter sie schließlich als Ausflugsziel entdeckten. Aber diese edle Ruine aber musste für Wilhelms Grabkapellenvorhaben abgetragen werden. Eine in Zeiten von Romantik und schwärmerischer Wiederentdeckung mittelalterlicher Burg- und Schlossruinen geradezu frevelhafte Tat, die deshalb auf das Unverständnis der Zeitgenossen traf – Klassizismus bahnte sich hier eher obrigkeitlich an. Denn Wilhelm wollte: Nicht die Ruinen des Hauses Württemberg, sondern das Mausoleum seiner Königin Katharina sollte das Volk von nun an vor Augen haben. Eine höchst herrschaftliche Architektur-Inszenierung, nachdem all die Überzeugungsbemühungen beim König, er möge die Grabkapelle doch in die Burgruine mit einbeziehen, nichts gefruchtet hatten. Wilhelm I., dem man später auch den Namen „der Württemberger" gab, wollte seine Radikal-Lösung.

Saluccis Schloss Rosenstein (1824–1829) – schwäbischer Sandstein und italienische Eleganz.

Grabmäler für die „Ewigkeit"

Salucci entwirft nun einen Zentralbau aus (Schilf-)Sandsteinquadern nach dem Vorbild des römischen Pantheon und der Villa rotonda Palladios in Vicenca (um 1550). Der Rotenberg-Rotunde sind vier symmetrische Anbauten in Form ionischer Portiken vorgelagert, die man über Freitreppen angeht. Der Zentralraum, von einer kassettierten Kuppel mit Oberlicht und Stuckrosetten überdeckt, birgt künstlerisch eminente Statuen in Carrara-Marmor: einen Johannes von Hofbildhauer Johann Heinrich Dannecker selber, einen Lukas seines Schülers Theodor Wagner sowie Markus und Matthäus von keinem Geringeren als Berthel Thorvaldsen.

Die Rotenbergkapelle blieb bisher von allen Substanzverlusten bewahrt, sodass sich dort auf dem Weinberggipfel auch inwendig noch ein genuines Stück Klassizismus offenbart. Als eine Art Miniatur dazu entsteht 1823 das Benkendorff-Mausoleum „... in dem schönen Thale von Häslach eine Stunde von Stuttgart, wo am Abhang von Weinbergen ein kleiner Dorfkirchhof zwischen Baumpflanzungen liegt", so Natalia von Benkendorff, Gemahlin des russischen Gesandten am württembergischen Hof, Graf von Benkendorff, über ihren Grabplatz, den sie sich hier ausgesucht hatte. Und, auch dies eine Analogie zur Rotenberg-Kapelle, sie starb ebenfalls sehr früh, mit lediglich 27 im Jahr 1823.

Salucci baute erst die kreisrunde Gruft, auf die er dann den Rundtempel mit seinem zur Talseite hingewendeten Portikus setzte, dessen zwei kannelierte Säulen ionische Kapitelle abschließen. Der Giebel über dem Eingang ist an den drei Ecken mit Zierfiguren bekrönt, so genannten Akroteren. Im Tympanon selber erscheint, wie bei der Rotenbergkapelle auch, das göttliche Auge im Strahlenkranz.

Die Rotunde gliedern im Inneren acht kannelierte Pilaster, wiederum mit ionischen Kapitellen. Das Licht fällt durch ein Oeil de dome, eine Art Himmelsauge, am obersten Punkt der zinkgedeckten Kuppel und dringt auch noch hinunter zur Grabesgruft, in die ein gusseisernes Gitter Einblick gewährt. Die Kassettenkuppel ist inwendig mit subtil gearbeiteten Stuckrosetten bestückt. Auch dies wieder eine Analogie zum Rotenberg. Und wie dort hat auch hier der große schwäbische Klassizist Johann Heinrich Dannecker (1758–1841) Spuren hinterlassen: Das Doppelporträt des Ehepaares Natalia und Constantin von Benckendorff im römischen Stil ist nach heute nicht mehr

auffindbaren Originalen des Meisters 1828 wiederum von dessen Schüler Theodor Wagner gefertigt.

Zur Gemeinsamkeit der beiden Mausoleen schreibt der mit Salucci befreundete Stuttgarter Kunstschriftsteller Ludwig Schorn 1828: „Herr Salucci hat sich sowohl (bei der Benckendorffkapelle) wie an der von ihm erbauten Kapelle des Rothenbergs und an dem neuen kgl. Schlosse, das unter seiner Leitung jetzt auf dem Rosenstein errichtet wird, das Verdienst erworben, die Steinmetzen zu genauer und schöner Arbeit der Verzierungen gewöhnt zu haben, die an dem feinkörnigen, aus den Brüchen von Stuttgart kommenden Sandstein sehr dankbar ist."

Schloss Rosenstein und das Wilhelmspalais

Schloss Rosenstein oberhalb der Wilhelma, auf der linken, der Stuttgarter Neckarseite am Übergang von den Unteren Anlagen zum Rosensteinpark, ist eine andere markante Hinterlassenschaft des Hofbaumeisters, und hier lässt sich insbesondere auch seine Architekturauffassung von der „noblen Einfachheit" erleben. Der umfangreiche Erdaushub begann 1822, fertig war das langrechteckige, einstöckige Landschloss dann 1829. Hier verwendet Salucci wiederum aufs Feinste verarbeiteten heimischen Schilfsandstein, vor allem an den drei ioni-

schen Säulenportiken. Der 1993 sanierte stolze Bau birgt heute das Naturkundemuseum. Im Wechselspiel von weißem Putz und grüngelbem Schilfsandstein ein von florentinischer Noblesse geadelter Württembergischer Klassizismus, ebenso wie das nahe Löwentor, die Pforte zum Rosensteinpark an dessen Nordwestseite, das in seinen Ursprüngen auf zwei 1834 von Salucci entworfene Wachhäuschen zurückgeht.

Wesentlich „trockener" wirkt heute das Wilhelmspalais (1834–1840), das die Planie nach Osten abgrenzt. Es war als Auftakt der von der Stadtmitte nach Cannstatt führenden Neckarstraße gedacht und ursprünglich von Wilhelm I. als Prinzessinnenpalais in Auftrag gegeben. Auch hier dieser feine Wechsel von Putz und Sandstein – bei den hervorgehobenen Elementen wie dem Portikus dominierende Sandsteinsäulen. Das 1944 ausgebrannte Gebäude wurde immerhin in den frühen Sechzigerjahren wieder aufgebaut, zu Zeiten, als man sein Pendant an der westlichen Planieseite, das großstädtisch disponierte Kronprinzenpalais Ludwig Friedrich Gaabs aus vermeintlichen Verkehrsgründen abriss, wie übrigens auch Saluccis Reithalle in der Neckarstraße, ein noch gut erhaltener Teil der „Akademie", die aus der Hohen Carlsschule hervorgegangen war.

Salucci, wohl schwierig als Mensch, aber von edler Größe in der Architekturauffassung, starb 1845 in einem Krankenhaus seiner Heimatstadt Florenz. Ein Bild von ihm kennen wir nicht, nur den Grabstein.

Saluccis Wilhelmspalais (1836–1840), ursprünglich das östliche Pendant zum 1862 abgerissenen Kronprinzenpalais an der Stuttgarter Planie, wurde 1961–1965 vereinfacht wieder aufgebaut und birgt derzeit die Stadtbücherei – vielleicht aber auch bald ein Stadtmuseum.

GEORG JAKOB SCHNEIDER (1809–1883)

Für Leben und Werk Georg Jakob Schneiders müssen wir uns auf eine 1987 erschienene Kurzbiografie reduzieren, das Einzige, was man bisher von ihm hat, wiewohl er eine vertiefte Würdigung verdient hätte. Schneider, Südbadener, wurde 1809, in Zeiten der napoleonischen Kriege, in Eichstetten am Kaiserstuhl geboren, und ergriff zuerst den Beruf des Vaters, einem Zimmermann im nahen Emmendingen. Ein praktisch-handwerklicher Einstieg in den Baumeisterberuf, seit alters her ja bewährt. Das Talent wurde zwar schon früh erkannt, doch war die Familie für eine weiterführende Berufsausbildung zu arm. Schneider bildet sich gewissermaßen von allein weiter und belegt in Freiburg einen Zeichenkurs beim Weinbrenner-Schüler und Oberbaurat Christoph Arnold. Auch Sprachen lernt er in privaten Kursen – man denkt hier an die Karrierevorbereitung Balthasar Neumanns. Im Wintersemester 1833/34 kann er sich dann ans Karlsruher Polytechnikum wagen, wo er zwangsläufig wieder in den Einflussbereich Friedrich Weinbrenners gerät, dem Begründer dieser Hochschule. Dort lernt er vor allem bei Friedrich Eisenlohr (1805–1858). Eisenlohr war nach Heinrich Hübsch Weinbrenners bedeutendster Schüler; beide lehnten den akademisch erstarrten Klassizismus ihres Lehrers ab, und es steht außer Zweifel, dass der „Rundbogenstil" an

Der Südbadener Georg Jakob Schneider, ein Meister des Rundbogen- und Tudor-Stils.

Schneiders neoromanischen Synagogen von dieser Prägung herrührt. Zwischen Eisenlohr und Schneider entwickelt sich bald eine Berufsfreundschaft, und Eisenlohr, dem seit 1840 die Oberaufsicht für alle Bauwerke der Oberrheinstrecke von Karlsruhe nach Basel oblag, betraut den Freund mit der Bauleitung an Schloss Ortenberg über Offenburg, die größte rein praktische Arbeit Schneiders, diesmal im Tudorstil. Ähnlich übrigens wie sein berühmtestes Werk, das apart auf einem kleinen innerstädtischen Weinberg sitzende Freiburger Colombi-Schlösschen (1859–1861), wofür Schneider als einer der Ersten die damals noch hypermodernen Baustoffe Gusseisen und Glas verwendet.

Der Auftrag für das Schlösschen hätte es nahe gelegt, spanische und maurische Elemente zu verwenden. Denn es war die Gräfin Maria Antonia Gertrudis de Zea Bermudez y Colombi, die das Gelände des ehemaligen „Roggenbachschen Gartens"

Freiburgs Colombischlössle (1859–1861) von der repräsentativen Stadtseite her ...

... äußerlich Tudorstil, inwendig viel Glas und Gusseisen, damals modernste Baustoffe. Das Treppenhaus dieses kleinen Stadtschlosses gilt als eines der schönsten in Südbaden.

Schneider hat von 1850 bis 1870 zwischen Freiburg und Offenburg sechs Synagogen gebaut, darunter die von Kippenheim (1852).

erwarb, um hier nach dem Tod ihres Gatten zu residieren. Aber Schneider blieb dem „gothic revival" nahe, wie er ihn als Bauleiter auf Schloss Ortenberg ja schon umsetzte.

1899 kaufte die Stadt Freiburg das vor allem wegen seiner gusseisernen Treppenhausgestaltung mit dem darüber gespannten Oberlicht-Glashimmel spektakuläre Kleinod. Speziell dies Treppenhaus gilt als eine der schönsten südbadischen Raumlösungen des 19. Jahrhunderts. Gleichwohl war es um die Wende zum 20. Jahrhundert vom Abriss bedroht: Ausgerechnet an seiner statt sollte ein Theater gebaut werden! Von 1909 an wurde das Colombi-Schlössle für längere Zeit Kunstausstellungsstätte, diente dann aber auch Militär- und Stadtverwaltungs-Dienststellen und wurde sogar Staatskanzlei. Von hier aus regierte Leo Wohleb in den Jahren 1947 bis 1952 sein Südbaden. Nach wiederum verschiedenerlei Nutzungen hernach ist es gegenwärtig Archäologiemuseum.

Trotz dieses Freiburger Wurfs spielen Synagogen die zentrale Rolle im Schaffen Schneiders. Er war im Südbadischen zwischen 1850 und 1870 geradezu *ihr* Architekt: Neben Kippenheim (1852) zur selben Zeit Mühlheim, Rust (1857), Ihringen (1861), Altdorf (1862) und Freiburg (1870). Welch erstaunliche Fülle in so kurzer Zeit. Aus Schneiders 1841 in Eichstetten geschlossener Ehe gingen neun Kinder hervor. Kurz nach der Heirat wird er noch Leiter der Freiburger Gewerbeschule, die unter ihm einen großen Aufschwung nimmt. Als er 1883 in Badenweiler stirbt, heißt es in einem Zeitungsnachruf: „In jüngst vergangenen Tagen schloss sich das Grab über der irdischen Hülle eines Mannes, dessen Lebensgang, dessen Wirken und Schaffen zu seiner Ehre und zum Vorbild zur Aneiferung für andere verdient, veröffentlicht zu werden."

NIKOLAUS FRIEDRICH VON THOURET (1767–1845)

Nikolaus Friedrich von Thouret wuchs im Dunstkreis des württembergischen Hofes heran. 1767 kam er in Ludwigsburg als Sohn eines herzoglichen, aus dem Burgund stammenden Kammerdieners zur Welt. Daher der französische Name. Die Mutter war Einheimische. Den Verdienst-Adelstitel bekam Thouret 1808. Damit hielt ihn „sein" König, der Tyrann Friedrich I. von Württemberg (reg. 1797–1816; als König 1806–1816) im Lande, als Jerôme, König von Westphalen und immerhin Bruder Napoleons, Thouret als Hofbaumeister für sich nach Kassel gewinnen wollte.

Unter Herzögen aufgewachsen und Königen gedient: Nikolaus Friedrich von Thouret.

Dass Thouret vom unleidlichen König Friedrich mit fast allen Verschönerungs- und Verbesserungsmaßnahmen in seinem „Reich" beauftragt wurde, lässt auf eine charakterliche wie fachliche Festigkeit des Baumeisters schließen und wohl auch auf eine durch die väterliche Profession erworbene höfische Geschmeidigkeit. Er genoss beste Ausbildungsmöglichkeiten, mehr hatte das Herzogtum Württemberg nicht zu bieten: 1778 wurde er in die Ludwigsburger Militärakademie (später Hohe Carlsschule) aufgenommen und in der klassizistischen Malerei bei Guibal und Hetsch ausgebildet. Der weiteren Vervollkommnung dienen Malstudien in Paris (1789–1791). Noch bedeutsamer wird der Aufenthalt in Rom, wohin ihn Herzog Carl Eugen 1793 schickt. Dort freundet er sich mit Friedrich Weinbrenner an, der ihm zur Architektur rät; die Freundschaft der beiden sollte lebenslang halten.

1797 macht Thouret noch eine folgenreiche Bekanntschaft mit einem „Klassizisten": Goethe begegnet ihm beim Aufenthalt in Stuttgart und entdeckt ihn gewissermaßen als Allround-Künstler, diesmal in den Hohenheimer Anlagen des R. F. H. Fischer,

die er ansonsten ja geradezu verflucht. Im
Tagebuch des Dichters vom 31. August
1797 heißt es: „Eine einzige, altgotisch gebaute, aber auch kleine und in der Erde ste-
ckende Kapelle wird jetzt von Thouret, der
sich lange in Paris und Rom aufgehalten
und die Dekoration studiert hat, mit sehr
vielem Geschmack aufgeführt; nur schade,
dass alles bald wieder beschlagen und ver-
modern muss und der Aufenthalt, wie die
übrigen, feucht und ungenießbar ist ... Vorher besuchten wir Professor Thouret, bei
dem ich verschiedene gute Sachen sah.
Eine Allegorie auf die Wiedergenesung des
Herzogs ist ihm besonders wohl gelungen.
Diese sowohl wie eine Allegorie auf die
Französische Republik, sowie Elektra mit
Orest und Pylades, zeugen von seiner Ein-
sicht in die einfachen symmetrischen und
kontrastierenden Kompositionen, so wie
die Risse zu einem fürstlichen Grabe und
zu einem Stadttor sein solides Studium der
Architektur. Ich werde nach diesem und
nach der Zeichnung, die ich in Hohenheim
von ihm gesehen, raten, dass man bei De-
korierung unseres Schlosses auch sein
Gutachten einhole."

Intermezzo im Weimar

So kam Thouret nach Weimar, um den
Wiederaufbau des 1774 abgebrannten
Schlosses zu besorgen. Zwischen Weimar
und Stuttgart pendelnd, wird er 1798 zum
württembergischen Hofbaumeister ernannt und beginnt als „Leibarchitekt" des
späteren Königs Friedrich viele württembergische Schlösser im klassizistischen Stil

um- oder fertigzubauen: Hohenheim, Favorite, Monrepos, Freudenthal, Solitude,
Scharnhausen. Auch an Stuttgarts Neuem
Schloss arbeitet er um 1800. Sein Ludwigsburger Schlosstheater, unlängst gründlich
restauriert einer staunenden Öffentlichkeit
übergeben, zeugt von einem eminent dekorativen Geschick ebenso wie von seiner Befähigung als Arrangeur. Denn Thouret
übernimmt für dies 1812 vollendete Werk
auch etliche Versatzstücke aus anderen,
teilweise aufgelassenen württembergischen
Theatern, und auch die mehr als hundert
Kulissen und Prospekte im Ludwigsburger
Fundus gehen wesentlich auf seine Entwürfe zurück.

Mit dem Tod Friedrichs wird 1816 erst einmal sein Hofdienst quittiert. Der Nachfol-

Thourets Zeppelin-Mausoleum auf dem
Alten Ludwigsburger Friedhof (1801/02).

Den Stuttgarter Straßenverbreiterungen
(B 14) der Sechzigerjahre zum Opfer gefallen:
Thourets klassizistisches Palais Ecke Tor-
und Hauptstätterstraße, bekannt gewesen
als „Uhlandsche Apotheke".

ger Wilhelm I. bevorzugt den Florentiner
Giovanni Salucci. Thouret gründet ein gut
gehendes Baubüro in Stuttgart und ist um
1820 ein gemachter, freier Mann.
Vor allem wirkte er architekturpädagogisch
an der, man muss sagen, an „seiner" 1829
gegründeten Stuttgarter „Kunst- und Gewerbeschule". Dies Institut, aus dem über
die Etappen Polytechnikum und Technische Hochschule schließlich die Stuttgarter
Universität wurde, residierte zuerst in der
Unteren Königstraße, im Haus Nr. 12. Dies

noble Stadtpalais, bekannt als „Offizierspa-
villon", hatte Thouret 1807 erbaut. Ein kulturhistorisch vielfach herausragendes Gebäude; König Wilhelm I. hatte es 1819 den
Gebrüdern Boiserée überlassen, damit sie
dort ihre „Altdeutschen" ausstellen konnten, eine Sammlung von etwa 200 Gemäl-
den niederdeutscher und holländischer
Meister, die hier nicht gefielen, weil man in
Stuttgart den Klassizismus – auch in der
Malerei – für den „württembergischen Nationalstil" hielt. Hingegen war der Münchner Hof interessiert und erwarb die Sammlung 1827. Sie bildet bis heute den Grundstock der Alten Pinakothek.
Trotz aller Lehrtätigkeit, Thouret war es
nicht vergönnt, städtebaulich bleibende
Spuren zu hinterlassen wie seine großen
Kollegen Weinbrenner in Karlsruhe oder
Klenze in München. Man schätzt ihn zwar

noch als Berater, doch längst haben ihm
Wilhelms I. Baumeister Salucci, aber auch
jüngere Kollegen wie Barth und Zanth den
Rang abgelaufen. So sind nur einige Solitäre auf uns gekommen, etwa (Bad-)Architek-
turen in Wildbad und vor allem der Kursaal
in Bad Cannstatt.
Cannstatts Entwicklung zu einem europaweit geschätzten Kurbad beginnt um 1800,
und Thouret bekam bereits von König Friedrich den Auftrag, sich um die am Sulzer-
rain erbohrten Quellen zu kümmern. Der
Architekt schuf schließlich 1819 den seinerzeit wegen seiner Originalität gerühmten
Rindenpavillon, eine rustikale Trinkhalle in
Form eines Rondells, auf dessen rindenver-
kleideten Säulen ein Strohdach lag. 1825
dann entstand in unmittelbarer Nähe nach
Plänen Thourets der Kursaal; zunächst der
Mittelrisalit mit seiner halbkreisförmigen,
offenen Säulenvorhalle, dessen beide Seitenflügel allerdings erst 1842 fertig wurden
– dem linken musste dabei der Rindenpavillon weichen.
Eines der markantesten Stadthäuser Stuttgarts, die später so genannte Uhlandsche
Apotheke am Wilhelmsplatz, ein Werk
Thourets aus der Zeit um 1800, bürgerlicher Klassizismus pur, vom Bombenkrieg
unbehelligt, wurde 1963 dem Durchbruch
der B 14 mitten durch die Innenstadt geopfert.

Vom barocken Fürstentheater zum klassizistischen Hoftheater. Thouret galt vor allem als
großer Umgestalter wie hier fürs Ludwigsburger
Schlosstheater (1811/12).

So begegnet uns der Stuttgarter Architekt Thouret im inneren Stuttgart kaum mehr: Der Schillerdenkmal-Sockel für Berthel Thorvaldsens Dichter-Monument ist sein Werk, ebenso der Marktplatzbrunnen in unmittelbarer Nähe. Thourets Einfluss auf Stuttgart aber festigte die „Kunst- und Gewerbeschule", von der kontinuierliche Impulse für den hiesigen Klassizismus ausgingen, dem „Architektur-Nationalstil" Württembergs bis weit hinein ins 19. Jahrhundert. Er nimmt in der Königstraße 12 seinen Ausgang und geht auf Thourets Impulse zurück.

Schloss Rotenfels im Oberrheintal bei Rastatt, subtil klassizistisches Landschlösschen (1818–1827) Weinbrenners für Markgraf Wilhelm von Baden-Hochberg.

JOHANN JAKOB FRIEDRICH WEINBRENNER (1766–1826)

Als Knabe soll er Gott angefleht haben, dass die Welt nicht untergehen möge, bevor er nicht das Zimmererhandwerk erlernt habe. Das Lateinische dagegen war ihm ein Gräuel – überraschend für einen der bedeutendsten Architekten des deutschen Klassizismus, von dem eher zu erwarten gewesen wäre, dass er seinen Vitruv fleißig vom Original her exzerpiert hätte. Friedrich Weinbrenner kam ähnlich wie Michel d'Ixnard ganz vom Handwerklichen. Schon die Vorfahren, Urgroßvater, Großvater und Vater, waren Zimmerleute im hohenlohischen, später zum Königreich Württemberg gehörenden Untermünkheim bei Schwäbisch Hall. Den Vater zieht es von dort ins aufstrebende Karlsruhe. Die damals im Hardtwald entstehende barocke Planstadt hatte Bedarf an qualifizierten Handwerkern. Doch der Vater stirbt bereits 1776, und der zehnjährige Friedrich muss zusammen mit dem älteren Bruder das väterliche Geschäft übernehmen. Weinbrenners Ausbildung während der Ausübung seines Brotberufs vollzieht sich so eher beiläufig. Zeichnen gibt ihm ein Kunstmeister

Fahsolt; Unterricht in Mathematik, Physik und wohl auch Latein erhält er am Karlsruher Gymnasium. Bereits im Frühjahr 1787 zieht es ihn nach Zürich, wo er einige Privatgebäude entwirft. Im Revolutionsjahr 1789 wandert er nach Genf und Lausanne, wo er zeichnet – und Musikunterricht gibt. Zurück in Karlsruhe, vermerkt er später in seinen „Denkwürdigkeiten" über die Zeit um 1790, dass ihm damals in der Heimatstadt niemand begegnet sei, „welcher die Architektur gründlich kannte" und von dem er hätte „weiteres lernen können".

So geht es erst nach Wien, zusammen mit

Friedrich Weinbrenner, spätbarocke Physiognomie, spätbarockes Naturell, auf der Suche nach der ganz neuen, klassizistischen Form.

seinem Architekturkollegen Karl Haller, wo beide die Akademie besuchen. Ende des Jahres reist er über Dresden nach Berlin. Erste Entwürfe zum Karlsruher Marktplatz entstehen. Im Juni 1792 beginnt von Berlin aus die für sein späteres Architektenleben ausschlaggebende Italienreise. Über Nürnberg, Zürich – immer wieder begegnet man ihm in Zürich – weiter dann über Mailand, Genua, Pisa und Florenz gelangt er nach Rom, von wo aus er wieder zahlreiche Entwürfe nach Karlsruhe schickt und offenbar die Unterstützung des Markgrafen gewinnt: Im Oktober 1797 – über Zürich (!) und Straßburg wieder in Karlsruhe – ernennt man ihn alsbald zum Bauinspektor. Nach kurzfristigen beruflichen Ausflügen in Richtung Hannover und Straßburg (durch seine Heirat mit seiner Base Margarete Arnold in Straßburg war er gar kurzfristig französischer Staatsbürger), kehrt er wieder nach Karlsruhe zurück, wo er 1801 Baudirektor wird und damit für genau ein Vierteljahrhundert, bis zu seinem Tod im Jahr 1826, Leiter des gesamten Staatlichen Bauwesens in Baden.

Karlsruhe geprägt

In Italien und speziell in Rom, wo er, wie es heißt, mit „unermüdlichem Fleiß" die antiken Bauten „nach all ihren Teilen" durchstudierte, hat Weinbrenner ein fundiertes Wissen und ein gesichertes Formempfinden empfangen. Seine Heimatstadt Karlsruhe hat bis heute Nutzen und Ansehen davon. Man denke nur an diesen einzigartigen Marktplatz mit der evangelischen Stadtkirche, deren mächtigen Säulenportikus und das Rathaus vis-a-vis, an die sehr

„römisch" wirkende Rotunde der katholischen Stadtkirche St. Stephan oder die vom Meisterschüler Friedrich Theodor Fischer nach Weinbrenners Plänen gebaute Münze. Von Fischer (1803–1867) stammen zahlreiche Kirchen im Großherzogtum und auch die Heidelberger Anatomie. In Karlsruhe hat er die Universität (das ehemalige Weinbrennersche „Polytechnikum") erweitert. Insbesondere sein Wohnhaus (um 1812) in der Ständehausstraße mit der markanten Giebelfassade über Eck erinnert an den Lehrer. Valdenaire zählt Fischer deshalb auch neben Hübsch, Eisenlohr und Berckmüller zu den „bemerkenswertesten Vertretern der Weinbrennerschule", der weitgehend im Sinne des Klassizismus gebaut

habe, während etwa Hübsch, Eisenlohr und Berckmüller „sich der romantischen Richtung zuwandten."

Den Romantikern um die Mitte des 19. Jahrhunderts war Weinbrenner schlichtweg zu „kalt", den gründerzeitlichen Nationalisten dann gar zu „undeutsch". Erst um die Wende zum 20. Jahrhundert, im Zeichen von Neoklassizismus und aufblühendem Jugendstil, kommt es zu einer differenzierten Einschätzung dieses Visionärs einer badischen Antike, dessen Namen man längst in einem Atem nennt mit seinen Klassizismus-Kollegen Schinkel oder Klenze, wobei Schinkel und Weinbrenner übrigens keinen Gefallen aneinander fanden. Für den 15 Jahre jüngeren Schinkel war Weinbrenners Architektur schlichtweg „ungeschickt", für Weinbrenner etwa Schinkels Berliner Schauspielhaus von 1821 gar „ein erbärmliches architektonisches Product".

Das klingt geradezu überheblich und rührt auch daher, dass Weinbrenner nicht nur ein profundes, bereits in Kinderjahren erlerntes handwerkliches Können hatte, das er bald schon, zusammen mit viel Theorie, erfolgreich weitergab: 1800 gründete er in Karlsruhe die gerühmte „Bauschule Weinbrenner". Aus ihr ging in Verbindung mit der damals ebenfalls in Karlsruhe entstandenen Ingenieursschule des Rheinbegradigers Gottfried Tulla (1770–1828) schließlich 1825 das Karlsruher Polytechnikum hervor, die erste „TH" Deutschlands. (Die Stuttgarter TH – den Namen nahm sie offiziell erst 1890 an – war damals erst im Stadium einer Art Gewerbeschule). So haben die badischen Baumeister bis weit ins 19. Jahrhundert hinein bei und durch Weinbrenner

Weinbrenners Rathaus am Karlsruher Marktplatz (1805–1825), durch zwei Säulen der evangelischen Stadtkirche betrachtet.

Die tempelartig griechisch angelegte Stadtkirche (1807–1816) für die protestantische Bevölkerung Karlsruhes.

gelernt. Auch gelernt, sich von ihm zu lösen – wie sein Primus und Nachfolger im Karlsruher Bauamt, Heinrich Hübsch, der ja architekturtheoretisch wie weltanschaulich völlig von ihm abgekommen ist. Schon um 1840 heißt es in der Kritik über Weinbrenner, dass seine Schüler und das waren vor allem Hübsch und Eisenlohr, mit „größerem Geschick" gebaut hätten, Weinbrenner selber dagegen „über den Kreis der alten römischen Kunst nicht hinausgekommen" sei.

Nicht nur formalästhetische, auch rein praktische Kritik gibt es an diesem Baumeister, weil er offensichtlich gern sein Genie dem lediglich Genialischen opfern müsste. Valdenaire resümiert: „Vom Himmel war Friedrich Weinbrenner mit einem reichen künstlerischen Geist begabt worden, und seine Werke sind oft einfach großartig, bisweilen wohl etwas derb. Was man ihm vorwerfen kann und nicht mit Unrecht, ist, dass er, der geborene Techniker, er, der als wandernder Zimmergeselle seine Romfahrt angetreten, die Technik unter Gebühr würdigte oder ...

sie oft von unsaubern Händen misshandeln ließ."

In späteren Jahren soll seine Gesundheit, besonders sein Gemüt, derart unter den Angriffen der Missgünstigen in Karlsruhe gelitten haben, dass er erwog, ins Weinbrenner-freundlichere Heidelberg zu ziehen. Victor von Scheffel, der romantisch-reaktionäre Karlsruher Historien-Schriftsteller, bringt diese Kritik gar in populäre Reime:

„Weinbrenner wies ... wie man klassisch baut,
Gefroren Musik hieß er sein Walten
Darum ist sie auch so lang nicht aufgetaut."

Speziell nach 1860, in der Phase des immer dekorativer werdenden Historismus war die Ablehnung geradezu vernichtend: Es ging die Rede von seiner „Spital- und Mühlsteinarchitektur" (1865), und ein Alfred Woltmann lässt 1875 in der „Badischen Biografie" einen Schwall von Inkriminierungen wie „Trockenheit" und „künstlerischer

Impotenz" los, Vorwürfe, mit denen sich ja auch die weit weniger originellen Stuttgarter Klassizisten auseinander setzen mussten, so Gottlob Georg Barth wegen seiner Staatsgalerie.

Der Stadtplaner

Dagegen bleibt der Stadtplaner Weinbrenner bis heute in hoher Achtung und erst unlängst hat der frühere Karlsruher Stadtplanungschef Gottfried Leiber ein erschöpfendes zweibändiges Werk über diese Meriten des Meisters vorgelegt: Die Idee der

Weinbrenners katholische Stadtpfarrkirche für Karlsruhe, St. Stephan, im römischen Rotundenstil (1804–1814).

Platzfolge vom Ettlinger Tor zum Rondell- und Marktplatz und schließlich weiter zum Schloss gibt Karlsruhe eine Weiträumigkeit und Urbanität, wie sie sonst keine deutsche Großstadt von kaum 300 000 Einwohnern mehr haben dürfte. Sie ist natürlich Weinbrenners städtebauliche Hauptschöpfung. Aber auch die Stadtpläne für Gernsbach, Kehl, Lahr und Pforzheim sind unter ihm entstanden.

In Weinbrenners gastlichem Karlsruher Haus verkehrten kulturelle Eminenzen wie Johann Peter Hebel und Johann Wolfgang von Goethe, beide ja auf ihre Weise literarische Klassizisten. Dazu der Augenarzt, Empfindsamkeits-Schriftsteller und Pietist Jung Stilling. Und auch berühmte Stuttgarter: neben dem Dichter Wilhelm Hauff etwa die beiden ehemaligen und vielfach zusammenwirkenden Hohe-Carlsschüler Johann Heinrich Dannecker und Nikolaus Friedrich von Thouret, der klassizistische Architektur-Kollege.

Weinbrenner baute ganz wesentlich für ein Bürgertum, das als Erbe der höfischen Kultur dieser auch nacheiferte, wie Valdenaire zu bedenken gibt. Allein, Karlsruhe wie Baden insgesamt waren arm und auch unser Architekt leidet unter den engen Verhältnissen und den weitgehend mittellosen Bau-

herren. Da nimmt es nicht wunder, dass er beim Anblick des Speyerer Doms, dessen Portalbereich ja sein abtrünniger Meisterschüler Heinrich Hübsch von 1854–1858 später umgestalten sollte, ausrief: „Das möchte ich gebaut haben, sonst nichts!" Denn Weinbrenner war zudem ein frommer Mann, und wenn er mit dieser Eigenschaft auch hintanhielt, verbergen konnte er sie nicht. So schrieb er einmal über sich: „Ob ich gleichwohl allen Schein der Frömmigkeit zu vermeiden suchte …, so gab mir mein Äußeres doch späterhin ein besonderes frommes Ansehen, sodass mich Pietisten und andere fromme Sekten oft als ihren Mitbruder ansahen, worüber sich meine Freunde bisweilen lustig machten, – und zur Zeit der französischen Revolution hat mich dieses ehrwürdige Aussehen oft in die größte Verlegenheit gesetzt, indem man mich überall für einen französischen emigrirten Geistlichen nahm."

Die Wiederentdeckung und Ehrenrettung Weinbrenners beginnt 1919, eben mit Ar-

Zumindest aus Weinbrenners Schule: Das Weltziensche Haus (1822/23). Lange Zeit war hier die Karlsruher Außenstelle des Landesdenkmalamts untergebracht.

thur Valdenaires fulminanter Biografie, eine der schönsten und wichtigsten Lebensbeschreibungen, die wir über einen Baumeister des Landes haben. Valdenaire versucht Weinbrenner vom welterschütternden politischen Umbruch her zu begreifen, von der Ära, in die er hineinwächst: „In seinen Neigungen für das Mystische und die Aufklärungsbestrebungen des neuen Jahrhunderts ist er durchaus das Kind seiner Zeit. Mit rückwärts gewandten und vorwärts gerichteten Sinnen steht er in seinem Ringen um Stil und Wahrheit zwischen zwei Welten, hin- und hergezogen von Klassizismus und Romantik, Verstand und Empfindung, erfüllt von dem Sehnen nach einer praktisch deutschen Einheit und einem reinen, freien Menschentum, von einem praktisch nüchternen Wirklichkeitssinn und Wertherschen Gefühls- und Naturschwärmereien – ein echt deutsches, ewig zwiespältiges Genie um die Zeit zwischen dem Herbst und Winter der alten Baukunst."

Das frühere Markgräfliche Palais (1805–1813) am Rondellplatz korrespondiert giebelseitig mit der evangelischen Kirche nebenan am Marktplatz. 1942 zerstört, haben es die Karlsruher zwanzig Jahre später wieder aufgebaut.

Friedrich Weinbrenner, dessen Porträts ihn später körperlich immer mächtiger erscheinen lassen, stirbt im Alter von lediglich 60 Jahren am 1. März 1826 an der Wassersucht. Die Teilnahme der Bewohner am Begräbniszug des bis heute größten badischen Baumeisters soll erheblich gewesen sein. Was von ihm neben den Architekturen noch vorhanden ist, sind seine Schriften, insbesondere das mehrbändige, unvollendet gebliebene „Architektonische Lehrbuch", von 1811 bis 1824 bei Cotta erschienen, mit dem er sich allerdings in Fragen von Honorar und Manuskriptablieferung überwirft. Im Übrigen ist er auch einer der wenigen Architekten, die eine Selbstbiografie verfassen. 1829, drei Jahre nach seinem Tod, ist sie erschienen. In einer zeitgenössischen Betrachtung heißt es über diese „Denkwürdigkeiten": „Die Schlichtheit und Naivität seines Charakters sind auch in dieser Selbstbiografie unverkennbar, und seine Freunde werden ihn darin ganz wiederfinden."

Nicht die weltläufige Lösung Ludwigs von Zanth (um 1835) kam für die Stuttgarter Staatsgalerie zur Verwirklichung, sondern G. G. Barths weit „trockenerer" Vorschlag.

KARL LUDWIG WILHELM ZANTH (1796–1857)

„Mit Ausnahme der Moschee im Garten von Schwetzingen war vorher in Deutschland kein Versuch gemacht worden, die maurischen Bauformen einem wesentlich andersartigen Himmelsstrich anzupassen." So steht es in den „Alt-Stuttgarter Bauten im Bild" von Gustav Wais über die nach ihrem Bauherrn, König Wilhelm I. (reg. 1816–1864), benannte Anlage „Wilhelma", mittlerweile eine der Hauptattraktionen der Landeshauptstadt Stuttgart. Und auch baugeschichtlich ist sie recht interessant: Zum ersten Mal geht hier eine Architektur über den Klassizismus, den „Nationalstil Württembergs", hinaus und macht sich auf in romantisch-exotische Fernen, wenn auch immer wieder von der Finanzaufsicht verfolgt.

Ihr Architekt, Karl Ludwig Wilhelm Zanth, wird 1796 in Breslau als Sohn eines Arztes geboren und verbringt den Großteil seiner Jugend in Paris, wobei er zwischenzeitlich – ausgerechnet in Stuttgart – Architektur studiert. Vielleicht gar bei Thouret oder auch bei R. F. H. Fischer. Er kehrt dann aber wieder, noch immer ein sehr junger Mann, nach Paris zurück, wo er auf den nur wenig älteren, aus Köln stammenden Jakob Ignaz Hittorff (1792–1867) trifft, von 1818 bis 1848 Hofbaumeister der Bourbonen und sozusagen ein architektonischer Jaques Offenbach. Hittorff war von eminenter Wichtigkeit für das Stadtbild von Paris, etwa mit der

Weltmann aus dem Biedermeier – Karl Ludwig Wihelm Zanth.

Anlage der Place de la Concorde (1833–1840) oder der Gare du Nord (1861–1865).

Mit diesem bedeutsamen Mann, der auch archäologisch interessiert war, unternimmt Zanth um 1825 Studienreisen nach Sizilien, wobei beide den orientalischen, oder wie es damals hieß, den „maurischen" oder auch „sarazenischen" Stil entdecken und darüber publizieren in der „Architecture antique de la Sicile" (Paris 1827). Zanths Wilhelma-Projekt ist ohne diese Exkursionen nicht denkbar.

1831, ein Jahr nach der Pariser Julirevolution, lässt er sich in Stuttgart nieder; bei Hittorf, der in der Bourbonenzeit auch die architektonische Regie bei den höfischen Festen geführt hatte, gab es nach der Julirevolution vorerst keine Arbeit mehr. Überraschend, dass Zanths Weltläufigkeit dem gerne als provinziell und amusisch eingeschätzten württembergischen König Wilhelm I. gefiel, vor allem im Zusammenhang mit seinem Entwurf eines „Kunstgebäudes für Stuttgart", also der nachmaligen Staatsgalerie. Zanths Plan von 1838 geht von der plausiblen Überlegung aus, die aller-

Statt eines Spielcasinos bekamen die Cannstatter damals ein Hof- und Kurtheater, erbaut und prächtig ausgestattet von Ludwig von Zanth.

dings im Stuttgarter Finanzministerium nicht verfangen sollte, dass „ein der Kunst gewidmetes Bauwerk ... nicht jeden, am wenigsten den bedeutungsvollen Schmuck entbehren darf." Mit dieser Auffassung und dem daraus resultierenden reichen allegorischen Figurenwerk in den drei Giebelfeldern zur Neckarstraße hin, gerät Zanth in Gegensatz zum „kargen" Gottlob Georg Barth, seinem Mitkonkurrenten am Kunstgebäude, auch wenn König Wilhelm I. Zanths Entwurf wegen seines „schönen und großzügigen Charakters" favorisieren sollte. Interessant in diesem Zusammenhang, dass der König Zanth zusammen mit Barth einsetzt, um Thourets Plan für die „Kunstschule" zu überarbeiten. Denn Thouret, der letzte aktive Hohe-Carlsschüler damals in Stuttgart, galt wohl schon als Überflieger, weshalb beschlossen wurde, „diese beiden Techniker (Barth und Zanth) unter Mittheilung der näheren Bestimmungen über die verschiedenen Zwecke und Bedürfnisse der Anstalt, welche das fragliche Gebäude entsprechen soll, mit Entwerfungen neuer Bauzeichnungen hierüber zu beauftragen." So ein Ministerialbericht vom 18. März 1838.

Was daraus geworden ist, wissen wir aus der Biografie Barths. Sein – weil eben billigster, wenn auch auf den Ideen Thourets basierender – Vorschlag wurde angenommen. Zanths Projekt für das Museum der Bildenden Künste, deutlich an Münchener Vorbildern wie Pinakothek und Glyptothek orientiert, sprengte den Rahmen. Es sollte nicht das letzte Mal sein in der Residenzstadt, dass man sich für eine zweitbeste und damit typische „Stuttgarter Lösung" entschied.

Statt Badehaus die „Schwäbische Alhambra"

Doch bot sich reichlich Kompensation für Zanth, und daraus wurde dann alles andere als eine Stuttgarter Lösung: die Wilhelma (1842–1864). Ursprünglich war sie geplant als eine Art Badhaus. Hier nämlich hatte man unterhalb des Rosensteins wie bereits auf der anderen Neckarseite in Cannstatt Mineralwasserquellen entdeckt. Dass daraus am Ende eine „Schwäbische Alhambra" wurde, eine einstmals überwältigende „maurische" Architektur- und Gartenlandschaft, hängt nach neuerlichen Forschungen ganz wesentlich auch mit Wilhelms

sprichwörtlicher Pferdeliebe zusammen. Elsbeth Wiemann im Katalog zur Klassizismus-Ausstellung in der Alten Staatsgalerie von 1993: „Bezeichnenderweise blieb die Wilhelma dem kleinen hippologischen Kreis um Wilhelm vorbehalten und öffnete darüber hinaus nur wenigen hohen Würdenträgern ihre Pforten. Um den finanziellen Aufwand zu rechtfertigen, wurde schon frühzeitig auf die hohen Vorteile verwiesen, die dem Land durch Wilhelms Pferdepassion erwuchsen."

Stilistisch markiert die Wilhelma eine Zeitenwende für Württemberg: Die Abkehr vom „Goût grec", einer durch Säulen und Tympanon gekennzeichneten „Neoantike". In dieser Stilart hatte Salucci ja noch das Rosensteinschloss oberhalb der Wilhelma erbaut und damit korrespondierend auch das Badhaus geplant. Zanth aber steht am Übergang zur Romantik und praktiziert bei der Wilhelma gewissermaßen einen exotischen Romantizismus, übrigens ganz nach Maßgabe seines Auftraggebers Wilhelm, dem ein Bau „im gotischen oder lieber maurischen Stil" vorgeschwebt haben soll. Zanth hatte erste Pläne für den gewünschten „Pavillon de bains accompagné de serres" bereits 1837 vorgelegt, aber aus dem „Bad-Pavillon mit Gewächshäusern" wurde schließlich ein königliches Refugium. Der Baumeister später im Blick auf sein Hauptwerk: „Diese Villa, in der Art fürstlicher Landsitze in Italien gedacht, besteht in einem Wohngebäude, von Gewächshäusern, Säulengängen, Kiosken, Belvedere, Festsaal, Schauspielhaus und Dienstgebäuden umgeben, welche durch Gartenanlagen verbunden sind, in denen Blumenbeete, Wasserbecken, Springbrunnen und Baumpflanzen, regelmäßig angeordnet, miteinander abwechseln."

Baubeginn war schließlich 1842, fünf Jahre nach den ersten Vorlagen. Einsparungen machten immer wieder Planungsreduktionen nötig. Aber trotz allem ist dann doch ein Stück von evidenter Weltläufigkeit entstanden. Vielleicht auch deshalb, weil Zanth es virtuos verstanden hat, die klassische Gestalt der Bauformen mit islamischen Dekorationsformen in eins zu bringen, ohne dabei exotistisches Allotria zu betreiben. „Es handelte sich also in der Tat darum", so der nun königliche Hofbaumeister zu seiner Wilhelma-Arbeit, „die Verirrungen dieser Bauweise zu meiden, ohne den Vorteilen zu entsagen, welche ihre, oft verführerische, im Allgemeinen aber launenhafte Ausschmückung bietet ... Es musste deshalb durch die eigentümlichen Reizmittel dieser Bauweise kräftig auf die Fantasie gewirkt werden, ohne zu jenen Hilfsmitteln zu greifen, welche der Vernunft und dem prüfenden Geschmack widerstreben."

Nicht nur stilistisch, auch technisch und inhaltlich war Zanth auf der Höhe seiner Zeit. Denn damals begannen sich aus den fürstlichen Orangerien die großen Palmenhäuser und öffentlichen Wintergärten zu entwickeln. Noch in Paris hatte Zanth eines jener neuen Glashäuser kennen gelernt. Im „Jardin des Plantes" standen bereits um 1830 die nur noch aus Eisen und Glas konstruierten Bauten von Charles Rohault de Fleury.

Mit seinen gusseisernen Gewächshaus-Konstruktionen verschaffte Zanth der „Königlichen Eisengießerei Wasseralfingen" eine Fülle Arbeit. Der Baumeister, offensichtlich auch ingenieurtechnisch glänzend disponiert, hatte sich ein gänzlich neues Rastersystem ausgedacht: Gusseiserne Rahmen wurden durch – orientalisch wirkende – Hufeisenbogen ausgesteift. Ein solches standardisiertes Grundelement konnte nun, vor Ort montiert, in beliebiger Länge addiert werden.

Natürlich hätte man diese serielle Bauweise auch viel billiger in Holz haben können. Aber nicht nur, dass dabei die königliche Eisengießerei leer ausgegangen wäre – man setzte hier bewusst auf den hohen Symbolwert des neuen Werkstoffs Eisen und wollte zeigen, dass man auch im Württembergischen durchaus mit der technischen Entwicklung in England und Frankreich Schritt halten könne.

Eingeweiht wurde die Wilhelma 1846. (Gebaut wurde daran bis 1864.) Eigentlich war die Eröffnung für das Jahr 1841 vorgesehen, Wilhelms fünfundzwanzigjähriges Thronjubiläum. Das Wilhelmatheater stand bereits 1840. Lange Zeit vom Abriss bedroht, dient es heute nach gelungener Renovierung der Stuttgarter Musikhochschule als eine Art Workshop und Gastspielort. Was von der Wilhelma selber nach Weltkriegsbomben und der nachmalig unvermeidlichen Betonitis noch übrig geblieben ist, steht heute unter Denkmalschutz. In allerneuester Zeit wird insbesondere das marode gewordene Wasseralfinger Gusseisen aufwändig saniert.

Bei Lebzeiten hielt der sonst so sparsame württembergische König seine „Schwäbische Alhambra" – oder auch „Serail im Neckartal" – vor seinen Untertanen verborgen, um nicht in den Ruch eines Verschwenders mit exotischen Neigungen wo nicht Abirrungen zu geraten. Erst 1880 wurde die Wilhelma auch für das staunende Publikum zugänglich und gilt heute als eine in ihrer Art einmalige botanische und zoologische Einrichtung für Deutschland.

Zanths wenige andere Arbeiten haben bei weitem nicht mehr diese Dimension: An Stuttgarts Oberer Weinsteige 8 entsteht hoch über der Stadt 1837 nach seinen Plänen eine Villa für den Baron von Taubenheim und in Strümpfelbach (bei Backnang) 1847 das Schloss Katharinenhof für den Prinzen Friedrich von Württemberg. – Zanth stirbt 1857 im Alter von 61 Jahren in Stuttgart, hochangesehen von allen und verehrt von der Architekturkollegenschaft des Polytechnikums.

Gewächshaus-Spinnweben. Glas-Stahl-Kombination um 1860.

Wilhelma-Gewächshaus: Gusseisen und Glas, damals avantgardistische Baustoffe. Das Eisen kam aus den Königlich-Württembergischen Hüttenwerken in Wasseralfingen.

Josef Durm

Christian Friedrich Leins

Georg von Morlok

Robert von Reinhardt

Otto Tafel

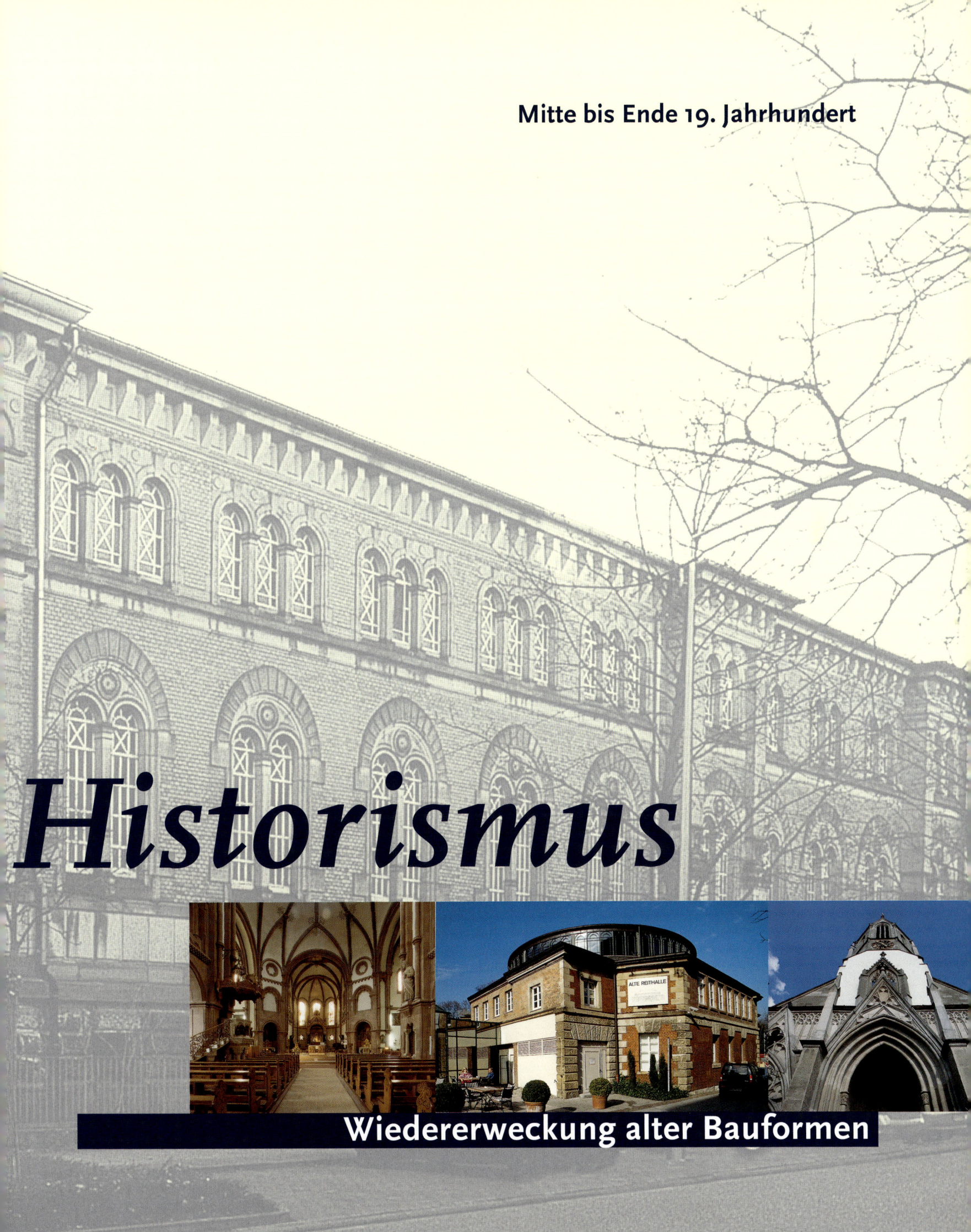

Historismus

Wiedererweckung alter Bauformen

Letztes Defilé
europäischer Stilvielfalt

Die Grenzlinie zwischen Klassizismus und Historismus verläuft noch unschärfer und verschlungener als zuvor die zwischen Barock und Klassizismus. So hatte sich etwa in Stuttgart mit dem Neuen Schloss bereits um 1760 durch französischen Einfluss der Barock zu versachlichen begonnen. Anstelle barockrunder

„Kissendächer" eines Balthasar Neumann nun veritable Flachdächer mit Figurenbalustraden oder im gleichzeitigen Kirchenbau glatte Spiegeldecken statt elliptischer Wölbungen.

Derartige Kennungen sucht man zwischen Klassizismus und Historismus vergebens, zumal fast alle Baumeister des

Historismus eine klassizistische Ausbildung hinter sich haben. Vor allem einer, Heinrich Hübsch, Meisterschüler Friedrich Weinbrenners. Hübschs „Rundbogenstil" setzt um 1830 ein, also parallel zum in Württemberg und Baden noch vorherrschenden Klassizismus. Er gilt damit als einer der Protagonisten des „romantischen Historismus", baut aber wiederum gegen 1840 mit feinen klassizistischen Attitüden – Rundsäulen, korinthischen Kapitellen und figurengeschmücktem Giebeldreieck über dem Mitteleingang – seine Baden-Badener Trinkhalle. Und Christian Friedrich Leins, Württembergs bedeutendster Historist, stellt noch um 1860 den Stuttgarter Königsbau als genuin klassizistisches Gebäude mitten in die Stadt. Insofern könnte man sich, um auch hier eine

Ein mächtiger späthistoristischer Findling am Stuttgarter Marienplatz, um den herum gegen 1900 schon einiger Jugendstil aufblüht.

Carl Dernfelds Baden-Badener Friedrichsbad (1869–1877). Üppige Neorenaissance, zu deren Fassadenschmuck vor allem figürliche Darstellungen bis hin zu einer Büste des badischen Großherzogs Friedrich I. gehören.

kleine Struktur in die Begriffswirrnis zu bringen, trotz aller Bedenken und Gegenentwürfe der Fachwelt darauf einigen, dass Klassizismus hier der Hauptstil des 19. Jahrhunderts ist. Und von ihm gehen ja all die Historismen, all die historistischen Stile aus, mit denen dies Jahrhundert aufzuwarten hat, das einen architektonischen Typenreichtum aufweist wie bisher nur das römische Kaiserreich: Neorenaissance, dem Klassizismus noch sehr verwandt, vertreten durch den Stuttgarter Christian Friedrich Leins und den Karlsruher Josef Durm. Neoromanik, eine eher am Nördlichen Oberrhein vorkommende Nachahmungsspezies der Dome von Speyer, Worms und Mainz. Das spektakulärste Stück im Württembergischen war dabei gewiss Konrad Dollingers Garnisonskirche (um 1880) bei der heutigen Liederhalle, eben nach dem Vorbild des Speyerer Doms, die den Zweiten Weltkrieg fast unversehrt überstanden hatte und 1950 für ein paar Autoabstellplätze abgerissen wurde. Ein letztes Gebäude der Neoromanik entsteht in Stuttgart noch mit Eisenlohr und Pfennigs Heilandskirche (1912/13).

Das aber war, nach Epochen gerechnet, bereits die „Stilzeit" (1890–1918); sie hätte also nach der strengen Lehre gar nicht mehr gebaut werden dürfen. Ähnlich verhält es sich mit der neogotischen evangelischen Christuskirche in Karlsruhe (1896–1900) von Curjel und Moser, einem hoch bedeutsamen Büro der Stilbewegung und des beginnenden Rationalismus mit einem historistischen Rückgriff in die Parlerzeit.

Es laufen demnach im späten Historismus, den Jahren nach 1870, die Stile parallel, und oft bauen auch die Architekten parallel zueinander in verschiedenen Stilen! Heinrich Hübschs Stoßseufzer am Beginn des südwestdeutschen Historismus, „In welchem Style sollen wir bauen?", am Ende dieses so formpluralistischen 19. Jahrhunderts ist er nicht mehr nur der Ausgangspunkt theoretischer Erörterungen, jetzt wird er zu einer rein praktischen Frage der Architekten an ihre Auftraggeber.

Eher eine „Stilblüte" des Historismus ist neben der Neorenaissance, die im letzten Drittel des 19. Jahrhunderts mit spezifischen Fassadendetails wie Konchen,

Die Baden-Badener Verkaufspavillons (1866/67) des Späthistorikers Carl Dernfeld. Hier allerdngs scheint er seiner eigentlichen Stilspezies um einiges voraus.

Voluten oder Obelisken aufwartet, die „Deutsche Renaissance" im Burgenstil der Verbindungshäuser oder dem schweren, damals aufkommenden „Stilmöbeltum".

Industriepaläste und bürgerliche Wohnquartiere

Der Historismus im Südwesten, zumindest in seiner Spätzeit nach 1870, ist dann nicht mehr mit den Namen großer Architekten und auch nicht mehr mit großen Bauwerken verknüpft – es sei denn, wir nähmen Industriearchitekturen dafür: Karl Etzels Bietigheimer Enzviadukt oder frühe Fabrikarchitekturen Otto Tafels zwischen Fils und Neckar. Er bringt in seinem Œuvre noch einmal den Künstler mit dem Ingenieur zusammen, das Stadtpalais mit dem Industrietrakt. Beides so gekonnt wie besonnen, im Entwurf wie in der handwerklichen Umsetzung.

Das war um 1860/1870. Ein spätes Künstlertum überlappt sich mit beginnender architektonischer Massenproduktion. Die großen Wohnquartiere des Historismus, mit der Gründer- in die so genannte Stilzeit hineingewachsen, wie etwa die Karlsruher Südweststadt, die Freiburger Wiehre oder der Stuttgarter Westen, heute dokumentieren sie sich vorzugsweise als Ensembles mit etlichen architektonischen Pointen, in Karlsruhe etwa mit Tafel, Billing oder Curjel & Moser, in Stuttgart mit Industriearchitekturen aus dem Büro Manz mitten in Wohnquartieren des Historismus.

Aber sowohl Curjel & Moser wie auch Manz ragen ja längst in die Epoche des Rationalismus oder auch der so genannten Vormoderne. Der späte Historismus indes ist eher eine Phase des Dekors, sozusagen ein Maskenauftrieb europäischen Bauens von der Romanik bis zum Klassizismus, der sich in seinem letzten Absatz um 1900 gleichsam noch einmal selber begegnet. Ein bürgerlicher Stilkarneval mit Höhepunkten zwischen 1860 und 1890.

Dass er über das Maskenhaft-Dekorative hinaus auch inhaltlich konzipiert war, sucht der Kaiserslauterer Bauhistoriker Valentin Hammerschmidt nachzuweisen, wohl der erste Architekturwissenschaftler, der sich dem Historismus endlich ohne die programmatische Geringschätzung der Funktionalisten nähert, für die diese alle Epochen aufnehmende Stilsuche ja ohne Wenn und Aber zum Abriss freigegeben war. Im Namen eines rein formalistisch begriffenen Fortschritts! Statt seine tiefere Erlösungssehnsucht zu begreifen, eine letzte Geborgenheit in – europäischer – Geschichte, galt die Sache Historismus den, Funktionalitäten bis weit nach 1970 schlichtweg als Kitsch. Hammerschmidt gibt dagegen zu bedenken, dass im Historismus ganz im Gegensatz zum Funktionalismus, wo die Menschen nur als „Objekte" begriffen werden, sie im bürgerlichen 19. Jahrhundert als „handelnde, betrachtende und empfindende Subjekte" gesehen worden seien: „Die Konsequenz daraus war, zahlreiche Assoziationen anzubieten, die vom Betrachter nachvollzogen werden sollten und die sonst erst die Architektur zur Wirksamkeit kommen lie-

Das Alte Pumpwerk in Mannheim-Neckarau, um 1900 eine Nachempfindung norddeutscher Backsteingotik von Stadtbaumeister Richard Perrey.

Josef Durms Karlsruher Vierordtbad-Tempel, 1871–1873, eine testamentarische Schenkung des Bankiers Vierordt.

ßen." Der Baugeschichtler begreift so den Historismus gegenüber dem unnachsichtigen Gegner Funktionalismus im Architekturzusammenhang als Kunst. Architektur sei dasjenige, was als „Luxus der Gestaltung da ist, was über die Technik des Erforderlichen hinausgeht." Dadurch entrücke sie ihren Gegenstand von der Banalität des Alltags und werde zum einprägsamen Erlebnisraum.

Insofern gerät der als kitschig empfundene Fassadendekor zu einer Form der Sprache, der Mitteilung, in die man sich

je und je einfinden kann, was uns ja auch heute, zwanzig Jahre nach Hammerschmidts Studie, längst gelungen ist. Und dem stets erhobenen Vorwurf wo nicht Fluch, Historismus hätte nur Stile nachgeahmt, begegnet er entschieden: „Nun lässt sich eine Botschaft nur dann verständlich machen, wenn die Zeichen ihres Systems konventionalisiert sind, d. h., wenn ihre Bedeutung allgemein akzeptiert wird. Dementsprechend hat man im 19. Jahrhundert überwiegend Bauformen und Stilelemente benutzt, die aus der Geschichte bekannt waren, um etwas Neues damit auszudrücken. Oft sind die Formen mit den Wörtern der gesprochenen Sprache verglichen worden, die ja auch nicht jedes Mal neu erfunden werden müssen, wenn man eine neue Aussage macht."

Türme im Generationswechsel. Joseph von Egles neogotische Doppelturmfassade der Stuttgarter Marienkirche (1871–1879) und davor der in dezentem Jugendstil gehaltene Turm des 1905 einst als CVJM-Hotel gebauten Furtbach-Hauses von Heinrich Dolmetsch.

In Anspielung auf Ulms spätgotisches Rat- und Schwörhaus: späthistoristisches Kaufhaus beim Münsterplatz.

Der vielbegabte Josef Durm, Baumeister und kunsthistorischer Schriftsteller in einem, hier auf einem Ölporträt.

Josef Durm (1837–1919)

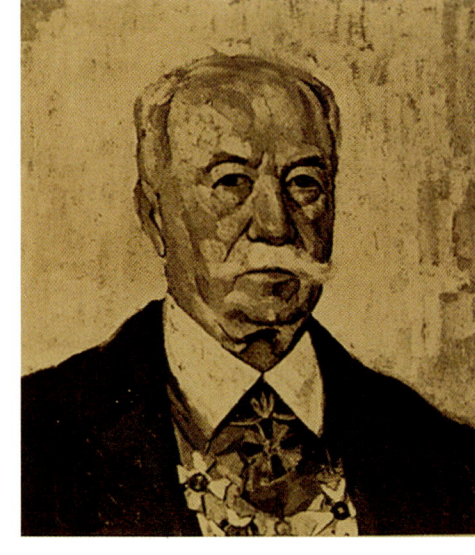

Josef Durm wird 1837, elf Jahre nach Friedrich Weinbrenners Tod, in Karlsruhe geboren. Er gehört ohne Wenn und Aber zur akademisch ausgerichteten Spezies seiner Zunft, zu den „gelehrten Künstlern", wofür allein sein umfangreiches baugeschichtliches Œuvre spricht. So bezeichnet ihn das Künstlerlexikon „Thieme-Becker" in einem Atem als „Architekt und Architekturschriftsteller". Durms bevorzugte Epoche war die italienische Renaissance, der er zu einer badischen Wiedergeburt verhilft. Mit seinem unerbittlichen Historismus hindert er allerdings auch nach neuen Ausdrucksformen strebende Kollegen wie den herausragenden Jugendstilarchitekten Hermann Billing erst einmal an der Entfaltung. Aber das Renommee Durms war gerade wegen seiner reichen schriftstellerischen Arbeit derart, dass man als junger Architekt im Badischen einfach nicht an ihm vorbeikam. Sein Ruhm ging so weit, dass ihn die griechische Regierung um ein Gutachten über Athens Baudenkmäler bat.

Auch war er ein äußerst weit gereister Mann und besuchte im Lauf seines Lebens nicht nur Deutschland und Österreich, sondern auch die Donau- und Balkanländer bis hin nach Griechenland, dazu Kleinasien, Palästina, Ägypten und Tunis, Sizilien, Italien und natürlich Frankreich – aber auch Südengland, das damals wegen seiner Industriearchitektur in Mode kam.

Stadtinterne Festung: Karlsruhes Amtsgefängnis in der Riefstahlstraße. Durms gewaltigster Bau.

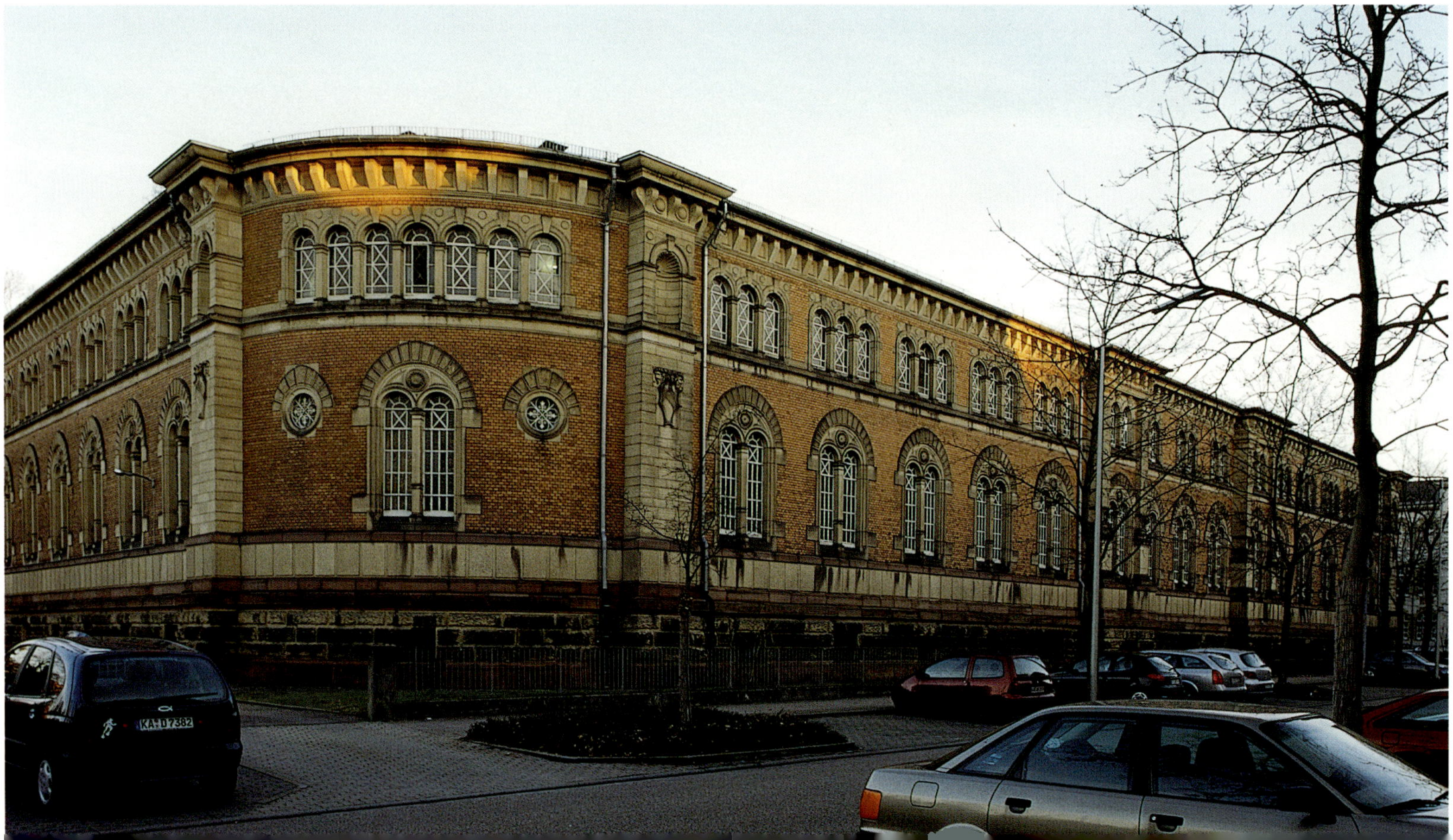

Wiewohl Durm sich in seiner schriftstellerischen Tätigkeit wesentlich mit der Baukunst von Antike und Renaissance auseinander setzt, ignoriert er das heimatliche
Baugeschehen keinesfalls. So wirkt er als
Mitbegründer der Reihe „Die Kunstdenkmäler im Großherzogtum Baden" mit und
verfasst Studien über das Heidelberger und
Karlsruher Schloss. In beiden Städten hat
er auch Wichtiges gebaut, in Heidelberg
etwa die Universitätsbibliothek (1901–
1905), noch immer ein Hauptdokument
des badischen Späthistorismus, ebenso
die Aula der Alten Universität (1885/86) in
unmittelbarer Nähe. In der Heimatstadt
Karlsruhe entsteht nach seinen Plänen das
bis heute beliebte Vierordtbad (1871–1873)
mit seinem stadtzeichenhaften, „toskani-
schen" Kaminturm ein anschaulicher Beleg
seiner Vorliebe für die Renaissance. Aber
auch mit den beiden Palais für Großherzog
Friedrich II. und den Prinzen Max, mit
Kunstgewerbeschule, Kunstgewerbemu-
seum und vielen anderen Bauten hat er die
badische Residenz geformt. Seine Kirchen
stehen unter anderem in der Freiburger
Wiehre, in Badenweiler und in Schopfheim.
Eines von Durms schönsten, „renaissan-
cesten" Werken, das vornehm-elegante
Augustabad in Baden-Baden, hat man zu
Beginn der Sechzigerjahre abgerissen.
Unbegreiflich! Heute wäre es ein Archi-
tekturtempel!

Josef Durm ist sozusagen das „Missing
Link" zwischen Weinbrenner und den
„Modernen" an der Wende vom 19. zum
20. Jahrhundert. Bereits mit 17 Jahren, 1854,
studiert er am Karlsruher Polytechnikum,
der Weinbrenner-Gründung aus dem Jahr
1825. Mehr als fünzig Jahre, von 1868 bis zu
seinem Tod, lehrt er dort. Zwischenzeitlich
ehrt ihn die Universität Heidelberg (1866)
mit dem philosophischen und die TH Char-
lottenburg mit dem ingenieurtechnischen
Doktortitel.

Schaufront der Heidelberger Universitätsbibliothek (1901–1905).

Zu Durms besonderen Fähigkeiten gehörte
seine Zeichenkunst, die er in einer Fülle architektonischer Reiseskizzen niederlegte –
oft von geradezu fotografischer Genauigkeit. Zwar gab es zu Zeiten seiner hauptsächlichen Skizzenarbeiten, in den Sech-
ziger- bis Achtzigerjahren des 19. Jahrhunderts, bereits die Lichtbildkunst. Aber sie
war umständlich, teuer und schwerfällig,
zumal für einen dauernden Kunstreisenden
wie ihn.

In der Heidelberger Universitätsbibliothek
(1901–1905), eine der letzten Arbeiten, ver-

sucht unser Architekt, sein stilistisches
Herkommen aus der (Neo-)Renaissance
mit dem schon vorherrschenden Jugendstil
zu versöhnen: So in einem charakteristischen Giebelfeld, dem er selber das Motto
„Chancen und Grenzen der Wissenschaft"
gibt. Lyrabögen und Renaissancevoluten,
umrahmt von sinnbildhaften Jugendstil-
reliefs. Junge Frau und Jüngling vor einem

Blattwerk, wobei sich hinter der Frau ein goldenes Strahlenkranzfeld wie ein zukunftsweisender Himmel erhebt. Die Allegorie spricht sozusagen Jugendstil, Durms später, aber doch eher nur dekorativ verwendeter Architekturdialekt.

Mit seinem Tod in Deutschlands Schicksalsjahr 1919 verabschiedet sich ein architektonisches Zeitalter, das des universal gebildeten und interessierten Architekten, dessen Stilpluralismus auf der Achtung voraufgegangener Bauepochen beruht. Auch insofern war Josef Durm ein radikal Unmoderner.

Viel Durmsche Baukunst mit viel Vergangenheit: Prinz-Max-Palais, ursprünglich für einen Bankier erbaut, von 1899 an dann von Prinz Max von Baden bewohnt, kriegszerstört und 1951 wieder aufgebaut, bis 1965 Sitz des Bundesverfassungsgerichts, später Ort der stadtgeschichtlichen Sammlungen und bis heute ein Haus wechselnder Nutzungen.

CHRISTIAN FRIEDRICH LEINS (1814–1892)

Er ist wohl der bedeutendste württembergische Architekt des 19.Jahrhunderts. Abgesehen von gewaltigem Fleiß sind ihm Vielseitigkeit und Eleganz eigen wie keinem seiner hiesigen Kollegen. „Thieme-Becker" bezeichnet ihn recht exakt als einen „in allen Stilarten bewanderten Eklektizisten". Und sein Kollege am Stuttgarter Polytechnikum, Wilhelm Lübke, dessen „Geschichte der Architektur" (erstmals Leipzig 1855) nun in etlichen Reprints wiedererstanden ist, rühmt seine Arbeit gar aus nächster Anschauung: „Die Villa von Leins ist das einzige unter den modernen deutschen Schlossgebäuden, welches neben Semper's Arbeiten als geistvolle und originelle Neuschöpfung im Sinne der besten Renaissance genannt werden darf. Neben einer edlen und anmuthenden Raumentwicklung, bei welcher in glücklicher Weise die Vorteile der köstlichen Lage auf einem Hügel inmitten der köstlichsten Landschaft zur Geltung gebracht sind, hat der Architekt sein Werk mit einer von jugendlicher Frische zeugenden Fülle zierlichen Ornamentes ausgestattet."

Gemeint war die „Villa Berg", oberhalb jenes Seitentals, das von Stuttgart zum Neckarufer bei Cannstatt führt und zu jener Zeit, 1845, als Leins mit den Arbeiten hier begann, auch architektonisch entdeckt und aufgewertet wurde: Saluccis Wilhelmspalais und seine Reithalle sowie Barths Staatsgalerie an der Neckarstraße, rechts oben über dieser wohl einstmals paradiesischen Gegend als Landschaftsmarke die „Villa", schräg gegenüber dann wiederum Salucccis Schloss Rosenstein (1822–1829) und, wenn auch im Neckartal selber, als „Krönung" Zanths Wilhelma mitsamt dem dazugehörigen Theater (1838–1840). Während wir allerdings Barth, Salucci und Zanth den Stuttgarter Klassizisten zugeordnet haben, kommt mit Leins das stilistisch „Neue"; er ist eben ein begnadeter, quicklebendiger Eklektizist, also ein Vertreter jenes Bauzeitalters, das die Häuser zu maskieren und zu kostümieren beginnt. In seinem Frühwerk Villa Berg erprobt er seinen ersten Stuttgarter Stil, die hier sehr gängige italienische Renaissance oder auch „Neorenaissance", in der Leins' Architekturlehrerkollege Josef von Egle noch zwischen 1860 und 1864 das Polytechnikum am Stadtgarten erbaut. Das Spektrum von Christian Friedrich Leins indes sollte dann bis zur Neogotik nach französischem Vorbild und zum Schweizer Landhausimitat auf schwäbischen Schurwaldhöhen reichen.

Der „kleine lustige Mann". Vielgebildet, weitgereist und vor allem durch seine Pariser Zeit geprägt: Christian Friedrich Leins.

Den Stein zum Kunstwerk fügen

So interessant und vielseitig wie sein Werk ist auch sein Werdegang. „Unter Steinen war der Mann aufgewachsen, der wie wenige andere lernen sollte den Stein zum Kunstwerk zu fügen." So der württembergische Kunstschriftsteller August Wintterlin in einer bis heute bemerkenswerten biografischen Skizze über Leins. Der Vater, Michael Ludwig Leins (1792–1849), war ein armer Steinhauer, die Mutter entstammte der Stuttgarter Weingärtnerfamilie Aldinger, musste sich aber lange in Lohnarbeit als Näherin verdingen. Doch hat der Vater dann alle erlöst, indem er es zum Werkmeister brachte.

Nach dem Entschluss, Architekt zu werden, ging Leins in eine Zimmererlehre und begann hernach seine Baumeisterausbildung im Atelier von Karl Marcell Heigelin, der ihn schon am Polytechnikum unterrichtet hatte – ebenso wie übrigens der Baurat Ferdinand Fischer, Sohn R. F. H. Fischers,

dem Hofbaumeister Herzog Carl Eugens. Über Fischer, dann aber auch über das Büro des Hofbaudirektors Schmolz, bei dem Leins nach Heigelins frühem Tod tätig war, ergeben sich also leichthin Affinitäten zum württembergischen Klassizismus, denn Schmolz wiederum hatte mit Thouret zusammengearbeitet. Schließlich gelangt Leins ins Büro des Wilhelma-Erbauers Zanth, nach Wintterlin „einem der unterrichtetsten Architekten seiner Zeit". Zanth vermittelt Leins 1837 nach Paris, wo nach Wintterlin, „fast alle württembergischen Künstler ihre weitere Ausbildung gesucht hatten."

Dort lernt er den Landsmann und Bauingenieur Karl Etzel kennen. Man befreundet sich, schwärmt von klassischer Musik und gründet ein Gesangsquartett. Der nachmalig berühmte Eisenbahnbauer will Leins auf seine Seite ziehen. Jedoch, so Wintterlin, „man schnitzt die großen Ingenieure aus härterem Holze, als die Natur für ihn (Leins) verwendet hatte."

Mit 23 war Leins nach Paris gekommen und hätte dort, Wintterlin zufolge, durchaus Karriere machen können: „Seine zuvorkommende Verbindlichkeit und sein heite-

res Wesen machten ihn den Franzosen ungewöhnlich sympathisch; außerdem kam ihm später in Italien, Spanien und England gleicherweise erprobtes Sprachtalent zustatten." Und dennoch – 1840 zieht es ihn wieder nach Stuttgart, wo er 1843 sein Staatsexamen absolviert. Der Biograf zu diesem Event: „So standen ihm denn die Thore des württembergischen Staatsbauwesens offen. Warum er in diese heiligen Hallen nicht eintrat, wissen wir nicht zu sagen."

Bau der Villa Berg

Um 1843 entstand an der Ecke Kronen-/Kriegsbergstraße Leins' russisches Gesandtschaftshotel. Es sollte das Schlüsselwerk unseres Architekten werden, denn in seiner Noblesse erregte es auch die Aufmerksamkeit des württembergischen Kron-

Eines der ersten historisierenden Gebäude in Stuttgart: die einst prachtvolle Villa Berg (1845–1853) im Stil italienischer Spätrenaissance. Nach Zerstörungen 1944 vereinfacht wieder aufgebaut, vor allem ohne die charakterisierenden Ecktürme an der Hauptfront, die wir hier im Zustand vom Sommer 2003 zeigen.

Nach wie vor eines der innenstadtprägenden Stuttgarter Gebäude, der Königsbau (1855–1859), an dem Leins mit dem Löwentorerbauer Johann Michael Knapp zusammengearbeitet hat.

prinzen Karl, der Leins 1844, nach einer Italienreise (zusammen mit dem Schriftsteller Friedrich Wilhelm Hackländer), den Bau der Villa Berg anvertraute. Als Leins 1845 damit begann, begingen die Stuttgarter ihre erste und bis heute unverzeihliche Bausünde, sie rissen Georg Beers Lusthaus ab.

Stuttgarts „Gedächtniskirche". Die Johanneskirche am Feuersee (1865–1876) verlor ihre Turmhaube im Zweiten Weltkrieg.

Die einzig bekannte Porträtskulptur dieses Baumeisters erscheint deshalb heute noch wie eine Reminiszenz über einem Türbogen an der Villen-Nordseite.

1853, nach Vollendung der Villa Berg, zieht es Leins wiederum zu Studienreisen in den Süden, nach Italien, Spanien und sogar Nordafrika. Kein Zweifel, er ist intensiv mediterran interessiert, informiert und inspiriert. Das macht ihn als spätklassizistischen Historisten umso plausibler – Weinbrenner, Hübsch, Eisenlohr, Barth, Zanth, sie alle waren ja „romanisch" geprägt. Leins verbreitete nicht nur als gestaltender Eklektizist, sondern seit 1858 auch als wirkungsreicher und äußerst beliebter Lehrer am Stuttgarter Polytechnikum, den man schließlich mit Fackelzügen und Ständchen ehrte. In Otto Borsts „Schule des Schwabenlandes", der TH-Geschichte zum 150. Gründungsjahr, heißt es bezeichnend: „Niemand hat mehr zum Ruhm der Hochschule beigetragen und niemand weniger Aufhebens davon gemacht." Und Eduard Paulus, der Kunstschriftsteller-Kollege Wintterlins, widmet Leins 1892 ein Sonett: „Und fort und fort bis an des Grabes Rand Quoll Werk um Werk aus deiner Meister-

hand, Dein schönes Stuttgart schöner noch zu schmücken."

Wiederum nach Borst traf Leins von der Mitte bis zum Ende des 19. Jahrhunderts den Geist seiner Tage, so wie vor ihm Thouret zwischen 1806 und 1816 den Geist des jungen Königreichs Württemberg.

Borst: „Leins ist der geheimen Geste seiner Zeit nach der großen Geste und offenbar gerade der großen Kunstgebärde am nahtlosesten entgegengekommen."

Unser Architekt findet auch außerhalb Stuttgarts Anerkennung: Tübingen ehrt ihn 1877

Turmportalseite der von Leins um 1860 umgebauten Stadtkirche in Stuttgart-Vaihingen.

zum 400. Jubiläumsjahr seiner Universität mit dem Ehrendoktor und die Akademie in Madrid macht ihn zu ihrem ordentlichen Mitglied. Zu seinen Stuttgarter Schülern gehören Robert von Reinhardt (1843–1914), Erbauer des Marienhospitals, der Alten Reithalle und Lehrer am Polytechnikum. Dann vor allem der eminente und auch eminent fleißige Kirchenbaumeister Heinrich Dolmetsch, dessen große Arbeiten (Markuskirche, Furtbachhaus) schon in den Jugendstil reichen. Oder auch Friedrich von Thiersch, am Berliner Reichstag beteiligt und in München ein großer Kollege Theodor Fischers.

Noch posthum scheint Leins ein eigener Zauber umgeben zu haben. Während man im kriegszerstörten Stuttgart die Bombenschäden an klassizistischer und historistischer Architektur als willkommenen Anlass zum Abriss nahm – Saluccis Reithalle, Gaabs Kronprinzenpalais, Egles Polytechnikum, Dollingers Garnisonskirche ... – die Arbeiten von Leins standen offenbar nie zur Disposition: Die Villa Berg, zwar ram-

poniert, aber nicht vernichtet. Die Johanneskirche am Feuersee (1876), trotz kriegsbedingt abgegangenem Turmhelm als eine Art Mahnmal, als Stuttgarts „Gedächtniskirche" erhalten geblieben. Der Königsbau, trotz des abgerissenen benachbarten Kronprinzenpalais, stehen geblieben!

Leins' Œuvre ist wie das seines Schülers Heinrich Dolmetsch riesig, am Ende, auch hier wiederum ähnlich Dolmetsch, vor oder

trotz allem dem evangelischen Kirchenbau in Württemberg gewidmet. August Wintterlin 1896 über diesen „lustigen, kleinen Baumeister", wie man ihn nannte, und dessen außergewöhnliche Beliebtheit in den Gesellschaftskreisen der Residenzstadt Stuttgart auch auf seiner Gabe der freien humoristischen Rede beruht haben soll: „Einen Liebling vieler Götter und Menschen würden ihn die Griechen genannt haben."

GEORG VON MORLOK (1815–1896)

Der württembergische Oberbaurat und Baudirektor Georg von Morlok stammt aus Dätzingen im damaligen Oberamt und heutigen Kreis Böblingen. Wie sein bekannter gewordener Kollege Karl Etzel ist auch er Eisenbahningenieur und sein Name ganz wesentlich mit dem Bau des württembergischen Schienenwesens verbunden. Morlok war ein so genannter Ingenieurarchitekt, eine Spezies, über die es bei dem Künstlerbiografen August Wintterlin heißt, sie sei „aus härterem Holz geschnitzt als der Künstlerarchitekt". Doch gelingt Morlok mit der Gäubahn ein Gesamtkunstwerk. Der große Gleisbogen aus dem Stuttgarter Talkessel heraus und an den Hängen entlang hoch nach Vaihingen auf den Fildern

Georg Morlok, Porträt nach dem Bronzerelief seines Grabsteins auf dem Stuttgarter Pragfriedhof.

Ein letzter, eher trauriger Rest vom Postdörfle an der Heilbronner Straße (1868–1872), Stuttgarts erster Arbeitersiedlung.

Eine Gemeinschaftsarbeit des unermüdlichen Kirchenbauers Christian Friedrich Leins und seines Schülers Heinrich Dolmetsch: der Umbau von Degerlochs Michaelskirche (1889/90).

gilt wegen des Panoramablicks hin über die Stadt bis heute als eine der schönsten Eisenbahnstrecken Deutschlands. Daneben profiliert Morlok sich als Protagonist der Arbeitersiedlung. 1858 baut er zwei diesbezügliche Häuser für die Baumwollspinnerei Arnold in Kuchen. Es war sozusagen die Etüde für seinen Wurf, das Postdörfle oberhalb der Gleisanlagen des Stuttgarter Hauptbahnhofs in der Heilbronner Straße 21–23, Stuttgarts erste größere Arbeitersiedlung, zwischen 1868 und 1872 für etwa 1000 Werktätige gebaut, die sich auf 37 Häuser mit insgesamt 214 Wohnungen verteilten. Dies „Dörfle" auf sieben Terrassen eines früheren Weinbergs der Lage Kriegsberg hatte aber in seinem gestalterischen, am Rundbogenstil orientierten Aufwand schon eher einen städtischen als ländlichen Zuschnitt. Die einst kompakte Siedlung, vornehmlich für Arbeiter bei Post und Bahn gedacht, wurde im Bombenkrieg weitgehend zerstört; nur noch zwei Häuser sind als beeindruckender Abschluss zur Heilbronner Straße hier als Original übrig geblieben.

Stuttgarts erste Markthalle

Von ganz und gar großstädtischer Eleganz war Morloks Gemüsehalle, die Vorgängerin von Martin Elsaessers Markthalle (1911–1913). Für die königlich württembergische Haupt- und Residenzstadt war die alte Markthalle im Erdgeschoss des Herrenhauses, 1450 für den kleinen Grafensitz Stuttgart mit seinen 6500 Einwohnern entstanden, zum Anachronismus geworden. Wilhelm I., Württembergs zweiter König (reg. 1816–1864), ließ sie abreißen und versprach seinen Haupt- und Residenzstädtern eine zeitgemäße Lösung. Es sollte allerdings mehr als vierzig Jahre dauern, bis das Gebäude – ausgerechnet im Todesjahr seines Stifters (1864) – der Bestimmung übergeben werden konnte. Die Blumen- und Gemüsehalle Morloks an der Südflanke des Alten Schlosses nun stand auf städtebaulich erhabenem Grund: Hier hatte der herzogliche Hofarchitekt Heinrich Schickhardt um 1600 seinen „Neuen Bau" errichtet, ein vielfach gerühmtes Palais im neuen Stil der Renaissance, das allerdings 1757 ausbrannte. Irgendwie war Morloks königliche Gemüsehalle von 1864

auch ein „Neuer Bau", elegant und höchst progressiv nach dem Vorbild von Baltards Pariser Hallen (1854–1857), eine Mischung aus Glaspavillon und Bahnhofsgebäude, im betulich altdeutschen Stuttgarter Kern schon fast eine futuristische Irritation. Hätten wir dies Gebilde von 1864 noch, es wäre ein kostbares, fein proportioniertes Relikt aus der Glaspalastzeit mit einem fast quadratischen Grundriss von 40 Meter mal 41 Meter.

Den Eisenbahningenieur versöhnt Morlok zwischen 1863 und 1867 bei der Erweiterung des von Karl Etzel gebauten Alten Stuttgarter Hauptbahnhofs. Morlok hat dem Gebäude (heute Bolzstraße) seinerzeit fünf gewaltige Sandsteinbögen sozusagen wie Stadttore vorgesetzt. Drei davon sind noch vorhanden, locken in die dahinterliegenden Kinos und künden von der einstigen Eisenbahnpracht, auch in Stuttgart. Morloks große Schalterhalle hinter den fünf Rundbögen als Dominante der repräsentativen

Morloks höchst elegante Stuttgarter Gemüsehalle aus Glas und Stahl nach einem zeitgenössischen Stich um 1865.

Portal des 1863–1867 von Morlok und Wolff errichteten Hauptbahnhofs,
daneben die Eingangshalle mit der berühmten Treffpunkt-Uhr (Bildmitte).

Neorenaissance-Fassade, die Kuppelge-
wölbe mit der großen Bahnhofsuhr war
bald der bevorzugte Treffpunkt vor allem
des jungen Stuttgart: Bahnhof nicht mehr
nur als Ankunfts- und Abfahrtsort, sondern
als belebtes und bewegtes Stadtzentrum.
Als auch dieser prachtvolle und von den
Stuttgartern so „angenommene" Hauptbahnhof zu klein geworden war und Paul
Bonatz an dem jetzt noch bestehenden
Hauptbahnhof arbeitete (1911–1928), setzte sich ein dem „Bund für Heimatschutz"
nahe stehendes Preisgericht für den Erhalt
des Alten Bahnhofs als Fußgängerpassage
ein. Seine Argumentation: „Die große Halle
des Alten Bahnhofes setzt sich im Bewusstsein der Zeitgenossen immer mehr als eine
ganz bedeutende baukünstlerische Leistung durch, die auf Schutz und dauernde
Erhaltung berechtigten Anspruch hat. Unsere, von dem Gedanken des Heimatschut-
zes und der Denkmalpflege sonst so stark
beeinflusste Zeit geht leider an Werken, die
ihr zeitlich doch so nahe liegen, achtlos

vorbei, während sie viel unbedeutendere
Arbeit alter Zeit mit innigster Sorgfalt umgibt. Diese Sorgfalt möge auch der alten
Bahnhofshalle, dem Meisterwerk eines in
der Baugeschichte anerkannten Architekten, zuteil werden."
Aber die Forderung nach einer Fußgängerpassage, die bis zum nachmaligen Hindenburgbau anstelle der Gleise geführt hätte,
wurde nicht erfüllt. Bei allen Meriten der
Stuttgarter Baupolitik in den Zwanzigerjahren, hier hat man sich kleinherzig um
eine Grandiosität gebracht – man denke an
entsprechende Passagen in Mailand oder
Leipzig! Allerdings entstand dann 1925/26
anstelle der alten Bahnhofshalle wenigstens
der UfA-Palast der Architekten Schmohl &
Staehelin und Eitel.
Der Dehio nennt noch einige Kirchen(um)-
bauten des Eisenbahnkünstlers Morlok, so
die neugotische Gestaltung des Schiffs der
katholischen Marienkirche in Altheim bei
Horb (1869/70), die ebenfalls katholische
Pfarrkirche St. Peter und Paul in Lauchheim

(1869/70), diesmal neobarock auf der Basis
eines gotischen Vorgängerbaus. In Ober-
drackenstein bei Göppingen baut er 1853
eine Kapelle im neogotischen Stil. Schließlich entsteht unter seiner Leitung noch die
katholische Kirche St. Bonifatius zwischen
1871 und 1877 in Wildbad, wiederum ein
neogotisches Bauwerk.
Georg Morlok hat in dieser Durchmischung
von Eisenbahn- und Kirchenbau – und sind
seine Gemüsehalle und sein Hauptbahnhof nicht auch Kathedralen? – am ehesten
Analogien zu seinem badischen Kollegen
Friedrich Eisenlohr, zumal wegen seiner
Präferenz für Rundbogenstil und Neogotik.
Ob er allerdings wie Eisenlohr prägende
Italienaufenthalte durchgemacht hat, wissen wir nicht. Sicher scheint nur, dass er
am „klassizistischen" Stuttgarter Polytechnikum unter anderem bei Zanth studiert
hat. Im Gegensatz zu Eisenlohr, der bereits
1858 stirbt, ragt Morlok noch weit in die
Stilepoche des Historismus. 1869 für seine
Verdienste geadelt, stirbt er 1896.

ROBERT VON REINHARDT (1843–1914)

Blick in die Eisenkonstruktion der Reithallen-Kuppel.

Mit dem in Neuffen bei Nürtingen geborenen Robert von Reinhardt endet die lange klassizistisch-historische Phase an Stuttgarts Polytechnikum (seit 1890 dann ja TH). Er war Schüler des für Stuttgarts innerstädtisches Gesicht so bedeutsamen Christian Friedrich Leins. 1872, mit 29, wird Reinhardt Professor an der Architekturabteilung der Stuttgarter Hochschule, ein Amt, das er fast vierzig Jahre, bis 1911, beibehält. Später wird er auch Stuttgarter Baudirektor. Sein Stil, ein subtiler, handwerklich gut gearbeiteter Späthistorismus, hatte begonnen, sich zu überleben. Parallel zu Reinhardt lehrt bereits Theodor Fischer, damals sozusagen der Shootingstar an der TH, ein neues Verständnis von Architektur: Die äußere Anpassung der Bauwerke an die Umgebung bei innerer Verwendung

modernster Materialien und Bauformen, eine vormoderne Auffassung von Architektur, die mit Rationalismus und Posthistorismus zielgenauer umrissen ist als mit dem gebräuchlich gewordenen „Heimatstil".

Die beiden Beispiele für Reinhardts Wirken in Stuttgart sind das in einem späten Renaissancestil errichtete Marienhospital (1889/90) und die kurz zuvor entstandene, technischer anmutende Alte Reithalle (1887/88). Beide Gebäude waren etwa

Gebaut als Vorführhalle für Stuttgarts Pferdemarkt. Robert von Reinhardts Reithalle (1887/88) auf dem Bosch-Areal im Stuttgarter Westen.

ALTE REITHALLE

Die Weinvilla in der Heilbronner Cäcilienstraße (um 1870) – seit der vor allem auch inwendig sehr sorgsam durchgeführten Renovierung eine der ersten gastronomischen Adressen am Ort.

hundert Jahre nach ihrer Eröffnung, in der Ära Rommel, massiv vom Abriss bedroht. Die „Alte Reithalle", direkt an den Hoppenlaufriedhof grenzend und auf dem heutigen Bosch-Areal gelegen, erfuhr ihre Rettung Mitte der Achtzigerjahre durch die Umwidmung zum Medienzentrum. Als Vorführungshalle mit Ställen zur Hebung des hiesigen Pferdemarkts gebaut, ist sie heute mit ihrer eleganten Eisenfachwerk-Konstruktion für Feste und Gäste in der Landeshauptstadt reserviert. Das an der Böheimstraße im Stuttgarter Süden gelegene Marienhospital stellt trotz seines historistischen Outfits gleichwohl einen Krankenhausbau nach seinerzeit höchsten hygienischen und gesundheitstheoretischen Anforderungen dar: Spezielle Lüftungssysteme für die achteckigen Kranken-

säle und vor allem auch vorgelagerte Veranden für die Frischlufttherapie.
Zu anderen bedeutenden Arbeiten Reinhardts außerhalb Stuttgarts gehört die evangelische Johannes-Brenz-Kirche in Weil der Stadt, die nach dem hier geborenen Reformator benannt ist. In Heilbronn baut er noch einige Fabrikantenvillen, darunter die heute höchst beliebte und auch drinnen sorgsam restaurierte Weinvilla in der Cäcilienstraße 66 von 1875 und 1874

das Kriegerdenkmal für die Gefallenen des Deutsch-Französischen Kriegs (1870/71) auf dem Alten Friedhof. Er stirbt 1914, das Jahr, in dem der Erste Weltkrieg ausbricht und mit dem der Historismus als ein gemeinsamer europäischer Stil endet.

Reinhardts Stuttgarter Marienhospital (1889/90), wie die Reithalle lange auf der Abriss-Liste. Nun eine Architekturinsel an der viel befahrenen Böheimstraße.

OTTO TAFEL (1838–1914)

Er kam im hohenlohischen Öhringen zur Welt und wuchs, wie eine Generation später sein großer Schweinfurter Kollege Theodor Fischer, in einem genuin von Renaissance, Barock und Protestantismus geprägten fränkischen Architekturumfeld heran. Tafel studiert an der Bauabteilung des Stuttgarter Polytechnikums unter anderem bei Josef von Egle und Christian Friedrich Leins, bekommt also den Historismus in seiner ganzen Bandbreite gelehrt: von Egle die (Neo-)Renaissance nach italienischen Vorbildern und von Leins über die Renaissance hinaus auch einen gewissen Eklektizismus. Und wie Leins lernt Tafel im Ausland, so in Italien und Spanien. Nur, dass er dann auch noch Ungarn aufsucht statt wie Leins Frankreich. Nach seinen Auslandsaufenthalten wird er (wohl um 1865) Professor an Egles Kunstgewerbeschule, an der er dann auch Philipp Jakob Manz unterrichtet, seinen berühmtesten Schüler und Epoche machenden Industriearchitekten.

Von 1885 an – Tafel ist jetzt Oberbaurat –, entsteht sein Opus magnum, die Baumwollspinnerei Robert Otto in Wendlingen am Neckar (1885–1893). Ihr Rundbogenstil dominiert eine differenzierte Backsteinsprache: Optisch geschickt durcheinander

Otto Tafel, Lehrmeister von Philipp Jakob Manz, beherrschte den eleganten Bürgerpalast ebenso wie den handwerklich gediegenen Fabrikbau.

Tafels toskanisch wirkende Villa Schönleber (1889) in Karlsruhes Jahnstraße beherbergt heute einen Teil der Badischen Musikhochschule.

gemischte rote und gelbe Ziegel, aufstei-
gende Treppenfriese zur Betonung der Giebel, backsteingemauerte Lisenen zur Betonung der Vertikalen, kunstvoll gemauerte
Bogenfriese ...

Eine hohe Blüte württembergischer Back-
steinkultur, die ja auch sein Schüler Manz
noch beherrschte. Das Landesdenkmalamt
betrachtet Tafels Wendlinger Baumwollspinnerei deshalb in seiner Sachgesamtheit
als „Kulturdenkmal von besonderer Bedeutung".

Erwähnenswert, dass Tafels Schüler Manz
an dieser Industrieanlage weiterbaut, und
zwar noch lange in dessen Backsteinstil.
Erst 1927, mit dem Putzbau des Kesselhau-
ses, zeigt sich ein neuer, vom Lehrer Tafel
emanzipierter Manz.

In den späten Sechzigerjahren war in Rottweil Tafels erste bekanntere Arbeit entstanden, die Villa für den Pulverfabrikanten
Max von Duttenhofer in der Königstraße 1.
Hier wie bei seinem nächsten Privatbau,
der Villa für den Textilfabrikanten Oskar
Merkel zwischen Neckar und Eisenbahn
auf dem Pulverwiesen 24 in Esslingen
(1873), bedient sich Tafel noch der – an der
Baugewerkeschule gelernten – italienischen Renaissance. Das repräsentative,
zweigeschossige Vestibül im Inneren mit
seinen umlaufenden Arkaden qualifiziert
sich mittlerweile aufs Gekonnteste für Esslingens Städtische Galerie.

Den italienischen, insbesondere toskani-
schen Touch behält Tafel auch bei seiner

Die Villa des Esslinger Textilfabrikanten Oskar
Merkel (1873 im Stil der Neorenaissance) ist
mittlerweile ein Kunst-Ausstellungsort. Hier
die zu Bahndamm und Neckar hin liegende
Eingangsseite.

Karlsruher Villa Schönleber in der Jahnstraße 18 von 1889 bei. Hier bewährt er sich sozusagen im „feindlichen Ausland" als
Schwabe in der von Josef Durm beherrsch-
ten badischen Residenz. Umso eigenwilli-
ger ist das Ergebnis: eine Art Spätestrenais-
sance, zweigeschossig, mit einem weit vor-
kragenden Dach, darunter und über dem
Portal eine das Hausbild bestimmende,
rundbogige Loggia. Die Fassadenmalerei
hat den Titel „Flucht ins Wunderland". Wie
die Villa Merkel ist auch dies überraschende Gebäude kulturell genutzt und beherbergt die Karlsruher Musikhochschule.
Ein historisches Kulturbauwerk rettete Tafel durch Umbau und Umwidmung: das
ehemalige Dominikanerkloster in Konstanz, ursprünglich, im 13. Jahrhundert,
nach Dehio, „eine der bedeutendsten und
stilgeschichtlich wichtigsten Bettelordens-

anlagen des 13. Jahrhunderts". Otto Tafel
baut dies Kloster von 1874 an zu einem
Hotel um. Leider gibt es im Gegensatz zu
Wendlingen, Esslingen oder Karlsruhe in
Konstanz kein Zeugnis der gewiss auch
hier wieder brillanten Arbeit dieses Meisters. Denn ein neuerlicher Umbau in den
Sechzigerjahren diente der Vernichtung vor
allem seiner Innengestaltung.

Zwischen Rationalismus und Jugendstil

Vom ausgehenden 19. Jahrhundert bis 1918

Hermann Billing

Curjel & Moser

Heinrich Dolmetsch

Eisenlohr & Weigle

Eisenlohr & Pfennig

Eitel & Steigleder

Martin Elsaesser

Theodor Fischer

Philipp Jakob Manz

Bernhard Pankok

Schmohl & Staehelin

Vormoderne

Befreiung vom Akademismus

Um 1900 geriet die Architektur nachhaltig in Bewegung. Der Formenkanon des Historismus ist nun aufgebraucht, inflationär geworden durch den Bauboom nach dem Deutsch-Französischen Krieg (1870/71) aufgrund der riesigen französischen Reparationsgelder. Andere Formfindungen entstehen, nicht mehr akademisch besetzt wie im Historismus, dessen Vorbilder ja wesentlich auf Romanik und Gotik zurückgingen. Reformismus und Jugendstil, gegen 1890 allerorts festzustellen, resultieren aus einer künstlerischen Neubesinnung auf Material und Handwerk. Es gibt für diese kurze, architektonisch höchst ergiebige Phase keinen wissenschaftlich umfassenden Terminus – die Begrifflichkeit dieser Epoche befindet sich sozusagen noch im Stadium des Expertenstreits. Es sind die Tage des Reduktionismus, des „Rationalismus", ein Wort, das sich langsam für jene Jahre einzubürgern beginnt, aber insofern nicht ganz greift, als es auch danach immer wieder Rationalismusphasen gegeben hat: Das mit dem romanischen Hirsau eingeleitete „Einfachbautentum" etwa, der nach 1918 bedingte Armutsrationalismus oder die „Zweckphasen"-Ideologie von 1945 bis 1975. Als unverdächtiger Topos für den Zeitraum zwischen 1890 und 1918 bietet sich so der leicht ironische Begriff „Posthistorismus" oder auch „Vormoderne" an für jene kurze Periode, die den Historismus mithilfe des Jugendstils als Katalysator ablegt und den Funktionalismus des „neuen bauens" geradezu herbeizwingt.

Spätblüten des Historismus um 1900

In Stuttgart kommt es kurz vor 1900 noch zu einigen pompösen historistischen Spätblüten. Die beiden auffallendsten, der Marquardtbau Ecke Bolz- und Königstraße (Eisenlohr & Weigle) sowie Skjold Neckelmanns gewaltiges Landesgewerbemuseum in der heutigen Willi-Bleicher-Straße, entstehen 1896. Im selben Jahr gelingt mit dem Schwabtunnel auch ein bahnbrechendes Verkehrsbauwerk; es ist der erste Straßendurchstich im Deutschen Reich. An der Innenstadt-Peripherie in Richtung Westen wird mit Beginn des neuen Jahrhunderts einer der letzten historistischen Repräsentationsbauten hier fertig, das Bürogebäude der Allianz Ecke Silberburg-/Reinsburgstraße. Ein kolossaler und gleichwohl graziöser Sandsteinriese vom Stuttgarter Architekturbüro Eisenlohr & Weigle, das damals allenthalben Stadtzeichen setzte.

Kuben mit Walmdächern, um einen Turm geschart, glatte Putzfassaden und ein repräsentatives Portal mit Reminiszenzen an den Klassizismus. Ein rationalistischeres Bauen kommt auf. Georg Esers Lindenmuseum (1909–1911) am Stuttgarter Hegelplatz.

Jugendstil in Spurenelementen: Stuttgart

Der Jugendstil hat es vor allem im Stuttgarter Süden zu einigen, wenn auch dezenten Ausformungen gebracht, etwa zwischen 1903 und 1905 an der originellen Hausgruppe der Gebrüder Kärn kurz vor dem Schwabtunnel (Schickhardtstraße 43–47) und am gleichzeitig fertig gewordenen Furtbachhaus (1905) Heinrich Dolmetschs. Als CVJM-Hotel angelegt, ist es heute ein edler Solitär zwischen den Betonverschlingungen von Paulinenbrücke und Österreichischem Platz. Wenig entfernt, in der Filderstraße, baute Dolmetsch seine protestantische Markuskirche (1906–1908), von Theodor Fischers Heusteigschule (1905/06) nur durch den schmalen Fangelsbachfriedhof getrennt – beides zusammen Stuttgarts imposantestes, kraftvollstes Jugendstilensemble. Wobei dieser Begriff speziell die aus dem ersten Jahrzehnt des 20. Jahrhunderts rührenden Bauwerke hier kaum deckt: Bei den Miethäusern an Schwabtunnel, Marienplatz und Liststraße, dem Stuttgarter „Jugendstilquartier", beschränkt sich jene architektonische Spielart weitgehend auf Fassadendekor und Giebelgestaltung – fließendes

Figurenwerk über Türstürzen, geschweiftes Fachwerk oder auch gestalteter Rauputz – alles wirkt mit einem Mal sehr geschwungen und bewegt, befreit von akademischen Zwängen.

Jugendstil als Erkennungsmal: Mannheim

Im Gegensatz zu Mannheim, wo sich Hermann Billing aus dem streng historisierenden Vorgabenkanon des Lehrers Josef Durm lösen kann und dort 1907 seine bedeutendste Schöpfung verwirklicht, die Kunsthalle (1907), deren konkav geschwungener Portalvorbau in plastisch rotem Buntsandstein zu den Ikonen des deutschen Jugendstils gehört.

Und so, wie Hermann Billing der wichtigste Vertreter jenes Stils für das heutige Baden-Württemberg ist, auch mit entsprechenden Werken in Karlsruhe, Baden-Baden und Freiburg, so ist Mannheim gewiss die „Jugendstilhauptstadt" des Landes, was sich hier, trotz aller Kriegs- und Nachkriegszerstörungen, noch immer nachvollziehen lässt.

Mannheim reüssierte gerade damals gewaltig. Die Zahl der Einwohner stieg allein von 1871 bis 1900 um 100 000 von 40 000 auf 141 000. (Heute sind es mehr als 300 000). Und noch immer gibt es auffallende Gebäude in der Innenstadt mit skulptural durchgeformtem, expressiv jugendstilartigem Charakter.

Eine Mannheimer Jugendstilikone aber ist auch der Rosengarten (1899–1903). Gebaut hat ihn der durch sein Leipziger Völkerschlachtdenkmal (1898) bekannt gewordene Bruno Schmitz (1858–1916), damals Deutschlands bedeutendster Denkmalkünstler mit Aufträgen bis nach Rom und Indianapolis, von dem das Kaiser-Wilhelm-Denkmal am Deutschen Eck in Koblenz stammt (1897), aber auch die Tonhalle in Zürich (1892–1895). Für Mannheim wird er vollends stadtbildprägend, denn er entwirft auch die Anlage des Friedrichplatzes (1901–1903) um den 60 Meter hohen Wasserturm (1886/87) herum, der von vielen schon für Jugendstil gehalten wird.

Es ist auf jeden Fall die Arbeit eines Jünglings. Ersonnen hat ihn der erst vierundzwanzigjährige Stuttgarter Architekt Gustav Halmhuber (1862–1936), ein Schüler von Christian Friedrich Leins am Stuttgarter Polytechnikum. Halmhuber war unter Paul Wallot von 1886 bis 1889 mit ornamentalen und figürlichen Entwürfen am Berliner Reichstag beschäftigt, und von 1897 bis 1906 wirkte er an der Architekturabteilung des mittlerweile zur TH gewordenen Stuttgarter Polytechnikums, bis er sich schließlich 1909 auf Dauer in Hannover niederließ, wo er „mit

Architektonische Einschüchterung am Stuttgarter Bismarckturm. Einer von mehr als 50 fast identischer, über ganz Deutschland verteilter Bismarck-Denkmalsockel (1904) nach Art mittelalterlicher Bergfriede. Architekt: Wilhelm Kreis. Die neue Bauepoche hat durchaus ihre Nationalismen und Monumentalismen.

großem Geschick", wie es im „Thieme-Becker" heißt, von 1909 bis 1913 das im Rohbau schon vorhandene, aber offenbar recht verkorkste Rathaus rettet. Es soll seine größte architektonische Tat gewesen sein. Die bleibende Leistung für seine Heimatstadt Stuttgart ist eine innenarchitektonische: das Württembergische Musikzimmer für die Pariser Weltausstellung 1900.

Bruno Schmitz indes hat für Mannheim 1913 noch Pläne zu einem neuen Reiss-Museum vorgelegt, die allerdings wegen des Ersten Weltkriegs nicht mehr zur Ausführung kamen.

Jugendstil ist ein weitgehend großstädtisches Phänomen, so wie in Mannheim, wo er nicht nur Individualität und Originalität suggeriert, sondern auch Prosperität und Progressivität. Draußen, auf dem flachen Lande, trifft man ihn kaum. In unserem Zusammenhang wäre hier vor allem die Fassade von Heinrich Dolmetschs evangelischer Tuttlinger Stadtkirche zu nennen, besonders aber die Villa Franck in Murrhardt, die, inwendig vollständig erhalten, zeigt, wie sehr Jugendstil auch Ausstattungsstil ist. Das Gehäuse erscheint noch im historischen Neobarock – es ist gewissermaßen die Außenform, aus der

heraus sich bei permanenter Reduktion des Fassadendekors der Posthistorismus oder auch Frührationalismus jener formal so eminent reichen, bei uns trotz allem noch immer stadtbildprägenden Epoche von 1890 bis 1918 entwickelt.

Schloss Solitude als Vorbild

Auffallend im Württembergischen ist dabei das Vorbild der Solitude (1764–1768), jenem herzoglichen Lustschloss nördlich von Stuttgart, das um 1900 gleich mehrfach stilbildend wirkt – in Anspielungen bei der Villa Franck, geradezu paradigmatisch beim Schiller-Nationalmuseum in Marbach oder der Villa Gemmingen an der Karlshöhe im Stuttgarter Süden, aber auch beim Alten Schauspielhaus in Stuttgarts Kleiner Königstraße.

Der schwäbische Kulturhistoriker Julius Baum in einer Betrachtung zur damaligen württembergischen Architektur aus dem Jahr 1913: „Das Marbacher Schillermuseum ist wohl einer der ersten bedeutenderen Bauten, die mit Bewusstsein und eindringendem Verständnis auch praktisch wieder an die Architektur der Zeit des Herzogs Karl anknüpfen – wenn irgendwo war hier die Wahl des historischen Vorbilds durch die geistige Bestimmung des Ge-

bäudes gerechtfertigt, wurde aber auch dessen praktischen Anforderungen vortrefflich angepasst."

Der Badener Hermann Billing scheint sich da in seiner Auseinandersetzung mit dem Barock schon etwas weiter vom Historismus abstrahiert zu haben: Zwar lässt der Baukörper seiner Mannheimer Kunsthalle auch noch Grundstrukturen eines Barockschlosses erkennen: Zwei Seitenrisalite mit vorgelagerten Pavillons und dahinter ein herausragender Kubus als eine Art Mittelrisalit, mit eben jener konkaven Jugendstil-Portalsituation, auf ihre Weise ja ein Corps de logis und vor allem eine gekonnte Anspielung auf das barocke Mannheim. Aber schon im nahen Karlsruhe fällt die Vormoderne eher klassizistisch aus, analog den architektonischen Prägungen dieser Stadt von Weinbrenner her.

Spätklassizismus in unmittelbarer Nähe des frühklassizistischen Stuttgarter Neuen Schlosses: Max Littmanns Großes Haus der Württembergischen Staatstheater (1907–1911).

Selbstbewusst zwischen den Stilen: Theodor Fischer

Nun aber zu einer „gesellschaftspolitisch" anderen Dimension: Theodor Fischer (1862–1938), der zu Beginn des 20. Jahrhunderts an der Stuttgarter TH die Abhängigkeit der Architektur von ihrer Umgebung lehrt, vom Bau wie vom Material her. Später sollte das sein tiefsinnigster Schüler Hugo Häring als „Organisches Bauen" in die Moderne hinüberretten. Fischers architektonische Vorbilder sind nicht „feudalistisch", sondern vielmehr bürgerlich. Zutiefst geprägt von der reichsstädtisch protestantischen Herkunft im unterfränkischen Schweinfurt befreit sich mit ihm die Architektur von Palast, Palais und Palazzo. Bei aller Ein- und Anpassung gegenüber baulich Gewachsenem und allem Respekt davor lehrt Fischer aber auch den Umgang mit den allerneuesten Baustoffen – Eisenbeton zumal. Insofern war in seiner Schülerschaft fast alles vertreten, was nach dem Ersten Weltkrieg in der deutschen Architektur Rang und Namen hatte – von ganz links bis ganz rechts. Seine bedeutendsten Schüler fürs Land aber waren gewiss Paul Bonatz und Martin Elsaesser, mit Hauptbahnhof und Markthalle, beide in Stuttgart – mit Billings Mannheimer Kunsthalle und Theodor Fischers Pfullinger Hallen wohl die bedeutendsten Bauschöpfungen jener Architekturepoche in Baden-Württemberg – wenn man von den mächtigen Industriebauten etwa des Stuttgarter Büros Philipp Jakob Manz in Tuttlingen („Aeskulap") oder den „Industriewerken Karlsruhe" (IWK) absieht.

Noch immer respektable Stuttgarter Architekturen dieser Phase sind Georg Esers Lindenmuseum (1909–1911) und der Graf-Eberhard-Bau (1907/08) von Hengerer und Mehlin in der Eberhardstraße, seinerzeit die größte Geschäftshausanlage hier und gewiss die Krönung der ersten Stuttgarter Altstadtsanierung.

Die Tendenz zur Versachlichung, allerdings unter Beibehaltung einer gewissen Monumentalität, bestimmt auch Max Littmanns Großes Haus der Württembergischen Staatstheater (1907–1912). Der Münchner Littmann galt als einer der führenden Theaterarchitekten Deutschlands und arbeitete noch wesentlich mit den Versatzstücken des klassizistischen Formenkanons. Seit der Rekonstruktion des Inneren nach Littmanns Originalplänen samt der von Julius Mössel bemalten Kuppel ist diese Anlage wieder ein inwendiger Glücksfall für Stuttgart.

Doppelnamen als Markenzeichen

Wo Fischer, Billing oder Manz noch mit ihrem einzelnen Namen für große Bautaten standen, wird in jenen Tagen das Büro mit den Doppelnamen zum Markenzeichen: Eisenlohr & Weigle (später Eisenlohr & Pfennig), Eitel & Steigleder, Schmohl & Staehelin etwa in Stuttgart oder Curjel & Moser in Karlsruhe. Sie alle entwickeln sich von einem ausblühenden

Eisenlohr & Weigles Schiller-Nationalmuseum (1902/3), ein Repräsentant des Hochhistorismus, Herzog Carl Eugens Lustschloss Solitude nachempfunden.

Späthistorismus über den Jugendstil als formalem Befreiungskatalysator zu purifizierten Stilaussagen. Eine Phase des formalen Experiments mit dem Ziel der Vereinfachung und Rationalisierung, nicht aber der Simplifizierung. Eine Reformierung mit gleitend respektvollen Übergängen in gewachsene Umgebungen. Kurzum, hier scheint noch einmal Architektur einer vorzugsweise geisteswissenschaftlich gebildeten und künstlerisch ambitionierten Baumeisterschaft auf, die noch in historischen Zusammenhängen denken konnte und wollte. Das sollte sich bald schon radikal ändern.

HERMANN BILLING (1867–1946)

Die gemeinsamen Bewandtnisse Hermann Billings mit Friedrich Weinbrenner (1766–1826) sind evident: Etwas mehr als hundert Jahre nach dem Klassizisten geboren, ebenfalls in Karlsruhe, mittendrin sozusagen, im „Dörfle", wie Weinbrenner ebenfalls einer Bauhandwerkerfamilie entstammend. Und schließlich studiert Billing auch noch an der auf Weinbrenners Polytechnikum zurückgehenden Architekturabteilung der Karlsruher TH.

Anders allerdings als sein wiederum auf Weinbrenner aufbauender Lehrer, der damalige badische „Architekturpapst" Josef Durm, interessiert sich Billing weniger für italienisierende Architekturvorbilder – wichtig ist ihm vielmehr das „Gesamtkunstwerk", die gestalterische Durchdringung des Baukörpers vom Sockel über die Fensterlandschaft bis hinauf zum Dachgebirge. Die (bau)künstlerische Begabung zeigt sich früh. Bereits mit 16 besucht Billing die Kunstgewerbeschule seiner Heimatstadt und geht dort auch ins Polytechnikum, wo es bisweilen zu heftigen inhaltlichen Auseinandersetzungen mit seinem Lehrer Durm kommt. 1901 dann schlägt er die akademische Laufbahn ein und wird 1907 Professor für „Baukonstruktion und Entwerfen bürgerlicher Wohn- und Geschäfts-

häuser", ein Amt, das er bis 1936 beibehält. Zusammen mit den Kollegen Curjel & Moser prägt er das Bild seiner Geburtsstadt vor dem Ersten Weltkrieg. Wie Weinbrenner, Hübsch und auch Durm trägt er zum außerordentlichen Rang Karlsruhes als Architekturstadt bei. Insofern erfüllt er seinen Lehrauftrag in Theorie und Praxis, wie es damals wohl kein anderer gekonnt hätte. Etwa mit der außerordentlichen Hofapotheke (1897/98) Ecke Wald-/Kaiserstraße,

ein fast dreieckiger Bau in Buntsandstein, Billings bevorzugtem Werkstoff. Zugleich demonstriert dies spitzwinklig zulaufende Eckhaus seine virtuose Befähigung im Umgang mit schwierigsten Grundstückssituationen. Eine Eigenschaft, die er mit dem Zeitgenossen Theodor Fischer gemeinsam hat. Die „Fridericiana", die Jubiläumszeitschrift zum hundertfünfzigjährigen Bestehen der Karlsruher Universität (1825–1975), rühmt deshalb auch in Sonderheit die „Meisterschaft, aus unübersichtlichen Grundstücksanordnungen klare Gebäudegruppen wachsen zu lassen. (Mit) seinem seit Weinbrenner nicht wieder erreichten Gefühl für Ecklösungen, behauptete H. Billing bis in die Zwanzigerjahre hinein die Spitze der Karlsruher Architektenschaft."

Die Vormoderne in Baden geprägt

Hermann Billing ist gewiss die größte Figur der badischen, insbesondere der Karlsruher Vormoderne. Durch seine wie Skulpturen gearbeiteten asymmetrischen Fassaden mit ihren konkaven und konvexen Schwüngen überwindet er geradezu leichtsinnig die starren historischen Vorgaben des Lehrers und Landsmanns Josef Durm. Man versteht von hier die heftigen Auseinandersetzungen zwischen beiden. Billing ist eben bereits ein Architekt des Jugendstils! Dessen bekannteste Bauten im Land, natürlich fast alle aus Buntsandstein, liegen gewissermaßen an den Polen seines lang gestreckten Heimatlands: Einmal das Kollegiengebäude I („KGI") der Universität Freiburg (1907–1911), mit charakteristi-

Billings zentralstädtischer Wohnblock an der Ecke Beiertheimer Allee und der nach ihm benannten Straße im Stil der Neuen Sachlichkeit – mit dem eigenen kompositorischen Schwung (1932–1934).

Brunnen am Karlsruher Stephansplatz (1903–1905). Ein runder Architrav, gestemmt von 14 Steinpfeilern. Ihre dem Wasser zugewandte Seite, zu Hermen ausgebildet, zeigt seinerzeit stadtbekannte Karlsruher Physiognomien.

schem Turm und grünem, rundem Helm Wahrzeichen der Alma Mater. Und dann die Mannheimer Kunsthalle, 1907 zum dreihundertjährigen Stadtjubiläum errichtet und viel bedeutsame Kunst des 19. und 20. Jahrhunderts versammelnd. Einprägsam die wuchtige Portalsituation – mit ihrem konkaven Sog eine der herausragenden „Erfindungen" nicht nur des südwestdeutschen Jugendstils. Sie nimmt den Besucher in großer Geste auf.

Ein weiteres Monumentalgebäude blieb ihm – ausgerechnet zu Hause – versagt: Zwar gewann er 1905 den ersten Preis für den Neubau des Karlsruher Hauptbahnhofs; kein Geringerer als Theodor Fischer hatte ihn als Juror auf diesen Platz gesetzt, und nach den Entwürfen zu urteilen, hätte der Zugreisende, hier angekommen, erst einmal vor Staunen und Bewunderung den Atem angehalten. Realisiert wurde dann aber die weit schlichtere Variante von August Stürzenacker, der beim Wettbewerb den dritten Platz belegt hatte. Nicht einmal Theodor Fischer (1862–1938), in seiner Auffassung vom durchgebildeten Bauwerk Billing keinesfalls unähnlich, nur eben nicht

so expressiv und bildhauerisch wie der Karlsruher, hatte seinen Wesensgenossen im Umfeld der konservativ-badischen Residenzstadt durchsetzen können.

Zu Billings noch vom Jugendstil beeinflussten Karlsruher Arbeiten gehören zahlreiche Wohnhäuser, so in der Baischstraße (1901) und der Weberstraße 1 und 3 aus dem Jahr 1908. Von der skulpturellen Verve kündet noch immer sein raumgreifender Brunnen auf dem Stephansplatz vor der Hauptpost. Ein fast wie eine Böcklinsche Insel aus dem Kurpark aufsteigendes badisches Werk ist Billings heiter majestätische Baden-Badener Kunsthalle (1913). Aber er betätigt sich auch außerhalb recht rege, etwa als Brückenbauer in Bremen (1892–1895), Ruhrort (1902) und Mühlheim (1902). Vom kunsthandwerklichen Rang des Innenarchitekten und „Designers" Billing kündet ein Entwurf für einen Musiksalon zur Weltausstellung in St. Louis (1904).

Nach dem Ersten Weltkrieg, so hat es den Anschein, versucht er eine zweite Karriere in einem geradezu entgegengesetzten Stil von kubischer Wucht, wie ihn damals Paul Bonatz' Stuttgarter Hauptbahnhof vorgab.

Das Freiburger Verlagshaus Poppen und Ort-
mann (1903–1905) neben dem Martinstor in
Anspielungen an Spätgotik und Deutscher
Renaissance dem Genius loci huldigend.

Robert Curjel und Karl Moser leiten um 1900
ein ortsbildprägendes Baubüro in Karlsruhe.
In der hinteren Reihe mit Bart und Hut: Karl
Moser. Vom Betrachter her links vor ihm,
sozusagen an seiner Brust, Robert Curjel.

Das Kollegiengebäude I („K I"), ein vierflügeliger
Komplex und Billings monumentalster Bau, naturgemäß in „seinem" Werkstoff, dem roten Buntsandstein ausgeführt, entstand zwischen 1907
und 1911.

So entstehen in Karlsruhe noch die Städtische Feuerwache (1927), der Wohnblock
Hermann Billing-Straße / Beiertheimer Allee
(1932–1934) und vor allem die massige
Reichspostdirektion (1935–1939).
Aber Billings Ära war spätestens 1928 mit
der Karlsruher Dammerstock-Siedlung (unter Federführung des Bauhaus-Architekten
Walter Gropius) abgelaufen. Mochte einer
wie er ein anderes, ein Bauen jenseits des
Historismus eingeleitet haben, das „neue
bauen" hatte keine Verwendung mehr für
einen wie ihn. Billing starb 1946 in Karlsruhe.

CURJEL & MOSER

ROBERT CURJEL (1859–1925) und KARL COELESTIN MOSER (1860–1936)

Robert Curjel und Karl Coelestin Moser,
beide Schweizer, haben sich am Ende des
19. Jahrhunderts als Architekten in Karlsruhe etabliert, um die aus der Weinbrenner-
Schule und dem Historismus Josef Durms
geprägte badische Residenz mit herausragenden Gebäuden weiter zu bereichern.
Beide stammen aus bürgerlich behüteten,
wohlhabenden Verhältnissen. Curjel wuchs
in St. Gallen heran, kam aber schon mit elf
nach Karlsruhe. Er studierte zuerst am
Polytechnikum beim dortigen „Architekturpapst" Josef Durm, später aber auch bei
Friedrich von Thiersch in München, ursprünglich ja Leins-Schüler am Stuttgarter
Polytechnikum und Münchener Kollege
Theodor Fischers. Im Wiesbadener Architekturbüro C. Lang trifft Curjel dann auf sei-

nen Landsmann Carl Moser, eine lebens-
entscheidende Begegnung für beide: Auf
Curjels Initiative gründen sie im Herbst
1887 ihr gemeinsames Baubüro.
Über die Anfangsphase berichtet Curjels
Sohn Hans später: „Das Büro war 1888 ...
sehr klein. Da gab es auch nicht viel Arbeit.
Da haben mein Vater und der Papa Moser
erzählt, waren sehr lustig die beiden, sie
haben türkische Fez gehabt und zum Fenster hinausgeschaut, ob jemand kommt.
Mein Großvater, Robert Curjels Vater Hartwig, ein Privatier, war ein sehr angesehener
Mann in Karlsruhe ... der hatte Beziehungen. Dadurch kamen Bauten zustande."
Carl Moser, 1860 in Baden (Aargau) geboren und 1936 in Zürich gestorben, stammt
aus einer reichen Architektenfamilie. Sein

Basels Badischer Bahnhof, im Ersten Weltkrieg vollendet, erinnert an Saarinens Epoche machenden Hauptbahnhof von Helsinki.

Die Karlsruher Lutherkirche (1907) war ihren kirchlichen Auftraggebern einst zu modern: Außen Expressionismus und innen pittoresker Jugendstil.

Der leitende Mitarbeiter Eckardt führt das Unternehmen unter seinem Namen weiter.

Den Bankenbau reformiert

Die Bedeutung Robert Curjels als Architekt fasst Partner Carl Moser so zusammen: „Die ersten nennenswerten Aufträge gaben Curjel Gelegenheit, den damals üblichen, schlechten Karlsruher Wohn- und Geschäftshaustypus der Siebzigerjahre lebendig und praktisch umzugestalten. Eine ähnliche reformatorische Tätigkeit entfaltete Curjel auf dem Gebiet des Bankbaues. Seiner Initiative ist es zu verdanken, dass das frühe konventionelle Schema der deutschen Reichsbanken in bautechnischem und baukünstlerischem Sinne wesentliche Verbesserungen erfuhr, indem die Neubauten aus den örtlichen Voraussetzungen und praktischen Erfordernissen heraus entwickelt wurden. Mehrere Reichsbank-Filialen im südlichen Deutschland legen dafür Zeugnis ab." Auch, so Moser, schätzten besonders die jungen Architekturkollegen in ihm „den strengen Lehrer, den wohlwollenden Berater und Förderer". Moser baut seit Curjels Ausstieg nur noch in der Schweiz, wo er durch Lösungen überrascht, die ihn stilistisch gar in die Nähe seines berühmten Landsmanns Le Corbusier bringen. Insofern hat er mit seinem Weg von Historismus über Jugendstil, Neoklassizismus bis hin zum „neuen bauen" die weit reichendste Stilentwicklung unter seinen Zeitgenossen hinter sich. Im Karlsruher Büro hat er mit Curjel zusammen an allen denkbaren Bauaufgaben gearbeitet, auch das Zeichen seiner Vielseitigkeit: Banken und Bahnhöfe, Geschäfts- und Wohnhäuser, Hotels, Kirchen und Villen. Anfangs, in den Neunzigerjahren, dominiert eben der Späthistorismus – romanische, gotische und barocke Elemente zumal, sei's einzeln oder zusammengesetzt. Ein beispielhaftes Gebäude für den Über-

Vater Robert Moser hat noch am Karlsruher Polytechnikum bei Friedrich Eisenlohr (1805–1858) studiert. Bereits mit 22, im Jahr 1882, legt er sein Diplom am eidgenössischen Polytechnikum in Zürich ab, arbeitet für einige Zeit im Büro seines Lehrers Friedrich Bluntschli, dann in dem des Vaters, begibt sich für zwei Jahre (1883/84) nach Paris an die Ecole des Beaux-Arts und wirkt im Atelier Reboul mit, damals eine Pariser Dependance für Schweizer Architekten.

Das Büro, oder, wie es vielfach heißt, die „Firma" Curjel & Moser in Karlsruhe gestaltet über nahezu dreißig Jahre die großherzogliche Residenz an der Wende vom 19. zum 20. Jahrhundert entscheidend mit – so lange, bis Moser 1915 dem Ruf an

die renommierte ETH Zürich folgt, den er 1900 noch ausgeschlagen hatte, weil die Geschäfte in Karlsruhe so gut liefen. Beider Büro, das im Badischen auch Ableger („Bauhütten") in Mannheim und Pforzheim unterhielt, löst sich danach zwar nicht auf, aber Curjel, wohl immer eher die geschäftsführende Eminenz im Hintergrund, zieht sich zurück und der markante Firmenname „Curjel & Moser" verschwindet.

Das Pfarrhaus zum spätklassizistischen Buntsandstein-Monument der Christuskirche (1896–1900) an Karlsruhes Mühlburger Tor.

Das frühere Bankhaus Homburger (1899–1901), eine an Hermann Billing erinnernde Eckbebauung mit einem so eigenständig wie neoromanisch wirkenden Eckturm.

gang von der Neogotik hinüber in den Jugendstil ist dann die evangelische Christuskirche am Mühlburger Torplatz, eine zwischen 1896 und 1900 entstandene, mächtige Buntsandsteinskulptur, die den Karlsruhern so viel wert war, dass sie, trotz Kriegszerstörungen, rekonstruierend wieder aufgebaut wurde.

Modernster Kirchenbau

Kaum zu glauben, dass fünf Jahre später am Gottesauer Platz ein – gemessen an der Christuskirche – geradezu hypermoderner Kirchenbau aus ein und demselben Büro entsteht: die Läuferkirche. Auch im Dehio ist hier die Rede von „modernsten zeitge-

nössischen Architekturauffassungen". Bossenquader dominieren die Fassade und geben ihr ein äußerst expressives Gepräge. Um gleichwohl Überladenheit zu vermeiden, erscheinen die Jugendstilelemente nicht mehr floral sprießend, sondern vielmehr geometrisch gebändigt. Ein ähnlicher „Stilsprung" ergibt sich beim Vergleich des noch dem neoromanischen, rundbogenstilhaften Formenkanon angehörenden Bankhaus Homburger Ecke Karl- und Akademiestraße (1899–1901), jetzt Südwestdeutsche Landesbank, und dem wiederum nur wenige Jahre später entstandenen Koloss des evangelischen Oberkirchenrats (1905–1907) in der Blumenstraße 1, kräftig durch-

rhythmisiert und schon ganz im Sinn des in jenen Jahren aufkommenden Rationalismus, ohne applizierten historischen Gebäudeschmuck, ohne „Kostümierung" bei gleichzeitig kraftvoll plastischer Herausarbeitung der Fassade. Eine Bauauffassung, die sich im Übrigen am nachhaltigsten an Basels Badischem Bahnhof beobachten lässt, Curjel & Mosers Opus magnum für das Großherzogtum Baden, zwischen 1907 und 1914 entstanden, also etwa zur nämlichen Zeit wie Eliel Saarinens weltberühmter Bahnhof von Helsinki (1910–1914). Ulrike Jehle-Schulte Strathaus, Mosers Biografin: Dieser Bahnhof fordere „den Vergleich mit Saarinen fast heraus". Curjel & Moser reihen sich damit unter die großen Meister des frühen Rationalismus ein – neben Saarinen auch Peter Behrens, Hans Poelzig, Fritz Schuhmacher, der junge Paul Bonatz und vor allem auch Theodor Fischer. Wie sehr sich aber Curjel & Moser noch auf historisierende Formen verstanden, zeigen ihre beiden bis heute bekanntesten Karlsruher Arbeiten, die neuklassizistischen, reichlich säulenbestückten Repräsentationsbauten auf dem Festplatz: Stadthalle und Konzerthaus, beide von 1915, dem Jahr, in dem sich Carl Moser aus Karlsruhe verabschieden sollte.

Karlsruher Stadthalle: Mit einem Rückgriff ins klassizistische Repertoire, einer unendlich langen Säulenreihe, verabschiedet sich das Architektenduo Curjel & Moser 1915 aus Karlsruhe.

HEINRICH DOLMETSCH (1846–1908)

Um 1900 war er der Spiritus Rector, die Leitfigur des protestantischen Kirchenbaus in Württemberg, und wie es einem solchen Rang gebührt, auch unerhört fleißig. Gebaut hat er fast nur im protestantischen Württemberg (eine für Plauen 1907 geplante evangelische Kirche mit amphitheatralischem Grundriss kam nicht mehr zur Ausführung). Bauen schien ihm ein permanenter Gottesdienst, und äußerlich glich er denn auch eher einem Oberkonsistorialrat als einem Baukünstler. Lediglich äußerlich, denn Dolmetsch war viel mehr Künstler, als man's ihm ansehen mochte.

Heinrich Dolmetsch wurde 1846 in Stuttgart geboren und eben auch hier 1908 von einem Schlaganfall aus seinem reichen Arbeitsleben gerissen. Nach der Lehre als Steinmetz – immer wieder begegnet uns zu dieser Zeit der handwerklich vorgebildete Architekt – studierte er am damaligen Stuttgarter Polytechnikum bei Christian Friedrich Leins (1814–1892), damals schon ein ähnlich bedeutender Kirchenbaumeister, wie Heinrich Dolmetsch einer werden sollte. Nach dem Studium bereiste er Deutschland, Frankreich, Italien und Öster-

reich, bevor er ins Büro des Lehrers eintrat. Stilistisch vollzieht sich damals bei Dolmetsch ein sanft gleitender Übergang vom klassizistisch grundierten Historismus des Meisters Leins hin zu einem von Handwerk und heimischen Materialien geprägten, zurückhaltend regionalen Jugendstil.

Dennoch baute Dolmetsch bis zur Jahrhundertwende erst einmal vorwiegend „neugotisch" und „neuromanisch". Ein gemeinsames neoromanisches Projekt von Dolmetsch und Leins war die Degerlocher Michaelskirche (1889/90) mit ihrem überraschenden Grundriss: Das Ganze wird nicht, wie üblich, von Turm oder Langhaus dominiert, sondern vom gewaltigen Querhaus mit mächtigem Schaugiebel im Norden, zur Rathausseite hin. Die zeitgenössisch nazarenischen Ausmalungen wurden 1961/62, als dergleichen als „Kitsch" galt, bei „Umformulierungsarbeiten" entfernt. Anders verhielten sich die Reutlinger un-

Protagonist des in Stuttgart eher verborgen blühenden Jugendstils: Heinrich Dolmetsch.

längst bei der Innenrenovierung ihrer bedeutsamen gotischen Marienkirche, die Dolmetschs Neugotisierung aus den Jahren 1893–1901 sorgsam rekonstruierten. Aber dazwischen liegen vierzig Jahre reifender Erkenntnis über historistische Substanz.

Stuttgarts Markuskirche (1906–1908), äußerlich gut erhalten geblieben, eines der Hauptwerke des Stuttgarter Jugendstils ...

... besonders wegen seines expressiv gestalteten Hauptportals.

Um die Jahrhundertwende wandte sich Dolmetsch mit Verve neuen, nachhistorischen Formaussagen zu. Nach Leins' Tod wurde er Hauptberater des 1857 gegründeten „Vereins für die christliche Kunst in Württemberg" (der die neogotischen Restaurierungen von Reutlingens Marienkirche mitinszenierte). Und er experimentierte, auch darin sehr protestantisch, an einer Verbesserung der Kirchenakustik für eine vollkommenere Verkündigung des Worts.

Markuskirche und Furtbachhaus

Von Dolmetschs gut zwanzig Kirchen*neu*bauten ist die Markuskirche (1906–1908) im Stuttgarter Süden am berühmtesten geworden, neben seinem in der Nähe gelegenen Furtbachhaus mit das bedeutendste Werk des Stuttgarter „Jugendstils". Darüber hinaus ist sie von eminenter zeithistorischer Bewandtnis: Als eine der drei Kirchen, die 1945 unter 26 Stuttgarter Gotteshäusern von Kriegszerstörungen verschont geblieben war (daneben noch die Waldkirche am Kräherwald und die Brenzkirche am Kochenhof), wurde sie im Oktober 1945 Ausgangsort der „Stuttgarter Erklärung", dem Schuldbekenntnis der evangelischen Kirche gegenüber den Untaten der Nazi-Diktatur.

Bedeutsam ist diese Arche noch immer wegen ihres äußeren Erscheinungsbilds. Inwendig hat sie durch Renovierungsmaßnahmen der Nachkriegszeit heftig gelitten. Zwischen 1906 und 1908 errichtet als eine der ersten in Eisenbeton aufgerichteten Kirchen überhaupt, was sie sich von außen keinesfalls ansehen lässt – aber ihre vielgestaltige Werkstein- und Putzfassade ist lediglich vorgeblendet. Wahrzeichenhaft, das Wohngebiet am südlichen Cityrand prägend, ist hier neben dem pittoresken Nordostturm das gewaltige Mansarddach, ein förmliches Biberschwanzgebirge mit dem – namensgebenden – Markuslöwen als Dachreiter. Ihn, dessen mächtige mythologische Flügel sich gefährlich nach unten zu neigen begannen, haben die Anwohner unlängst durch eine große Spendenaktion gerettet.

Es ging bei der Markuskirche anfangs nicht ohne Komplikationen ab. Dolmetschs erster Plan, ein zweischiffiger Komplex ganz in Haustein, überstieg die vom Kirchengemeinderat bewilligte Summe von 360 000 Mark bei weitem. Der überarbeitete zweite Plan erzeugte wegen seiner Kombination von Haustein und Putz beim Markusgemeindepfarrer Gustav Gerok Irritationen. Lutherische Orthodoxie und neue Stilbewegung schienen einander wesensfremd (man denkt beiläufig an ähnliche Auseinandersetzungen um die zeitgleich entstehende evangelische Lutherkirche von Curjel & Moser in Karlsruhe). Als Gerok sich Hilfe suchend an den Oberkonsistorialrat wendet, weil es bereits zu Protestveranstaltungen des Bürgervereins gegen Dolmetschs Planungen gekommen war, fasste man den weisen Entschluss, Theodor Fischer zurate zu ziehen, weise auch darin, weil der bereits in unmittelbarer Nachbarschaft seine Heusteigschule baute (1904–1906). Fischers Korrekturen an Dolmetschs Entwürfen, etwa vor allem am Turm, tragen wohl bis heute zu dem erstaunlichen Ensemblecharakter von Schule und Kirche bei, die ja nur der schmale Fangelsbachfriedhof voneinander trennt. Als Heinrich Dolmetsch 1908 kurz nach der Einweihung seiner übrigens mit Begeisterung aufgenommenen Markuskirche starb, hieß es im Nachruf einer Stuttgarter Zeitung: „Mit der reizvollen Markuskirche, die dem Stadtteil zwischen Karlshöhe und Bopser zusammen mit der Fischerschen Heusteigschule ein ganz neues Gepräge verliehen hat, lebt Dolmetsch und seine Baukunst in Stuttgart für alle Zeiten weiter. Die Markuskirche bedeutet ja in der Stuttgarter Kirchenbaukunst einen großen Wendepunkt."

Am Übergang von Stuttgarts Mitte in den Süden steht das Furtbachhaus, das Heinrich Dolmetsch 1905 als CVJM-Hotel mit 80 Pensionszimmern errichtete – auch wie-

Subtiler, mit ornamentalen Andeutungen schlank emporstrebender Eckturm, Dolmetschs Furtbachhaus (1905).

Formal ganz zurückgenommen, handwerklich sorgsam: ein Furtbach-Turmdetail.

der ein kirchlicher Auftrag, generös gelöst nach Art eines noblen Geschäftsbaus mit einem markanten Eckturm, vollends durch seine achteckige Haube und der ihr aufgesetzten Laterne, gewissermaßen Orientierungszeichen. Der lang gestreckte Corpus ist damaligen Stuttgarter Fabrikarchitekturen nachempfunden. Risaliten gliedern die Fassade, wobei der Mittelrisalit mit seinem Doppelportal stolz aus der Fassade tritt. Die „Jugendstilhaftigkeit" aber ergibt sich vor allem durch den Fassadendekor: feingliedrige Backsteinornamentik umrahmt weiße Putzfelder.

Dolmetsch war ein Kirchen(um)bauer für ganz Württemberg. Er arbeitet viel draußen im Land. Kirchenneubauten entstehen etwa in Crailsheim, Göggingen auf der Alb,

Großdeinbach bei Schwäbisch Gmünd, Holzbronn bei Calw, Lehrensteinsfeld, Ludwigsburg, Metterzimmern bei Bietigheim, Schwäbisch Hall, Söflingen, Stuttgart-Zuffenhausen, Unterboihingen bei Wendlingen, Unterdeufstetten bei Schwäbisch Hall oder Wört auf der Ostalb. Ein Hauptort seines Wirkens war Reutlingen, wo er nicht nur die Marienkirche umgestaltet, sondern auch zwei neue evangelische Gotteshäuser errichtet: die Katharinen- und die Leonhardskirche. Und in Tuttlingen setzt er der evangelischen Pfarrkirche 1902/03 ihre markante Jugendstilfassade vor, zusammen mit Manzens Aeskulap-Fabrikbau das markanteste Gebäude in einer Stadt, die ihr Gesicht beim großen Brand von 1803 gänzlich verloren hatte.

Die Russische Kirche (1895), das populärste Werk des Stuttgarter Büros Eisenlohr & Weigle.

Eisenlohr & Weigle

Ludwig Eisenlohr (1851–1931) und Carl Weigle (1849–1932)

Ludwig Eisenlohr stammt aus Nürtingen, Carl Weigle aus Hoheneck bei Ludwigsburg. Beide beginnen ihren Architektenweg sozusagen zwangsläufig mit dem Studium in Stuttgart. Eisenlohr allerdings wagt, wie später Alfred Eitel, zum Studieren auch den Sprung nach Berlin. Weigles Werdegang ist „württembergischer". Er studiert am Polytechnikum bei Christian Friedrich Leins, dem Grandseigneur des Stuttgarter Historismus, und bei Robert von Reinhardt, dem Erbauer von Alter Reithalle und Marienhospital.

Beide, Eisenlohr wie Weigle, bringen es zum Oberbaurat. Im Gegensatz zu den um 1900 ebenfalls in Stuttgart wirksamen Architektenbüros wie Schmohl & Staehelin oder Eitel & Steigleder, bei denen der Erstgenannte immer auch der „Dominator" war, scheinen Eisenohr und Weigle gleich-

berechtige Partner gewesen zu sein, von denen ein jeder auch allein gebaut hat. Der Stuttgarter Kunstschriftsteller Julius Baum, beider erster Biograf, meint 1913: Jeder von ihnen habe die Selbstständigkeit

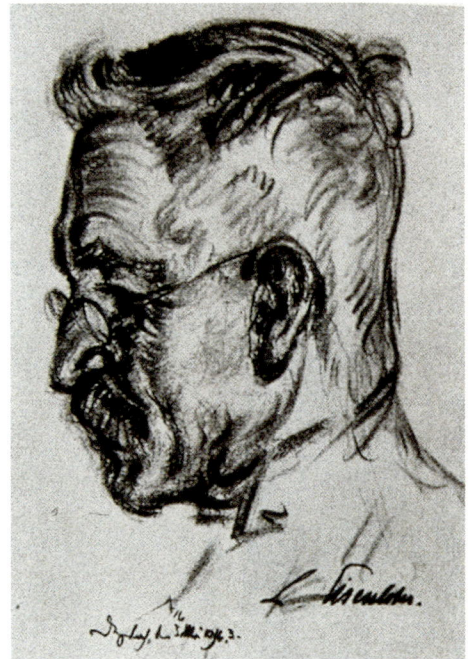

Ludwig Eisenlohr auf einer Porträtskizze.

im eigentlich künstlerischen Bereich gewahrt. Eine der frühen gemeinsamen Hauptarbeiten ist das um 1890 entstandene Hotel Marquardt Ecke Bolz-/Königstraße, mittlerweile nur noch in vereinfachter Form präsent. Einen lebhaften Eindruck spätwilhelminischer Fassadenblüte, ganz so, als wollten die beiden sich noch einmal nach Herzenslust austoben vor einem heraufdämmernden neuen Rationalismus, vermittelt unverändert das erhalten gebliebene Allianzgebäude Ecke Silberburg-Reinsburgstraße (1888–1900), neben Skjold Neckelmanns gleichzeitigem Landesgewerbemuseum (heute „Haus der Wirtschaft" in der Willi-Bleicher-Straße), stilistisch ein absoluter „Spätling".

Ein anderes, wiederum sehr auffallendes und die Umgebung prägendes Gebäude ist die „Russische Kirche" im Stuttgarter

immer beeindruckende öffentliche Gebäude, die in vielem bereits Einflüsse von Theodor Fischer (1862–1938) erkennen lassen: Ein neuartiger und frischer Umgang mit regionalen Bauformen und Materialien – steile, fantasiereiche Dachlandschaften mit Biberschwänzen gedeckt, fein verputzte Fassaden, viel einheimischer Sandstein, gliedernde Fensterfronten in den verschiedensten Varianten, allesamt reich gesprosst.

Ungefähr gleichzeitig, kurz nach der Jahrhundertwende, entstand die Wohnhausgruppe Knospstraße (1902–1904), eine von Sophie Knosp gestiftete kleine Siedlung nach Art des Stuttgarter Übergangs zwischen Späthistorismus und Jugendstil mit viel kunstfertiger Steinmetzarbeit. Sophie Knosp war die Witwe des Farbenfabrikanten Rudolph Knosp, aus dessen Unternehmen die BASF hervorging. Die Stifterin legte das Erbe nicht nur im sozialen, sondern auch in kulturhistorisch nutzbringendem Sinn an: Die Knospstraße ist bis heute eine Architekturinsel im Stuttgarter Westen.

Westen (1895), nach der Grabkapelle auf dem Rotenberg Stuttgarts einziges russisch-orthodoxes Gotteshaus und eine Reminiszenz an die Herrscherhausbeziehungen zwischen Russland und Württemberg, doch im Maßstab recht verkleinert; so gibt es statt der üblicherweise fünf Zwiebelhau-

ben nur eine und die Kombination von rotem Back- und hellem Sandstein hat etwas sehr Württembergisches. Indes, wenn auch eher eine Dorfkirche denn ein Kreml, hat sich der dezente Exotismus in der Nähe des Hölderlinplatzes bis heute als Stadtzeichen des Stuttgarter Westens bewährt. Eisenlohr & Weigle bauen vor der Jahrhundertwende noch etliche noble Villen in Stuttgart. Erstaunlicherweise erhalten geblieben: die von Theodor Fischers geistreich-lebendigem Regionalstil beeinflussten Rathausbauten in Vaihingen auf den Fildern (1905) und Feuerbach (1907–1909), damals ja noch autonome, nicht nach Stuttgart eingemeindete Städtchen. Noch

Das bekannteste Werk unseres Büros aber ist das weit über den Neckar hinweg ins Land strahlende Gebäude des Schiller-Na-

tionalmuseums Marbach (1902/03) zum hundertsten Todestag des Dichters (1905). Planungsziel der Auftraggeber: Es „sollte in die Ferne wirken". Doch sah sich die Findungskommission für ein solches Vorhaben mit derart vielen Problemen konfrontiert, dass man eine Kapazität ins Gremium berief – Ludwig Eisenlohr, dem zugute kam, dass sein Vater einst den Marbacher Schillerverein mitbegründet hatte. Indes: „Dieser Museumsbau ist eine diffizile, aber auch schöne, den Namen des Baumeisters fördernde Aufgabe", erkannte Eisenlohr alsbald und verließ die Kommission, um am Wettbewerb teilnehmen zu können, für den sich 318 Architekten „aus allen Gauen des deutschen Reiches" interessierten. Schließlich wurden 74 Entwürfe eingereicht. Das Preisgericht, darin auch der hoch angesehene Münchner Bauprofessor Friedrich von Thiersch, der am Stuttgarter Polytechnikum Schüler von Christian Friedrich Leins gewesen war, wohl sein berühmtester, setzte „die Herren Architekten Eisenlohr und Weigle, Bauräte in Stuttgart" auf den ersten Platz, denn: „Die vorliegende Arbeit verbindet in der glücklichsten Weise die innere schlichte Grundrissanlage mit einer für die Bauten der Schillerzeit charakteristischen äußeren Gestalt."
Im Blick auf das bereits aufgestellte Schiller-Bronzedenkmal meinte der „Schwäbische Merkur": „Durch größeren Zwischenraum zwischen Denkmal und Gebäude ist einmal vermieden, dass der Dichter als Pförtner des eigenen Hauses erscheint, und ein Festplatz gewonnen, der mit dem Museum als Rückwand Schillerfeiern würdig umschlösse." Und der „Marbacher

Der Hamburger Oscar Pfennig, Schüler Theodor Fischers, schloss sich 1910 mit seinem Schwiegervater Ludwig Eisenlohr zur Bürogemeinschaft „Eisenlohr & Pfennig" zusammen.

Postillon" jubilierte: „Erfreulich ist es, dass der erste Preis von einem Württemberger errungen wurde, und für uns Marbacher ist es eine besondere Freude, dass dieser Württemberger, der Herr Baurat Eisenlohr in Stuttgart, ein Sohn des bekannten Diakonus Eisenlohr ist, der von 1833–1837 hier Helfer war und 1835 hier den Schillerverein mitbegründete."

EISENLOHR & PFENNIG

LUDWIG EISENLOHR (1851–1931) und OSCAR PFENNIG (1880–1963)

Ludwig Eisenlohr schließt sich gegen 1910 mit seinem Schwiegersohn Oscar Pfennig zusammen, der, 1880 in Hamburg geboren, nach Stuttgart gekommen war um hier bis 1903 an der TH bei Theodor Fischer zu studieren, dessen überzeugter Schüler er bleiben sollte. Bereits an der von Bernhard Pankok eigentlich ingeniös und schon sehr (bauhaus)modern gedachten Kunstakademie am Weißenhof relativieren Eisenlohr & Pfennig die Sache hinsichtlich der Dachlandschaft, die Pankok sich flach gedacht hatte, und entschärfen sie unter Pfennigs Fischer-Einfluss in Richtung eines

konzilianteren Heimat- und Regionalstils. Bei der evangelischen Heilandskirche (1912/13) nahe der Villa Berg scheint dann eines der letzten Male in Stuttgart Historismus auf – wenn auch in Gestalt einer merklich gebändigten Neoromanik mit viel aus hartem Muschelkalk gearbeitetem Detailwerk (Rundsäulen, Kapitelle, Zinnenfries). Wie die Russische Kirche ist auch die Heilandskirche eine Stiftung der russischen

Die neuromanische Heilandskirche (1912/13) nahe der Villa Berg, eine der letzten „Performances" des Historismus in Stuttgart.

Die „Villa Eisenlohr" (1906) in der Halbhöhenlage des Stuttgarter Ostens ist noch ganz im „Heimatstil" Theodor Fischers verfasst und entspricht, vor allem auch in seiner Dachgestaltung, dem barockisierenden südwestdeutschen Villenstil. Der Beiname „Magnolienvilla" rührt von der Fassadenfarbe und den Bäumen vorm Haus.

Herzogin Wera, die damals zum Protestantismus übergetreten war: Ein monolithisch wirkender Bau mit einfachem, aus dem französischen Mittelalter importiertem Formenkanon. Hier macht sich die längst in Mode befindliche Rücknahme des Dekors und die eher plastische statt applikative Durchgestaltung des Baukörpers ebenso bemerkbar wie bei den Arbeiten Albert Eitels, besonders bei dessen Altem Schauspielhaus (1909) in der Kleinen Königstraße. Im Jahrzehnt darauf, zu Zeiten des „neuen bauens", erweisen sich Eisenlohr & Pfennig auch hier auf der Höhe der Zeit: einmal im Kompromiss zwischen Stuttgarter (Natur-

stein-)Schule und den kubischen Formvorstellungen der Neuen Sachlichkeit beim Mittnachtbau in der Königstraße 46. Dann aber auch in Anspielung auf den nahen Mendelsohnschen Schocken-Bau des Kaufhauses Breuninger Ecke Markt- und Holzstraße: beides noch heute nachvollziehbar. Nach der „Machtergreifung" werden auch Eisenlohr & Pfennig architektonisch „dienstverpflichtet". Zusammen mit anderen Größen der Stuttgarter Architektur wie Richard Döcker oder Vater und Sohn Eitel bauen sie mit an der kleinkammrigen und klein karierten Vogelsangsiedlung im Stuttgarter Westen (1934–1939).

nen, weltstädtischen Rationalismus mit zurückgenommener Ornamentik und einer durch schmale Pfeiler höchst elegant profilierten Vertikalen. Als bahnbrechend gelten seine Berliner Geschäftshäuser, namentlich der Wertheim-Bau am Wertheimer Platz. Intensiv von Messel gelernt hat etwa Wilhelm Kreis (1873–1955), mit dem Eitels Berufsweg über Düsseldorf, Dresden und eben die Beschäftigung bei Messel ein Stück weit parallel verlief. Der Hesse Kreis aus dem Rheinort Eltville bei Wiesbaden ist bekannt geworden durch seinen Standard-Entwurf zum Sockel für ein Bismarck-Denkmal (um 1900), der bald überall im Reich aufgestellt wurde, unter anderem auch im Stuttgarter Norden („Bismarck-Turm"). Aber Kreis hat auch einiges hier im Land gebaut, etwa die Bühler Höhe, jenes renommierte Hotel im Nordschwarzwald bei Baden-Baden und das noch immer in seiner statuarischen Eleganz erstaunliche Warenhaus Knopf (heute Karstadt) von 1912 an der Ecke Kaiser-/Lammstraße in Karlsruhe.
Ein Pendant dazu, nur vielleicht noch ein Stück eleganter, aufstrebender, war Eitels zusammen mit seinem Compagnon Eugen Steigleder erbautes WMF-Haus in Stuttgarts Oberer Königstraße (nach 1945 ver-

EITEL & STEIGLEDER

ALBERT EITEL (1866–1934) und EUGEN STEIGLEDER (1876–1941)

Albert Eitel wurde im Kriegsjahr 1866 in Stuttgart geboren und gehört damit der sich vom Historismus lösenden Architektengeneration um Theodor Fischer an. Anfangs besucht er die TH seiner Heimatstadt, schlägt dann aber nicht den „Stuttgarter Weg" mit Bildungsreisen nach Frankreich und Italien ein, sondern studiert wei-

ter in Düsseldorf und Dresden. Er ist damit wohl der erste namhafte württembergische Architekt mit einer genuin „deutschen" Ausbildung.
Nach dem Studium arbeitet er erst einmal bei dem berühmten Alfred Messel (1853–1909) in Berlin. Der findet über einen spätromantischen Historismus zu einem eige-

Die Villa Gemmingen (1909–1911) in der bevorzugten Halbhöhenlage des Stuttgarter Südens, lange Zeit ein stimmiger Sitz des Landesdenkmalamts Baden-Württemberg, schafft vor allem durch sein Mitteloval Assoziationen zu Carl Eugens Schloss Solitude ...

... ebenso wie die zeitgleiche Turmwölbung für den Eingangsbereich des Alten Schauspielhauses (1909) in Stuttgarts Kleiner Königstraße.

Die neuklassizistische Landwirtschaftliche
Genossenschaftsbank (1916), optischer
Gegenpol zu C. F. Leins Kirche am Feuersee
in Stuttgarts Johannesstraße, ist, ähnlich wie
die Heilandskirche im Stuttgarter Osten, eine
späte Ausgabe des Stuttgarter Historismus.

Eitels kleine Siedlung für die Arbeiter der
Esslinger Fabrik Merkel & Kienlin (1922) in
der Merkelstraße 12–12 F erinnert an Theodor
Fischers Gmindersdorf mit seinem halbkreisförmigen Altenhof.

einfacht ersetzt). Ein wahrhaft metropoli-
tanes Gebäude, von Julius Baum schon
1913 in seiner Extraorbitanz erkannt: „Mit
... sicherem Geschmack trat er an das Problem des modernen Geschäfts- und Kaufhauses heran: der Bau für die Württembergische Metallwarenfabrik in der Königstraße, der ... die Vertikale betont ... auch
dank der echt materialgemäßen Behand-
lung des schönen Kalksteins der Fassade
mit ihrem eng im Rahmen der Architektur
sich haltenden Statuenschmuck."

Vorbildlicher Eigenhausbau

Albert Eitels Arbeit in Stuttgart beginnt um
1900 erst mit Wohnbauten, darunter Villen,
von denen, nach Baum, „manche zu den
besten Leistungen des Stuttgarter Eigen-
hausbaues gehören und vorbildlich gewirkt
haben." Die großen, öffentlichen, meist
noch erhalten gebliebenen Bauten scheint
er dann zusammen mit seinem Compagnon Steigleder angepackt zu haben.
Eugen Steigleder stammt, wie Eitel, aus
Stuttgart und ist 1876 hier geboren. Seine
Ausbildung erfährt er unter anderem beim
Kirchenbauer Heinrich Dolmetsch (1846–
1908). Eitel & Steigleder, neben Schmohl &
Staehelin oder Eisenlohr & Weigle beziehungsweise Eisenlohr & Pfennig damals
das bekannteste Stuttgarter Architekturbüro, bauen das Karl-Olga-Krankenhaus
(1909) und als bemerkenswertestes Stück
das Alte Schauspielhaus in der Kleinen Kö-

nigstraße. Auf geradezu bizarrem Grundriss mit eingezwängter, schmalbrüstig be-
engter Vorderfront gelingt, vielleicht eben
deshalb, ein städtebauliches Meisterwerk –
und übrigens auch ein stilistisches. Inwendig war damals alles bereits nach den neuesten technischen Erkenntnissen absolviert
– mit Stahl und Stahlbeton, und das vor
1910! Stilistisch gelingt gar eine Art Quantensprung: ein Gebäude im vormodernen
Reformstil mit unverhohlenen Anspielungen auf das barocke Lustschloss Solitude
(1764–1767) vor den Toren Stuttgarts.
Der „Heimatstil" Theodor Fischers und die
nachfolgende, posthistoristisch-rationalis-
tische Entwicklung kommen hier auf bemerkenswert elegante Art zusammen.
Julius Baum über die Stilisten Eitel & Steigleder im Blick auf den Anbau für Thourets
Cannstatter Kurhaus (1907) und die Villa
Gemmingen (1910) an der Karlshöhe im
Stuttgarter Süden: „In dem Wirtschafts-
gebäude für den Kursaal Cannstatt und
der Villa des Freiherrn von Gemmingen
knüpfte (man) mit feinem Gefühl an den
Klassizismus an, dort in der Form seines
biedermeierlichen Ausklingens, hier an
der Vornehmheit Ludwigs XVI."

Zu notwendig weniger aristokratischen
Projekten kommt Eitel in den Zwanzigerjahren mit dem kongenialen Stuttgarter
Baubüro Schmohl & Staehelin zusammen.
So beim neusachlich-monumentalistischen
Hindenburgbau: Paul Bonatz hat damals ja
mit seinem Stuttgarter Hauptbahnhof auch
die Rahmenbebauung für einen großzügig
städtischen Bahnhofsvorplatz ausgegeben.
Es entstand ein monumentalistisch stren-
ger Bau, weit weniger funktionalistisch als
repräsentativ, etwa durch die neun Meter
hohen Arkaden des Mittelteils oder auch
die analog zum Hauptbahnhof durchge-
haltene Muschelkalkverkleidung: im Urteil
der Experten eher das Beispiel eines neuerlichen Neoklassizismus.
Mit seinen Kollegen Ludwig Eisenlohr und
Oscar Pfennig, dazu späteren Wiederaufbaustrategen wie Richard Döcker, Karl
Gonser oder auch Hans Volkart, baut Albert Eitel von 1934 bis 1939 noch an der
Vogelsangsiedlung, einer architektonischen Unerheblichkeit zur Unterbringung
Wohnungsloser.

MARTIN ELSAESSER (1884–1957)

Bei Baubeginn seines Stuttgarter Hauptwerks, der Markthalle, war er eben 28 und schon Architekturprofessor an der TH. Sein Herkommen ist für einen Baumeister eher untypisch. 1884 in Tübingen als Pfarrerssohn geboren, wächst er unter dem Einfluss eines strikten Protestantismus und in einem eher von Wort und Musik als von sinnlich-konkreter Anschauung geprägten Bildungsbürgertum heran. Er spielt Klavier und schreibt Gedichte. Sein Leben lang gehört Martin Elsaesser zum Typus des bildungsbürgerlich künstlerischen Baumeisters.

Das Studium beginnt er 1898 an der TH München. Damals ist er 16! Die offenbar intensiv erlebten Ausflüge in die oberbayerische Umgebung aber sollten Spuren gerade an der Stuttgarter Markthalle hinterlassen: Mit Lüftlmalereien und kraftvoll gedrungenen Arkaden der Lagerhäuser des Bozener Markts etwa in Mittenwald.

Der Wettbewerb für die Markthalle wurde im Juni 1910 ausgeschrieben. Bis Oktober waren 77 Entwürfe eingegangen, wie üblich unter anonymen Kennworten. Da tauchte etwa mit dem Decknamen „Kreis und Rechteck" der weltstädtisch anmutende Entwurf eines sonst nie hervorgetretenen Stuttgarter Architekten namens W. Eplinius auf. Der dachte sich eine Art römisches Gemüse-Pantheon. Unter ausladender Kuppel versammelten sich in einer Rotunde die Marktstände wie Skulpturen. Stuttgarts Zentrum hätte mit dieser Inszenierung an Metropole dazugewonnen. Aber Eplinius fand keinerlei Gnade vor dem Preisgericht und brachte es nicht einmal auf eine lobende Erwähnung.

Denn diesem Preisgericht saß der große Theodor Fischer vor, von 1901 bis 1908 Architekturprofessor an der TH Stuttgart. Als „Erfinder" der „Stuttgarter Schule" lehrte er die Einbindung eines Gebäudes in seine historische Umgebung bei gleichzeitiger Verwendung modernster Konstruktionen und Materialien im Inneren, und das war damals vor allem der aufkommende Sichtbeton. So kann es nicht wundern, dass die beiden ersten Markthallen-Preisträger Schüler Fischers waren, eben Martin Elsaesser und Paul Bonatz: Bonatz, der nachhaltigste Stuttgarter Fischer-Schüler und seit 1908 auch dessen Nachfolger auf dem TH-Lehrstuhl, bekam für den zusammen mit seinem alten Münchener Studienfreund Fritz Scholer eingereichten Entwurf unter der Nummer 36 mit dem Kennwort „Nordwest-shed" aber nur den zweiten

Martin Elsaesser. Ölporträt von Käte Schaller-Härlin in der Gaisburger Kirche.

Stuttgarts bekanntestes Elsaesser-Bauwerk, die Markthalle (1911–1914), stand lange auf der Abrissliste des Stuttgarter Wiederaufbau-Oberbürgermeisters Arnulf Klett.

Sichtbeton, aufs Eleganteste behandelt. Im Inneren formt Elsaesser mit dem damals modernsten Baustoff.

Gaisburger Kirche (1911–1913), eine jener
für Württemberg zeittypischen Mischungen
von äußerlichem Neobarock und inwen-
digem Jugendstil – vollends durch die Wand-
malereien Käte Schaller-Härlins in der Altar-
Apsis.

Preis. Hinter einem mächtigen Ziegeldach
verbargen sich elf nach Nordwesten gerich-
tete, aus der Industriearchitektur entlehnte
„Sägezahndach"-Fenster. Die Jury lobte:
„Das Äußere fügt sich vorzüglich in die
Umgebung ein." Ein typisch Fischersches
Augenmerk, das er dann allerdings gerade-
wegs auf seinen Schüler Martin Elsaesser
richtete. Dessen Einreichung mit der
Nr. 64 und dem Kennwort „Form und
Farbe" erhielt denn auch den ersten Preis.
Die Jury: „Bei klarer zweckmäßiger Gestal-
tung der Grundrisse zeigt dieser Entwurf
im Äußeren eine ungewöhnlich vornehme
und monumentale Haltung, welche den
Zweck des Gebäudes in vortrefflicher
Weise zum Ausdruck bringt."

Junger Außenseiter

Es ist sicher nicht ohne Delikatesse, dass
Elsaesser damals Assistent von Bonatz
war. Es mag den nicht ganz uneitlen Meister mächtig gewurmt haben, dass ihm der
„Lehrling" vorgezogen wurde. Denn man
hat dem gerade 26 Jahre alten Außenseiter
diesen Erfolg nicht unbedingt gegönnt und
es soll hinter den Kulissen heftige Aktivi-
täten vor allem der zweiten Preisträger
gegeben haben. Bonatz verschweigt in seinen Memoiren „Leben und Bauen" diese
Markthallen-Angelegenheit tunlichst und
erwähnt für das Jahr 1910 stattdessen den
mit Scholer gewonnenen Preis für die
Stadthalle in Hannover.
Am 13. Mai 1912 konnte Martin Elsaesser
mit *seinem* Stuttgarter Bau beginnen. Doch
gibt es hierüber, wie überhaupt zu seinem
Arbeitsleben, wenig authentische Zeug-
nisse. Was wir von diesem architektonischen Wunderknaben, dem Meister der
„frühen Opuszahlen" wissen, kommt fast
immer aus zweiter Hand. Ernst Fiechter,
Architekturhistoriker an der Stuttgarter TH
und auf seine Weise Bestandteil der von

Theodor Fischer ins Leben gerufenen
„Stuttgarter Schule", rühmt zu Beginn des
20. Jahrhunderts Elsaessers „Frühwerk"
aus den Jahren 1910–1916, zu dem neben
der Markthalle auch die Wagenburgschule,
die Gaisburger Kirche und mehrere Villen
in Stuttgarts Halbhöhenlage gehören: „Es
sind Werke eines jungen, reich begabten
Künstlers. Sie stehen in inniger Beziehung
zu der heimatlichen Kunst und weisen doch
darüber hinaus; sie wirken anheimelnd und
altvertraut und dennoch anregend und neu
... Eine reiche Fülle von Ideen, eine spru-
delnde Fantasie, die in den Vorstellungen
des Heimatbodens wurzelt, ein tiefes Sich-
Versenken in die Bauaufgaben tritt uns
überraschend, erfreuend und bedeutend
entgegen ... Martin Elsaesser baut von innen heraus – und versteht es dann doch,
die Hülle in liebenswürdiger Gestalt zu
formen. Darin folgte er Theodor Fischers
Anregungen. Ziel war eine künstlerische

Esslingens Südkirche (1925/26), wie das Gaisburger Pendant auf erhöhtem Plateau über dem Neckartal gelegen, ist eine bis ins Detail konsequente expressionistische Arbeit Elsaessers auch wegen ihrer Innengestaltung – hier der kreisrunde „Betonhimmel" der so genannten Feierkirche hinter dem Altar ...

... und die mächtige Ziegelsteinfassade von der Neckarseite her.

Stimmung bei aller Freiheit und Ungebundenheit und der Einzelheiten zu erreichen – ein Ziel, das für den Hausbau, insbesondere für den bescheideneren stets das Richtige und allein Strebenswerte bleiben wird. – Welche Reize verstand er den Familienhausgruppen auf der Gänsheide zu geben, wie behaglich ausgebreitet steht das Doppelhaus Elsaesser-Weise mitten im Baumgarten, und wie frei und unabhängig ist das Gesicht des Schallerschen Hauses auf dem Roten Berg. Groß und bedeutend aber dehnt sich auf dem Sattel zwischen Uhlandshöhe und Gänsheide in Stuttgart sein bedeutendster Schulhausbau aus, unbekümmert um alles Herkommen gekrümmt, der Berglinie folgend." – So euphorisch ist das Stuttgarter Wagenburggymnasium gewiss nie mehr beschrieben worden. Und nun die evangelische Gaisburger Kirche (1911–1913), imposant auf einen Bergvorsprung der linken, der Stuttgarter Neckarseite gesetzt: Hier spielt Elsaesser mit neobarock-klassizistischen Formen, am Turm und vor allem im saalförmigen Innenraum, eine Spezialität des protestantischen Barock etwa in Sachsen und Franken. Ein auf seinem Bergsporn weithin leuchtendes Beispiel dafür, wie unakademisch, künstlerisch und befreit in dieser so genannten Stilzeit mit historischen Vorbildern umgegangen werden konnte. Auch die strenge Theologenschaft scheint sich nun, ganz anders als noch bei Heinrich Dolmetschs fünf Jahre zuvor vollendeter Markuskirche im Stuttgarter Süden, mit der neuen Baukunst arrangiert zu haben. In einem Rückblick des „Christlichen Kunstblatts" von 1917 heißt es: „Dem, was der Kirchenbau ... verlangte, kam diese Kunst mit ihren vereinfachten, durch Schlichtheit groß wirkenden Bauformen verheißend und erfüllend entgegen. ... Eine Reihe von Baukünstlern wie Th. Fischer und M. Elsaesser, stellten sich in den Dienst dieser Kirchenbaukunst."

In Elsaessers zweite Schaffensperiode von 1920 bis 1933 fällt die Lehrtätigkeit an der Kölner Kunstgewerbeschule, die er 1924 mit einem expressiven Ziegelanbau erweitert. Hier helfen ihm Kontakte zu seinem Fischer-Mitschüler Dominikus Böhm, dem nachmaligen Kirchenbaumeister, der Elsaesser an den Rhein holt. In dieser Zeit entsteht aber auch die evangelische Esslinger Südkirche (1925/26). Eine Art Backsteinskulptur über dem linken Neckarhang, den ja auch die Gaisburger Kirche überragt. Der Dehio deutet sie, auch wegen dieser erhabenen Lage, als modernes Pendant zur gotischen Frauenkirche in Sichtweite drüben zur alten Stadt und interpretiert die skulptural applizierten, vertikalen Betonrippen an der Außenhaut von Langhaus und Turm als entsprechende Anspielungen – man könnte auch sagen, Verwandtschaftsbezeigungen. Vor allem aber wegen ihrer konsequent durchkomponierten Innengestaltung mit tatsächlich „gotisch" wirkenden Betonrippen und paraboloiden Arkadenbögen gilt Elsaessers Esslinger Südkirche als eines der wichtigsten protestantischen Gotteshäuser im Land – die vielleicht vergleichbare Pforzheimer Herz-Jesu-Kirche (1928/29) von Albert Otto Linder war im Krieg stark zerstört und büßte durch den Wiederaufbau stark an Originalität ein.

Um 1926 beginnt die karrieristisch bedeutsamste Zeit unseres Architekten. Der Frankfurter Ernst May, einer der Protagonisten des neuen, sozialen Siedlungsbaus, holt ihn als Stadtbaudirektor an den Main. May, ebenfalls Schüler Theodor Fischers, war bis 1931 Frankfurter Baudezernent. Elsaesser errichtete in seiner Ägide von 1926 bis 1928 die Frankfurter Großmarkthalle, sein gigantischster und modernster Bau, ein reines Monument der angewandten Neuen Sachlichkeit und ein vitaler Warenumschlagplatz bis heute.

Schwierige Zeiten

Über Elsaessers Vita in der Zeit von 1933 bis 1945 herrschte lange Unklarheit. Einige Aufträge in der Türkei, von denen aber nur die Sümer-Bank in Ankara (1934–1938) verwirklicht wurde, mochten suggerieren, er sei vor den Nazis zum Bosporus geflüchtet. Doch suchte er 1933 erst einmal im faschistischen Italien Fuß zu fassen, was offenbar misslang. 1937 dann scheint er in Berlin bei Albert Speer eine unscheinbare Überlebensposition bezogen zu haben. Ohne Auftrag beschäftigt er sich in den Kriegsjahren 1942/43 mit Entwürfen zu einer Musikhalle für den österreichischen Sinfoniker Anton Bruckner in Linz, ein Projekt, über dem zu dieser Zeit auch andere hier gebliebene Architekten brüten.

Nach dem Zweiten Weltkrieg lehrt Elsaesser an der TH München, wo bekanntermaßen auch schon Theodor Fischer unterrichtete, nachdem er Stuttgart 1908 verlassen hatte. Elsaessers architektonische Aufgaben im Nachkriegsdeutschland sind geringfügig, ähnlich übrigens wie bei seinem Altersgenossen Hugo Häring (1882–1958). Das „Dritte Reich" hat diesen Baukünstler gebrochen. So vereinfacht er die kriegszerstörte Turnhalle seines Wagenburggymnasiums fast bis zur Unkenntlichkeit, ganz so, als wolle er jede Reminiszenz an seine Geniezeit getilgt haben. Und er leitet den Wiederaufbau von Theodor Fischers Gustav-Siegle-Haus nach dem pragmatischen Diktat des Stuttgarter Gemeinderats, wobei etwa nach einem Protokoll der Städtischen Kunstkommission vom 7. Dezember 1949 zum Schicksal des Gustav-Siegle-Hauses den damaligen Oberbürgermeister Arnulf Klett vor allem die Frage der Parkplätze interessierte, damals schon, 1949! Zu den Restaurierungen an seiner Markthalle wird er offenbar nicht herangezogen. Sein Plan zum Wiederaufbau des Stuttgarter Neuen Schlosses, in dem er sinn-

Das Tübinger „Haus Laub" (um 1930), im Volksmund auch „Klein-Weißenhof", zeigt, dass auch Elsaesser, etwa als dritter Stuttgarter Architekt neben Döcker und Schneck, das Zeug zum Weißenhofarchitekten gehabt hätte.

vollerweise den Landtag unterbringen wollte, bleibt unberücksichtigt: Martin Elsaesser, zumal als Erneuerer des württembergisch-protestantischen Kirchenbaus so bald schon zu Ruhm gekommen, hat resigniert – man schätzt ihn lediglich noch als geistreichen Gutachter. Und noch immer liebt er, wie aus einem persönlichen Nachlassblatt hervorgeht, die Musik.

Am 5. August 1957 stirbt Elsaesser in Stuttgart. In der Traueranzeige heißt es, er hinterlasse „ein unvollendetes Lebenswerk". Und die „Stuttgarter Zeitung" schreibt in ihrem Nachruf vom 8. August 1957 weitsichtig: „Er hat allerdings im Alter dringend davor gewarnt, schon in einer endlosen Wiederholung und Reihung von an sich sachlichen, zweckhaften oder konstruktiven Elementen das Moderne zu sehen, sonst könne es sein, dass das neue Bauen zu früh ‚gerinne' und sich im Modischen totlaufe."

THEODOR FISCHER (1862–1938)

Er war in allem Meister, aber er war vor allem ein Genie der Vermittlung: zwischen Kunst und Handwerk, Lehre und Praxis, Historismus und Moderne, ja, zwischen den Jahrhunderten selber. Zufall oder nicht – Theodor Fischer, 1862 in Schweinfurt geboren und 1938 in München gestorben, lebte im 19. ebenso lange wie im 20. Jahrhundert. Und er führt, als Zeitgenosse von Hermann Muthesius, Richard Riemerschmid und dem etwas jüngeren Heinrich Tessenow, die Architektur aus dem Historismus des 19. hinüber in die Moderne des 20. Jahrhunderts.

Fischers produktivste Zeit als Lehr- und Baumeister war dabei wohl seine württembergische. 1901 übernimmt er die Professur für Bauentwürfe an der TH Stuttgart. Aus seiner Schule gehen Traditionalisten wie Paul Schmitthenner und Paul Bonatz hervor, der 1908 übrigens sein Nachfolger am Stuttgarter Lehrstuhl wird (Fischer kehrte damals zurück nach München). Aber auch „Zwischenzeitliche" wie Martin Elsaesser oder Neuerer wie die Gebrüder Taut – beide, Max und Bruno, der dann Stadtbaudirektor in Berlin wurde – waren ja Weißenhof-Architekten. Radikale Köpfe wie Le Corbusier – auch er Weißenhof-Architekt – oder Erfinder realer Stadtutopien wie Ernst May: Alle sind sie, sei es von Stuttgart oder dann von München aus, von „ThF" geprägt, so sein wie ein Steinmetzzeichen entworfenes Monogramm.

Ob rheinisch katholisch wie der Kirchenbauer Dominikus Böhm oder „links" und „neu" wie der Oberschwabe Hugo Häring, der Protagonist einer Organischen Form, oder wie Walter Hoss, der Apologet eines „autogerechten Stuttgart", alle haben sie bei Theodor Fischer gelernt.

Paul Bonatz, trotz aller Ausfälle gegen den Lehrer zu Beginn der Vierzigerjahre wohl doch Fischers bedeutendster, nachhaltigster Schüler, hat schon recht früh die geistige Auseinandersetzung mit ihm begonnen und dabei die offenbar unvereinbare Kontroverse zwischen Romantik und Klassizismus entdeckt, ein Lehrer-Schüler-Konflikt, der ja schon fast hundert Jahre früher Heinrich Hübsch mit Friedrich Weinbrenner umtrieb, nur eben umgekehrt: Hier war der Lehrer Weinbrenner der Klassiker und der Schüler Hübsch der Romantiker. Doch jetzt ist Fischer der Romantiker und Bonatz der moderne Klassiker.

In seinen Memoiren „Leben und Bauen" (1950) meint er über den Lehrer: „Theodor Fischers Weg zur Erneuerung war ein anderer. Er gehörte noch zu denen, die unter Wallot am Reichstagsgebäude, Berlin, gearbeitet hatten. Von dieser Zeit her behielt er seine ewige Abneigung gegen jede Klassik. Das ist eigentlich schade, denn einmal musste er aus der Situation heraus klassisch bauen, das war die Prinzregentenbrücke in München. Und diese ist so vollkommen geworden in ihrer Bogenlinie, ihrer Balustrade, vor allem in ihren Vorhöfen mit den Figurengruppen, in ihrer Überleitung in das Ufer, dass ich dafür alle seine malerisch gruppierten Schulbauten samt der Schwabinger Kirche gebe."

Schüler und Kritiker

In seinem berüchtigten Rundumschlag-Brief an den Freund Karl Schmidt-Hellerau vom 10. April 1941 hatte Bonatz den Lehrer heftig angegriffen und dessen Münchener Arbeit geradezu vernichtet: „Er hat in der Stadt Ludwigs I. und Klenzes den Städtebau verknödelt statt fortzusetzen. Er wollte eben auch *anders* sein. Die Schwabinger Kirche als Abschluss der Siegestorachse ist ein Graus."

So wird für Bonatz Neoklassizismus der einzige Ausweg zur Trennung vom Vorbild – er erinnert sich an die Stuttgarter Assistentenzeit unter Fischer: „Doch zurück zu den Jahren 1902–1906. Wie sollten es nun Assistent und Schüler neben solchem Meister und solchem Übergewicht halten? Die einzige Rettung war, die Dinge viel einfacher anzupacken. In der Art Fischers lag

Fantasiereiche Anpassung mit modernsten Baumaterialien: Meister Theodor Fischer um 1900.

Gmindersdorf (1903–1915), die Arbeitersiedlung bei Reutlingen, wurde zum Vorbild selbst für Berlin.

es beschlossen, dass er Schüler als Nachahmer nicht haben konnte, denn wenn einer das Ähnliche angestrebt hätte, ohne diese Potenz zu haben, seine Fähigkeit zur Plastik, zur Fülle, so wäre dies Bemühen von vornherein eitel gewesen. Aber etwas hat er uns ins Blut gesetzt, vor allem mir, seinem eifrigsten Jünger: die Romantik." Dagegen der Stuttgarter Kunstschriftsteller Julius Baum zum Zeitgenossen Theodor Fischer: „(Seine) Bauten atmen den Zauber der heiteren, redlichen, allem Falschen abholden Persönlichkeit ihres Schöpfers, der aus dem nie versiegenden reichen Quell seines Innern mit sicherem Gefühl für die Bedingungen der gegebenen Lage, niemals sich wiederholend, Werke hervorbringt, die zu den anmutigsten Erstlingen der neuen deutschen Baukunst gehören ... So verschwindet fast über Nacht die bisherige falsche Pracht, selbst alte Stilisten bekennen sich zu der neuen Einfachheit, die Schwäbischer Art besonders entspricht, und zahlreiche Jünger scharen sich um den gütigen, um jeden hoffnungsvollen Schüler sich mühenden Meister."

„Die bisherige falsche Pracht", damit war wohl speziell jener späthistorizistische Stuttgarter Wilhelminismus von Allianz, Marquardtbau und Landesgewerbemuseum gemeint. Baum war, wie Fischer 1901 bei einem Besuch in Stuttgart, entsetzt, „wie sich die Stadt seit zehn Jahren zu ihren Ungunsten verändert hat", wobei ihn vor

Auf schwierigsten Grundstücksverhältnissen ein kindgerechtes Gesamtkunstwerk, Fischers Heusteigschule im Stuttgarter Süden (1904–1906), hier der Hochportikus zur Stadtseite hin.

allem die rasterförmige Aufteilung des Stuttgarter Westens bedrückte. Nach seiner Philosophie hätte es eine Bebauung nach den Maßgaben der Topografie, also entlang der Höhenlinien sein müssen!

Architektonische Pilgerziele

Zwischen 1903 und 1913 entstehen Fischers noch immer höchst bemerkenswerte württembergische Bauten, mittlerweile Pilgerziele jedes Architekturkundigen: Die evangelische Jugendstilkirche in Gaggstadt bei Crailsheim (1903–1905), die Arbeitersiedlung Gmindersdorf bei Reutlingen (1903–1905), der Umbau des Plochinger Bahnhofs (ab 1903), die Pfullinger Hallen (1904–1907) und darüber, an exponierter Stelle des Albtraufs, der Aussichtsturm auf

dem Schönberg (1905), eine ganz frühe architektonische „Betonskulptur". Gleichzeitig baut er in Höfen an der Enz das als Stadtkrone angelegte Schulhaus, im Stuttgarter Süden, auf schwierigstem Grundriss, die Heusteigschule (1905/06), in den Weinbergen am Stuttgarter Kriegsberg die aus Tuffstein gefügte Erlöserkirche (1908)und in Ulm die wuchtige Garnisonskirche (1910).

1908 wird er schließlich auf den Münchener Lehrstuhl für Baukunst berufen. Aus Stuttgart entfernt er sich in mildem Groll und irgendwie kopfschüttelnd. Beim Wettbewerb für die Staatsoper wurde der klassizistische Max Littmann vorgezogen. Seine vielen Reformideen für ein neues Architekturstudium verhallten im entsprechenden Ministerium ungehört. Dafür umwarb München Fischer und bekam ihn wieder. Wie schon achtzig Jahre zuvor bei der Sammlung der Gebrüder Boisserée hatte Stuttgart gegen München erneut den Kürzeren gezogen – halt eines dieser wegweisenden Stuttgarter Versäumnisse. Fischer selber gelassen: „Dass ich aus Miss-Stimmung von Stuttgart weggehe ... ist nicht wahr. Ich weiß recht gut, dass die Isolierung, in die ich geraten bin, zum großen Teil auf die Rechnung meiner Natur zu setzen ist, und ebenso, dass die Misserfolge

vielleicht vermieden worden wären, wenn ich nicht so anmaßend gewesen wäre, mit den Wölfen nicht heulen zu wollen ... Ich betrachte mit Humor den Dilettantismus in der schwäbischen Kunstpflege, wohl bewusst, dass in München der Dilettantismus nur eine andere Form hat. Aber diese ist ohne Zweifel liebenswürdiger und weniger – verdruckt."

Fischer hinterlässt Stuttgart noch das Gustav-Siegle-Haus (1912) und das Kunstgebäude am Schlossplatz (1913). Theodor Heuss (1884–1959), der spätere Bundespräsident, als junger Mann ein architekturversierter Kulturpublizist, war journalistischer Augenzeuge des Eröffnungsereignisses von 1913: „Natürlich hat es in Stuttgart über dies Wagnis große Aufregung gegeben, denn bei diesem Platz, der allen ans Herz gewachsen ist, hat jeder eine Normalvorstellung, wie das gemacht werden muss und nicht anders gemacht werden kann. Aber der württembergische Kultusminister wird wohl Recht haben, wenn er in der Kammer neulich ausführte, dass eine künftige Zeit den Schönheitswert dieses Baues billig und ohne Streit anerkennen wird."

Theodor Fischers Wirken in Stuttgart begann 1901. Mit der Professur für Bauentwürfe an der Technischen Hochschule hier wird er Nachfolger von Skjold Neckelmann. Ein Vergleich zwischen dessen bombastischem Landesgewerbemuseum (1890–1896) und Fischers 1906 entstandener Heusteigschule (wegen ihrer Lage am Fangelsbachfriedhof früher auch „Fangels-

bachschule" genannt) zeigt den gewaltigen Wandel, der sich in zehn Jahren am Bau ereignet hatte. Verschlankte Fassaden mit differenzierter Gliederung durch je und je neugeformte Fensterbänder. Dazu wiederkehrende Elemente wie die jugendstilhaften „Fischerbögen", eine eigene Findung aus Kleeblatt-, Schulter- und Karniesbogen. Ferner mächtig aufstrebende Dächer, bekrönt von wahrzeichenhaften Kupferblechfiguren und mit Biberschwänzen gedeckt: Der abgerundete Flachziegel, so Fischer, sei für Württemberg sozusagen das autochthone, eigentliche Material. Dann aber immer wieder skulptural behandelter Beton. Materialvielfalt, auch im Innern: Keramik, Majolika, Terracotta, Holzwerk, Drechselarbeiten an Geländern und Raumteilern. Und alles von Fischer selber entworfen.

Er gilt deshalb auch als einer der letzten „Generalisten", einer, der ein Gebäude noch aus einem Wurf heraus denken und entwickeln konnte – wobei in der kleinen Form schon immer auch die Große stecke und umgekehrt. So stiften seine Bauwerke allenthalben Identifikationen.

Daneben hat Fischer der Stadt seinen Meisterschüler Paul Bonatz (1877–1956) als Nachfolger auf dem TH-Lehrstuhl hinterlassen. Dessen Lerchenrainschule (1908/09) im Stuttgarter Süden sowie die Feuerbacher Festhalle (1910–1912) sind noch ganz aus dem „romantischen" Sinn seines Lehrers heraus empfunden: Dachgebirge als Ausdruck des Regionaltypischen, klare Gliederung des Baukörpers und behutsame

Einflüsse des Jugendstils in Form dezenter Fassadenzier. Dennoch – im Gegensatz zu Fischer wirken die genannten Bonatz-Bauten, besonders, wenn man die Tübinger Universitätsbibliothek dazunimmt, eher wie Schlösser, sie sind vor allem repräsentativ, sie herrschen, wo Fischers Bauten doch eher dienen.

Bonatz wirft in seinem Brief vom 10. April 1941 an den Freund Karl Schmidt-Hellerau dem seit drei Jahren begrabenen Lehrer hinterher: „1900. Der fähigste und nobelste Vertreter der Zeit bleibt für immer Gabriel Seidl. Der hat den Architektenberuf wieder erweckt und auf dem stehen alle späteren. Ein unerhörter Könner und nobel, weil er bescheiden war, sich nicht als Apostel trug. Dieses ist etwas, was ich von Grund auf hasse, und das nehme ich Theodor Fischer so übel, der auf die absondernde Atmosphäre der Ehrfurcht immer bedacht war, und sich zu allen Lebenszeiten göttliche Ehrenbezeugungen erweisen ließ. Deshalb hat er auch seinen Lohn auf Erden dahin und wenn wir nur kritisch sehen, begreifen wir es nicht mehr.

... Die Namen der großen Begründer Münchens haben wir Schüler aus seinem Mund nie gehört ... Schule? Gar keine. Ließ jeden nach jeder Richtung gewähren, zuletzt aus Widerspruch zu seinem Feinde Bestelmeyer nahm er sogar für die Bauhäusler Partei. Unklar und unbegreiflich."

In seinen Memoiren „Leben und Bauen" (1950), fast ein Jahrzehnt später, erblickt Bonatz seinen Lehrer wieder in milderem Licht: „Als dann ... die naturgegebene Loslösung kam – auf die Übertriebenheit der Zugehörigkeit musste nach dem Gesetz der Pendelbewegung zunächst eine Übertreibung der Trennung folgen –, da meinte

Pfullinger Hallen (1904–1907), patinierte Dachgebirgslandschaft vor der Renovierung (um 1990). Fischer hielt den Biberschwanz für die eigentliche württembergische Dachbedeckung.

ich: Zur Hälfte bin ich von ihm gefördert, aber zur anderen Hälfte belastet, das heißt mit zu viel Romantik geimpft, die nie mehr aus dem Blut geht. Aber mit dem größer werdenden zeitlichen Abstand klärte sich alles zu Freundschaft und Verehrung bis an sein Ende 1938. Er wurde sechsundsiebzig Jahre alt, lebte besonders im Dritten Reich sehr einsam. Seine Altersbeschäftigung und Vorliebe waren Studien über Proportionen und Gesetze."

Souveräner äußert sich der nachmalige Hamburger Oberbaudirektor Fritz Schumacher (1869–1947), der Theodor Fischer nach dessen abgebrochenem Architekturstudium um 1892 im Büro Gabriels von Seidl als Mitarbeiter kennen gelernt hatte: „Ich war mit dem Manne zusammengetroffen, der an der Spitze derjenigen steht, die meinen Beruf in eine befreite Zukunft geführt haben ... Fischer ist durch seine Lehrtätigkeit in Stuttgart und in München der eigentliche Erzieher einer ganzen Architektengeneration geworden ... Seine künstlerische Sprache war trotz gefühlsmäßiger Tradition so selbstständig, dass er bis zuletzt, ohne sie zu verleugnen, alle fortschrittlichen Regungen der Zeit führend mitmachen konnte." So, wie er nahezu jeder Herausforderung gerecht wurde: private und öffentliche Bauten, Siedlungen – und immer wieder und im Gegensatz zu seinem Meisterschüler Paul Bonatz: Kirchen.

Von Fischers handwerklich virtuosem Umgang mit Sichtbeton kündet der futuristisch anmutende Schönbergturm (1905) oberhalb der Pfullinger Hallen.

„Kirche in den Weinbergen", Erlöserkirche an der Birkenwaldstraße im Stuttgarter Norden (1906–1908).

Kirchen und Türme

Der Kirchenbau beschäftigt Theodor Fischer sein ganzes Architektenleben lang. Um 1890, noch keine dreißig, befasst er sich bereits mit einem Projekt in Dresden. Und seine letzte große Planung gilt, zwei Jahre vor seinem Tod, der Reformations-Gedächtniskirche in Nürnberg. Von den neun verwirklichten Kirchen des fränkischen Protestanten Fischer sind acht evangelisch. Sechs Kirchen stehen in Bayern, darunter auch seine einzig katholische, St. Stefanus in Oberbessenbach bei Aschaffenburg. Drei sind in Württemberg: die außen wehrhafte und innen anmutige, für pietistisch-württembergische Verhältnisse ungewöhnlich farbenfrohe Dorfkirche in Gaggstadt

Neben dem Bahnhofsturm seines Schülers Bonatz das andere Stuttgarter Stadtzeichen, die grüne Kuppel von Fischers 1913 vollendetem Kunstvereinsgebäude.

(1901–1905) mit deutlichen Reminiszenzen an den vitaleren protestantischen Barock in Franken. Die „Erlöserkirche in den Weinbergen" (1906–1908), ein wohlproportioniertes Tuffsteinfindling in der Stuttgarter Birkenwaldstraße. Und die gigantische Ulmer Garnisonskirche (1908–1910) mit ihren Schrappnellen nachgeformten Kirchtürmen. Eine Kirche wie eine Festung aus expressiv verarbeitetem Ziegelmauerwerk und gewaltigen Betonbindern – ein „Feste Burg" in der heftigen Interpretation unseres nationalgesinnten protestantischen Baumeisters.

Zwei seiner wichtigsten Arbeiten, und auch das gehört zu den Mysterien dieses Meisters, liegen in einer Blickachse beieinander: Der Aussichtsturm auf dem Schönberg oberhalb Pfullingens bewacht gewissermaßen vom Berg oben die künstlerisch wohl kompakteste Arbeit Fischers, die Pfullinger

Stuttgart, Leonhardsplatz: Das nach seinem Stifter, dem Industriellen Gustav Siegle, benannte Haus (1907–1912) ist geradezu ein Lehrbeispiel für Fischers Bauphilosophie: Korrespondenz zur direkten Umgebung durch die Analogie zum steilen Satteldach der benachbarten Leonhardskirche. Und Anspielung auf den Genius loci, die steile Treppe zum Haupteingang als zeitgenössisches Pendant zu Georg Beers Lusthaustreppe (um 1590).

Hallen unten im Tal. Der, nach Art des nahen Schloss Lichtenstein, sich in Schwindel erregender Höhe an der Albkante wie ein Artist im weißen Trikot sich im Handstand hochstemmender Aussichtsturm setzt mit seinem für damals geradezu revolutionären Sichtbeton das Weiße des Jura noch ein Stück himmelwärts fort. Entstanden ist jene noch immer futuristisch wirkende Doppelturmanlage bereits 1905. Wegen seiner auch farblichen Ähnlichkeit zu einem einschlägigen Kleidungsstück haben ihm die Einheimischen, vielleicht auch im Blick auf ihre Textilindustrie, schon bald den derben Spitznamen „d'Ondrhos" verpasst.
Die Pfullinger Hallen (1904–1907) verdanken wir dem mäzenatisch hochveranlagten einheimischen Papierfabrikanten Louis Laiblin. Theodor Fischer hatte ihm schon 1904, zu Baubeginn der Hallen, das nahe Landgut Erlenhof ausgebaut, als landwirtschaftlichen Musterhof und Künstlertreffpunkt, als eine Art Tusculum, eine Villa urbana unten am Albfuß. Die Pfullinger Hallen, leider unlängst sehr derb renoviert, sind eine Gabe Laiblins an seine Pfullinger, ein Doppelfunktionsbau, Kultur- und Sport unter steil herabgezogenem Biberschwanzdach, ein kleines Gebirge an und für sich vor der großen Alb, die Außenmauern, die es tragen, natürlich aus heimischem Tuff, dem Gestein hier unten im Tal, dessen bizarre Ausblühungen sich in der nahen Olgahöhle studieren lassen. Also von außen her ein wiederum typischer Fischer, in diesem Fall ein aus der Landschaft herausgewachsener architektonischer Monolith. Inwendig ist es dann aktuellster württembergischer Jugendstil. Allegorische Ausmalungen aus der Hölzel-Schule an der Stuttgarter Akademie nach Vorgaben von Fischer selber. Er war eben der Generalist: ein Apoll Melchior von Hugos, liegende Frauengestalten Ulrich Nitschkes, „Tanz und Musik" von Louis Moilliet sowie drei Fresken von Hans Brühlmann.
Architektur- und sozialgeschichtlich noch nachhaltiger ist die Arbeitersiedlung der Reutlinger Textilfabrik Ulrich Gminder. Hier, in Gmindersdorf (1903), breitet sich Fischer, der Menschenfreund, aus: Ein veritables Dorf für die in die Industrie gezwungene Landbevölkerung. Ein- und Mehrfamilienhäuser, Milchhäuschen, Kneipe mit Kegelbahn, und später (1915) auf erhabenem Punkt ein das Ensemble dominierender „Altenhof" wie eine kleine Akropolis. Bruno Taut hat ihre Hufeisenform dann für seine Berliner Großsiedlung Britz übernommen und weiter ausgeführt („Hufeisensiedlung 1925–1930).

Soziales Bauen

Architektur als Zusammenkunft. Es war die Botschaft seiner Tage, als man die Äcker in Scharen hinter sich ließ und auf ein besseres (Erwerbs)Leben in den Industriestädten hoffte. Aber wer hat es je besser gelöst? Fischer war auch sozialarchitektonisch auf der Höhe seiner Zeit. Man denkt in Gmindersdorf allenfalls an die Gartensiedlung

Die gewaltige Ulmer Garnisonskirche (1908–1910) ist, wie der Schönbergturm, eine Doppelturmanlage mit großbogigem Joch. Die andere Analogie: Beide sind Betonbauten, nur ist die Garnisonskirche mit Backsteinen ummäntelt – höchst expressiv.

Hellerau bei Dresden, zu der Richard Riemerschmid (1868–1957) als konzipierender Architekt neben Hermann Muthesius (1861–1927) und Heinrich Tessenow (1876–1950) auch seinen Freund Theodor Fischer heranzog.

Nun aber doch zum „politischen" Theodor Fischer. Gewiss war er zeitlebens „nationalliberal" und in einem geradezu bekennenden Sinn „deutsch" in Prägung und Neigung. Im Gegensatz zu der Architektengeneration vor ihm mit ihren oft langen akademischen Bildungsreisen nach Paris und Rom, genießt er erst einmal eine gewissermaßen rein deutsche Ausbildung. Erst später, am Beginn der dreißig, macht er sich zu privaten Studienzwecken auf nach Italien.

Was Fischer unter „deutsch" versteht, wäre allerdings eine eigene Betrachtung wert. Es hat gewiss eine kräftige nationalliberal protestantische Wurzel, aber keine nationalistische. So nimmt er 1932 in einem Zeitschriftenaufsatz für „Die Kunst" zur Erhaltung des Dessauer Bauhauses klar Stellung: „Obwohl ich mutmaße, dass ich selbst dort niemals besondere Sympathien genossen habe, erkenne und bekenne ich, dass diesem Unternehmen Aufgabe in der Entwicklung zugefallen ist und noch zustehen kann ... Die Unduldsamkeit darf nicht zu dogma-

tischem Hass, zum Willen, lebendige Keime zu vernachlässigen, ausarten. Sie darf nicht Lügen kolportieren wie die von der bolschewistischen Natur des neuen Bauens. Dass von den deutschen Neuerern einige sich zum Sozialismus bekannt haben, ist kein vernünftiger Grund, die Neuerung als solche für undeutsch zu halten. Der reine Kern der Bewegung ... ist deutsch: Sein Wesen ist Redlichkeit, harte Selbstentäußerung bis zur vorläufigen Aufgabe des überlieferten Kunstbegriffs ... Man sucht da und dort krampfhaft zu erforschen, was ist eigentlich ‚deutsch'. Ich weiß nur das eine: Fanatismus ist nicht deutsch."

Den Versuch einer Analyse macht er am 8. Oktober 1933 bei einem Vortrag vor dem „Kampfbund für deutsche Kultur" im Goldenen Saal des Augsburger Rathauses: „Zum ersten Mal in der deutschen Geschichte sehen wir den Keim einer neuen Ausdrucksform im deutschen Sprachgebiet entstehen. Wir hatten eine herrliche deutsche Gotik, aber ihre Herkunft ist Frankreich; wir hatten die deutsche Renaissance, aber schon der Name macht schamrot: Denn da Renaissance Wiedergeburt heißt, nennen wir deutsche Wiedergeburt, was in Wahrheit eine welsche Invasion war. Wir hatten einen großen deutschen Barock, aber auch seine Heimat lag ultra montes.

Und von unserem Klassizismus reden wir mit berechtigtem Stolz; deutsch aber, das heißt volkstümlich, war er nicht."

Nach einem weit reichenden kulturhistorischen Exkurs kommt er schließlich zu dem Resümee: „Die Idee der Erneuerung ist deutsch und nicht international ... (deutsch ist) die Rückkehr zum Gedanken, die Aufrichtigkeit der Gesinnung, kurz – ... die Sachlichkeit."

Das war eine mutige Volte, die der Architekt als Denker, der er immer auch war, in dieser später so genannten Augsburger Predigt geschlagen hat – die neue Sachlichkeit, das neue Bauen als genuin deutsche Erfindung wo nicht gar Empfindung! Und das vor ausgesucht nationalsozialistischen Kulturwürdenträgern! Naturgemäß fanden solche Überlegungen keinerlei Gnade – vollends nicht bei den damaligen Bauideologen. Hier war keine wie auch immer geartete Tradition mehr angesagt, und schon gar keine „linke" Moderne, sondern Megalomanie, architektonischer Größenwahn, ein ins Riesenförmige vergrößerter Klassizismus à la Alfred Speer. Die Bemühungen von Theodor Fischers wohl ergebenstem Schüler Paul Schmitthenner, ihn zu dessen 75. Geburtstag als „großen Baumeister Deutschlands" öffentlich zu ehren, schlugen fehl – ein Glück übrigens für Fischers Nachruhm. Er starb ein Jahr später. Nur ein kleiner Kreis fand sich an seinem Grab ein. Schmitthenner: „Die Größe der Trauergemeinde war ein bedenkliches Zeichen der Zeit und der Münchener."

Garnisonskirchen-Inneres. Betonbinder in dem so typisch gedrückten „Fischerbogen", sozusagen das formale Monogramm des Meisters.

Philipp Jakob Manz (1861–1936)

Zu Beginn des 20. Jahrhunderts unterhielt Philipp Jakob Manz eines der größten deutschen Architekturbüros. In Stuttgart und Wien entwarfen bis zu hundert Mitarbeiter Manzsche Industriebauten – seine bis heute bewunderte Spezialität.

Denn nach all dem neuerlichen Architekturmüll der Gewerbegebiete im Weichbild unserer Städte beginnt man solche gestalterischen Lösungen, die Zusammenführung von Funktion, Ästhetik und Handwerklichkeit, wieder zu schätzen. Bei Manz bekommen Industriegebäude Imposanz und Würde, ahmen gern Strukturen barocker Schlösser nach – sozusagen aus Respekt vor der neuen Macht. Mit am bedeutendsten in diesem Zusammenhang sind die Werksanlagen der Firma Aeskulap in Tuttlingen. Nach dem Urteil des Denkmalschutzes vermittle sie „entscheidende Phasen der Industriearchitektur in einer solchen Geschlossenheit, Qualität und Authentizität, dass sie zu den wichtigsten Industriedenkmalen Württembergs gezählt werden muss."

Manz steht beispielhaft für eine Entwicklung vom damaligen Rationalismus bis hin zum Beginn der Neuen Sachlichkeit, also

der architektonisch höchst spannenden Zeit zwischen 1890 und 1930. Wobei, und das ist vielleicht das typisch Württembergische an diesem „Generalunternehmer", die Liebe zur Durchgestaltung und zum Detail eine wesentliche Rolle spielt. Es ist (noch) eine Industrie-Architektur aus dem Geist von Handwerk und baugeschichtlicher Tradition. Nicht von ungefähr übrigens sind Manz' Lebensdaten (1861–1936) fast identisch mit denen des überragenden Vertreters jener Epoche, Theodor Fischer (1862–1938).

Philipp Jakob Manz, der bedeutendste Industriearchitekt des späten 19. und frühen 20. Jahrhunderts in Südwestdeutschland, war keinesfalls prädestiniert für eine solche Entwicklung. Alles andere als privilegiert, kommt er 1861 in Kohlberg bei Nürtingen als unehelicher Sohn der Metzgerstochter Rosine Schaich zur Welt. Die Mutter heiratet den in Urach tätigen Spinnereiarbeiter Jakob Manz. Nach ihrem Tod ziehen Vater und Sohn 1877 nach Stuttgart. Der Vater betreibt eine Gastwirtschaft, der Sohn tritt eine Steinmetz- und Maurerlehre an. Er erwirbt damit, wie einst viele Barockbaumeister und etwa auch Christian Friedrich

Phlipp Jakob Manz, ein von Fleiß (lat. „industria") getriebener, europaweit tätiger schwäbischer Industriearchitekt.

Leins, erst eine praktische Berufsausbildung. Danach, 1878, beginnt er an der Kunstgewerkeschule zu studieren, einem „Ableger" des Stuttgarter Polytechnikums, dessen Gründer und Architekturlehrer Josef von Egle war. (Der Bau dieser Schule steht heute noch recht gut erhalten im Stadtgarten.)

Schon bald beginnt Otto Tafel, damals nebenbei auch Professor für Entwurf an Egles Baugewerkeschule, auf den jungen Mann aufmerksam zu werden. Tafel „tunkt" Manz dabei so in Arbeit, dass der nicht einmal zum Studienabschluss kommt. Stattdessen nimmt er ihn 1883 auf eine entscheidend prägende Amerikareise mit. Die beiden studieren hier vor allem neue Fabrik- und Krankenhausbauten. Manz ist enthusiasmiert vom „American way of life", vor allem aber von der amerikanischen Arbeitsmoral. Der Satz „Time is money" hat es ihm angetan, und bald schon sollte man

Industrieschloss: die Fabrik für medizinische Instrumente, „Aeskulap" (1915) in Tuttlingen.

den „Self-made-man" Manz einen „Blitz-architekten" nennen.

1889 eröffnet er sein erstes Architekturbüro in Kirchheim/Teck, wo er sich anfangs nur „Wasserbautechniker" nennt. 1895 kommt es zu einer geschickten Heirat mit der Kaufmannstochter Else Nestel aus einer einflussreichen Familie am Ort. 1896 beginnt Manz dann mit dem Bau von Industrieanlagen, vor allem für die im Württembergischen stark vertretene Textilbranche. Er hat dabei die bestechende und wieder recht amerikanisch anmutende Idee von der Planung ganzer Gesamtkomplexe mit Fabrik, Arbeiterwohnungen oder gar -siedlungen samt der alles bekrönenden Fabrikantenvilla. 1898, fünfzehn Jahre nach dem Amerikabesuch, studiert er schottische Fabrikbeispiele. Zurückgekehrt „liefert" er die Bietigheimer Linoleumfabrik und sichert sich damit den Ruhm als Blitzarchitekt. 1901 zieht er nach Stuttgart und schlägt sein Büro mitten in der City, im vornehmen Friedrichsbau, auf. Von hier aus plant er schon bald über Württemberg hinaus. Zwischen 1903 und 1905 nimmt er im Elsass, in Böhmen und Mähren, der Schweiz und Österreich große Aufgaben an. Zugleich wird 1905 in Wien ein Zweigstellenbüro eröffnet, und schon bald darauf, von 1907 an, finden sich auch in Polen und Ungarn Manzsche Industrieprojekte. Im Gebiet des „Deutschen Reichs" baut Manz außerhalb Württembergs vor allem in Bayern, Hessen und Sachsen.

Residenzen der Industrie

Dieser unermüdliche Schaffer, der vor lauter praktiziertem Fleiß sogar den Studienabschluss versäumt, bringt es dann doch zu einer Art Abschlusstitel: 1912 ernennt ihn Württembergs König Wilhelm II. zum „Baurat".

Trotz des gravierenden Rückgangs der Bautätigkeit im Ersten Weltkrieg boomt Manzens Büro dennoch durch Neubauten kriegswichtiger Betriebe. Der bekannteste, heute als Kunst- und Medienzentrum genutzt, ist das ehemalige IWK, die „Industriewerke Karlsruhe", 1915 begonnen und erst kurz vor Ende des Kriegs fertig gestellt, eine der größten europäischen Munitionsfabriken überhaupt. Ein bombastischer Bau von 312 Metern Länge mit zehn Lichthöfen für etwa 4500 Arbeiter. Die Manz-Biografin Kerstin Renz: „Trotz der enormen Dimensionen der Gebäude und der erschwerten Baubedingungen gelingt es, funktional wie gestalterisch hochwertige Architektur zu realisieren. Der Bau wird zum Schlüsselwerk in Manz' Schaffen und manifestiert seine Rolle als Architekt der deutsch-österreichi-

Ein kleines Industriedorf inmitten der kleinen Schwarzwald-Industriestadt Schramberg: Uhrenfabrik Junghans aus den zwanziger Jahren.

schen Rüstungsindustrie." Mag Manzens Anspruch auf Macht und Würde auch in dieser riesenpalastartigen Munitionsfabrikanlage gipfeln, die fast Dimensionen wie das Mannheimer Schloss hat – er baut zur nämlichen Zeit auch wesentlich kleiner und für weitaus subtilere Produkte, so in Schramberg die Uhrenfabrik Junghans, die er gekonnt in die Landschaft des Mittleren Schwarzwalds setzt.

In ihrer Studie zu „Fabrikbauten in Stuttgart" schätzt Gabriele Kreuzberger den Unternehmer-Architekten so ein: „Er war kein Avantgardist, aber seine Entwürfe waren meist qualitätvoll und befanden sich vor allem immer auf dem neuesten Stand der jeweiligen architekturgeschichtlichen Entwicklung" und spricht gar von einem „neuen Klassizismus". Dies erklärt einmal

Haußmannstraße 103 im Stuttgarter Osten. Die ehemalige Gardinenweberei L. Joseph & Cie, ein großer, in seine Wohnumgebung übereinstimmend eingepasster Fabrikbau von 1904 und auch in seinem hellen Klinker ein typischer Manz.

sein Herkommen aus der Stuttgarter Kunstgewerkeschule, einem Ableger der klassizistisch geprägten Architekturabteilung des Stuttgarter Polytechnikums mit Meistern wie Egle, Leins, Tritschler oder Dollinger. Zum anderen wird so auch der oft residenzartige Zuschnitt seiner Fabrikanlagen deutlich, deren Gebäude sich meist symmetrisch zur Mittelachse hin gliedern wie üblich bei barocken und klassizistischen Schlössern. Beispielhaft hierbei die Planungen von 1907 für die ursprünglich im vorarlbergischen Feldkirch gegründete Textilfabrik Wilhelm Bleyle in Stuttgarts Lindenspürstraße 39, deren machtvolle, für unseren Architekten so typische Fassade aus hellen Klinkern gut gesetzte barocke Zierelemente wie Supraporten, geschwungene Ziergiebel oder querovale Giebelfenster einiges an Wucht nehmen.

In den wirtschaftsschwachen Zwanzigerjahren erweitert Manz in Schramberg die Hamburg-Amerikanische Uhrenfabrik (H. A. K.), baut die „bauhausmoderne" Kammgarnspinnerei in Kaiserslautern und schließlich die Textilfabrik Niehues und Düttling in Nordhorn. Der wirtschaftliche Niedergang nach dem „Schwarzen Freitag" vom 25. Oktober 1929 setzt auch seinem

einst so expansiven Büro zu. Aber der schwer an Zucker erkrankte Philipp Jakob Manz regiert es nach heftigen personellen Reduktionen nach wie vor mit patriarchalischer Strenge.

Über den Menschen und Arbeiter weiß Kerstin Renz in ihrer 2003 erschienenen, so umfangreichen wie dankenswerten Dissertation, dass er, von Gesinnung kaisertreu und nationalkonservativ, zeitlebens sehr zurückgezogen, geradezu öffentlichkeitsscheu, gelebt habe, offenbar wegen des aus seiner Jugend rührenden Bildungsmangels. Auch ist kaum eine Zeile von ihm überliefert, weder privat noch zu seinen Bauprojekten. Rein praxisorientierte Arbeit scheint

sein Lebensinhalt gewesen zu sein, Reisen wohl seine einzige Leidenschaft. So soll er ein gut Teil seines Berufslebens „in Eisenbahnabteilen auf dem Weg zu seinem nächsten Vertragsabschluss" verbracht haben. Kerstin Renz: „Als Bürochef arbeitet Manz äußerst akribisch, sein pietistisch anmutendes Arbeitsethos und seine beharrliche Disziplin, die er auch von seinen Mitarbeitern einfordert, sind bis heute überliefert. Mitarbeiter und Familie erleben ihn häufig als cholerisch, streng und ungnädig, und berichten von einem einfachen Menschen mit einem unbändigen Willen zum Erfolg."

Philipp Jakob Manz stirbt 1936. Die Öffentlichkeit hat vom Ende dieses Pioniers der Industriearchitektur nur wenig Notiz genommen. Allein der „Schwäbische Merkur" würdigt ihn damals als „führenden Industriearchitekten". Begraben liegt er auf dem Stuttgarter Pragfriedhof.

BERNHARD PANKOK (1872–1943)

Bernhard Pankok gehört zur Spezies der „Künstlerarchitekten", wie sie im Barock häufig aus dem Stande der Bildhauer, Stuckateure oder Freskanten hervorgingen. Aber auch zu Pankoks Zeit im späten 19. Jahrhundert finden Koryphäen wie Henry van de Velde, Peter Behrens oder Richard Riemerschmid über die Malerei zur

Bernhard Pankok in der Mitte seiner Malschüler.

Architektur. Im Gegensatz zu ihnen blieb Pankok zeitlebens Architekt *und* Maler. Der Tübinger Kunsthistoriker Konrad Lange erkennt seine Mehrfachbegabung schon 1905: „Pankoks Ideal geht auf eine zweckmäßige Beherrschung aller Künste und eine Verbindung möglichst vieler derselben zu einer einheitlichen dekorativen Wirkung." Doch gibt er zu bedenken: „Am schwierigsten scheint es mir bei der gegenwärtigen Lage der Dinge in der Architektur zu sein." Andere Zeitgenossen bestätigen Pankok einen „Elan vital", der zu einer „zwischen Ornamentik und Tiefe schillernden Zweideutigkeit" führe.

Bernhard Pankok wird 1872 im westfälischen Münster geboren. Der Vater ist Stuhlschreiner, die Mutter verliert er bereits mit sieben.

Von 1889 bis 1892 studiert er in Düsseldorf und Berlin Malerei, bevor er schließlich in der damaligen deutschen Kunsthauptstadt München ein „freies Studium" aufnimmt und, er ist jetzt erst zwanzig, bereits ein eigenes Atelier unterhält. 1895 kommt zur Malerei auch die Buchgrafik. 1897 zeigt er im Rahmen einer Kleinkunstausstellung der „Vereinigten Werkstätten" im Münchener Glaspalast zum ersten Mal eigene Möbel. Eine wegweisende Beteiligung, denn er kann sich fortan vor Aufträgen kaum mehr retten und verdankt seinem Möbelbau auch 1901 den Ruf an die neu gegründete „Königliche Lehr- und Versuchswerkstätte" in Stuttgart. Vor allem aber verschafft ihm die Verbindung zu den Münchener „Vereinigten Werkstätten" seinen ersten Architekturauftrag: An diese Institution nämlich, die in Sachen Design als die modernste im damaligen Deutschland gilt, wendet sich im Jahr 1900 ein Kunstprofessor aus Tübingen – eben Konrad Lange (1855–1921) wegen einer Villa, die er sich in das Gelände hinter der Universität am Beginn des Aufstiegs zum Waldhäuser setzen lassen will. Die Aufgabe geht an Pankok, der sich mit Feuereifer in die Sache stürzt, weil es ihn reizt, „etwas zu machen, was man nicht gelernt hat". Bauherr Lange ließ Pankok viel Spielraum, für seine große Fantasie ebenso wie für seine unbeirrbare Vorstellung von Architektur als „Gesamtkunstwerk", oder, wie das bei Pankok hieß, von Architektur als Bestandteil der „Allkunst".

Konrad Langes Tübinger Haus war nach nur einem Jahr 1901 vollendet. Er selber wurde Direktor der Stuttgarter Staatsgalerie (bis 1907). Seine stattliche ländliche Villa am Hangfuß in der Mörikestraße 1 ehrt noch immer seinen Kunstsinn. Es ist, wiewohl der Erstling eines am Bau gänzlich unerfahrenen Architekten, einer der wichtigsten Tübinger Wohnhäuser aus der Zeit um 1900. Zu Pankoks „Allkunstwerk" gehören dabei auch historische, hier fast parodistische Rückgriffe in die noch nahe Gründerzeit: kräftiger Sockel aus Bossenquadern oder turmartiges Treppenhaus, Backsteinmauerwerk, dazu ein Spiel mit Treppen, Veranden und Erkern, und über allem ein machtvoll schützender Krüppelwalm. Hier biegt der Dekorationskünstler und Bühnenbildner Pankok Zitate eines ausblühenden Historismus zur bizarren Collage zusammen, die von Fabeltieren im Schnitzwerk der Dachveranda dann sozusagen in den Jugendstil überführt wird. Pankoks Ausmalung der Veranda wurde übrigens auf Wunsch von Langes Nachmieter übertüncht. Im Jahr 1940!

Genialer Außenseiter

Völlig überraschend nach dieser im theatralischen Heimatstil gehaltenen Tübinger Villa dann das Ateliergebäude für den „Verein Württembergischer Kunstfreunde" in Stuttgarts Stafflenbergstraße, wo man die Stadt aus privilegierter Halbhöhenlage schon leicht entrückt nur noch als Pano-

Pankoks erste Architekturaufgabe war gleich ein Wurf. Die Villa des Tübinger Kunstgelehrten Konrad Lange in der Mörikestraße (1900/01).

rama wahrnimmt. 1905/06 entstanden, wirkt dieser klar gegliederte Putzbau mit seinen gläsernen Atelierzeltdächern, namentlich von der Stadt-, der Hangseite her ausgesprochen modern – oder eigentlich schon „postmodern". Ein gekonntes Stück Architektur und seiner Zeit irgendwie um hundert Jahre voraus. Leider kriegszerstört, ist es nur noch als Plattenfotografie auf uns gekommen.

Andere Stuttgarter Arbeiten des genialen Außenseiters waren ebenfalls nicht von Dauer. So sein Haus Rosenfeld am Herdweg 63, ein Bau von vornehm klarer Fassadenprägnanz. Großzügige Putzflächen, dazu Balustrade, Gurtgesimse und eine zierreiche Bekrönung über dem oberen Verandafenster: Pankoks Hauptwerk, viel besucht und viel bewundert und von Konrad Lange publizistisch begeistert begleitet. Eines der Highlights: Richard Strauß, Komponist und ausgewiesener Architektur-

Die Kunstgewerbeschule (heute Kunstakademie, „Altbau") auf dem Stuttgarter Weißenhof baute Pankok 1912/13 zusammen mit Eisenlohr & Pfennig.

Das Atelierhaus in der Stuttgarter Stafflenbergstraße (um 1910) war in seiner kühnen Sachlichkeit seiner Zeit weit voraus (im Krieg zerstört und danach vollends abgegangen).

kenner, der sich vom Münchner Großarchitekten Emmanuel von Seidl 1908 seine weiße Garmischer Sommervilla hatte bauen lassen, weilte 1912 zur Uraufführung seiner „Ariadne auf Naxos" in Stuttgart und veranlasste damals „viele seiner wohlhabenden internationalen Verehrer" zur Besichtigung dieser Stuttgarter Pretiose. Sie wurde 1944 durch Bomben zerstört, wie sehr, wissen wir nicht. Aber an ihrer Stelle hat 1954 Rolf Gutbier, einer der angesehensten Stuttgarter Wiederaufbaumeister, ein rechteckiges Verlagsgebäude realisiert.

Es gehört gewiss zur Tragik Bernhard Pankoks als Architekt, dass er sich in Stuttgart aus dem übermächtigen Schatten Theodor Fischers nicht hat lösen können. Beide kannten sich seit 1898 von München her und konnten wohl von Beginn an nicht miteinander. Offenbar gab es keine Brücke zwischen dem je und je in genialischen Einzelentwürfen denkenden Malerarchitekten Pankok und dem in bauhistorischen Zusammenhängen und Zusammengehörigkeiten nach Identitäten suchenden Fischer. Deshalb bekam auch Fischers von vielen geschichtlichen Anspielungen – Renaissance-Lusthaus, Carl-Eugen-Residenz,

Grabkapelle auf dem Württemberg – durchdrungener Entwurf für das Kunstgebäude am Schlossplatz die Präferenz vor den weltläufig-eleganten Überlegungen Pankoks. Die mächtigen Glasdachaufsätze, der polygonale Pavillon: Es wäre sozusagen ein Großatelierhaus, ein Kunstraumschiff mitten unter Bürgern in der Stadt geworden. Pankok zog sich verbittert zurück. Seine einzige Arbeit, derentwegen er sich hier als Architekt im Gedächtnis gehalten hat, ist schließlich die Kunstakademie oben auf dem Weißenhof (bis heute bekannt als der „Altbau"). 1906 entstand seine erste Skizze dazu, 1908 begann die Planung. Und auch dann noch bekam Pankok das renommierte Stuttgarter Baubüro Eisenlohr & Pfennig an die Seite gestellt. Ludwig Eisenlohr hatte ja 1902/03 zusammen mit seinem damaligen Partner Carl Weigle durch das Schiller-Nationalmuseum reichsweit auf sich aufmerksam gemacht. Oscar Pfennig nun war Fischer-Schüler, ebenso wie der zum Bauführer bestellte Heinz Wetzel, später ja einer der Köpfe der „Stuttgarter Schule". Es „fischerte" also, und bei der Aversion Pankoks konnte das nur Unheil bedeuten. Zug um Zug hat er seine Vorstellungen

gerungen und bis 1912 drastische Vereinfachungen durchgesetzt – glatte Fassaden und Flachdächer auf den Werkhallen – Analogien wiederum zum Atelierhaus in der Stafflenbergstraße.

Zu seinen weiteren Arbeiten im Land gehören originelle Aufträge am Bodensee: 1909/10 die Innenausstattung zweier Bodenseedampfer und 1911–1919 die Gestaltung von Zeppelin-Fahrgastkabinen in Friedrichshafen. 1921 beruft er den späteren Weißenhofarchitekten Adolf G. Schneck als Möbelbauer an die Kunstakademie, 1932 ernennt ihn die TH Stuttgart zum Dr. Ing. eh.

1937, mit der Pensionierung, zieht sich Pankok mehr und mehr in sein Stuttgarter Stadtatelier zurück. Gestorben ist er 1943 in der Wahlheimat München. Stuttgart ehrt ihn 1946 durch eine vom damaligen „Kultminister" Theodor Heuss eröffnete Ausstellung – Heuss war ja auch einmal Architekturpublizist. Unter den Zeitgenossen hat ihn nach Konrad Lange am ehesten der Stuttgarter Kunstschriftsteller Hans Hildebrandt (1878–1957) erkannt. Bereits 1924 stellt er im „Handbuch der Kunstwissenschaft" den Vergleich mit Henry van de Velde her: „Nächstverwandt an Leichtigkeit des Erfindens ist ihm Bernhard Pankok, Maler, schöpferischer Berater des Theaters, Kunstgewerbler, Leiter der Stuttgarter Kunstgewerbeschule, Architekt, der in einer vornehmen Villa eine tropische Fülle bizarrer Ornamente aufblühen lässt und zur nämlichen Zeit ein Ateliergebäude hinstellt von schmucklos reiner, ganz moderner Sachlichkeit."

SCHMOHL & STAEHELIN

PAUL SCHMOHL (1870–1946) und GEORG STAEHELIN (1872–1950)

Paul Schmohl kam 1870 in Cannstatt zur Welt (das damals noch kein „Bad" und auch noch nicht nach Stuttgart eingemeindet war). Von 1890 bis 1894 studierte er in Stuttgart Architektur an der gerade vom „Polytechnikum" zur „Technischen Hochschule (TH)" erhobenen Institution. Für 1898 ist er auch an der Stuttgarter Kunstakademie nachgewiesen. Bereits 1895 versucht er sich mit seinem 1872 in Singapur geborenen Studienfreund Georg Staehelin in einem privaten Architekturbüro. Staehelin war an der TH unter anderem Schüler von Skjold Neckelmann, dem Erbauer des Landesgewerbemuseums (1889–1896; heute „Haus der Wirtschaft").

1900 findet Schmohl seinen Brotberuf als Professor an der Kunstgewerbeschule, jenem von Joseph von Egle gegründeten Ableger der Architekturabteilung des früheren Polytechnikums mit festen Wurzeln im Stuttgarter Klassizismus. Auch Philipp Jakob Manz hatte ja hier studiert. Schmohl gab 1905 kurzfristig seine Professur auf, um sie im Jahr darauf wieder anzutreten und schließlich bis Ende 1935 Direktor an dieser Schule zu bleiben.

Über sein Schicksal während des restlichen Dritten Reichs wissen wir ebenso wenig wie über den weiteren Werdegang seines Partners Staehelin. 1946 stirbt Schmohl in Backnang, ganz in der Nähe beider Opus magnum, der Murrhardter Villa Franck. Unter beiden erfährt der (Neo-)Barock um

1900 noch einmal eine kurze Blüte im Württembergischen: Sandsteingearbeiteter, in bester Steinmetzkunst gehaltener Mittelrisalit, biberschwanzgedecktes Mansarddach, rustizierte Pilaster und Segmentgiebel sind etwa die auffallendsten Elemente an einem abgegangenen Herrschaftshaus am Stuttgarter Herdweg aus dem Jahr 1905. Aber ein ähnlich gearbeitetes, äußerlich ebenfalls neobarockes Gebäude ist vollständig erhalten auf uns gekommen, eben

die Murrhardter Villa Franck. Im Gegensatz etwa zu den Brüsseler Bauten des Jugendstil-Granden Victor Horta oder den wenigen noch erhaltenen Originalen im Jugendstil-Ensemble auf der Darmstädter Mathildenhöhe ist das Anwesen im schwäbischen Murrhardt vor allem auch inwendig nach fast hundert Jahren noch unversehrt und gilt gar als eines der raren europäischen Beispiele dieser so legendären wie flüchtigen Epoche.

Als Architekten eines solchen „Bürgerschlosses" hatten es Schmohl & Staehelin in der Residenzstadt Stuttgart, wo sie ihr Büro unterhielten, nicht leicht, denn die Konkurrenz für repräsentative Bürgerbau-

Die Villa des Ludwigsburger Malzkaffeemillionärs Robert Franck oberhalb von Murrhardt im Schwäbischen Wald, ein nach vielen Gefährdungen gleichwohl glänzend erhaltenes Werk (1905–1907), ist in seinem äußeren Neobarock und inwendigen Jugendstil typisch württembergisch.

Den großen Manz ausgestochen: Schmohl & Staehelins ehemaliges Fabrikhaus Teufel (um 1900) in der Stuttgarter Neckarstraße, mittlerweile glänzend wiederhergerichtet, Sitz des Auktionshauses Nagel.

ten war erheblich: Eisenlohr & Weigle (Villen in der Mörikestraße und darüber hinaus das Schiller-Nationalmuseum in Marbach) sowie Eitel & Steigleder (Altes Schauspielhaus, Villa Gemmingen). Architekturen, denen allesamt eine auffallend neobarocke Formgebung gemein ist – stilistisch angelehnt an Carl Eugens Lustschloss Solitude (1763–1768). Auch Schmohl & Staehelin waren von diesem Vorbild „beseelt" – wie überhaupt vom Thema Residenz: 1913 brachten sie den eindrucksvoll fotografierten Band „Württembergische Fürstensitze" heraus. Vorwort: der damalige Stuttgarter Kulturinterpret Julius Baum.

Außen Barock, innen Jugendstil

So ist auch die Villa Franck (1905/06): Ein dreigeschossiger Putzbau auf grob bossiertem Kalktuffsockel mit vertikal reich gegliederter Fassade, betont durch genutete und bossierte Lisenen. Am „barockesten" dabei die der Stadt zugewandte Südseite und ihre spektakuläre Treppenanlage mit großer Villen- und darunter liegender Brunnenter-

Neben Neobarock, Jugendstil und Neuer Sachlichkeit beherrscht das Büro Schmohl & Staehelin auch den expressiven Gestus – hier am Vorbau des Stuttgarter „Metropol", seit eh ein traditionelles Kinozentrum.

rasse als eine Art Verschnaufpunkt beim steilen Aufstieg, seinerzeit vom Stuttgarter Bildhauer Jakob Brüllmann aus Crailsheimer Muschelkalk gearbeitet, der auch an der Hausfassade Verwendung findet. Was die (neo)barocke Aufführung der Süd- oder Schauseite noch intensiviert, ist der konvex geschwungene Mittelrisalit mit dem abschließenden Schweifgiebel, den zwei Putti flankieren. Wie aus einer fürstlichen Gartenanlage des 19. Jahrhunderts dann die lange Wandelhalle mit ihren 20 Rundsäulen, deren beide Enden von kleinen Pavillons mit veritablen Mansarddächern markiert werden – eine Ludwigsburg-Miniatur für den Schwäbischen Wald. Im Gegensatz zu den barocken Außeneindrücken aber herrscht innen rein(st)er Jugendstil – weder flammend noch wuchernd, und schon gar nicht in Horta'scher Peitschenschlagornamentik. Dafür gebändigter Material- und Formenreichtum.

Württembergisch und handwerklich. So selten wie grandios, daher exkursiv eine etwas gründlichere Betrachtung: Auffallend im heutigen „Salon", der die Hauptfläche des Erdgeschosses einnimmt, sind die Analogien zur Wandverkleidung im Kneipsaal der Tübinger „Königsgesellschaft Roigel", an deren Verbindungshaus Schmohl & Staehelin fast gleichzeitig (1904) arbeiten und als deren Spiritus Rector auch Theodor Fischer genannt wird.

Aber hier in Murrhardt wirkt alles sehr viel edler: Der Wohnraum im Erdgeschoss mit Osterker und einem mit Marmorplatten belegten Kamin; dazu Spiegel und ein Marmorrelief von Emil Kiemlen, einem Schüler des Stuttgarter Bildhauers Adolf von Donndorf. In einem während der Neunzigerjahre angefertigten „Raumbuch" mit den Bestandsaufnahmen zur Raumausstattung heißt es dazu: „Das repräsentative Speisezimmer bildet eine geschlossene Einheit von Architektur, Mobiliar und Dekoration. Das Täfelwerk besitzt intarsienverzierte Holzsäulchen; integriert sind Einbauschränke und ein Büffet, Marmorkonsolen mit Spiegeln, an der oberen Wandzone eine Tapete mit Pressmuster, zwei Wandbilder von August Groh aus Karlsruhe und zwei

Gipsreliefs von Emil Kiemlen. Die kassettierte Stuckdecke mit Vergoldungen zeigt die ursprüngliche Fassung."

Nach so viel innerlicher Feinteiligkeit, die Schmohl & Staehelin in den zehn Jahren des 20. Jahrhunderts praktizierten, überrascht bei den gleichzeitig entstehenden Industriearchitekturen ihre gestalterische Nüchternheit. Wo der Mitkonkurrent Philipp Jakob Manz zur gleichen Zeit noch gern barockisiert und etwa Schweifgiebel auf Türstürze und Risalite setzt, dominiert bei Schmohl & Staehelin wiederum der strenge, klassizistische Dreiecksgiebel, etwa bei der Ledermöbelfabrik Bühler in der Stuttgarter Rosenbergstraße von 1910. Eine weitere Versachlichung der Stilmittel demonstriert die orthopädische Fabrik Wilhelm Julius Teufel in der Neckarstraße 189–193. Auch Manz hatte hierfür Pläne eingereicht, die, möglicherweise aus Kostengründen, nicht verwirklicht wurden. Er versuchte auch hier, barocke Elemente wie Haupt- und Seitenrisalite mit vorspringendem Pavillon jugendstilhaft zu verbinden und so der „Stilbewegung" zu folgen, aus der heraus sich ja bald der Werkbund als seine programmatische Instanz entwickeln sollte.

Aber dieser Stilbewegung stehen Schmohl & Staehelin schon wesentlich näher als Manz, und an sie ergeht dann auch der Auftrag für die Fabrik in der Neckarstraße. Bei all ihrer rechtwinkeligen Sachlichkeit ist sie doch reich und lebendig gegliedert. So wird etwa an der Längsseite zur Neckarstraße hin die Hauptbaumasse hinter eine Art Söller zurückgenommen, durch dessen Korbbögen der Erdgeschossbereich wie ein Arkadengang wirkt.

Im Bombenkrieg beschädigt und, wie üblich, vereinfacht wieder aufgebaut, hat unlängst das Stuttgarter Auktionshaus Nagel die nicht mehr produzierende orthopädische Fabrik erworben, um sie für seine Zwecke zu nutzen. Dabei wurde das Gebäude, eine absolute Seltenheit für den Umgang mit Industriearchitektur des frühen 20. Jahrhunderts, weitgehend restauriert und das mächtige Walmdach wie der charakteristische runde Erkerturm rekonstruiert. „Jetzt steht es wieder da, wie es nie war" (der Stuttgarter Baubürgermeister Matthias Hahn bei der Eröffnung im September 2003) und ziert das architektonische Niemandsland der unteren Neckarstraße, einmal, lang ist's her, Stuttgarts architektonische Prachtmeile.

Trotz mancher stilistischer Analogien zur Teufelschen Fabrik in der Neckarstraße – Arkaden und eine hinter den Söller zurückgenommene Fassadenfront – bedeutet der Hindenburgbau, das letzte bekannt gewordene Werk von Schmohl & Staehelin (zusammen mit Albert Eitel und Richard Bielenberg) den Sprung in eine andere Bauepoche. Paul Bonatz, Architekt des gegenüberliegenden Hauptbahnhofs, hatte den Hindenburgbau bereits 1922 mitkonzipiert – daher auch die korrespondierende Monumentalität mit den neun Meter hohen, rundbogigen Arkaden des Mittelteils. Die neoklassizistische Strenge und Mächtigkeit verdankt der Komplex insbesondere seiner Verkleidung mit Muschelkalkplatten. Schmohl & Staehelin wirken hier sozusagen als Vollstrecker von Bonatz' gigantischem Naturstein-Fetischismus, denn die beiden hatten ja bisher, wie etwa auch Manz, die kunstvolle Abwechslung zwischen Putzfeldern und „hervorragenden" Natursteinelementen praktiziert. Inwendig, und das ehrt unser Architektenpaar, bekam diese „Großgaststätte am Hauptbahnhof" (ein Stuttgarter Fremdenführer von 1929) weltstädtisches Flair – ein mondänes Konzertcafé, eines der größten in Deutschland damals, und dahinter das Planetarium, eine technische Sensation, die als Besucherattraktion galt. In diesem zwischen 1926 und 1928 entstandenem Stück Stadteingang, im Volksmund bald „HB" genannt, soll Zeitzeugen zufolge bis in den Krieg hinein eine holländische Band zu vorgerückter Stunde sogar noch Jazz gespielt haben, keinesfalls ungefährlich seinerzeit für Akteure und Hörer!

Karl Beer

Paul Bonatz

Richard Döcker

Hugo Häring

Paul Schmitthenner

Adolf G. Schneck

„neues bauen"–

Ecken, Kanten, spitze Giebel

neuer
Traditionalismus

Gemäßigte Moderne
und Erste Stuttgarter Schule

Viele Architekten der Vormoderne ragen in die nach dem Ersten Weltkrieg beginnende Epoche des Funktionalismus. Es geht ein Riss durch die Architektur, die Verbindung zur bisherigen Baugeschichte scheint jäh abgebrochen. Das Ornament ist verpönt, der reine oder „gereinigte" Kubus dominiert. Ein Baumeister wie der Stuttgarter Ludwig Eisenlohr, der mit seinem Partner Carl Weigle noch mit späthistoristischen Bauten begonnen hatte, setzt nun mit seinem anderen Partner Oscar Pfennig den wuchtigen Mittnachtbau (1926–1928) auf Stuttgarts Königstraße, kahl, karg, kantig. Wenig entfernt, sozusagen als Missing Link zwischen Mittnachtbau und Hauptbahnhof, dann auch wieder so ein herausragendes Stück einer diesmal etwas expressiveren Traditions-Moderne, die ehemalige Oberpostdirektion (1925–1928) von Max Luz auf dem Gelände des Alten Stuttgarter Bahnhofs.

„Stuttgart empor" war für solche Taten der Slogan in den Zwanzigerjahren. Und unter all den respektablen und handwerklich außerordentlich gelungenen Hochbauten reckte sich auch bald ein veritables Hochhaus, der zwischen 1924 und 1928 von Ernst Otto Oßwald errichtete Turm für das „Neue Tagblatt", der linksliberalen, führenden Zeitung in Stuttgart. Mit 14 Geschossen, auf 61 Meter verteilt, war es seinerzeit Süddeutschlands höchstes und das erste in Sichtbeton gebaute Hochhaus Deutschlands. In Verbindung mit dem ebenfalls 1928 vollendeten „Kaufhaus Schocken" von Erich Mendelsohn bot es ein einmaliges Ensemble des „neuen bauens". Selbst in Stuttgarts sonst nüchternem Architekturführer von Wörner/Lupfer heißt es dazu: „Der Schocken-Bau mit seinem halbrunden, vollverglasten Treppenturm zeugte von Mendelsohns Meisterschaft, in dynamischer Form und fließender Linien-

Ernst Otto Oßwalds 61 Meter hoher Tagblatt-Turm (1924–1928) gilt als erstes reines Sichtbeton-Hochhaus in Deutschland und ist neben Weißenhofsiedlung und Mittnachtbau eine der Ikonen des „neuen bauens" in Stuttgart ...

... zu denen fraglos auch das einst gegenüberliegende Kaufhaus Schocken (1926–1928) Erich Mendelsohns gehören würde, wenn man es nicht 1960 aus Verkehrsgründen abgerissen hätte (hier ein Modellbild).

führung das großstädtische Tempo jener Zeit zum Ausdruck zu bringen." Dass man diesen „Schocken", der, wie ein Mirakel, die Innenstadtbombardements als aufrechter Glaspalast fast unbeschädigt überstanden hatte, 1961 schließlich trotz weltweiter Proteste abriss, nach kleinherzigen Geschäfts- und Verkehrsüberlegungen, empört den Architekturfreund unvermindert.

Andere Stuttgarter Bauwerke aus jenen Tagen mit expressivem Gestus sind die beiden katholischen Gotteshäuser Fidelis (1924/25) und Herz-Jesu (1921–1934) von Clemens Hummel sowie St.Georg von Hugo Schlösser (1929–1932). Das Heslacher Stadtbad (1927–1929) von Friedrich Fischle und Franz Cloos, ein beeindruckender Klinkerbau mit weiter, durch Stahlbetonbinder gleichsam radförmig gegliederter Schwimmhalle im Inneren, war zur Zeit seiner Eröffnung das größte Hallenbad Deutschlands und legendär wegen seines 50-Meter-Schwimmbeckens. Und Karl Beer ließ seinen Friedrich-Ebert-Wohnhof im Nordosten der Weißenhofsiedlung von Stuttgarts erstem Wohnhochhaus überragen. Ein ingeniös an die ambitionierte Nachbarschaft angepasster Komplex eines engagierten architektonischen Sozialdemokraten. Seine Zeit endet ebenso wie die des „neuen bauens" 1933 abrupt.

In Karlsruhe versucht sich der badische Jugendstil-Grande Hermann Billing noch einmal in der alten Manier und baut 1927 eine Feuerwache mit Walmdach und Rundbogenarkaden. Ein hoffnungsloser Spätling. Aber kurz darauf beweist er mit seinen Blockbebauungen am Kolpingplatz (1930) und in der nach ihm benannten Straße (1932–1934), dass auch er den Kubus beherrscht. Im Gegensatz zur auf Theodor Fischer zurückgehenden „Stuttgarter Schule" von Bonatz, Schmitthenner und Wetzel, die im Württembergischen für traditionelles Bauen sorgt, gibt es um den späten Billing und seinen Kollegen Reinhard Alker (1885–1967) eine veritable Schule neuen, urbanen Bauens, speziell in der Gegend um den Hauptbahnhof, die, erhalten geblieben, heute noch imponiert.

Der einzige, der sich 1927 „Rundungen" am Weißenhof erlauben durfte, war Hans Scharoun. Hier sein Beitrag am Hölzelweg 1.

Exkurs Weißenhof- und Dammerstocksiedlung (1927–1929)

Von Karl Beers Wohnhochhaus blickt man gewissermaßen auf einen Gipfel der funktionalistischen Architektur nicht nur in Stuttgart: die 1927 entstandene Werkbundsiedlung auf dem Weißenhof. Selbst hier ist wieder Theodor Fischer zu nennen; 1907 hat er den Werkbund mitbegründet, dessen bekannteste Siedlung der Weißenhof ja geblieben ist, trotz Pendants in Wien, Zürich und Breslau.

Wichtige Fischer-Schüler wie die Gebrüder Taut haben hier oben im Stuttgarter Norden mitgebaut, und Fischer ist ein letztes Mal 1928 in Stuttgart gesehen worden – bei der Besichtigung dieses gebauten Manifests der Neuen Sachlichkeit.

Den Entschluss, in Stuttgart eine Ausstellung mit dem Titel „Die Wohnung" zu veranstalten, fällte der Gesamtvorstand des Deutschen Werkbunds am 30. März 1925 in Berlin. Der Stuttgarter Gemeinderat stellte das Gelände zur Verfügung. Bereits im Frühsommer 1927 sollte eröffnet werden. Viele, besonders traditionalistische Gegner reklamierten genüsslich Mängel.

Aber die sind vor allem durch den enormen Zeitdruck erklärbar, denn für Entwürfe, Werkanlagen, Genehmigungsverfahren sowie für Bau und Einrichtung der Häuser selber blieben lediglich siebeneinhalb Monate.

Hauptfigur bei der Entstehung des Weißenhofs war der Berliner Baumeister Mies van der Rohe (1886–1969), der die verwegene Idee hatte, lauter „linke" oder besser, formal „fortschrittliche" Architekten für seinen Plan heranzuziehen, um eine demokratische und weltoffene Architektur von morgen zu demonstrieren: Sozusagen gleiches Licht für jedermann – luftige, durchsonnte Räume in rhythmisch gegliederten geometrischen Kuben mit vielen Terrassen – und ausschließlich, das war die Grundbedingung, flachen Dächern.

Die beiden konservativen, traditionellem Wohnungsbau verpflichteten Fischer-Schüler Paul Bonatz und Paul Schmitt-

Le Corbusiers „Eisenbahnwaggon" (1927), das Doppelhaus in der Rathenaustraße, wird derzeit aufs Feinste für Weißenhof-Dokumentationszwecke präpariert.

henner wurden ausgebootet und tobten. Schmitthenner fühlte sich durch die Siedlung an „italienische Bergnester" erinnert, Bonatz gar an einen „Vorort Jerusalems". Aber um Bonatz dann doch gerecht zu werden – angesichts des fertigen Produkts äußert er sich in verhaltener Begeisterung: „Die gegliederten Kuben ergeben malerische Überschneidungen und die hellen Farbtöne ein freundliches Gesamtbild. In derartig zusammengestellten Kuben ist es schlechterdings nicht möglich, eine hässliche Gesamtwirkung zu erzielen." Später allerdings, während des Dritten Reichs, sollte er sein Urteil über diesen funktionalistischen „Formalismus" wiederum umkrempeln. In einem Brief an den Freund Schmidt-Hellerau, jenem Rundumschlag gegen den Lehrer Theodor Fischer und seine „progressiven" Kollegen vom 10. April 1941, nimmt er sich unter vielem anderen auch den Weißenhof vor: „Taut, May, alles, was sich um den Weißenhof Stuttgart 1927 bewegt – man sollte meinen, es seien Lebensalter schon her, so abgestanden."

Urwürfel modernen Bauens

Indes zurück. Mies van der Rohe konnte damals folgende progressive Architekten seiner Tage für diese Urwürfel des modernen Wohnungsbaus gewinnen: J. J. P. Oud und Mart Stam aus Rotterdam, Bruno Taut

und seinen Bruder Max, Peter Behrens, Ludwig Hilberseimer und Hans Poelzig, alle aus Berlin, Hans Scharoun und Adolf Rading aus Breslau, Walter Gropius vom Bauhaus in Dessau, Victor Bourgeois aus Brüssel, Le Corbusier aus Paris und Bruno Frank aus Wien. Als lokale Kapazitäten wurden die beiden Stuttgarter Architekten Adolf G. Schneck und Richard Döcker beauftragt – und eben nicht die hiesigen „Architekturpäpste" Paul Bonatz und Paul Schmitthenner.

Gehässig, ja vernichtend, war die Reaktion der „Heimatschützer" und Nationalsozialisten. Der Weißenhof wurde als „Araberdorf" verunglimpft, und eine Fotomontage mit der avantgardistischen Wohnsiedlung als Kameltreiberstation machte als Ansichtskarte die Runde. Als „entartet" und „kulturbolschewistisch" sollte sie regelrecht flach gemacht werden und dem hier zu erstellenden Wehrbereichskommando V weichen. Das aber wurde 1940 ins eroberte Straßburg verlegt.

1944 kamen bei Bombenangriffen acht der 21 Gebäude zu Schaden, wurden nach dem Krieg allenfalls notdürftig repariert, will heißen nachträglich „verheimatet", nämlich mit Satteldächern unkenntlich gemacht. Nach Abrissplänen regte sich Ende der Fünfzigerjahre endlich Unmut. Die Siedlung, das waren damals elf erhal-

tene Häuser, wurde 1958 unter Denkmalschutz gestellt – aufgrund des massiven Einsatzes von Theodor Heuss, dem ersten Bundespräsidenten, seinerzeit, 1927, als wichtiges Werkbundmitglied Mitinitiator der Weißenhofsiedlung. Aber erst 1987, zum Sechzigsten, war die flügelförmige Anlage unter Leitung des Stuttgarter Hochbauamts wieder so hergerichtet, dass man sie guten Gewissens einem internationalen Publikum als Keimzelle modernen Bauens vorstellen konnte. Heute zählt der Weißenhof zu Stuttgarts Hauptattraktionen und ist gewiss das weitaus bedeutendste Bauensemble hier: ganz ohne Zweifel ein Fall fürs Weltkulturerbe.

Dammerstock: die Gebrauchswohnung

War die Weißenhofsiedlung noch ein geglücktes Arrangement gegliederter Kuben, so ist die fast gleichzeitig entstandene „Ausstellung Karlsruhe Dammerstock-Siedlung. Die Gebrauchswohnung", wie sie offiziell hieß, schon viel eher ein urbanes Gesamtgefüge. Dammerstock war auch nicht wie die Weißenhofsiedlung eine Demonstration des Deutschen Werkbunds, sondern, so der Untertitel des Originalkatalogs von 1929, eine „Veranstaltung der Landeshauptstadt Karlsruhe". Hier nun hatte der bereits am Weißenhof beteiligte Walter Gropius (1883–1969) die Oberleitung; in zeittypisch parolenhafter Weise verkündet er Sinn und Zweck des Unternehmens jener Siedlung, nach „bauhausart" und spezieller Anweisung von „meister gropius", alles kleingeschrieben:

„das endziel der siedlung ist also die schaffung von gesunden praktischen gebrauchswohnungen, die dem sozialen standard der durchschnittsfamilie von heute entsprechen und trotz solider technischer durchführung und anmutiger gestaltung für das durchschnittseinkommen erschwinglich sind."

Bei der Analyse der Wohnformen ergeben sich identische architektursoziologische Argumente wie schon beim Weißenhof. Gropius: „die verheerende bautätigkeit in der gründerzeit in den städten als folge fehlender bodengesetze brachte als gesunden rückschlag den kampf der behörden und zahlreicher privater persönlichkeiten um das ziel große teile des volkes in einfamilienheimen mit garten unterzubringen, die natürliche praxis des wohnungsbaues hat es aber gerade neuerdings gezeigt, dass auch der stockwerksbau aus materiellen wie inneren gründen praktisch unentbehrlich ist."

Zum Bebauungsplan selber meint Gropius: „die lage (war) für die anwendung des modernen zeilenbaues besonders geeignet." Es entstanden 114 Gebäude, darunter ein eigenes Haus für Zentralheizung und Wäscherei, dazu ein Wirtschaftgebäude – gegenüber dem „individualistischen" Weißenhof doch eine deutlich sozialere Komponente. So war etwa die „Wäscherei" eine genossenschaftliche Gemeinschaftsanlage und als solche ein Ort des Treffens und der Kommunikation! Neben Gropius selber, von dem acht Ein- und zwei Mehrfamilienhäuser sowie das spektakuläre Laubenganghaus stammen, haben hier noch die Architekten Caspar Maria Grod, Otto Haesler, Wilhelm Riphan und Franz

Roeckle mitgebaut – also kein Billing und kein Alker, eine ähnliche Situation wie bei Stuttgarts Weißenhofsiedlung mit den Lokalmatadoren Bonatz und Schmitthenner.

Verzicht auf alles Überflüssige

Der Karlsruher Architekt Erich Rossmann, der vor fast dreißig Jahren das ehemalige genossenschaftliche Waschhaus zu seinem Büro umgebaut hat, kommt am Ende seines Erfahrungsberichts in der „Bauwelt" (Heft 16/17, 1976) zu einem bemerkenswerten architekturhistorischen Befund:

„Sehen wir uns den Karlsruher Dammerstock- oder die Stuttgarter Weißenhofsiedlung in ihrer kristallinen Klarheit aber aufmerksam an: Sie haben nichts von ihrer Qualität verloren. Der einstige Verzicht auf alles Überflüssige ist vielmehr von einem Bauen, das sich an der Rendite orientierte, das Masse mit Maßstab verwechselte, missverstanden worden. Hohle Monumentalität und serielle Eintönigkeit sind das Ergebnis. Die Kritik daran ist berechtigt – sie aber pauschal bis auf die Anfänge auszudehnen heißt das Kind mit dem Bade ausschütten. Wir müssen vielmehr die

Maßstäbe, die hier im Dammerstock angeschlagen sind, wiederfinden – denn es führt kein Weg zurück ins 19.Jahrhundert, – die Steinbrüche im Kraichgau, wo einst für kargen Lohn die klassizistischen Gewände und Säulen der Karlsruher Bürgerhäuser gemeißelt wurden, sind auf immer geschlossen."

Rossmann war auf seine Weise ein weitsichtiger Pionier in Rat und Tat. Niemandem würde es heute mehr einfallen, solche Meisterwerke des Funktionalismus wie Weißenhof und Dammerstock ernsthaft mit der architektonischen Stangenware der Sechziger- und Siebzigerjahre in Zusammenhang zu bringen, dem nun wiederum renditeorientierten, leeren Spätfunktionalismus. Es waren damals modellhafte Anfänge, die keine Fortsetzung mehr fanden. Hier steht die Jahreszahl 1933 wie ein Menetekel auf den übrigens keineswegs nur weißglatten, sondern von der Farbigkeit des Stijl inspirierten Wänden jener Siedlungshäuser, die alsbald als „kulturbolschewistisch" gelten sollten.

Indes sind jene „Urwürfel" längst denkmalwürdig. So wurde 1987 nicht nur der Weißenhof beispielhaft hergerichtet, sondern auch Adolf G. Schnecks Haus auf der Alb, ein sanatoriumshaftes Erholungsheim, oder Friedrichshafens Hafenbahnhof, wohl die beiden spektakulärsten funktionalistischen Architekturen „draußen" im Land.

Dieser Hafenbahnhof übrigens, 1928 von der Baubehörde der Stuttgarter Reichsbahn entwickelt, wurde am 7. März 1933 eingeweiht. Ein makabrer Festakt, denn es war zugleich auch eine Leichenfeier für das „neue bauen" im Land.

Der drohende Abriss der Weißenhofsiedlung zugunsten eines Wehrbereichskommandos V im Stil von Alfred Speers megalomanisch architektonischen Allmachtsfantasien bleibt Stuttgart erspart, ebenso eine nur im Modell existierende

Karlsruhes Dammerstock-Siedlung (1929) geht im Wesentlichen auf die Planungsidee von Walter Gropius zurück, der kurz zuvor auch schon am Stuttgarter Weißenhof mitgebaut hatte.

Die Brenzkirche (1932/33) des Funktionalisten Alfred Daiber oben am Weißenhof steht sozusagen auf architekturgeweihter Erde. Ursprünglich eine der ganz wenigen Stuttgarter Kirchen des „neuen bauens" …

… wurde sie 1939, zur „Reichsgartenschau" von dem Stuttgarter Kirchen-Umbauer Rudolf Lempp mittels Satteldächern „arisiert" (wie nach 1945 übrigens viele der kriegszerstörten Häuser des nahen Weißenhof).

düster-wehrburghafte Bebauung der Karlshöhe. Zu spezifisch nationalsozialistischen Kolossalarchitekturen kommt es allein deshalb nicht im Land, weil spätestens seit 1938 der Baustoff für zivile Großbauaufgaben ausgeht. Wie es andernfalls hätte werden können, zeigt Hermann Billings so konventionelle wie drückende, im Kriegsjahr 1939 fertig gestellte Karlsruher Oberpostdirektion am Ettlinger Torplatz. Gerade einem wie ihm hätte man einen befreiteren Abgang von der Architektenbühne gegönnt.

Gefragt: Deutschtum und Bodenständigkeit

Vielen einstigen Weißenhofarchitekten gelingt die Flucht ins Ausland, Mies van der Rohe und Gropius gar nach Amerika, wo sie Magneten wurden für junge Architekten der Nachkriegszeit. Andere gehen in die innere Emigration und nähren sich von Kleinaufträgen, wie etwa Richard Dö-

cker, der dann allerdings, wie so manch anderer, mit zunehmender Zerstörung der Städte noch im Krieg zu Wiederaufbauplanungen herangezogen wird. Ein Paul Schmitthenner, der sich viel von den neuen Machthabern erhofft hatte, wird von den Parteioffiziellen gar demontiert. Der Weißenhofarchitekt und Möbelbauer Adolf G. Schneck richtet Parteihäuser ein. Lediglich Paul Bonatz weiß sich, und sei's aus angeborener Geschmeidigkeit, als reichsweit gefragter Großarchitekt zu behaupten, indem er auf technische Bauwerke wie Staustufen und (Autobahn-) Brücken ausweicht.

Überhaupt geht das „zivile" Bauen dramatisch zurück. Die Mittel fließen in den Autobahnbau und später auch in Bauten für Militär und Kriegsindustrie. Eine aufschlussreiche Stuttgarter Angelegenheit ist allenfalls die Kochenhofsiedlung von 1933 als national(sozial)istische Revanche für die internationalistische Weißenhofsiedlung in unmittelbarer Nähe. Hier artikuliert sich die „Stuttgarter Schule", die aus dem traditionalistischen Teil der Schülerschaft Theodor Fischers um Bonatz und Schmitthenner schon in den Zwanzigerjahren entstanden war, als äußerst systemfreudig. Diese Stuttgarter Schule und damit auch der Kochenhof bekamen sogar

Vorbildcharakter für das gesamte Deutsche Reich. Frei Otto, Miterfinder des Münchener Olympiadachs und während der Sechziger- und Siebzigerjahre einer der führenden Architekturvordenker in Stuttgart, umschrieb 1978 bei einem Vortrag die Entwicklung so: „Aus meiner Sicht war die … Stuttgarter Schule in den Zwanzigerjahren in Deutschland der ernst zu nehmende ideologische Gegner des modernen Bauens, das damals ,neue Sachlichkeit' genannt wurde. Den Architekten der ,neuen Sachlichkeit' wurde 1933 insgesamt das Arbeiten unmöglich gemacht. Die erste Stuttgarter Schule war daran … aktiv beteiligt. Sie war zumindest in Teilen eindeutig politisch orientiert und in den Mitteln nicht zimperlich. So formulierte Schmitthenner 1934 in seinem Buch ,Die Baukunst im neuen Reich' unter dem Kapitel ,Zerfall': ,Die neue Sachlichkeit ist der letzte geile Trieb am überdüngten Baum der deutschen Baukunst'."

Die Kochenhofsiedlung von 1933 kam mit Unterstützung des Stuttgarter NS-Oberbürgermeisters Karl Strölin und dem Verein „Deutsches Holz für Hausbau und Wohnung" zustande. Gedacht war an eine Siedlung mit dem „Stadthaus aus Holz", dessen 25 Giebelbauten Deutschtum und Bodenständigkeit demonstrieren sollten. Also ein in jeder Hinsicht krasser Anti-Weißenhof. Neben Bonatz und Schmitthenner waren auch andere Koryphäen der Stuttgarter Schule wie Wilhelm Tiedje und Heinrich Wetzel beteiligt. Heute sind die Reste dieser zweiten Stuttgarter Bauausstellung eingewachsen und wirken harmlos-gemütlich.

Ganz in der Nähe ereignete sich aber schon gleich der spektakuläre Fall einer architektonischen „Arisierung": Die evangelische Brenzkirche am Kochenhof entstand zwischen 1932 und 1933 im Stil der Neuen Sachlichkeit. Baumeister war Alfred Daiber, ein tüchtiger Mann auf der fortschrittlichen Seite des Architektenspektrums, der wesentlich auch bei der wohnlich um ein kleines Punkthochhaus versammelten Siedlung am Raitelsberg

(1926–1928) gleich hinter dem Park von Leins' Villa Berg mitgewirkt hatte. Für die Kirche Am Kochenhof, nach dem württembergischen Reformator Johannes Brenz (1499–1570) benannt, entwarf Daiber einen lang gestreckten Baukörper mit einer gut proportionierten Abrundung neben dem Hauptportal und einem nur knapp über das Flachdach ragenden Glocken- und Uhrentürmchen. Ein gutes Stück Stuttgarter Moderne, das insbesondere trefflich zum benachbarten Weißenhof passte. Als die neuen Machthaber für 1939 die Reichsgartenschau auf dem ebenfalls nahen Killesberg planten, störte die „entartete" Kirche offenbar ungemein. Der als Epigone Schmitthenners geltende Paul Lempp versah den Hauptbau mit einem Satteldach und errichtete auch noch einen „richtigen" Turm, ebenfalls mit Satteldach. So geschehen im Jahre 1939 und bis heute erhalten geblieben als architekturpolitisches Denkmal.

Fast unverändert auf uns gekommen ist dann das ehemalige HJ-Heim auf der Rohrer Höhe, ein trutziges Natursteinprodukt mit weit herabgezogenem Satteldach von Eberhard Holstein und Erwin Rohrberg. Und bereits aus Kriegszeiten rührt der 1943 entstandene Hochbunker auf dem Pragsattel, an dessen Planung noch Paul Bonatz mitgewirkt hatte, bevor er sich 1944 in die Türkei aufmachte.

Im Übrigen weist etwa das Bauarbeiten-Verzeichnis der Firma Züblin für 1944 in Stuttgart, Friedrichshafen und Heidelberg vor allem Luftschutzstollen aus. Und Instandsetzungen. Die Architektur der kommenden anderthalb Jahrzehnte blieb nun wesentlich dem Wiederaufbau vorbehalten. Und das war weitgehend eine zweite Stadtzerstörung, nicht nur für Stuttgart.

KARL BEER (1886–1965)

Bei Karl Beer verbindet sich weltanschauliches Engagement mit politischem Schicksal. 1886 als Sohn eines Zimmerermeisters in Ulm geboren, erlernt er den Architektenberuf von der Pike auf, indem er eine Lehre im väterlichen Betrieb absolviert, bevor er von 1905 bis 1910 an der Stuttgarter Baugewerbeschule (später Staatsbauschule) studiert. Er gehört also zu den vielen württembergischen Baumeistern, die einen handwerklichen Urgrund haben.

Sein Lehrer wird der als Stuttgarter Kirchenbauer bekannt gewordene Clemens Hummel. Mit Hummel unternimmt er Studienreisen nach Italien, legt das Examen bei ihm ab und arbeitet 1910–1915 auch in dessen Stuttgarter Büro. Aus diesem Zusammenwirken entsteht in den Kriegsjahren 1914–1916 das Obertürkheimer Rathaus. Beers Hauptinteresse aber galt in seiner Stuttgarter Zeit dem genossenschaftlichen Wohnungsbau. Schon in den frühen Zwan-

Vor allem Siedlungsbauer: Der sozialdemokratische Architekt Karl Beer musste 1933 in die Schweiz emigrieren.

zigerjahren, 1921/22, entsteht am Obertürkheimer Imweg eine Siedlung für Kriegsbeschädigte, neben die er gleichsam programmatisch sein eigenes Haus setzt. Danach entstehen die Siedlungen Schönblick (1925–1929) sowie die am Westbahnhof (1928–1930), an der Wagenburgstraße (1928–1930), an der Brenzstraße (1929/30) und die Landstadtsiedlung Silberwald (1929/30) in Sillenbuch.

1926 gibt Beer seinem sozialen Engagement die entsprechende politische Signatur, wird SPD-Gemeinderat und ist sogar als Baubürgermeister vorgesehen. An den damals heftig geführten Auseinandersetzungen um die 1927 gebaute Weißenhofsiedlung nimmt Beer an vorderster Front teil und lehnt das Experiment aus sozial- und standespolitischen Gründen ab: „Hier große Mittel für einige wenige, dort kleine Mittel für die große Masse ... (Die Sied-

Im Gegensatz zum gänzlich „purifizierten Weißenhof enthält die „Schönblick"-Wohnanlage noch bemerkenswert expressive Momente wie diese natur- und backsteinerne Türumrahmung.

lung) soll nicht von zünftigen Baumeistern, sondern von Theoretikern gebaut werden." So der für die Benachteiligten Bewegte Beer im Stuttgarter Gemeinderat. Stattdessen hoffte er auf den Architekten, der den „Bauplatzdreck an seinen Stiefeln" nicht scheut. Zeitgleich errichtet er am Hölzelweg in direkter Nachbarschaft zu den (noch stehenden) Weißenhofhäusern von Behrens und Scharoun das „Wohn- und Wohlfahrtsgebäude" (Friedrich-Ebert-Bau) mit seinem integrierten Höhen- und Ausflugslokal Schönblick, heute eine Ikone des Siedlungs- und Heimstättenbaus der Landeshauptstadt.

Karl Beers letzte spektakuläre Arbeit in Stuttgart war dann das „Volkshaus für den Deutschen Gewerkschaftsbund" (Gewerkschaftshaus, heute DGB-Zentrale). 1931 begonnen, kommt es allerdings nicht zur geplanten Einweihung am 1. Mai 1933; stattdessen zieht, Ironie der Geschichte, die nationalsozialistische Deutsche Arbeitsfront (DAF) hier ein. Der Baumeister kommt in „Schutzhaft". Aber der Glücksfall eines graubündischen Großvaters verhilft ihm zu einem Schweizer Pass. Er siedelt

Friedrich-Ebert-Wohnhof (1924–1927), eine stimmige Nachbarschaft zur Weißenhof-Siedlung.

nach Zürich über und setzt hier seine deutsche Berufsvergangenheit fort, tritt auch hier der Sozialdemokratischen Partei bei und betreibt vor allem genossenschaftlichen Mehrfamilienhausbau.

Zu Beginn der Fünfzigerjahre möchte ihn Stuttgarts erster Nachkriegs-Oberbürgermeister Arnulf Klett für den Wiederaufbau gewinnen und besucht ihn in Zürich. Aber die Werbung misslingt, was man heute zutiefst bedauern muss. Denn Beers von der ersten Stuttgarter Schule geprägter, gemäßigter Modernismus hätte bestimmt einen organischeren Wiederaufbau ermöglicht. Zumal seine großen Zürcher und Berner Verwaltungsbauten aus den frühen Vierzigerjahren diese Vermutung erlauben. So aber baut er lediglich in Hedelfingen und

Heumaden noch einige genossenschaftliche Mietwohnhäuser und vollendet nach 25 Jahren das Gewerkschaftshaus an der heutigen Theodor-Heuss-Straße. Sein spektakulärstes Nachkriegsobjekt hier, auch das wieder so eine Geschichts-Ironie, ist der Umbau der nur im Rohbau fertig gewordenen HJ-Gebietsführerschule Württemberg in Gerlingen zum Sanatorium der Landesversorgungsanstalt Württemberg auf der Schillerhöhe. Karl Beer stirbt mit 79 Jahren in Zürich am Zeichenbrett.

Noch überraschend konventionell im Blick auf den nahen Schönblick: Beers Siedlungsbauten in der Friedrich-Ebert-Straße (um 1930).

PAUL BONATZ (1877–1956)

Schwankend ist, frei nach Schillers „Wallenstein", das Charakterbild dieses Architekten in die Geschichte eingegangen. So, wie er sich denn auch als Baukünstler zwischen Historismus und Moderne bewegt. Seine herrschaftlich-traditionalistischen Bürgervillen in Stuttgarts Halbhöhenlage etwa kontrastieren heftig mit seiner Staustufe Bad Cannstatt unten im Neckartal, wo er sich des formalen Kanons der Neuen Sachlichkeit mit überraschender Behändigkeit bedient. Doch dies „neue Bauen" wiederum (er nennt es halt „neues Bauen" im Gegensatz zu seinen kleinschreibenden Konkurrenten des „neuen bauens") lehnt er die Stuttgarter Weißenhofsiedlung als „Vorstadt Jerusalems" kategorisch ab – erst einmal. Dann aber wiederum nicht und schließlich doch vollends – aber das gehört wesentlich zum Charakterbild unseres Meisters. Denn als die Weißenhofsiedlung dann so fertig dasteht, bringt er immerhin die Größe zur Bewunderung auf: „Die gegliederten Kuben ergeben malerische Überschneidungen." Eine Beobachtung, aus

der allein schon erhellt, dass er Architektur ganz wesentlich auch körperhaft, als Skulptur begreift. Aber Bonatz ist hier, wie so oft, nicht zu fassen. Denn in seinem Brief vom 10. April 1941 an den Freund Karl Schmidt-Hellerau, jenem berüchtigten Rundumschlag gegen den Lehrer Theodor Fischer und die zeitgenössische, fortschrittliche Architektenschaft ganz im Sinne der damaligen NS-Kulturideologie heißt es: Schule gemacht? Ja und zwar die internationale, gültig von Buenos Aires bis Moskau. Braucht keinen Todesstoß mehr. Überall wo gesundes Leben ist, werden sich junge nationale Kräfte zeigen, die aus eigenem Boden und eigener Tradition selbstständig neues schaffen. In Mailand sah ich manches in diesem Sinn."

Wer Bonatz, der dem NS-Regime trotz allem zu nonkonformistisch war, indes für einen Widerstandskämpfer gehalten haben mochte, wird bei diesem Brief spätestens an der Stelle über Hans Poelzig stutzig: „Poelzig. Was hat dies Feuerwerk der Kulturentwicklung genützt? Sein Stalaktiten-Entwurf Festspielhaus für Salzburg war das echte Sensationsfressen für die Judenpresse."

Überragend und umstritten. Paul Bonatz, vielgebildet und in vielerlei Stilen unterwegs.

Bonatz' Auseinandersetzung mit dem Formalismus zeigt sich dann in einem aufschlussreichen Brief an seinen Kollegenfreund Paul Schmitthenner vom September 1942, in dem es vor allem um die Auseinandersetzung mit beider Lehrer, dem übermächtigen Theodor Fischer, geht: „Weißt

Die „Villa Valentien" (ehedem Villa Kopp, 1910/11) ist eines der ersten Häuser Stuttgarts aus den Zeiten der so genannten Vormoderne, die, statt abgerissen zu werden, denkmalwürdig wiederhergerichtet wurden, passenderweise im Europäischen Denkmalschutzjahr 1975.

Repräsentativer Rationalismus. Die Tübinger Universitätsbibliothek (1909–1912), gleichzeitig mit der Villa Kopp entstanden.

du einen Innenraum von Fischer, dem du zustimmen könntest? Ja, lieber Schmitthenner, das ist eine verhängnisvolle Erziehung ... Dieses Ankämpfen gegen die von ihm mir ins Blut gesetzte Romantik ist für mich geradezu der Kampf meines Lebens geworden."

Begeisterung fürs Griechische

Paul Michael Nikolaus Bonatz wurde 1877 im lothringischen Solgne geboren, einem kleinen, südlich von Metz gelegenen Dorf. Der Vater war Zöllner und einer jener vielen Beamten, die man 1871 in die „Reichslande" nach Elsass-Lothringen geholt hatte. Er galt als Lebensgenießer und fröhlicher Weintrinker, die Mutter als gütig, gewissenhaft und tief gläubig. Von ihr kommt der Impuls zum Bauen: Einer ihrer Brüder war Architekt, ein anderer Bauunternehmer, und beide raten Bonatz von dieser „brotlosen Kunst" ab.

Er wuchs im Elsass heran; Münster, Rappoldsweiler und Hagenau waren seine Stationen, wobei sich der Vater eigens nach Hagenau versetzen ließ, um dem Sohn dort das humanistische Gymnasium zu ermöglichen. Theodor Pfizer, erster Nachkriegsbürgermeister von Ulm, ein Bonatz-Intimus, in seiner biografischen Zueignung von 1980, in der allerdings sämtliche Spuren, die in Richtung nationalsozialistischer Ideologie führen, verwischt sind: „Das Elsass ... brachte ihm den Gewinn des westlichen Geistes, die Ablehnung des Zwangs, das Bedürfnis nach Freiheit ... Er wurde (dabei auch) ein Humanist schönster Prägung und hat sein Leben lang den Homer im Urtext gelesen."

Die Begeisterung fürs Griechische ging so weit, dass er erst einmal Altphilologie in Straßburg zu studieren begann. Aber bald waren ihm die Regeln dieses Fachs zu starr. Er zog nach München, um sich dem Maschinenbaustudium zu widmen. Dort verdross ihn alsbald die Mathematik. So entstand der Entschluss zur Architektur. Sein Entwurfslehrer wird – Theodor Fischer, damals schon, um 1900, in der Aura des großen Baumeisters. Pathetisch hin oder her, eine schicksalhafte Begegnung, besonders auch für Stuttgart. Friedrich von Thiersch, ein Schüler von Christian Friedrich Leins am Stuttgarter Polytechnikum, hatte Bonatz an Fischer vermittelt. Nach lediglich sechs Semstern macht Bonatz 1900 sein Architekturdiplom und tritt alsbald ins Baubüro des Lehrers ein.

Als Fischer 1901 einen Ruf an die TH Stuttgart erhielt, holte er Bonatz als seinen Assistenten nach, und als Fischer, irritiert über den Unverstand der Stuttgarter gegenüber seiner Arbeit, 1908 wieder zurück nach München ging, wurde Bonatz sein Nachfolger als „Ordentlicher Professor für Entwerfen und Städtebau". Bonatz' erster Aufsehen erregender Erfolg war die Sektkellerei Henckell in Wiesbaden-Biebrich, auch deshalb wichtig, weil die Münchener Autoritäten Gabriel von Seidl und Friedrich von Thiersch im Preisgericht saßen. Hier wie bei seiner Tübinger Universitätsbibliothek (1909–1912) erweist sich Bonatz bereits als Meister des beginnenden Rationalismus, jenem Stil, der den Historismus durch Reduktion des Dekors ablöst und die Moderne vorbereitet. Noch ist die Sprache historisch, etwa durch die beiden zweigeschossigen Seitenrisalite, noch nimmt sie Korrespondenz auf zur gegenüberliegenden spätklassizistischen Neuen Aula (1841–1845) Gottlob Georg Barths. „Das wohl beste Frühwerk von Bonatz" (Pfizer). Die allmähliche Ablösung vom Lehrer Theodor Fischer deutet sich im Entwurf für ein neues Münchener Polizeigebäude an. Beide beteiligen sich am Wettbewerb und beide erringen dritte Preise: Fischer sucht, nach seiner Philosophie, eine malerische

Ein kleines Bürgerschloss für die junge, reiche Stadt Feuerbach. Der prosperierende Industrieort feiert sich mit seiner Bonatz-Festhalle (1911/12) selber. Auch sie ist parallel zur Tübinger Universitätsbibliothek entstanden.

Einpassung in die städtebauliche Umgebung. Bonatz, darin schon recht modern, entwirft einen Solitär, den er isoliert auf einen Sockel setzt: Das Bauwerk steht für sich. Ebenso wie dann eines der ersten Hochhäuser Deutschlands, an das sich Bonatz 1922–1924 wagt, der erstaunlich moderne Bürobau des Stummkonzerns in Düsseldorf. (Nach Pfizer ist es gar das erste Hochhaus in Deutschland). Bonatz huldigte dabei nach eigenen Worten „dem Himmelsschrei des Expressionismus", indem er den gesamten Bau „bis hoch in die Wolken" vertikal gliederte – „Vertikalgliederung" ist ja ein wesentliches Stilelement des Rationalismus, etwa bei den Kaufhäusern Alfred Messels.

Es gibt aber eine Art Etüde zu diesem „Expressionismus", damals mit guten Gründen verborgen im engen Neckartal bei Rottweil – das Kraftwerk der dortigen Pulverfabrik, 1915/16 in die Enge des Muschelkalktals hier gebaut, vor „Feindes"-Blicken geschützt. Eine breit angelegte Vorderfront wird durch Pilaster zwischen den hohen, schmalen Fenstern so gegliedert, dass dies Kraftwerk gleichwohl nach oben zu streben scheint. Gotik des 20. Jahrhunderts, wie eine Kulisse zu Fritz Langs „Metropolis".

Hauptwerk Hauptbahnhof

1911 gewinnt Bonatz mit seinem Partner F. E. Scholer den Wettbewerb für den Stuttgarter Hauptbahnhof, an dem dann mit Kriegsunterbrechungen 17 Jahre gebaut wird, das Hauptwerk des Architekten. Den Wettbewerbsentwurf nennt er „Umbilicus Sueviae", den „Nabel Schwabens", keine Überraschung bei diesem humanistisch durchdrungenen Baumeister. Sein Biograf Pfizer gibt recht euphorisch: Dieser Name „war geradezu prophetisch gewählt. Wie die Frauentürme in München, das Münster in Freiburg, das Brandenburger Tor in Berlin, der Wasserturm in Mannheim ist der Stuttgarter Bahnhof zum Kennzeichen für die Stadt und für das ganze schwäbische Land geworden."

Merkwürdig nur, dass Bonatz für einen Wettbewerbsentwurf preisgekrönt wurde, den er dann keinesfalls verwirklicht hat. Ursprünglich war dieser „Umbilicus" nämlich ein Werk des damals vorherrschenden „Rationalismus" oder des „edlen, ‚gereinigten' Jugendstils", wie Pfizer ihn nennt und insofern eher Curjel & Mosers Basler Badischem Bahnhof oder gar Saarinens Helsinki-Bahnhof ähnlicher als dem schließlich gebauten Stuttgarter Hauptbahnhof.

Indes, der „Nabel Schwabens" taugte für Bonatz vor allem zur Abnabelung von Meister Fischer. 1942 bekennt er in seinem Brief an den Kollegen Schmitthenner: „Nur der unter seinen Schülern konnte sich entwickeln, der sich klar von ihm trennte und widersprach. Für mich war der Stuttgarter Bahnhof dieser Punkt. Meinem Wettbewerbsentwurf, der noch romantisch verspielt war, gab er als Preisrichter 1911 den ersten Preis. Ob er der harten und unerbittlichen Form, die er (der Hauptbahnhof) später fand, den Preis gegeben hätte, bleibt eine offene Frage."

Zu dieser Zeit kommt es übrigens auch zu dem Rundumschlag nicht nur gegen den ehemaligen Lehrer, sondern auch gegen nicht systemkonforme Kollegen und das gesamte „neue bauen" der Vornazizeit, nicht nur gegen Weißenhof und Poelzig, sondern etwa auch gegen das Bauhaus, „an dem kein Zehntel echt war, das andere Sensation, Reklame, Segeln unter falscher Flagge ... Die falsche Fahne war ‚die neue Sachlichkeit'. Etwas Unsachlicheres, bautechnisch Verwerflicheres als das Bauhaus Dessau gibt es höchstens noch bei Le Corbusier, von dem die Dessauer die Nachahmer sind ... Es ist wahrhaft Baubolschewis-

Bauen in Fischers „Heimatstil" mit Odenwaldsandstein (Heidelberg) ...

... und weiß und sachlich im Weißenhof-Stil (Stuttgart-Bad Cannstatt). Mit den Neckarstaustufen war Bonatz in den frühen Dreißigerjahren beschäftigt.

Der Hauptbahnhof (1911–1928) für seine Wahlheimat Stuttgart ist das Hauptwerk des Baumeisters, der Turm eines seiner Stadtzeichen. Dennoch wollen Stadtplaner Hand an dieses Monument legen.

mus. Baubolschewismus ist: Jenes Bauen, die dritte Dimension, die Körperlichkeit ableugnet ... Baubolschewismus besteht ferner darin, dass alle diese Kerle grundsätzlich das Bauen als Industrieerzeugnis auffassen."

So Bonatz in seinem berüchtigten Brief an den Freund Karl Schmidt-Hellerau vom 10. April 1941. Bei Peter Behrens, der auch Weißenhofarchitekt war, wird Bonatz persönlich: „Peter Behrens versprach einmal viel, weil er Disziplin zeigte, bei Botschaft Petersburg 1912, Industriebauten. Aber der viele Rotwein hat seine Moral erschüttert, er wurde dann ganz flach."

Dann rechnet er mit „berühmten Individualitäten" ab: „Fahrenkamp oder Breuhaus. Alles geboren für höchstens 5 Jahre, danach aber mit Abscheu abwenden. Schule gemacht? Leider ja, sehr viel Jugend zur Moderne, zum Mondänen verführt. Das dritte Reich hat diese üppige Welle Gottseidank aufgefangen." Der Werkbund-Mitbegründer Henry van de Velde wird geradezu vernichtet: „Wenn man den Individualismus noch einmal in seiner hässlichsten

Fratze sehen will, so ist das Van de Velde. Welche Verderbnis ging davon aus."

Dann hat Bonatz, es ist immer noch der Brief aus dem Jahr 1941, eine Vision über die künftige Architektur: „Das, was kommen muss, ist nicht üppig und monströs, es ist eher keusch und zurückhaltend, aber es ist hell, rein, blank, strahlend. Stark, aber nicht schwülstig – es ist schwer, in Worte hinzuführen. Sagen wir einmal wunderbare Ausgangspunkte Schauspielhaus Schinkel oder Schinkels viereckige, zweigeschossige Villa in Glienicke ..."

Bonatz, der sich mit dieser monströsen Epistel ja intensiv dem deutschen Klassizis

mus zuneigt, nutzt diese Stilepoche noch einmal zum Hieb auf den Lehrer: „Er hat in der Stadt Ludwigs I. und Klenzes den Städtebau verknödelt statt fortzusetzen ... Die Namen der großen Begründer Münchens haben wir Schüler aus seinem Munde nie gehört."

Vordringen zum Kern

Neun Jahre später äußert sich Bonatz über sein Hauptwerk in „Leben und Bauen" (1950) dann ohne Ausfälle: „Der Bau des Bahnhofs in Stuttgart ist für meine Entwicklung als Baumeister das wichtigste Kapitel." Dessen grundsätzliche Revision bringt er mit einer Ägyptenreise 1913 in Verbindung, wo ihm klar geworden sei, dass man nirgends besser lernen könne als in Ägypten, die Probleme auf die „einfachsten

Das Burckhardt-Denkmal am Stuttgarter Katharinenhospital gegenüber den Lindenmuseum, 1912 mit dem Bildhauer Ludwig Habich errichtet, der auch viel mit Theodor Fischer und Martin Elsaesser zusammengearbeitet hat (Markthalle, „Goldener Hirsch" auf dem Kunstvereinsgebäude). Theodor Pfizer, der Bonatz-Biograph, bezeichnet die Denkmäler des Architekten, der keine Kirchen gebaut hat, als „weltliche Sakralbauten".

**Feuerbach verdankt Bonatz nicht nur seine über-
raschende Festhalle. Auch der expressive Back-
stein-Staffelgiebel der Lederfabrik C. F. Roser
(1922) wurde an seinem Planungstisch entwickelt.**

Elemente zurückzuführen". Damals muss
er auch auf den Hauptkonflikt seines Baumeisterlebens gestoßen sein, „den Formalismus als Krankheit der Zeit", aufgrund
dessen man an alle Aufgaben mit „vorge-
fassten Formvorstellungen" heranginge.
Dagegen seine ägyptischen Erkenntnisse:
„Erst wenn es gelingt, durch viele Nebel-
schalen zum Kern vorzudringen … dann
erst kann man das Bleibende sagen, das
nicht mehr vom Formalen abhängig ist …
Es ist so, als fiele dem auf diese Weise
Suchenden die Frucht der Schönheit von
selbst in den Schoß: ‚vom Wahren durch's
Gute zum Schönen'." Also kam es, wie er
es selber nennt, 1913/14 zum „Reinigungs-
prozess, die Abklärung von innen her. Aber
die letzte Reinigung hat alles erst im Ernst
des Krieges gefunden."
Der Zweite Weltkrieg hat dann auch wieder
Auswirkungen auf seinen Hauptbahnhof.
Bonatz in „Leben und Bauen": „Am 22. November 1942 brannten die hölzernen Bahn-

steigdächer des Bahnhofs in Stuttgart ab,
genau zwanzig Jahre nach der Eröffnung.
Ich sah von meinem Haus am Bismarck-
turm nur die große Rauchwolke und eilte
noch während des Alarms hinunter. Es war
das größte Flammenmeer, das ich je sah,
die ganze Fläche 200 mal 160 Meter brannte auf einmal lichterloh. Und durch Flam-
men und Wolken von Rauch, angestrahlt
und wieder in Dunkel gehüllt, sah man ernst
und ruhig den steinernen Turm daneben-
stehen, – so als möchte er sagen: ‚Ich bin
aus Stein, Gottes edelstem Baustoff'!"
Während des Dritten Reichs ist Bonatz vor
allem als Brückenbauer und Berater beim
Autobahnbau gefragt, wobei ihm die für
ihre Entstehungszeit (1938–1941) sensationell modernistische Autobahnhängebrücke
bei Köln-Rodenkirchen gelingt. Fürs Land,
für Baden wie Württemberg bis heute wichtig, sind die 1926 begonnenen Neckarstaustufen, bei denen er sich auf einen entschieden sachlichen Gestus verlegt, obschon
man am Fluss wohl viel lieber eine histo-
risch-romantisierende Garnierung gesehen
hätte statt kühler Industriearchitektur. Bonatz in seinen Lebenserinnerungen: „Was
waren das frohe Zeiten … Es ging aus dem
Vollen und die nötigen Viertele begleiteten
unsere munteren Freundschaftsgespräche.
Da haben wir das Beispiel geliefert, wie Ingenieur und Architekt in vollem Vertrauen
zusammenarbeiten können."
Bonatz' „Steinfetischismus", bereits am
Stuttgarter Hauptbahnhof bis zum Äußers-
ten exemplifiziert, macht sich auch hier bemerkbar: „Wo wir im roten Sandsteingebiet
lagen, bekam der monolithe Beton Jura-

mentzusatz, der ihm einen gra006roten
Schimmer gab. Wo wir im Flachland arbeiteten, wie bei Ladenburg, arbeiteten wir
unbekümmert in Beton. Aber wo wir bei
Hornberg in den Muschelkalk trafen, verwendeten sie statt des Ziegelmauerwerks
sichtbares Muschelkalkgemäuer … Für
mich war es die Vorbereitung auf meine
Tätigkeit bei den Autobahnen, die bald
darauf begann."

Professor in Istanbul

Dieser absoluten Natursteinpräferenz oder
auch „Lapidomanie" setzt er mit dem Basler Kunstmuseum (1932–1936) zugleich ein
Denkmal für die verschiedensten Schweizer
Steine, darunter der Solothurner Kalkstein,
den er nach seinem Biografen Pfizer für
den „schönsten der Welt" gehalten haben
soll. Dies Basler Bauwerk, von Bonatz als
Kontrapunkt zum „neuen bauen" gedacht,
war zu seiner Zeit in der Schweiz schon äußerst umstritten – natürlich hatte man in
diesem freien Land damals, 1936, Mies van
der Rohes Barcelona-Pavillon von 1928/29
vor Augen.
Seit 1943 war Bonatz als Ratgeber in der
Türkei tätig, wohin er sich 1944 vor den
Nachstellungen der NS-Machthaber rettet.
1946–1954 ist er Entwurfsprofessor in Istanbul und baut in dieser Zeit (1947/48) in einem verschlankten spät-neoklassizistischen
Stil die Staatsoper Ankara um.
1954 nach Stuttgart zurückgekehrt, gilt die
letzte Arbeit bis zu seinem Todesjahr 1956
dem Lehrer Theodor Fischer. Er rekonstruiert die Arkadenfront seines kriegszerstörten Stuttgarter Kunstgebäudes am Schlossplatz und versucht dabei zu demonstrieren, was er in seinen letzten Jahren noch
erreichen wollte: „Heiterkeit, Liebenswür-
digkeit, Leichtbeschwingtes". Es ist ihm gelungen. Er hat dieses Stadtzeichen gerettet,
das im Übrigen Richard Döcker als Stuttgarter Wiederaufbaubeauftragter als „Kor-

ken im Flaschenhals" der Oberen Anlagen weghaben wollte. Dass Bonatz „gegen den Abbruch des edlen Kronprinzenpalais (den) Zeigefinger" erhob, hat, wie man weiß, nichts genutzt. Dass es seinem Stadtzeichen und Opus magnum, dem Hauptbahnhof, nach neuerlichen Stadtzerstörungsplanungen im Vollzug des Verkehrsprogramms „Stuttgart 21" entscheidend an den neomonumentalistischen Muschelkalkleib gehen könnte, steht derzeit zu erwarten.

Zu Bonatz' Schülern an der TH Stuttgart gehören – ausgerechnet – die beiden Stuttgarter Weißenhofarchitekten Richard Döcker und Adolf G. Schneck, aber auch ein Vertreter des Organischen Bauens wie Rolf Gutbrod. An Döcker, der vom Schüler zum Antipoden werden sollte, störte Bonatz, Pfizer zufolge, „mehr als dessen ihm frem-

des Bauen seine Humorlosigkeit und sein tierischer Ernst". Überhaupt scheinen Humor und Geselligkeit ein bestimmendes Moment im Wesen des Baumeisters gewesen zu sein; so soll er, wieder nach Pfizer, brilliert haben im Nachahmen anderer. Seine Feste, etwa im Turm des Hauptbahnhofs, waren berüchtigt. Auch an Ehrungen hat es nicht gefehlt – damit angefangen, dass er ein äußerst beliebter Lehrer war, gab es Orden vom letzten württembergischen König Wilhelm II., Anerkennung der Britischen Architekten, etliche Ehrenbürgerwürden und die Mitgliedschaft in der Bayerischen Akademie der Schönen Künste. Bonatz war Ehrenmitglied des BDA und schließlich Ehrenmitglied in der Friedensklasse des Pour-le-mérite, wie sein Kollegenfreund Paul Schmitthenner, der ihm 1957 dort die Gedenkrede hielt.

Döckers „Vierfarbenhaus" am Viergiebelweg in unmittelbarer Nähe der Weißenhof-Siedlung erinnert an Döckers traditionelle, von seinem Lehrer Bonatz geprägte Erste Stuttgarter Schule.

RICHARD DÖCKER (1894–1968)

Auch wenn es pathetisch klingen mag und unser Baumeister wohl von all seinen Zeitgenossen Pathos am entschiedensten ablehnte – Döckers Biografie müsste man mit „Glanz und Elend des Architekten"

Der „Robespierre" unter den württembergischen Architekten: Richard Döcker.

überschreiben. Er gilt als der Baumeister der „moderne" in Stuttgart, auch wenn er noch zu Beginn der Zwanzigerjahre, etwa an Stuttgarts Birkenwaldstraße, im Rahmen der so genannten Kleinen Weißenhofsiedlung recht gekonnte Häuser mit durchaus spitzgiebligen Steildächern, mit Sprossenfenstern und Klappläden gebaut hat – also beste Fischersche Stuttgarter Schule und für Döcker und die seinen ja bald schon Inbegriff eines heimattümlichen, rückwärts gewandten Bauens. Drüben nämlich, nur wenige hundert Meter Luftlinie, begann man 1926 mit den Planungen zur Weißenhofsiedlung, bei denen sich die progressiven Werkbundmitglieder um Ludwig Mies van der Rohe, die „Flachdachhäupter" durchgesetzt hatten. Zusammen mit nationalen und internationalen Stararchitekten wie Poelzig, Rading, Hilbersheimer, Beh-

rens oder Stam, Oud und Le Corbusier durfte Döcker nicht nur zwei Häuser am Weißenhof für die Werkbundausstellung „Die Wohnung" bauen, er hatte auch die örtliche Bauleitung inne. Und es ist wohl vor allem ihm zu danken, dass die Weißenhofsiedlung nach immensen Problemen kaum ein halbes Jahr später „stand" und im Sommer 1927 einer staunenden (Welt-) Öffentlichkeit vorgeführt werden konnte. Sicherlich der Höhepunkt in Döckers Baumeisterleben und im Übrigen die einzige Tat, um derentwillen der Dehio ihn heute wenigstens erwähnt.

Richard Döcker, und das passt zu seinem sozialen, „linken" Engagement, war vor allem ein Siedlungs- und Krankenhausbauer. Mit seinem „treuen Eckehardt", Hugo Keuerleber, hat er die genannte „Kleine Weißenhofsiedlung" (offiziell „Siedlung Viergiebelweg") gebaut und mit ihm zusammen bereits 1921 einen Hochhausgürtel auf Stuttgarts Halbhöhenlage und um die Kernstadt herum angedacht – vertikale Siedlungen sozusagen ringsum als Wächter über der Stadt. Modernen Festungstürmen gleich sollte ein Kranz von Hochhäusern um die Kernstadt samt einem zentralen Hochhausbündel um den Schlossplatz Stuttgart davor bewahren, „an seinen Hügeln gestaltlos zu zerfließen".

Mit Willi Baumeister, beide kannten sich wohl aus dem von Martin Elsaesser gebauten Haus von Hans und Lily Hildebrandt auf der Stuttgarter Gänseheide, *dem* (privaten) Stuttgarter Künstlerzentrum der Zwanzigerjahre, macht er Möbel; Döcker entwirft und Baumeister bemalt sie. Ein wichtiges Zeugnis beider Zusammenarbeit war das Waiblinger Krankenhaus (1926–1928). Der Architekt Döcker erdenkt das mit seinen ausladenden Terrassen für Luft- und Lichttherapie beispielgebende Gebäude, der Maler Baumeister versieht es im Inneren mit Fresken. Die Kreisstadt Waiblingen war diesem künstlerischen Ereignis allerdings nicht gewachsen und entledigte sich der Angelegenheit in den frühen Fünfzigerjahren durch Abriss.

Im Stil seiner beiden Weißenhofhäuser baut Döcker auch das Haus Vetter (1926/27) in der Birkenwaldstraße, auf der Geroksruhe das Haus Dr. Kilpper (1927–1929) und 1928 das von dem Arzt und Schriftsteller Friedrich Wolf bestellte „Reformismus"-Anwesen Zeppelinstraße 43, schon bald das „Kommunistenhaus" geheißen. Im „Weißenhofjahr" (1927) entsteht auch sein legendäres Lichthaus Luz in der Stuttgarter Königstraße, ein filigranes kleines Hochhaus, das nachts seine Umgebung an- und überstrahlte. 1929/30 baut er schon wieder an Stuttgarter Siedlungen mit wie der in der Ostendstraße oder im Untertürkheimer „Wallmer".

Bei Paul Bonatz

Die Zwanzigerjahre sind Richard Döckers Ära. Schöpferisch von den besten Kräften gefördert und gefordert, überwindet er provinzielles Herkommen und traumatische Kriegserlebnisse. 1894 im württembergischen Weilheim/Teck als Lehrersohn geboren und in Göppingen aufgewachsen, beginnt er noch mit 18, nach Abitur und Praktikum, sein Architekturstudium an der Stuttgarter TH, meldet sich mit Ausbruch des Ersten Weltkriegs freiwillig als „Luftschiffer" zur Zeppelinflotte, wird aber 1915 in der Champagne verschüttet. Beide Beine sind gelähmt; Nervenschock und anderthalb Jahre Lazarett Erlangen, wo man ihn Anfang 1917 als dienstunfähig entlässt. Er studiert weiter an der Stuttgarter TH, die ihn 1918 mit Auszeichnung examiniert. Schon bald war er Mitarbeiter und von 1922–1925 auch Assistent bei Paul Bonatz, der damaligen Eminenz unter den Baumeistern an der Stuttgarter TH.

Als „akademischer" Architekt war Döcker also ähnlich erfolgreich wie als freiberuflicher. Dann aber kam mit dem Jahr 1933 der Bruch. Die schöne Neue Welt des „fortschrittlichen bauens" brach zusammen. Döcker, zumal als Beteiligter am Weißenhof und entschiedener Flachdachkämpfer, war jetzt „Kulturbolschewist". Zwar kann er nach 1933 noch arbeiten und wird auch mit Kollegen wie Albert und Hans Eitel sowie Schmohl & Staehelin 1934 zu einem Siedlungsprojekt herangezogen, diesmal im Vogelsang (Stuttgart-West). Aber die Reaktion am Bau erdrückt ihn. Der Architekturhistoriker Werner Durth in einem Stuttgarter Symposiumsbeitrag zu Döckers hundertstem Geburtstag (1994): „Während Mies van der Rohe eine öffentliche Ergebenheitsadresse an Adolf Hitler unterschrieb, während selbst integre Mitstreiter des Neuen Bauens wie Elsaesser, Gropius und andere sich noch 1934 am großen Wettbewerb

um Zukunftsprojekte des barbarischen Dritten Reichs beteiligten, sah Richard Döcker, mit vierzig Jahren auf dem Höhepunkt seiner Schaffenskraft, mit Hellsicht und innerer Düsternis das Ende des Neuen Bauens, wie er es verstand."

Es gibt Hinweise auf eine tiefe Depression. 1934 schreibt er an den nach London emigrierten Erich Mendelsohn: „Ein Jahr ist vergangen, das zu Anfang noch alle Hoffnungen zuließ, dass wenigstens auf dem Gebiet der Kunst und vor allem unserer Baukunst Leistung, Wert und Niveau usw. gelten und siegen würden ... Ich bin ja bar jeglicher Hoffnung." Und Ende 1935 bittet er den fernen Kollegen: „Schicken Sie mir doch irgendetwas, damit man sieht, dass es noch Arbeit gibt und Arbeit wird ... Hier in Stuttgart ist alles abgeschnitten, man hört einfach auf – man lebt nur, weil man nicht verhungert, man baut kleine Hütten und Ställe, aber zu gestalten oder zu schaffen gibt's nichts."

Döcker baut zu dieser Zeit vor allem Wohnhäuser im Württembergischen und fasst dann 1939 den Entschluss, an der Stuttgarter TH Biologie zu studieren, bis er von 1941 bis 1944 ins Wiederaufbauamt Saarbrücken dienstverpflichtet wird, wo er auf seinen Gesinnungsgenossen Walther Hoss trifft, nachmalig eine verhängnisvolle Zusammenkunft für Stuttgart!

Eine neue Stadt

Das Ende des Dritten Reiches birgt für Döcker eine neue Karriere: Nun, mit 51, sollte er noch einmal die Chance erhalten, seine Version vom „neuen bauen" in großem Stil zu vervollkommnen. Noch 1945 wird er Vorsitzender des BDA Nordwürttemberg und 1946 Leiter der „Zentrale für den Aufbau der Stadt Stuttgart (ZAS)", also der „Wiederaufbaudirektor" Stuttgarts, in welcher Position er sich geradezu fundamentalistisch entwickelt. Döcker strebt nach

„bleibenden Werten", nach der „Einrichtung der Zukunft vieler Generationen", ja gar dem „Neubau einer Welt." Und dies aus dem kriegszerstörten und bettelarmen Stuttgart heraus! Döckers Biografin Friederike Mehlau-Wieking 1985: „Seine Vorstellungen zum Wiederaufbau waren ... heutigen Ansichten gänzlich konträr, vor allem in Bezug auf die Denkmalpflege. Döcker verfolgte zunächst den Gedanken, wie sein Kollege Bodo Rasch berichtete, die Stadt einzuebnen und aufzuforsten. Die neue Stadt sollte auf das freie Land in die Gegend von Ludwigsburg verlegt werden." Der Protagonist von einst mochte darin eine letzte Gelegenheit gesehen haben, „Städte gesund und schön zu bauen." Er war ganz offensichtlich besessen vom Gedanken der „Ville radieuse", der „strahlenden Stadt", die sich Le Corbusier 1935 aus-

Döcker war, wie sein politisch etwas gemäßigterer Kollege und Landsmann Karl Beer vor allem Siedlungsbauer. Links ein Komplex am Stuttgarter Ostendplatz, rechts im Untertürkheimer Wallmer (beide um 1930).

gedacht hatte und den Döcker ja von seinen Weißenhofaktivitäten 1927 her kannte. Mag auch sein, dass ihn seine Naturkunde-Studien zu solch hypertrophen Austauschprogrammen zwischen Biologie und Architektur bewogen haben.

Jedenfalls: Wiederaufbau als alles umwälzende Kehrwoche. Ein missionarischer, pietistisch-calvinistischer, ein nachgerade bilderstürmerischer Furor scheint sich des früheren Reformers bemächtigt zu haben. Döcker, ein Robespierre, besessen von der Abschaffung der Baugeschichte. Der Stuttgarter Bauhistoriker Dietrich W. Schmidt analysiert in dem genannten Symposion (1994) die ideologische Seite jenes Generalbaumeisters: Tatsächlich sei es ihm bei der Wiederaufbaudiskussion 1953/54 vor allem um Abrisse gegangen; Alte Akademie, Theodor Fischers Kunstgebäude, nach Döcker ja der „Pfropf im Flaschenhals" der Oberen Anlagen, dazu das Neue Schloss bis auf den ältesten, den Rosengartenflügel Leopoldo Rettis als Erinnerungsrest. „Auf historische Orientierung und Symbolwerte legte (dieser) Zweckrationalist keinen Wert", so Schmidt, den späten Neuerer dann zitierend: „Ein Schloss benötigt man weder heute noch künftighin und einen

derartig nur repräsentativen, aber meist unzweckmäßigen Bau würde niemand jemals wieder erstellen." Fast wie ein DDR-Funktionär hat der Wiederaufbaudirektor damals polarisiert: Es sei „der Kampf der Konservativen und dicht daneben aller reaktionären Elemente ... gegen das Neue".

Die Baugeschichte verdrängen

Dietrich W. Schmidt attestiert Döcker, dieser tragischen Architektenfigur zwischen Nazi- und Nachkriegszeit, eine „Geschichts- und Feudalismusphobie", mit der er aber durchaus nicht allein gewesen sei. So habe etwa das Stuttgarter TH-„Urgestein" Max Bense die „kulturelle Restaurationspolitik und ideelle Hispanisierung im Kopf derer" beklagt, „die es für denkwürdiger halten, ein Palais zu imitieren, als eine ‚strahlende Stadt' aufzubauen."

Richard Döcker wird 1947 ordentlicher Professor für Städtebau und Entwerfen an der Stuttgarter TH, wo er die Architekturabteilung aufbaut und dabei auch seine Geschichtsphobie nachhaltig implantiert. Roland Ostertag, mittlerweile eine Art architektonisches Gedächtnis Stuttgarts und in den Fünfzigerjahren Döckers Student, über seinen Professor: „Auch als Städtebauleh-

rer war er primär Architekt (von Einzelbaukörpern) ... Stadt ... war ohne Geschichte, sie hatte Platz zu machen für das Neue ... sie war namenlos, aufgelöst, sie wurde reduziert auf frei im Raume stehende Baukörper, festgehalten am Davonschwimmen durch die Berücksichtigung von Himmelsrichtung / Besonnung, Höhenlinien." An den „Pädagogen" Döcker erinnert er sich so: „Wir hatten Angst vor ihm, Angst vor seinen Äußerungen, vor seiner manchmal ätzenden, vernichtenden Rest-am-Boden-zerstört-Kritik." Auch beschreibt Ostertag die quasi pietistische Lust des Lehrers am Demütigen: „Meine Herren, Sie wollen doch auch einmal einen weißen Kittel tragen. Wissen Sie, dann werden Sie Friseur, Metzger, die tragen auch weiße Kittel." 1958, ein Jahr vor Erreichen des Ruhestandsalters, lässt der „kleine, alte Mann", wie

Ostertag Döcker trotz allem liebevoll nennt, sich emeritieren: „Er ragte aus einer Zeit herüber, die nicht mehr unsere Zeit war, architektonisch als auch menschlich." Im Jahr seiner Emeritierung verleiht ihm Karlsruhes TH die Ehrendoktorwürde, wohl auf Vermittlung seines Professorenkollegen und Gleichgesinnten Egon Eiermann. 1968 stirbt Döcker in Stuttgart. Er, der ehemalige Generalbevollmächtigte für den Wiederaufbau Stuttgarts, in welchem Amt ihm sein Freund und Gesinnungsgenosse Walter Hoss nachfolgte, hat nicht verhindern können, dass man das „Kaufhaus Schocken" seines verehrten Kollegen Erich Mendelsohn 1960 abriss und durch einen jener berüchtigten Häkelmusterbauten eben Egon Eiermanns ersetzte. Quelle tragédie im Namen eines wie auch immer begriffenen Fortschritts!

ter in Deutschland angehört. Hugo Häring wird ihr Sekretär. (Als Reaktion darauf entsteht später „Der Block", ein Zusammenschluss der traditionalistischen Architektenschaft.)

Häring beteiligt sich damals an Berliner Großsiedlungsprojekten wie Fischtalgrund (Zehlendorf) und Siemensstadt (1929–1931), bleibt aber doch immer mehr Theoretiker als Praktiker. Und man muss es von hier aus bedauern, dass seine wenigen exemplarischen Arbeiten meist im Norden Deutschlands stehen, wie etwa ganz in der Nähe von Gut Garkau eine Räucherwarenfabrik im holsteinischen Neustadt (1925). Härings eigentlich aktive Zeit beschränkt sich auf die Jahre 1921 bis 1933. Das Dritte Reich übersteht er, wie sein „Ring"-Kollege Richard Döcker, in einer Art „innerer Emigration", denn er konnte, trotz allem, wie der Stuttgarter Bauhistoriker Jürgen Joedicke in einem biografischen Aufsatz von 1982 anmerkt, „nur in Deutschland leben". Er baut nur einige Einfamilienhäuser, leitet von 1935 an eine private Kunstschule und lässt sich 1943 wieder in der Heimatstadt Biberach nieder.

Hierzulande erinnern vor allem seine beiden Biberacher Einfamilienhäuser an ihn, 1950 für Guido und Werner Schmitz entworfen. Eine lebendige, sensible Spätmoderne, die wenig Mitstreiter gefunden hat. Allenfalls an den um elf Jahre jüngeren Hans Scharoun, mit dem Häring sich auch inhaltlich eng verwandt fühlte, ließe sich dabei denken. Beide gehörten ja ohnedies zu den Protagonisten des „Organischen Bauens": Häring gar gilt das Haus als „Organ seiner Bewohner", ja, als „Organ des Wohnens".

Joedicke führt dies „Organische Bauen" auf die „Analogie zur Natur zurück" und zitiert den (ebenfalls) klein schreibenden Häring

HUGO HÄRING (1882–1958)

Hugo Häring, 1882 als Sohn eines Kunst-Schreinermeisters in Biberach / Riss geboren, gehörte der Generation von Gropius, Le Corbusier oder auch Mies van der Rohe an. Seinen Vater nennt Häring einen „Problemierer", mit welchem Wort er dessen Erfindungsreichtum umschreibt. Aber auch Häring galt später als „Tüftler". 1903 legte er an der TH Stuttgart sein Architektur-Staatsexamen bei Theodor Fischer ab, dessen konsequenter Schüler er im Inhaltlichen bis zuletzt bleiben sollte. Denn Fischers Grundüberzeugung, Bauen müsse aus Umgebung und historischer Substanz heraus wachsen, hat er zeitlebens verfolgt.

1921 lässt er sich als Freier Architekt in Berlin nieder – mittendrin sozusagen, bei Mies van der Rohe, der ihm einige Räume überlässt, sodass die beiden doch so unterschiedlichen Architekten eine Zeit lang Tür

an Tür arbeiten. In diesem Büro entsteht seine berühmteste Arbeit, das Gut Garkau bei Lübeck (1924/25). Und es konstituiert sich hier 1926 auch der „Ring", ein Zusammenschluss progressiver Architekten, dem die gesamte Elite der modernen Baumeis-

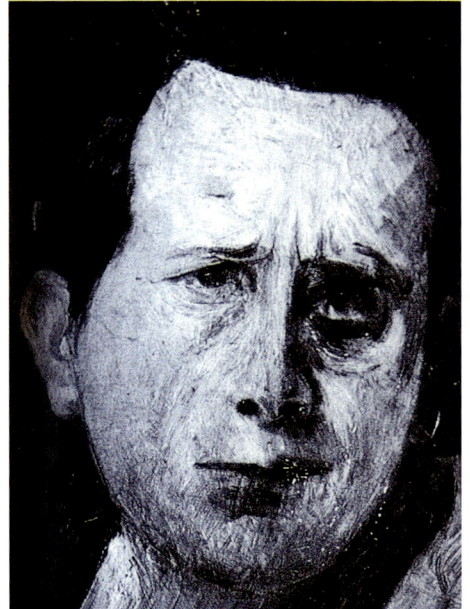

Theoretisch Theodor Fischers konsequentester Schüler: Protagonist des „Organischen Bauens", Hugo Häring.

selber: „In der natur ist die gestalt das ergebnis einer ordnung vieler einzelner dinge im raum in hinsicht auf lebensentfaltung und leistungserfüllung sowohl des einzelnen wie des ganzen ... Wollen wir also formfindung, nicht zwangsform, befinden wir uns im einklang mit der natur."

Gültigkeit aus dem Kontext

Was bei Härings Architekturphilosophie insbesondere an seinen Lehrer Theodor Fischer erinnert, ist einmal die Überzeugung, ein Bauwerk sei eine je und je individuelle Lösung für einen jeweils bestimmten Ort; also keine standardisierten Vorgaben.

Denn ein Bau kann nach Häring nicht einfach ausgetauscht oder versetzt werden. Er bezieht seine Gültigkeit aus dem Kontext, in den er eingebunden ist. Insofern wird auch die Materialauswahl durch regionale Überlieferungen bestimmt. Häring: „Die Materialien, aus denen der Bau errichtet

ist, gehen also nicht in dem Ideal der reinen Form auf, sondern sie behalten ihren Eigenwert als Teil im Ganzen."

Ganz im Gegensatz zu den weiß verputzten Quadern, dem Ideal der Moderne! Insofern erscheint Härings Bauen als Alternative zur Architektur des internationalen Stils der Zwanzigerjahre wo nicht gar, so der Häring-Biograf Peter Blundell Jones „als verlorener Schlüssel zu den Zwanzigerjahren" – als Vermittlung von Moderne und Natur.

Hugo Häring ist 1958 in Göppingen gestorben. Elf Jahre später hatte der Bund Deutscher Architekten (BDA) Baden Württemberg den honorigen Einfall, einen Preis nach dem großen oberschwäbischen Theoretiker auszuloben, der als eine Art zweistufige Anerkennung ausgelegt wird – in der ersten Phase werden „Gute Bauten" ausgezeichnet, aus denen dann ein Jahr später auf Landesebene die Auswahl für den Hugo-Häring-Preis erfolgt. Es können dabei mehrere Objekte preisgekrönt werden. Dieser Hugo-Häring-Preis ist die begehrteste Architekturauszeichnung im Land.

Ein in seinem Nonkonformismus Hugo Häring eng verwandter Baumeister, Günter Behnisch, war auf diesen Preis geradezu abonniert: U-Straßenbahnhaltestelle am Stuttgarter Schlossplatz (1981), Landesgeschäftsstelle des Diakonischen Werks in Stuttgart (1984), HYSOLAR-Forschungs- und Institutsgebäude auf dem Universitätscampus in Stuttgart-Vaihingen (1988) oder der Kindergarten Stuttgart-Luginsland (1991). In seinem Biberacher Symposionsbeitrag zum hundertsten Geburtstag Hugo Härings im Mai 1982 bringt Behnisch sein Prinzip des „Demokratischen Bauens" mit Härings Philosophie vom „Organischen Bauen" in einen dialektischen Zusammen-

Das Hofgut Garkau (1924/25) steht bei Lübeck.

hang: „Ja – es gibt eine Architektur der Demokratie und diese ist anders, funktioniert anders und sieht auch anders aus als die Architektur der Apparate des Staates, der Produktion und der Konzerne, anders als die Architektur der Griechen, Römer, Ägypter, anders als die Architektur des Matabolismus, Brutalismus, Rationalismus, Kubismus usw. ... eine solche Architektur wird fairer, offener, weniger rechthaberisch, toleranter, weniger auf dem Sockel, auf keinen Fall totalitär sein, sie wird differenzierter, weniger hart, weniger monumental sein. Sie wird menschlicher sein, natürlicher, wahrscheinlich hätte Hugo Häring gesagt: organischer.“

Unbeugsam konservativ, durch alle Stilepochen hindurch: Paul Schmitthenner.

PAUL SCHMITTHENNER (1884–1972)

Paul Schmitthenner war wohl das, was man einen „Mordskerl“ nennt und wie kein Zweiter seiner Generation auch einer „vom Bau“. Legendär sind seine Auftritte bei Richtfesten, als er dem staunenden Publikum Handstände im Dachgebälk darbot; man sagt, seine bauhandwerklichen Fähigkeiten hätten auch manchen Polier in Staunen versetzt.

Bauen war für Schmitthenner erst einmal Handwerk. Er hat darin eher mit spätbarocken Meistern zu tun als mit der Neuen Sachlichkeit, in die er hineingeboren wurde.

Schmitthenner war wohl ein Unzeitgemäßer, und darin eben auch ein Unpolitischer. Goethes Weimarer Gartenhaus, das Leitfossil seiner bauhandwerklichen Arbeit – Steinsockel mit tief herabgezogenem Steildach, wagenburghafte Geborgenheit für einen solchen Dachhausbesitzer zumindest – war ihm wiederum der Inbegriff des „Deutschen Hauses“. So auch der Titel seines in mehreren Auflagen erschienen publizistischen Hauptwerks. Die Villa Roser oben am Stuttgarter Killesberg, ganz in der Nähe des Weißenhofs, sozusagen dem Schicksalshügel der Stuttgarter wo nicht der deutschen Architektur zwischen 1910 und 1935, ist, wie viele andere Villen, die Schmitthenner gebaut hat, eine Art Remake dieses Gartenhauses. Anderes hat er kaum konzipiert. Eigentlich ging es ihm nur ums (Wohn-)Gehäuse.

Julius Posener, Berliner Architekt und auch ihr Theoretiker über Schmitthenner: „Er hatte sich als Mann der so genannten Stuttgarter Schule einen Namen gemacht. Das war die Schule, welche das Handwerk wiederbeleben wollte und Wert auf das gute, sprechende handwerkliche Detail legte. Wir Studenten in Berlin wurden damals von zwei neuen Schulen der Architektur angezogen, der Stuttgarter oder Dessauer Schule. Wir dachten wohl alle daran, eine Zeit lang entweder nach Stuttgart zu gehen oder ans Bauhaus.“

Die Dresdner Bank (1950–1954) am Stuttgarter Schlossplatz ist das Nachbargebäude zum Kunstverein seines Lehrers und Vorbilds Theodor Fischer. Gutes Stuttgarter-Schule-Handwerk, aber doch um Jahrzehnte zeitversetzt, zu spät!

Konservative Grundüberzeugung

Das war Mitte der Zwanzigerjahre und unser Baumeister damals schon ein Star an Stuttgarts TH. 1884 wurde er als Paul August Wilhelm Schmitthenner im unterelsässischen Lauterburg nahe der Grenze zum ostpfälzischen Bienwald, also im unmittelbaren kulturellen Dunstkreis der großherzoglichen Residenzstadt Karlsruhe geboren. Der Vater, ein Gerichtsbeamter, war aus der Pfalz ins seinerzeit „reichsdeutsche" Elsass zugewandert. Die Begeisterung für Architektur scheint früh geweckt. Noch als Gymnasiast besucht der junge Paul die damals wegweisende Siedlungs-Ausstellung auf der Darmstädter Mathildenhöhe, zeigt sich aber wenig angetan von dem dort hoch blühenden Jugendstil – es erweist sich früh eine tief konservative Grundüberzeugung bei ihm, ein Aber gegen alles Moderne, Designerische, Elegante, Unverwurzelte, nicht Traditionsgebundene.

1902 verlässt Paul Schmitthenner – ohne Abitur – das Gymnasium in Schlettstadt, bringt es aber fertig, sich in der Architekturabteilung der Karlsruher TH einschreiben zu lassen. (Es war das Karlsruhe von Billing und Curjel & Moser, damals die progressivste Architekturszene im Südwesten.) 1904 wechselt er für kurz an die TH nach München, wo er auf Exkursionen insbesondere die regionaltypische Architektur studiert, kehrt aber bald wieder nach Karlsruhe zurück um dort vor allem von Max Läuger und Carl Schäfer Impulse zu beziehen. Politisch, Schmitthenner ist jetzt gerade zwanzig, haben es ihm die national-sozial-liberalen Ideen Friedrich Naumanns angetan. Naumann sollte ja besonders die Entwicklung des Liberalismus im Südwesten entscheidend beeinflussen, gerade bei der Gründergeneration des württembergischen Werkbunds um den Heilbronner Silberwarenfabrikanten Peter Bruckmann, um Theo-

dor Heuss und Gustav Stotz, alle drei wiederum organisatorische Gründerväter der Stuttgarter Weißenhofsiedlung.

Nach dem Diplom 1907 wird Schmitthenner sogleich Leiter des Hochbauamts im elsässischen Colmar und heiratet 1908 in Freudenstadt, dem Ort, an dessen Wiederaufbauplanung er 1946 wesentlich beteiligt sein sollte. Die Colmarer Arbeit genügt ihm nicht. Auf der Suche nach einer wegweisenden Autorität wendet er sich an Theodor Fischers Privatatelier in München. Der stellt ihm die Bauleitung für sein Stuttgarter Kunstgebäude in Aussicht und vermittelt ihn zu seinem kongenialen Freund und Kollegen Richard Riemerschmid. Für ihn ist Schmitthenner zwischen 1909 bis 1911 an der spektakulären Wohnsiedlung Hellerau bei Dresden tätig. Er schließt Freundschaft mit Heinrich Tessenow und Hans Poelzig, wird in den 1907 gegründeten Werkbund aufgenommen und gehört nun, um 1913 und noch keine dreißig, zum Hochadel der deutschen Architektenschaft. Es erreicht ihn der Auftrag für die Gartenstadt Staaken bei Berlin, den er 1917, im Krieg, abschließt und der ihm erhebliches Renommee einbringt. Er befreundet sich mit dem jüdischen Journalisten Fritz Wertheimer, der die Freistellung des als Soldaten einberufenen Schmitthenner bewirkt. Statt in den Krieg zu ziehen, wird er Ordinarius an der Stuttgarter TH, wo er noch 1918 zusammen mit Paul Bonatz die von Theodor Fischer vorgedachte „Stuttgarter Schule" begründet.

Sinnvolle Grundrissminimierung

Dann gestaltet sich die Auftragslage für den Architekten Schmitthenner eng, im Gegensatz zu der seines Kollegen Bonatz. 1923 baut er für die „linken" und pazifistischen, miteinander befreundeten Schriftsteller René Schickele und Anette Kolb zwei Häuser in Badenweiler eben nach Art von Goethes Gartenhaus mit weit herabgezogenem Steildach. Die geistreiche Anette Kolb: „Werde ich gefragt, was mir an meinem mannshohen Hause am besten gefällt, so muss ich sagen: Es ist dessen Weite. Trügerisch nämlich, ich weiß nicht infolge welchen Kunstgriffes, ist dessen äußere Kleinheit. Das Auge ist ein Organ wie der Ellenbogen oder das Knie, und wie diese an Ecken, so stößt es sich an die Enge immerdar. Und ebenso gewöhnt es sich nie an die Geräumigkeit, sondern erfreut sich immer von neuem daran. Dabei ist mein Badezimmer eine Kabine, mein Schlafzimmer eine Zelle, mein Arbeitszimmer ein viereckiges Gelass, mein Speisezimmer desgleichen, nur mein Wohnzimmer ist im Vergleich sehr groß. Zwei schöne Fenstertüren führen ins Freie. Es wächst ins Riesige, verglichen mit dem Arbeitszimmer. Vielleicht ist dies der Kniff! Mein Vorplatz ist nicht der Rede wert, meine Treppe zählt dreizehn ganze Stufen, mein Gaststübchen ist schon eine Mansarde.

Das „Alte Waisenhaus" (1925) am Stuttgarter Charlottenplatz ist, ähnlich wie das gegenüberliegende Schloss, eine Schmitthennersche Rekonstruktionsarbeit.

Morgengabe der Ersten Stuttgarter Schule an die neuen Machthaber. Die Kochenhofsiedlung (1933), als „Rache" für die nahe Weißenhofsiedlung, unter der Regie Schmitthenners entstanden. Hier einer der charakteristischen Spitzgiebel.

Und doch sage ich nie ,mein Häuschen', sondern immer ,mein Haus'. Nicht aus Größenwahn, sondern weil es sich tatsächlich groß bewohnt und weil irgendein kurioses Problem, hinter das ich nicht komme, damit gelöst worden ist."

Die architekturgeschichtliche Bedeutung des Badenweiler Kolb-Hauses ist 1985 in einem Katalog der Bayerischen Akademie der Schönen Künste mit dem Titel „Süddeutsche Bautradition im 20. Jahrhundert" dargelegt. Dort gilt es geradezu „als Beispiel für die sinnvolle Minimierung eines Grundrisses für ein Haus bestimmter Zweckbestimmung. Das Haus der Anette Kolb ist ein Beispiel für eine von Paul Schmitthenner propagierte und ausgeführte Bauweise in

sparsamer Fachwerkkonstruktion mit speziellen Techniken und Materialien".

1925 wird das auf Vermittlung Wertheimers entstandene Deutsche Auslandsinstitut am Stuttgarter Charlottenplatz fertig – im Volksmund noch immer als „Altes Waisenhaus" bekannt. Das Gebäude, 1705 für Eberhard Ludwigs Leibgarde gedacht, geht auf Stuttgarts erste Kaserne zurück. 1712 bezog eine Waisenanstalt die vierflügelige Anlage, die Ende des Jahrhunderts von Herzog Carl Eugens Hofbaumeister R. F. H. Fischer umgebaut und vergrößert wurde. Seine spätbarocke Version hielt sich bis 1922. Dann wurde die Anstalt nach Ellwangen verlegt und das Stuttgarter Haus weitgehend abgerissen. Unter Einbeziehung von Fischers erhalten gebliebenen Fassadenresten entstand ein historisierender Komplex um einen trapezförmigen Innenhof. Auffallend besonders die hohen Dacherker und die verzierten Portale. Wenn auch ein architektonischer Spätling in seiner Zeit, erfüllt es noch immer mit einem der wenigen begeh- und benutzbaren Innenhöfe des Stuttgarter Zentrums die Forderungen nach „demokratischer Architektur". Von hier aus sendete übrigens auch „Radio Stuttgart". Wie Matthäus Eisenhofer, Chronist dieses Senders, erzählt, waren die Sommerfeste im Alten Waisenhaus alsbald ein gesellschaftliches Muss.

In jenen Tagen ist Paul Schmitthenner auch an ersten Vorplanungen zur Weißenhofsiedlung beteiligt, bei der man ihn dann ja – ihn, den seit Staaken ausgewiesenen Siedlungsarchitekten – ausgerechnet an seinem eigentlichen Wirkungsort Stuttgart ausbootete, wie auch seinen Kollegen Paul Bonatz. 1927, dem Jahr der Weißenhof-Eröffnung, sind beide in Reaktion darauf aus dem Werkbund ausgetreten. Bonatz konnte der fertigen Werkbundsiedlung am Weißenhof vorübergehend etwas abgewinnen, Schmitthenner nie. Seine Feindschaft gegenüber

dem Stuttgarter Kollegen – und Bonatz-Schüler – Richard Döcker, dem Bauleiter der Weißenhofsiedlung, hielt lebenslang.

Dabei beherrschte Schmitthenner auch das Flachdach. Zumindest nach dem kaum angehobenen, äußerst flachen Walm seiner Hohensteinschule in Stuttgart-Zuffenhausen zu schließen. Es entsteht der Eindruck eines Kubus im Stil der neuen Sachlichkeit; ohne regionaltypische Bindung, ohne Anspielung auf die Umgebung, ein ubiquitärer Bau, der überall sein könnte, allerdings wieder mit eindeutig Schmitthennerschen Momenten: handwerklich feinste Ziegelsteinarbeit statt neutralisierendem Putz oder auch steinerne Fensterumrahmungen statt einfacher Schlitze.

Schmitthenner hat die Zurückweisung am Weißenhof nie verwunden und beginnt sich bereits vor der Machtergreifung dem Nationalsozialismus zuzuneigen. 1932 engagiert er sich im NS-Kampfbund für deutsche Kultur, hält entsprechende Vorträge und beteiligt sich an dem Wahlaufruf von 52 Hochschullehrern „Deutsche Geisteswelt für den Nationalsozialismus". Sein berühmt-berüchtigtes Buch „Das Deutsche Wohnhaus" erscheint – die Hommage an Goethes Weimarer Gartenhaus.

Weltausstellungspavillon „zu schlicht"

1932 erhält Schmitthenner auch den Auftrag zum Wiederaufbau des abgebrannten Stuttgarter Alten Schlosses. Im Machtergreifungsjahr 1933 übernimmt er dann die Leitung der Kochenhofsiedlung, dem nationalsozialistischen Pendant zur avantgardistischen Weißenhofsiedlung in unmittelbarer Nähe. Zugleich tritt er der NSDAP bei. Seine Freundschaft mit dem jüdischen Journalisten Fritz Wertheimer, dem Schmitthenner ja einiges zu verdanken hatte, zerbricht. Die Londoner „Architectural Review" nennt ihn Ende 1933 in einer Rangliste ausgewählter „Nazi-Architects" an erster Stelle.

Aber die große Karriere, die er sich vom NS-Staat erhofft hatte, entfällt. Sein Entwurf für einen Weltausstellungspavillon in Brüssel wird als „zu schlicht" abgelehnt, und zwar von Hitler selber, der 1934, im Blick auf Schmitthenner und den Spiritus Rector der nationalsozialistischen Baukunst, Paul Schultze-Naumburg, von den „Rückwärtsen" spricht. Ein Signal für die nationalsozialistische Stuttgarter Lokalpresse, Schmitthenner wegen seiner Wiederaufbauarbeiten am Alten Schloss zu demontieren, weil es der Dachgestaltung an „nationalsozialistischer Baugesinnung" fehle. „Reichsbaumeister", ein Rang, auf den er reflektiert haben mochte, wurde statt seiner Albert Speer. Ihn aber ignoriert wiederum Schmitthenner bei einem Berliner Vortrag über den „Weg der deutschen Baukunst" anlässlich der Weltausstellung 1937 in Paris, indem er Theodor Fischer und Richard Riemerschmid als die eigentlichen deutschen Baumeister der Gegenwart reklamiert, was ihm übel vermerkt wird. Und naturgemäß scheitert auch sein Versuch, die Berliner Reichskanzlei 1937 zu einer offiziellen Ehrung Theodor Fischers zu bewegen.

Also keine Staatsaufträge für das NSDAP-Mitglied Schmitthenner; er baut weitgehend privat. Sein Vortrag „Das sanfte Gesetz in der Kunst" (1941) erregt Ärgernis bei den NS-Kulturmachthabern. Als 1943 elsässische Widerstandskämpfer von einem Straßburger Sondergericht zum Tode verurteilt werden, entwickelt Schmitthenner gar mutige Initiativen: Es gelingt ihm, mithilfe des damaligen Stuttgarter Oberbürgermeisters Karl Strölin, die Exekutionen abzuwenden. Zur Rettung seiner elsässischen Landsleute hat er auch Albert Speer angeschrieben,

der brüsk ablehnt, – und Theodor Heuss, der als freier Publizist damals weitgehend im Verborgenen lebt und sich auch bei dieser Angelegenheit äußerst bedeckt hält. Die Stuttgarter Schule zerfällt. Bonatz, zumindest nach eigenen Angaben den Machthabern längst missliebig, setzt sich 1944 in die Türkei ab.

Als das Gebäude der Stuttgarter Architekturabteilung, Josef von Egles repräsentativer Neorenaissancebau 1944 durch Bomben zerstört wird, begibt sich Schmitthenner, mittlerweile in Kilchberg bei Tübingen ansässig, mit dem Rest der Stuttgarter Schule nach Tübingen, wo ihm die Universität Räume zur Verfügung stellt. Doch muss ihn Ende 1945 der damalige württemberg-badische „Kultminister" Theodor Heuss zu seinem „größten Bedauern" auf Geheiß der US-Militärregierung von seinem Architekturlehramt entbinden.

Keine Rückkehr ins Lehramt

1946 gerät Paul Schmitthenner wegen der Namensgleichheit mit einem ehemaligen badischen NS-Minister irrtümlich sogar in Haft. Sein Spruchkammerverfahren von 1947 beendet er als „vollständig Entlasteter". Seine Intervention für die elsässischen Widerstandskämpfer gab wohl den Ausschlag.

Dazu hatten viele ehemalige Schüler für ihn ausgesagt. Trotzdem, und obwohl sehr beliebt bei den Studenten, blieb ihm die Rückkehr ins Lehramt an der Stuttgarter TH verwehrt. Insbesondere Richard Döcker, damals nicht nur Dekan der Architekturabteilung an der TH, sondern auch Generalbevollmächtigter für den Wiederaufbau Stuttgarts, scheute keine Mühe, Schmitthenner vom Hochschullehramt fern zu halten, und schaltete sogar Walter Gropius ein, der 1933 über London in die USA emigriert

Zuffenhausen, Hohensteinschule (1929/30; auch „Rosenstein"- und „Robert-Bosch-Schule"), auch ein riesiges Ziegelsteingebiet, erinnert an den „neusachlichen" Baumeister, der uns sonst kaum mehr begegnet.

war und nun bei seiner Deutschlandreise 1947 die US-Militärregierung entsprechend davon überzeugen sollte. 1948 kam es gar zu einer an die Militärregierung gerichteten Stellungnahme einiger Kollegen, wonach Schmitthenner ein „Prototyp der überdauernden Hitler'schen Kulturhaltung" sei, weswegen es eine „unverzichtbare Maßnahme der Re-Education" sein müsse, ihn vom Lehramt an der TH fern zu halten. Schließlich wird er auf Vermittlung von Theodor Heuss, mittlerweile Bundespräsident, zum 1. Januar 1950 pensioniert und bekommt wieder Bezüge. Die nachfolgenden Jahre stehen im Zeichen von Versöhnung und Rehabilitation. Er schließt seinen Teilfrieden mit der Moderne und lobt Egon Eiermanns Pavillongruppe bei der Brüsseler Weltausstellung (1958 zusammen mit Sep Ruf) wegen ihrer „sachlichen Sauberkeit". Auch zu Mies van der Rohe, dem Flachdach-Strategen vom Weißenhof, äußert er sich positiv und gibt zu erkennen, dass er ihn „als Künstler" schätze. Mies hatte übrigens Schmitthenners Wiederberufung an die Stuttgarter TH befürwortet.

Nur mit Le Corbusier vermag Schmitthenner gar nichts anzufangen. Eine öffentliche Sitzung des Pour-le-mérite-Ordens funktioniert er 1958 zu einer heftigen Polemik um. Mit dem Bildhauer Gerhard Marcks war er eigens nach Ronchamps gereist, um dort Le Corbusiers Wallfahrtskirche (1950–1954) zu begutachten. Doch auch angesichts einer solchen Bauskulptur repetiert er lediglich den Eindruck, den er schon 1927 von Le Corbusiers Weißenhofhäusern gewonnen hatte: einzigartig, aber kein Bauwerk, stattdessen Filmarchitektur, Fantasiegebilde gegen alle Regeln des Bauens.

Doch beginnt man Schmitthenner nun mit Freundlichkeit zu begegnen. Die Architekturabteilung der TH Stuttgart widmet ihm 1954, zu seinem siebzigsten Geburtstag, eine Feierstunde. Im Jahr darauf reist er in

die DDR, wo die TH Dresden seine ihm 1928 verliehene Ehrendoktorwürde erneuert. Der württembergische Landesverband des BDA ernennt ihn 1959 zum Ehrenmitglied, und das Organ der architektonischen Avantgarde „Baukunst und Werkform" widmet ihm zum 75. einen nachsichtigen Artikel. Sein Engagement als Mitarbeiter der „Aktionsgemeinschaft gegen die atomare Aufrüstung der Bundesrepublik" (seit 1958) verhindert nicht die Verleihung des Großen Verdienstkreuzes mit Stern (1964). Paul Schmitthenner, gegen Ende seines Lebens erblindet, stirbt 1972 hochbetagt in München.

Spektakulärer Wiederaufbau

Nennenswerte Arbeiten nach 1945 sind einmal die Planungen zum Wiederaufbau des in den letzten Kriegstagen zerstörten Freudenstadt, das er unzerstört noch bestens kannte. Doch setzte er sich mit seiner Idee des Wiederaufbaus der von Schickhardt giebelständig errichteten Häuser

nicht durch. Die Freudenstädter entschlossen sich zu einer traufständigen Version. Gleichwohl gilt die Stadt bis heute als eine der herausragenden Rekonstruktionen im Land.

Das spektakulärste Wiederaufbaustück Schmitthenners ist die Dresdner Bank (1949–1955) geworden, der ehemalige König-Olga-Bau am Stuttgarter Schlossplatz. Heftig umstritten und schließlich sogar ein Politikum, weil die Funktionalisten um Richard Döcker verhindern wollten, dass die Stuttgarter Schule überhaupt wieder Fuß fasse in Stuttgart. Doch wünschte der Bankdirektor eine konservative Lösung. Schmitthenner, berühmt für sein Verhandlungsgeschick, fand zwischen allen und allem die Mitte und schuf dabei pars pro toto ein Modell für einen traditionalistischen Wiederaufbau Stuttgarts – mit viel heimischen Materialien wie Sandstein und Cannstatter Travertin, Stuttgarter (Naturstein-)Schule eben, von Bonatz dreißig Jahre zuvor begonnen.

Döcker lehnte eine solche Wiederaufbau-lösung natürlich scharf ab und machte sie 1949 gar zum Gegenstand seiner Antritts-vorlesung an der TH. Von den Progressiven besonders verspottet waren die Klappläden an der Schlossplatzseite – doch hat man längst erkannt, dass dergleichen an der Südwestseite des für Wind und Wetter offe-nen Schlossplatzes vor allem im Sommer Sinn machte.

1953/54 entstand im schwer kriegszerstör-ten Heilbronn an der Ecke Kaiserstraße und Allee ein Ableger dieser Stuttgarter Bank-lösung mit identischen Materialien; eine noble Erscheinung mit fast flachem Dach im sonst wenig augenfälligen Einerlei des Heilbronner Wiederaufbaus. Ein anderes bemerkenswertes Objekt ist der Hechinger

Rathausneubau (1955–1958), gut eingepasst in seine historische Umgebung. Schmitt-henner selber: „Dieses Rathaus ist das Rech-te an seinem Platz und darum auch schön. Diese Arbeit hat mir eine besondere Freude gemacht. Ich habe darin beinahe wieder die Einfalt meiner Frühzeit erreicht, doch die Einfalt steht ja nicht hoch im Kurs, Einfälle entscheiden."

Anders als sein Freund und in jeder Hinsicht variantenreichere Kollege Paul Bonatz, dem „Hirn" der Stuttgarter Schule, war Paul Schmitthenner der architektonisch wie po-litisch weitaus Einfältigere. Bonatz hätte eigentlich sein erklärter Feind sein müssen. So aber verbeißt sich Schmitthenner in sein funktionalistisches alter Ego, eben Richard Döcker.

Möbelbauer und Architekt – wie sein Gönner und Lehrer Bernhard Pankok, dessen Kunst-hochschule am Weißenhof er wesentlich mit-geprägt hat: Adolf G. Schneck.

ADOLF G. SCHNECK (1883–1971)

Gustav Adolf Friedrich Schneck beginnt 1897, mit 14, eine Sattler- und Polsterer-lehre im väterlichen Betrieb zu Esslingen, die er 1900 mit der Gesellenprüfung ab-schließt. Die Jahre bis 1907 gehören der Gesellenzeit in verschiedenen Betrieben und dem Besuch der Kunstgewerbeschule Basel. Dann intensiviert er die Handwerks-praxis und übernimmt von 1907 bis 1917 den elterlichen Betrieb. Zugleich studiert er bei dem Möbeldesigner, Maler und Archi-tekten Bernhard Pankok an der von diesem auch mitgebauten und eben erst eröffneten Kunstgewerbeschule oben am Weißenhof, Schnecks Karrierehügel, wie sich zeigen wird. An der Kunstgewerbeschule absolviert er auch eine Schreinerlehre und nimmt da-zu ein Architekturstudium an der TH Stutt-gart auf, und zwar bei keinem Geringeren als Paul Bonatz.

Nach seinen reichlichen Studien wird er im Frühjahr 1917 Zeichenlehrer am Geislinger Gymnasium, bis er sich, ausgerechnet im Notjahr 1919 und mittlerweile 36, zur Selbst-ständigkeit als Architekt und Möbelentwer-fer entschließt, als welcher er sich beson-ders um das bürgerliche Mobiliar bemüht. (Legendär ist seine so avantgardistische wie stilsichere Gestaltung eines Schied-mayer-Flügels.) Aber schon bald ruft ihn wieder der Weißenhof – Bernhard Pankok bietet ihm an der Akademie einen Lehrauf-trag für Innenarchitektur und Möbelentwurf an, aus dem 1923 eine Professur wird. 1925 gelangt Schneck als einheimischer Ar-chitekt neben Richard Döcker in das natio-nale und internationale Aufgebot für die Weißenhofsiedlung – eine Sensation, denn Schneck war bisher nur als Innen- und Aus-stellungsarchitekt hervorgetreten, vor al-lem im Zusammenhang mit dem Deut-schen Werkbund, der ja auch die Weißen-

hofsiedlung initiierte. Zwar äußerte man sich dann 1926 im Stuttgarter Gemeinderat kritisch gegenüber dem „Innenarchitekten" Schneck, doch als Vorstandsmitglied der württembergischen Abteilung des Werk-bunds hatte der als progressiv geltende Kunsthandwerks-Meister am Weißenhof gute Chancen. So wurde der „Möbelbauer" Schneck den beiden renommierten Vertre-tern der Stuttgarter Schule, Paul Bonatz und Paul Schmitthenner, vorgezogen, eine wirkungsreiche Demütigung für die beiden.

Der Würfel am Weißenhof

Schneck vermag sich zu behaupten am Wei-ßenhof. Er entwickelte den quadratischen Musterhaus-Grundtypus (Haus Nr. 12), der allerdings etwas karg wirkt neben dem „Kleinen Corbusier". Das eigene Wohnhaus für sich und seine Belange, ein „rechteckiger Grundtyp" (Haus Nr. 11), steht zwar auch auf dem Weißenhofgelände, aber nicht

Schnecks Haus innerhalb der Weißenhof-Siedlung (1927), das bescheidenste Viereck des gesamten Komplexes.

mehr im Areal der Mustersiedlung „Die Wohnung" vom Sommer 1927. Schnecks „Rechteckhaus" hätte, im Gegensatz zum „Würfel" von Haus Nr. 12, der Ausgangspunkt für eine Beamtensiedlung auf dem Weißenhof werden sollen, die im Anschluss an „Die Wohnung" gebaut werden sollte. Doch fiel 1926/27 der Plan für dies Projekt den Städtischen Wirtschaftsverhältnissen zum Opfer. So ist allein Schnecks eigenes Wohnhaus, eben das Haus Nr. 11 in der Friedrich-Ebertstraße 114, von diesen Überlegungen übrig geblieben.

Im Gegensatz dazu wurde sein Gebäude innerhalb der Weißenhof-Werkbundausstellung (Bruckmannweg 1) Gegenstand intensiver zeitgenössischer Betrachtung. Über das „Weißenhofsiedlungs-Musterhaus", Schnecks progressivste Architektur überhaupt, heißt es: „Das erfreulich anspruchslose Haus von Schneck (Haus 12) kommt dem geklärten Durchschnittsgeschmack des bürgerlichen Mittelstandes am weitesten entgegen." Schnecks Würfel entspricht dabei im Blick auf die ursprüngliche Idee des billigen und zeitgemäßen Wohnens am ehesten der Weißenhof-Intention: ein weißer Kubus mit einem bis an die Grundstücksgrenze reichenden eisernen Balkon als klarste stereometrische

Hausform des „neuen bauens". Vor allem auch inhaltlich bewegt Schneck sich auf der Linie des Zeitwohnens. Selbst der große Schweizer Kunsttheoretiker Siegfried Giedion (1888–1968) bemerkt damals in den „Basler Nachrichten", es sei die „neue, intensive Verbindung von Schlafzimmer, Bad und Sonnenbalkon im Haus A. Schnecks, die unseren Bedürfnissen sehr entgegenkommt."

Sein Opus magnum, das Haus Urach (1929/30) auf der Schwäbischen Alb.

Schneck schlägt sich auf dem Weißenhof also tapfer gegen die weit namhaftere Konkurrenz. Sein „Modellhaus" ist derart durchdacht, dass sein größtes Werk, das „Haus auf der Alb" (1930) bei Urach sozusagen als dessen Hochvergrößerung gelten kann. Interessant, dass dafür auch das bewährte Stuttgarter Architektenbüro Eisenlohr & Pfennig mitgeboten hat. Sie und Schneck bekamen den ersten Preis, aber Schneck durfte es nach Überarbeitung seiner Pläne bauen. So ist in armer Zeit ein „Tempel des Volkswohls" entstanden, wie er damals genannt wurde. Das mittlerweile aufs Feinste restaurierte Kulturdenkmal wird als Tagungsstätte der Landeszentrale für Politische Bildung in Baden-Württemberg genutzt.

Die Möblierung von Räumen mit Schnecks Originalmöbeln hat angefangen und soll weitergehen. Eine stimmige Ergänzung zu dieser „Totalrestaurierung" im Maßstab 1:1, der ein gewandeltes Denkmalbewusstsein gegenüber der klassischen Moderne zu Hilfe kam, von der ja auch die Weißenhofsiedlung so eminent profitiert hat: Die Broschüre zur Uracher Wiedereröffnung (1992) zitiert den projektleitenden Architekten Hellmut Kuby: „Da sich das Haus auf der Alb, zwar heruntergekommen, sonst aber bis auf einige reparable bauliche Veränderungen noch im Originalzustand befand, bestand die große Chance, hier ein Original in seinem materiellen Urzustand zu erhalten. Deshalb erfolgten alle Entscheidungen nach dem Grundsatz: Wie sah das bei Schneck aus, spricht heute etwas gegen die damalige Ausführung? Dieser Auffassung kam entgegen, dass die einstige und heutige Nutzung ein ähnliches Raumprogramm erfordern."

Muster der Sachlichkeit

Schneck selber äußert sich in einem schönen und in seiner „architektursozialen" Fürsorglichkeit geradezu bewegenden Text im „Baumeister" vom Oktober 1930: „Die ersten Gedanken bei Besichtigung des Bauplatzes an einem grauen Herbsttage galten den zukünftigen Bewohnern, den Männern und Frauen der Arbeit. Sie sollten sich einmal wohl fühlen und die sozialen Unterschiede vergessen können. Deswegen dachte ich zuerst daran, dass jedes Zimmer gleichwertig sein müsste. Alle nach der besten Richtung und Lage (südöstlich) der Sonne und dem weiten Tale zu. Ich dachte an die schöne Umgebung, an helle, freundliche Zimmer, womöglich jedes mit eigener Terrasse, um jederzeit einen umfassenden Blick in die herrlichen Wälder und die wechselvollen Bilder der Landschaft zu haben. Ich dachte auch daran, dass jeder Bewohner, der hier Erholung sucht, vom eigenen Zimmer aus in frischer Luft und heilwirkender Sonne baden könnte."

Selten einmal kommen Stuttgarter Schule und das „neue bauen" inhaltlich so nahe zusammen wie in diesem Schneck-Text: die Anpassung eines Bauwerks in die Umgebung, diesmal an die Tafelberge der Schwäbischen Alb, die hier auch oder gerade das Flachdach legitimiert. Und dann die architektonisch doch sehr akribisch umgesetzten sozialmedizinischen Forderungen des „neuen bauens" – formal so gekonnt, dass dies Haus auf der Alb bis heute als Musterbeispiel des Sachlichkeitsstils der Zwanzigerjahre gilt.

Nach seiner Weißenhof-Beteiligung und diesem „Haus auf der Alb", das irgendwo auch eine Analogie darstellt zu Richard Döckers Waiblinger Krankenhaus aus den späten Zwanzigerjahren, galt Schneck – wie Döcker – als „Kulturbolschewist". Umso verwunderlicher, dass er nicht, wie wiederum Döcker, in die innere Emigration geht, sondern sich im Gegenteil um Aufträge für die neuen Machthaber bemüht. Andreas K. Vetter von der Architekturgalerie am Weißenhof dazu in einer biografischen Studie: „Aus heutiger Perspektive lässt es sich kaum anders erklären als durch seine extrem pragmatische und letztlich karriereorientierte Grundhaltung."

Am merkwürdigsten berührt dabei, dass Schneck nicht nur Parteigebäude einrichtete, sondern sich auch an Planungen beteiligte, die einen monströsen Wehrbereichskomplex anstelle ja auch „seiner" Weißenhofsiedlung vorsahen. Vetter meint, es sei Schneck darauf angekommen, nach langen Jahren endlich wieder zu bauen. Es war im Guten wie im Schlechten ein Leben für den Weißenhof: Auch nach 1945 ist Schneck wieder Professor der Bildenden Künste auf der Akademie am Weißenhof, für deren bauliche Wiederherstellung er sich engagiert beteiligt. Es handelte sich ja schließlich um das Gebäude seines Lehrers Bernhard Pankok.

1949 wird Schneck emeritiert. Wie sein anderer wichtiger Lehrer Paul Bonatz und dessen Assistent und nachmaliger Architekturprofessor Martin Elsaesser baut auch er in der Türkei, und zwar, was nahe liegt, die Kunstgewerbeschule in Istanbul (1956), für die er dann auch als Berater zur Verfügung steht. 1962 erscheint seine bedeutendste Publikation „Neue Möbel vom Jugendstil bis heute". 1971 stirbt er hochbetagt in Schmiden bei Stuttgart.

max bächer

Günter Behnisch

Gottfried Böhm

Egon Eiermann

Rolf Gutbrod

Kammerer + Belz

Carlfried Mutschler

Jörg Schlaich

James Stirling

Brutalismus,

Postmoderne,

Vom Kriegsende zur Jahrtausendwende

Vom Wiederaufbau zum leichten Konstruieren

Dekonstruktivismus

Von der Zerstörung zur Wiedergewinnung der Städte

1945–1960

Am Ende der Kriegshandlungen am 8. Mai 1945 war von den Städten in Baden und Württemberg Pforzheim durch Bomben mit 64 Prozent am härtesten getroffen. Es folgten Heilbronn mit 56, Ulm mit 49 und Mannheim mit 48 Prozent. Karlsruhe (38 %) und Freiburg (31 %) waren weniger schwer beschädigt, wie übrigens auch Stuttgart mit 33 Prozent. Es hatte damit denselben Zerstörungsgrad wie München. Keinesfalls also, wie im Nachhinein zur Rechtfertigung der Wiederaufbautaten hier gerne behauptet wurde,

war es derart in Mitleidenschaft gezogen worden wie etwa Aachen, Bochum, Dortmund, Hamburg, Hannover, Kassel, Köln, Mainz, Nürnberg, Wilhelmshaven oder gar Würzburg und Dresden. Sie alle waren zu mehr als 50 Prozent vernichtet.

Von den kleineren Städten in Baden und Württemberg wurden vor allem solche historischen „Eminenzen" wie Bruchsal und Freudenstadt noch kurz vor Kriegsende nahezu ausgelöscht. Andererseits blieben baugeschichtlich so wichtige Gemeinwesen wie Esslingen oder Heidelberg vom Krieg verschont. Hier ereigneten sich gravieren-

de und bis heute bedrückende Eingriffe in die Stadtsubstanz erst zu Zeiten des Spätfunktionalismus oder des „Betonismus pur" während der Sechzigerjahre.

Von den kriegszertrümmerten Städten entschieden sich im Bereich der späteren Bundesrepublik Mainz, München, Nürnberg sowie Würzburg für einen historisch gebundenen Wiederaufbau – und im heutigen Baden-Württemberg vor allem Freiburg und Freudenstadt. Also allesamt Orte mit einem heute bemerkenswerten Tourismusanteil. Die meisten anderen, allen voran Berlin unter seinem „Wiederaufbaudirigenten" und ersten Stadtbaurat Hans Scharoun, votierten für den so genannten Neuaufbau, wobei insbesondere Scharouns Berliner „Kollektivplan" Tempo und Richtung vorgab: Schnellstraßen und Tabula rasa für die historische Substanz. Allenfalls die Museumsinsel sollte gerettet werden. Scharoun: „Was blieb, nachdem Bombenangriff und Endkampf eine mechanische Auflockerung vollzogen, gibt uns die Möglichkeit, eine Stadtlandschaft zu gestalten." Von hier aus wäre allerdings die bis heute gerühmte Rolle Scharouns als einem Großmeister des „Organischen Bauens" noch einmal zu überprüfen.

Fünfzigerjahre-Relikt: Runde Ecksituation an Stuttgarts beginnender Reinsburgstraße.

Späte Sechziger: Die Korber Höhe – Beton-gewitter dreuend über Weinberglandschaft.

Der Krieg als Stadtgestalter, oder, wie gerade dargelegt, als „mechanischer Auflockerer" – ein unermüdlicher Topos der Spätfunktionalisten bis hinein in die Sechzigerjahre. In Stuttgart konnte man noch lange das seltsam rohe Wort hören, Engländer und Amerikaner hätten uns die Stadtsanierung besorgt. Die Sensibilität für Stadtgestalt und Städtebau lag wie die Städte selbst in Trümmern. „Für die Restbestände der Gründerzeit streiten kam dem Beirat geradezu als Humoreske vor ... Alle erfüllte ein sonderbarer Gleichmut angesichts des Verlusts und eine unbegreifbare Gleichgültigkeit gegenüber den durch den Krieg gekommenen Restbeständen. Das historische Gerümpel störte ja nur. Einige Abriss-Birnen schaffen die Erinnerung an das Gewesene beiseite."

So charakterisiert der Architekturpublizist Wolf Jobst Siedler die Berliner Situation nach 1945. Er hätte ebenso Stuttgart, Karlsruhe oder Mannheim gemeint haben können. Fast allenthalben gab es die Grundüberzeugung, wonach man die Jahrhundertchance am Schopf ergreifen müsse, den Raum zu nutzen, den der Krieg für „das Neue" geschaffen habe. Eine, nein *die* wesentliche Rolle bei dieser Wiederaufbauversion, spielen dabei für Baden wie Württemberg die beiden Architekturab-

Beswingter Wiederaufbau, längst denkmalwürdig, das „Loba-Haus" am Stuttgarter Olgaeck (Rolf Gutbrod u. a., um 1950)

Späte Fünfziger am Übergang zu den Sechzigern: die Hochhausscheiben der Stuttgarter Universität.

teilungen der Technischen Hochschulen mit ihren Funktionalismus-Matadoren Egon Eiermann (Karlsruhe) und Richard Döcker (Stuttgart).

Gegen Historisches

In Stuttgart war Döcker, Generalbevollmächtigter für den Wiederaufbau, ein geradezu fundamentalistischer Gegner alles Bauhistorischen, ein Robespierre des „neuen bauens". Ein „Linker" in Verbindung mit einem gleichgesinnten, rechten Wiederaufbau-Oberbürgermeister, Arnulf Klett, der aus der Autostadt auch noch eine um jeden Preis autogerechte Stadt zu machen entschlossen war, und in jedem Abbruch des „Alten" wenigstens eine Parkbucht wo nicht die Schneise für eine neue Autotrasse wähnte. Der Verkehr sollte über breite Wege durchs enge Tal führen, mitten auch durch das erhalten Gebliebene, selbst wenn damals schon weit elegantere, stadt-substanzschonendere Umfahrungsideen in der Diskussion waren.

Zu Kletts Autogerechtigkeitsvorhaben passte das Plazet eines „progressiven" Architekturpapstes wie Döcker, der für Stuttgart darüber hinaus schon richtiggehende Tabula-rasa-Pläne ersonnen hatte. Er wollte den Kessel aufforsten und die Bewohner in eine Art „Ville radieuse" bei Ludwigsburg translozieren. Indes gibt wiederum der Nürnberger Kulturhistoriker Hermann Glaser in seiner „Kulturgeschichte der

Bundesrepublik Deutschland" (1989) zu bedenken: „Als sich nach Beendigung der Enttrümmerungsarbeiten herausstellte, dass die Kriegszerstörung doch nicht ganz die Tabula rasa hinterlassen hatte, wie sie ‚fortschrittsorientierte' Planer als Voraussetzung für die Konstruktion der Zukunftsstadt erhofften, wurden in ‚gründlicher Arbeit' bis tief in die Fünfzigerjahre hinein die Spuren der historischen Stadt gelöscht." Es war die Zeit der massenhaften Abrisse unter den Worten des Bedauerns.

In Baden und Württemberg ging die Zerstörung des erhalten Gebliebenen noch weit über die Fünfzigerjahre hinaus, etwa in Karlsruhe mit dem Abriss von Weinbrenners Ständehaus aus den Jahren 1820–1822. Und wie sehr damals Abrisspläne als das Sine-qua-non des Fortschritts galten, wird etwa gerade am traditionell „roten Mannheim" deutlich. So forderte der dort von 1949 bis 1955 regierende Oberbürgermeister Hermann Heimerich eine „großzügige" Wiederaufbaulösung, plädierte deshalb für den Abriss des Schlosses und bedauerte die fehlende Entschlusskraft dazu. Unter seinem Nachfolger Hans Reschke ging es dann ziemlich zur Sache: Barocker Kaufhausturm auf dem Paradeplatz, das prachtvolle Bürgerpalais Engelhorn und ganze erhalten gebliebene Innenstadtquartiere. Mannheim, Stuttgart – es sind damals Städte mit sozialdemokratischen Mehrheiten.

Gewalt(tät)ige Beton-Häkelarbeit oder vom Monument zum Monster: Mannheims Collini-Center, ein früher Siebziger.

An eine einfühlsame Reparatur der vor den Bombenangriffen von allen bewunderten Stuttgarter amphitheatralischen Stadtanlage war also mitnichten zu denken – bei den Bauressorts im Rathaus galt „Ästhet" („Äschdeed") ohnedies als herbe Verunglimpfung. Die Weichen für das heutige Stuttgart wurden damals gestellt. Wenn nicht schon früher: Die im Dritten Reich geplanten Aufmarschtrassen in Richtung Hauptbahnhof sollten zu den Autoschneisen Theodor Heuss- und Konrad-Adenauer-Straße werden. Der Charlottenplatz, ehedem das „Herz" der Stadt, geriet zum großen Verkehrsverteiler zwischen Nordsüd- und Ostwest-Linie.

Autogerechte Stadt?

Städtebaugeschichtliche Gesichtspunkte aber spielten unter Arnulf Klett bis zuletzt die Rolle einer Quantité négligeable. Der Stuttgarter Kunstmaler Reinhold Nägele, bekannt für seine Stadtansichten aus den Zwanziger- und frühen Dreißigerjahren, wegen seiner jüdischen Frau zur Emigration gezwungen, kommt 1952 aus New York zum ersten Mal wieder hierher und urteilt vernichtend über den begonnenen Wiederaufbau: „Scheußlich, was ihr aus dieser Stadt gemacht habt. Die Karikatur einer x-beliebigen amerikanischen Stadt. Wolkenkratzer im Diminuitiv-Format. Eine Stadt ohne Charakter in hilflos nachgeäfftem Kolonialstil. Mein altes Stuttgart finde ich nirgends mehr." Und der Stuttgarter Architekt Roland Ostertag, ein unverdrossener Kritiker des Wiederaufbaus hier, in einem Beitrag der „Stuttgarter Nachrichten" vom Dezember 2003: „Das verheerende Ergebnis der Fünfzigerjahre ist nicht (nur) das Debakel der Architekten und Ingenieure, sondern einer ganzen Generation. Sicher ist, dass man ‚seinem Schicksal, das Zeitgenossenschaft heißt', nicht entfliehen kann. Die Stadt-Ideologie, in den Zwanzigerjahren angedacht, 1933 in der Charta von Athen kanonisiert, in den Fünfzigerjahren verkürzt und missverstanden aufgenommen, bis heute gedankenlos verlängert, trat in einigen Städten, vor allem im nahen Frankreich, von der Bühne ab. In Stuttgart bleiben sie noch am Leben. Seit Jahrzehnten werden Diskussionen über das Erbe der Fünfzigerjahre geführt, durch Kosmetik ... sollen die

Ergebnisse verschönt und damit festgeschrieben werden. Solche Vorstellungen aber sollten abgelöst werden von einem Wiedereintauchen in die Geschichte, in das Gedächtnis der Stadt."

Ein vereinfachter Wiederaufbau im Zeichen gediegener Modernität kennzeichnet überall im Land die Phase bis 1960. Am Stuttgarter Marktplatz ist er bis heute ebenso wie etwa in Heilbronns oder Pforzheims Innenstadt zu betrachten als beklemmend kleinherzige Karikatur des „Modernen Bauens". Interessant sind in jenen Tagen nicht so sehr Platzlösungen, dazu fehlt es an materiellen und intellektuellen Mitteln, interessant sind lediglich Solitäre. Nehmen wir hier, pars pro toto, wieder Stuttgart. Eine spannende Konstellation von traditionalistisch und modernistisch ergibt sich am Schlossplatz: Die „Dresdner Bank" als gleichsam neu errichteter Königin-Olga-Bau (1950–1954) von Paul Schmitthenner mit den travertinverkleideten Arkaden zur Unteren Königstraße hin als letzter innerstädtischer Versuch, die alte Stuttgarter Schule noch einmal aufleben zu lassen. Einige Häuser weiter am Beginn der Oberen Königstraße aber baut Schmitthenners Schüler Rolf Gutbier zu ebendieser Zeit (1950/51) das „Geschäftshaus Speiser"; mit seiner vorgehängten Metall-Glasfassade ein recht beschwingter Übergang zur Gegenwart. Sozusagen ein Prototyp der nun entstehenden, nennen wir sie „Zweite

Stuttgarter Schule" und einer der ersten Hochhausversuche jener Tage, dem weitere folgen sollten, etwa die beiden blockhaften Kollegiengebäude der Universität, ebenfalls unter Gutbiers Beteiligung, und das Max-Kade-Studentenwohnheim (1952/53), mit dem der „Traditionalist" Wilhelm Tiedje gewissermaßen Partei und Stil wechselt.

Moderne Lichtblicke

Sich treu geblieben als uneingeschränkter Modernist ist dagegen Hans Scharoun. 1927 hatte er schon das originellste Gebäude für den Weißenhof beigesteuert. Nun ruft er sich hier wieder mit einem berühmt gewordenen Hochhauspaar in Erinnerung: Romeo und Julia, die eine für diese Zeit notorische Siedlung des Sozialen Wohnungsbaus in Zuffenhausen-Rot überragen. In ihrer organisch wachsenden, den rechten Winkel geradezu fliehenden Innen- und Außengestalt wahre Lichtblicke im damaligen Bauweiseneinerlei.

Die beiden berühmtesten Fünfzigerjahre-Architekturen Stuttgarts sind natürlich Liederhalle und Fernsehturm, für die damalige „Biederzeit" voller Kühnheit. Der Stuttgarter Fernsehturm gehörte dem Süddeutschen Rundfunk, jetzt übergegangen in den SWR. Er ist mit Sendeantenne 217 Meter hoch und gilt als Urtyp: Seine Spannbeton-Bauweise markiert, siebzig Jahre nach dem Pariser Eiffelturm, grund-

sätzlich neue Turmbau-Gedanken. Überall auf der Welt hat diese Konstruktion Nachahmung gefunden, in Moskau und Wien, Wutan und Berlin, Madrid und Kyoto. In Johannesburg wurde er gar regelrecht kopiert. Der Einfall mit dem Betonschaft stammt von dem Stuttgarter Ingenieur Fritz Leonhardt, der bis dahin schon 1000 Brücken und 140 Türme gebaut hatte, bis sich, nach seinen Plänen, dieser Mast von 1954 bis 1956 aus dem Wald des 483 Meter hoch gelegenen Hohen Bopser zu recken begann, anfangs vom heftigen Spott der Einheimischen begleitet („Sambasogga"= Sambasocken). Auf der 150 Meter hohen Aussichtsplattform aber waren mittlerweile schon fast 30 Millionen Besucher. Hier oben, 395 Meter über dem Schlossplatz, ist einer der wenigen Stuttgarter Punkte, von denen aus man über die eigenen Hügel sieht, an guten Tagen bis hin zu den Alpen.

In Karlsruhe entstehen damals vor allem zwei wesentliche Bauwerke, wie sie für die Wiederbelebung der Stadt und auch für ihren Veranstaltungsruhm in der jungen Bundesrepublik wichtig werden sollten: Die Schwarzwaldhalle Erich Schellings mit ihrem charakteristischen, schwungvoll asymmetrischen Dach und das benachbarte Tullabad, beide seit Mitte der Fünfzigerjahre Orte bedeutender, identitätsstiftender (Sport)Veranstaltungen.

Dennoch: In seinem Buch über den Wiederaufbau (1987) befindet der Heidelberger Politologe Klaus von Beyme in einer Art Resümee: „Das Volk hat sich in der Nachkriegszeit gegen die Experten nicht durchsetzen können ... Im Kampf gegen ‚die Arroganz unserer intellektuellen Kultur' standen nur wenige Kunsthistoriker auf der Seite der Bürgerinitiativen."

Beton brut für das Katholische Zentrum in Stuttgart-Heslachs Böhmisreute.

1960–1975

Hatten die Neubauten der vergangenen 15 Jahre immerhin noch einen solitären Charakter, noch Differenziertheit wo nicht manchmal Originalität in Form und Material, beginnt sich nun der pure Beton über die Städte zu ergießen. Die wenige noch verbliebene historische Substanz wird mehr und mehr vom Autoverkehr aufgefressen. Auch ihm zuliebe endet die Wiederaufbauzeit vielerorts mit unbegreiflichen Abrissen. In Stuttgart etwa mit dem des Kaufhauses Schocken in der Eberhardstraße oder dem Kronprinzenpalais am Schlossplatz.

Der damalige SPD-Fraktionsvorsitzende im Stuttgarter Gemeinderat, Otto Palmer, in einem späteren Gespräch zum Schocken-Abriss: Man habe sich für den Mendelsohn-Bau nicht eingesetzt, „weil ein neues Haus auch viel mehr den Verkehrsbedürfnissen des Publikums gerecht werden konnte als der alte Kasten da."

Der „Schocken", der „alte Kasten da", war zum Zeitpunkt seines Abrisses gerade 32 Jahre alt. Das noble Kronprinzenpalais hatte Ludwig Friedrich Gaab zwischen 1844 und 1849 errichtet. Im Zweiten Weltkrieg ausgebrannt, aber als erstaunlich gut erhaltene Ruine stehen geblieben, musste der Stadtpalast 1962 dem Straßendurchbruch von der Planie nach Westen weichen, trotz größter Proteste aus der Bevölkerung. Palmer dazu: „Wer wäre denn damals darauf gekommen, in einer Stadt, die so große finanzielle Nöte hatte, ein Palais der Monarchie wieder aufzubauen?"

Es fielen die Villa Weißenburg am Fuß des Bopser oder das grandiose TH-Hauptgebäude Joseph von Egles. Eine bedrohliche Feindseligkeit gegenüber nahezu aller überkommenen Bausubstanz hatte um sich gegriffen, in Verbindung mit einer geradezu platten Wachstums- und Fortschrittsgläubigkeit; eine Art kleinbürgerliche Neophilie, als sei das „Neue" notwendig auch das „Gute". Symptomatisch die Betonorgie Kleiner Schlossplatz von Kammerer, Belz und Bächer (1966–1969) anstelle des Kronprinzenpalais oder, ebenfalls von Kammerer, Belz und Partner das Geno-Hochhaus (1969–1972) oder all die zusammentreffenden Betongewitter der Trabantenstadt Freiberg (1964–1976). Dazu noch die bandartige „Wohnstadt Asemwald" oder der monotone Monumentalismus des Wohnhochhauses „Fasan I" (1961–1964, Lehmbrock, Tiedje).

Popularisierung durch Architekturkritik

Allenthalben im Land entstehen solche Derartigkeiten: Mannheims Vogelstang oder auch das Collini-Center dort, die Richt-Wohnanlage I in Karlsruhe-Durlach oder das „monotote" Freiburg-Landwasser. Das spektakulärste diesbezügliche Objekt aber ist die Heidelberger Monstersiedlung Emmertsgrund. Am Berg gelegen, sollte sie das zeitgemäße Gegenstück zum Heidelberger Schloss darstellen, unter beratender Beteiligung des damals hochberühmten Psychoanalytikers Alexander Mitscherlich, der sich wie kein anderer um die deutsche Nachkriegsbefindlichkeit kümmerte. Er hatte 1965 in seinem umwälzenden Pamphlet „Die Unwirtlichkeit unserer Städte" auf die Fehlentwicklungen des Wiederaufbaus verwiesen und damit den kritischen Diskurs über Architektur in die Öffentlichkeit getragen, sehr zum Verdruss der Experten aus den einschlägigen Hochschulabteilungen. Mit Mitscherlichs „Unwirtlichkeit" wird die Ent-Akademisierung und Popularisierung der Architekturkritik eingeleitet. Es ist eine Sammlung provokativer Aphorismen, ein brillantes Stück Journalismus. Eine seiner Kernaussagen: „Das Einfamilienhaus, ein Vorbote des Unheils, den man immer weiter draußen in der Landschaft antrifft, ist der Inbegriff städtischer Verantwortungslosigkeit und der Manifestation des privaten Egoismus."

Mitte der Achtziger: Es darf wieder abgerundet werden: Fellbacher Rathaus, Innenhof.

Auf die drohende Landschaftszersiedlung hatten ja schon die Stuttgarter Architekturpartner Kammerer + Belz und Max Bächer in ihrer Aufsehen erregenden Ausstellung „Heimat deine Häuser" kurz zuvor verwiesen. Allein, aus der ökologischen Zersiedlung durch Einzelhäuschen wurde nun durch die so genannte „verdichtete Flachbauweise" eine optische Landschaftszerstörung. Betonungetüme allenthalben auf der grünen Wiese. Die „Badische Zeitung" (Freiburg) spottete im Februar 1975 über die Konsequenzen jener Architekturentwicklung: „Kaum ein Ortsvorsteher, der heute nicht seine Betonerektion zwischen den Hühnerställen hätte."

Eine explosive vertikale Expansion schien angesagt. Die Kritik an den „Wohnmaschinen", bedenklich gehäuft in den Trabantensiedlungen, hatte schon Mitte der Sechzigerjahre eingesetzt. Hermann Glaser in seiner „Kulturgeschichte der Bundesrepublik Deutschland: „(Allenthalben) erhoben sich die Gebäude aus Beton und Glas wie ‚Schichttorten' und garantierten hohe Rendite." Und dann holt er zu einer großen gesellschaftskritisch unterminierten Architektur-Schelte aus:

„Betonburgen zermalmten die Innenstädte und ließen Lebensqualität in den Trabantenstädten nicht aufkommen. Heimat wurde wegsaniert; das dem Geometrismus verfallene Effizienzdenken ließ die für urbane Kommunikation und Sozialisation so wichtige Nischenbildung außer Acht. Die Kulturkritik hatte schon in den Sechzigerjahren die fatale Entwicklung beim Namen genannt. Mit dem Abbröckeln der dem unvollendeten Projekt der Moderne immanenten Zuversicht, dass das Neue sich auch immer als das Bessere erweise, mit dem Zweifel an einer weiterhin möglichen progressiven Gesellschaftsentwicklung, formierte sich die Kritik am funktionalistischen Bauen. Einig seien sich eigentlich alle, meint Jürgen Habermas, in der Kritik an der seelenlosen Behälterkultur … Die Prämisse, dass das, was gut funktioniere, auch gut aussehe, ist an-

thropologisch genauso fragwürdig wie die Überzeugung, dass ein Purismus, der Dekor und Ornament verbannt, gegenüber dem Bedürfnis nach Schmuck und Spiel als moralisch höherwertig einzustufen ist. Oft genug erwies sich der funktionalistische ‚Idealismus' lediglich als Kaschierung vordergründiger Wirtschaftsinteressen."

Aber gegen die allgemeine Beliebigkeit des rechten Winkels stemmen sich etwa in Stuttgart einige respektable Bauleistungen, so Scharouns Wohnhochhaus „Salute" auf dem Fasanenhof (1961–1963). Eine lebendig ausgreifende Fassade bietet heitere Kontraste zur düsteren Formation von „Fasan I". Ähnlich überraschend gegliedert: das viel gelobte ehemalige Hahn-Hochhaus (1962/63 von Gutbrod, Kiess und Jung) an der Friedrichstraße mit seiner „zackigen" Außenhaut. Plastisch bewegt auch das selbstbewusste Betongebilde von Paul Stohrers Bürohaus (1961) im Herdweg. Und wiederum zukunftsweisend Günter Behnischs Heim der Hymnus-Chorknaben aus den frühen Siebzigerjahren – allerlei formale Vielfalt, diesmal besonders durch Pultdächer und Fassadenverkleidungen mit Eternitschiefer; hier passt er, im Gegensatz zu den vielen Altbauten, die, auch so eine Mode jener Jahre, mit vermeintlich pflegeleichten Eternitplatten um ihre Geschichte gebracht wurden.

Objektsanierung und Postmoderne

Dass nicht nur eine Abrissbirne, sondern auch eine Fassade Schwung haben kann, bewies das für Stuttgart in vielerlei Hinsicht prägende Architekturbüro Kammerer + Belz dann (endlich) zwischen 1970 und 1972 mit dem Erweiterungsbau der Commerzbank in sensibler Umgebung: Auf der Rückseite des Fruchtkastens von Heinrich Schickhardt, und auch noch gegenüber der Stiftskirche, die sich nun in der Erweiterung spiegelt. Die eigentliche, viel bestaunte Eingebung war der gläserne Treppenturm auf vieleckigem Grundriss. Mit einem Mal wurde augenfällig, dass

man auch in historischer Umgebung modern bauen konnte, wenn das Moderne nur gekonnt war. Vielleicht wurde im Hinterhof des Fruchtkastens die Wandlung zum Besseren für Stuttgart eingeleitet. Denn was hier seine Andeutung fand, dass altes und neues Bauen einander ergänzen und bereichern, wurde vollends

Ein Gipfelpunkt der schwäbischen Postmoderne. Friedensreich Hundertwassers Plochinger Turmbau (um 1990), schon am Bahnhof stolz als Sehenswürdigkeit mit „Hundertwasser" angekündigt.

Mit neuer Architektur himmelan –
Meinhard von Gerkans Stuttgarter Flug-
hafen (um 1990).

an der wenig später entstandenen Calwer Passage (1974–1978) von Kammerer + Belz deutlich. Die charakteristischen Häuser auf der Westseite der Calwer Straße, eines der letzten noch erhaltenen Ensembles des alten Stuttgart, wurden damals „objektsaniert" – nun gab es das Wort auch hier, wo doch bisher nur „flächensaniert", also abgerissen wurde. Und sozusagen wiederum im Hinterhof dieser Sanierungszeile entstand unter einem filigranen Glastonnendach eine Einkaufspassage vom Feinsten, was die Stadt noch immer zu bieten hat. Eine neue, eine andere Moderne fing an – die so genannte Post-Moderne.

Langsam beginnt damals auch die Rückeroberung des Stadtraums, werden vor allem die Wohnquartiere des späten

19. Jahrhunderts wiederentdeckt, die der Funktionalismus ja an oberster Stelle seiner Liquidationslisten hatte.

Aber noch einmal zeigt der Betonbrutalismus, jetzt, wo er schon fast überwunden schien, seine Muskeln, und zwar ausgerechnet in Freiburg, in dem fein ausgewogenen, unzerstört gründerzeitlichen Universitätssprengel. Die neue UB dort, um 1975, welch hermetischer Bücherbunker, auch noch gegen Hermann Billings nobel rationalistisches Kollegiengebäude I in schierem Trotz dahingesetzt!

Es ist sozusagen ein Ende mit Schrecken. Denn Architektur beginnt sich ansonsten wieder in ihr städtisches Umfeld zu fügen und sogar historische Substanz zu rekonstruieren, vor allem an Freiburgs Münsterplatz, wo mit Heinz Mohls Kaufhaus Schneider (1970–1975) der Versuch unternommen wird, zumindest maßstäblich mit modernen Mitteln (Waschbeton) in eine gewachsene Umgebung zurückzufinden. Das alte Kornhaus in der direkten Nachbarschaft wird seinerzeit gar rekon-

struiert. Ähnlich in der alten Reichsstadt Esslingen, wo der Architekt Heinz Könnekamp am Hafenmarkt mit der Revitalisierung mittelalterlicher Baukörper beginnt.

Kein Zweifel, dass man damals besonders in Freiburg den Zusammenhang von Stadtbild und Städtetourismus erkannt hat, vor allen anderen und bis heute mit nachhaltigen Folgen, zumal man hier, anfangs gegen den erbittertsten Widerstand der einheimischen Geschäftswelt, eine der ersten autofreien Innenstädte zu praktizieren begann. All das hing zusammen mit dem Europäischen Denkmalschutzjahr 1975, dessen Folgen zum Glück bis heute spürbar sind. Denn damals, so wiederum der Politologe Klaus Beyme, „erreichte die Sensibilisierung der Bevölkerung einen ersten Höhepunkt. 1976 waren 38 Prozent der Meinung, dass zu wenig für die Erhaltung von Baudenkmälern getan werde."

1975–2000

Die Ära von Stuttgarts erstem Nachkriegs-Oberbürgermeister Arnulf Klett, der noch immer als Inkarnation des Wiederaufbaus gilt, hat, als sei's symptomatisch, das Denkmalschutzjahr 1975 nicht mehr erreicht. Er starb am 14. August 1974. Während seiner fast dreißigjährigen Ägide war ein Großteil der historischen Gebäudesubstanz permanent bedroht, von Hegels Geburtshaus bis hin zur Weißenhofsiedlung oder auch der Markthalle.

Aber vielleicht waren es gerade die Markthallenpläne, die einen generellen Wandel für Stuttgarts Stadtplanung brachten. Uli Maurer, bis 1999 baden-württembergischer SPD-Vorsitzender, pointierte 1987 den politischen Generationswechsel speziell an diesem Beispiel: „Markthalle, das war eine ganz klassische Auseinandersetzung, da ging's um Identität."

Otto Palmer indes, als Fraktionsvorsitzender der SPD, während der Klett-Ära die Mehrheitspartei im Rathaus, sieht diese ersten dreißig Jahre Stuttgarter Städtebau eher praxisorientiert: „Hier war nur die Forderung Wohnungen, Wohnungen, Wohnungen. Für intellektuelle Überlegungen hat man keine Zeit und keine Lust gehabt, das Pragmatische hat in diesen ersten fünfzehn Jahren, ja, bis weit in die Sechzigerjahre hinein, die Hauptrolle gespielt."

Die späten Siebziger- und vor allem die Achtzigerjahre stehen aber dann im Zeichen der Postmoderne, und die „Architekturstadt" Stuttgart hatte endlich auch einmal Glück. Diese neue Bewegung, die den Historismus wieder zu respektieren begann und ihn in ihre Zitate mit aufnahm, ist hier mit einem ihrer besten Exponate vertreten, einer europaweit bekannten Ikone, die noch immer, zwanzig Jahre nach Baubeginn, Besucher in hellen Scharen anlockt: die Neue Staatsgalerie der Engländer James Stirling und Michael Wilford. Seinerzeit von der spätfunktionalistischen schwäbischen Architektenschaft mit Ingrimm befehdet, hat die ortsansässige Architekturkritik den Rang dieser Anlage bereits im Modell erkannt, zumal ihren städtebaulichen.

Ende der Solitäre

Vittorio Magnago Lampugnani, in den späten Siebzigerjahren Architekturhistoriker an der Stuttgarter „Universität" (seit 1967 durfte sie sich ja so nennen) und dabei auch heftig publizistisch tätig, zu diesem ja mit äußerster Erbitterung geführten architekturideologischen Streit in einer biografischen Skizze zu Stirling: „Der Begriff des Postmodernismus ... wurde von 1975 an auf die Architektur übertragen. Seitdem gibt er dort Anlass zu ebenso heftigem wie gegenstandslosem Streit. Man ist dafür oder dagegen, echauffiert sich bei der Gelegenheit genüsslich und verkündet selbstzufrieden hehre kulturelle Sonntagspredigten, in welche nahezu ausnahmslos nicht viel mehr als private ästhetische Bekenntnisse abgegeben werden ... Eine notdürftige Etikettierung verleiht Letzteren anschließend die trügerische Aura weltanschaulicher Urteile."

In jedem Fall ging die Zeit des Solitärs um seiner selbst willen zu Ende, die Erscheinungsphase jener geradezu rüpelhaften Architekturen, die, vermeintlich innovativ, sich jedes Recht auf Rücksichtslosigkeit gegenüber ihrer Umgebung herausnehmen zu dürfen glaubte.

Das andere Ereignis der postmodernen Stuttgart-Architektur in den Achtzigern steht dann weit entfernt auf den Fildern droben: der kathedralengleiche Verwaltungsbau der Firma Züblin (1982/83), Gottfried Böhms Genietat im Gewerbe-

Ursprünglich Versuchspavillon Frei Ottos für die Expo 1967 in Montreal. Heute Institut für Leichtbau, Entwerfen und Konstruieren im Campus Pfaffenwald bei Stuttgart-Vaihingen.

Vitra-Design-Zentrum in Weil am Rhein, ein Wurf des Kaliforniers Frank Owen Gehry.

flachland zwischen Vaihingen und Möhringen. Die Stuttgarter Kunstkritikerin Sibylle Maus schrieb damals in der Zürcher Architekturzeitschrift „archithese": Dies Haus sei „... eher die stille Demonstration, dass auch ein Nutzbau Empfindsamkeit und Freundschaft nicht vermissen lassen muss. Auch wenn es pathetisch klingen mag: Es kommt langsam zurück, was man in der Architektur seit langem vermissen musste, ein menschliches Maß. Eine Architektur, die Landschaft bereichert, Neugierde weckt und Menschen zu Festen aufnimmt. Oder soll man sagen, wieder darf?"

1990–2000

Neue Monumentalität, Wiederentdeckung der klassischen Moderne, Neue Sensibilität und Dekonstruktivismus, jene leicht verschrägte, immer auch unkonventionelle Zusammensetzung konstruktivistischer Bauteile zu einem wiederum neuen, überraschenden Ganzen: All diese Richtungen sind gerade in Stuttgart auffallend intensiv vertreten. Der Weißenhof, den man zu seinem sechzigjährigen Bestehen im Juli 1987 eindrucksvoll, wenn auch nicht vollständig rekonstruiert und damit wieder ins Leben zurückversetzt hatte, findet nun, gleich in der Nachbarschaft, nach gut einem Menschenalter, zwischen 1992 und 1994 eine Art Ableger

in Form einer Wohnanlage: Das Architektenduo Kopper und Schenkel paraphrasiert damit feinfühlig das „angerundete" Einfamilienhaus Scharouns. Ein Zitat als Vorbereitung aufs Original, höchst selten im neueren Wohnungsbau und auch deshalb weißenhofwürdig.

Eine andere Reminiszenz an die Weißenhofzeit ist, passenderweise, Michael Weindels „Haus der Architekten" (1989–1993) in der Danneckerstraße, also am wohnbegehrten Südhügel der City. Man steht staunend vis-a-vis und fragt sich, warum es denn nicht schon 1960, nach Linderung der größten Wohnungsnot, gelungen ist, wo man doch so „progressiv" war hier, diese 1927 so meisterhaft ins Werk gesetzte Tradition des „neuen bauens" weiterzubetreiben. Was wäre der Stadt an ungetümen Unerheblichkeiten in den Jahren bis 1980 erspart geblieben!

Aus derselben Zeit stammt auch die Architektur-Dauerausstellung Expo „Wohnen 2000" in der Nähe des Nordbahnhofs und am Rande des ehemaligen Geländes der IGA 93, die für solche Experimente reiches Betätigungsfeld bot. Gebaut wurden damals hundert Mietwohnungen in Mehr- und Einfamilienhäusern. Es hätte eine Mustersiedlung (fast wie der Weißenhof werden können oder vielleicht auch sollen. Das Thema dieser Ausstellung war naturschonendes, ökologisches und formal individualistisches Bauen oder ganz einfach die Versöhnung von Architektur und Natur. Besonders konsequent und mutig dabei die strandkorbartigen Gebilde der Hauptgruppe Szyskowitz-Kowalski. Vielleicht erkennt man sie in sechzig Jahren als Urformen des ökologischen Bauens wieder, so lange hat es ja mit der Akzeptanz des Weißenhofs auch gedauert.

Neue Monumentalität

James Stirlings Ikone, die postmoderne Neue Staatsgalerie, eroberte sich sofort die Gunst des Publikums. Und mit Wohlwollen wurde auch die ungewöhnliche Erweiterung dieses Ensembles durch den Neubau der Musikhochschule aufgenommen,

1992 bis 1996 als Vermächtnis nach Stirlings Tod von Michael Wilford vollendet.

Ihr 50 Meter hoher Turm bietet weithin innerstädtische Orientierung. Darunter allerdings Großstadtbrandung, ein unaufhörliches Autofahren zwischen Charlottenplatz und Wagenburgtunnel. Die überraschende Turmöffnung nach oben lässt sich dabei auch als Gegenstück zur tief hinunterführenden Rotunde von Stirlings Galerie deuten. Doch gibt es auch eine subtilere Version: Wer von der Neuen Staatsgalerie her auf die Musikhochschule zugeht, bemerkt die prachtvoll gestaltete Amphore des württembergischen Klassizisten und Dannecker-Schülers Friedrich Distelbarth – der Turm sozusagen als Projektion der klassizistischen Vase nach Maßgaben des Ähnlichkeitssatzes! – Distelbarths Amphore stand ja bis zur Aufstellung des Reiterstandbilds von König Wilhelm I. an dessen statt im Ehrenhof der Alten Staatsgalerie.

Indessen reckt sich allerorten weniger vom Feinsinn berührte Neue Monumentalität in der Stadt. Etwa der Bülow-Büroturm (1988–1992) unterhalb der Prag, am Nordeingang zur City. 60 Meter hoch, die „verbindliche" Stuttgarter Turmhöhe, abgeleitet von der Stiftskirche und ökologisch gefordert von der Kessellage, die Frischluftbewegungen notwendig macht. Die bläulich glänzende Fassade ist zwar weit entfernt von den Materialgeboten der Stuttgarter Schule, die auf Originalität, auf regionale Vorhandenheit zielen, aber in ihrer gediegen ereignislosen Modernität doch irgendwie auch wieder stuttgarterisch.

Einige Hundert Meter stadteinwärts liegt das Verwaltungszentrum der Südwest-Landesbank (1989–1994), fast an den Hauptbahnhof angelehnt, eine gewaltig unelastische Baumasse, die, so bleibt zu hoffen, nicht paradigmatisch werden wird für die Überbauung des umfangreichen, derzeit noch in den Bonatz-Bahnhof führenden Schienengeländes. Diese technische Pioniertat vom Beginn des Jahrhunderts ist nun an ihrem Ende eine zur Disposition stehende Riesenimmobilie für das Büro- und Wohnprojekt „Stuttgart 21" geworden. Ein städtebaulich heftig umstrittenes Vorhaben von einer Dimension, neben der sich der Weißenhof allenfalls wie eine Sandkastentorte ausnimmt. Doch immerhin hat in diesem „Stuttgart 21"- Preisgericht Meinhard von Gerkan den Vorsitz, „Erfinder" der Flughafen-Empfangshalle (1986–1991), die mit ihrer gläsernen Leichtigkeit unsere Lust am Fliegen weckt und eine grandiose Vision des Weißenhof-Architekten Bruno Taut verifiziert: „Hoch das Durchsichtige, Klare! Hoch die Reinheit! Hoch der Kristall und hoch und immer höher der Kristall und hoch und immer höher das Fließende, Grazile, Kantige, Funkelnde, Blitzende, Leichte – hoch das ewige Bauen."

Visionen des Bauens

Beste Stuttgarter (Bauingenieurs)-Schule ist der Killesberg-Aussichtsturm von Jörg Schlaich (2001), eine Drahtseil-Metallkonstruktion von der Feinheit eines Spinnennetzes. Es bleibt auch hier wieder mit Bedauern anzumerken, dass in den vergangenen zwanzig Jahren die meisten sehenswerten Architekturen außerhalb des Stadtkerns entstanden sind. Und im Übrigen auch außerhalb der Hauptstadt selber: Denn eine andere Genietat des Stuttgarter Büros Schlaich ist die Glasüberdachung des Römerbads in Badenweiler, eine archäologische Pretiose – es ist das größte je ausgegrabene römische Bad nördlich der Alpen und mit dieser Schlaichschen drahtseilverspannten Glashaut auch einer der erstaunlichsten Mu-

seumsbauten überhaupt. Eine andere wichtige Architektur der letzten Jahre im Land ist ein Kulturbau, das weiße Ulmer Stadthaus des New Yorker Architekten Richard Meier (1993). Heftig befehdet – eine Bürgerinitiative wollte es gar zu Fall bringen – ist es heute eine heiter helle Bauhausreminiszenz zu Füßen des Ulmer Münsters. Insbesondere auch für Württemberg so wesentliche Epochen wie Gotik und Funktionalismus kommen hier zusammen. Eine Synopse, die den Ulmer Heimatschützern einst unheimlich gewesen sein mochte. Für den Architekturwanderer heute ist es eine spannende Synopse: das sachlich glatte Weiß der Stadthausfassade und die bizarr wuchernde, gotische Kalksteinformation des Ulmer Münsters.

Ein anderes herausragendes Exempel dekonstruktivistischen Umgangs mit Bauhaus-Formen stellt gewiss das Vitra-Design-Zentrum (1987–1989) in Weil am Hochrhein dar, kurz vor der Schweizer Grenze. Wieder so eine „externe" Arbeit eines Architektur-Weltstars, des Kaliforniers Frank Owen Gehry, und auch wieder ein Kulturbau – diesmal zur Unterbringung der firmeneigenen Stuhlsammlung. In Verbindung mit dem nahen Feuerwehrgerätehaus (1993) der Londoner Architektin Zaha Hadid eine nachgereichte Vision, wie unsere Industrieländer auch aussehen könnten!

Ein Entree aus Licht und Glas: Print-Media-Academy der Heidelberger Druck am dortigen Hauptbahnhof.

MAX BÄCHER (*1925)

Als „architekt und planer, lehrer und ratgeber, kritiker und fürsprecher, juror und vermittler, essayist und pamphletist, mannschaftsspieler und libero" wird Max Bächer in einem gerade vokabelheftgroßen Begleiter zu seiner unlängst (2003) in der „architektur-galerie am weißenhof" (Stuttgart) gezeigten Ausstellung „anhand von bildern. bauten aus 5 jahrzehnten" bezeichnet. Alles – natürlich – kleingeschrieben, auch der Name, nach Maßgabe der (Bauhaus-)Moderne aus den Zwanzigerjahren. Allein dies Detail zeigt, dass es sich bei Max Bächer, pardon max bächer, um einen unnachsichtigen „modernen" handelt, der im Übrigen aus seiner Skepsis gegenüber historischen Bauten und Denkmalschutz nie einen Hehl machte und mit dieser Haltung auch durchaus Einfluss ausgeübt hat. Bächer wurde 1925 in Stuttgart geboren

und ist hier mitten in der Stadt aufgewachsen. 1943 wird er direkt nach dem Abitur zur Wehrmacht eingezogen und kommt 1945, nach schwerer Verwundung in Italien, nach Stuttgart zurück. Im Jahr darauf beginnt er sein Architekturstudium an der TH hier und wird bei Hans Hildebrandt am Institut für Kunstgeschichte Hilfsassistent. Der Südbadener Hildebrandt (1878–1957), einflussreicher Kunstgelehrter, Mitentdecker der Moderne, insbesondere seines Nachbarn auf der Stuttgarter Gänsheide, Willi Baumeister, war berühmt für seine Künstlerfeste in den Zwanzigerjahren oben in seinem übrigens von Martin Elsaesser erbauten Haus in der Stuttgarter Gerokstraße 63. Nicht zuletzt durch seine Frau, der Hölzel-Schülerin Lily Hildebrandt, hatte die Stuttgarter Moderne ihre Heimat auf der Gänsheide.

Meister des kleinen Solitärs, der Stuttgarter Max Bächer.

1949 erhält Bächer ein Stipendium nach Atlanta (USA). Zurück in Stuttgart, macht er bei Rolf Gutbrod an der TH sein Diplom und arbeitet erst einmal bei Bodo Rasch, auch so ein „kleinschreiber", der 1927 als junger Architekt zusammen mit seinem Bruder Heinz Stühle zur Ausstellung auf dem Stuttgarter Weißenhof („Die Wohnung") gefertigt hatte. „Das Schwein schreibt klein" sagte der SA-Mann, der Bodo Rasch kurz nach der Machtergreifung in der „Büchsenschmiere", dem Stuttgarter Polizeigefängnis ablieferte. Das war offenbar Grund genug für eine Inhaftierung! 1952 stößt Bächer auf den in Stuttgarter Architekturkreisen viel gerühmten Paul Stohrer. 1956 gründet er sein eigenes Büro in Stuttgart, das er von 1966 an bis 1985 gemeinsam mit Harry G. H. Lie betreibt.

Hauptsächlicher Werkstoff, zeitmodisch, Sichtbeton beim „Berger Sprudler", einem Beitrag zur Stuttgarter Bundesgartenschau 1977 ...

1969 kommt es auch zu einer Teilassistenz bei Rolf Gutbier am Städtebaulichen Institut der TH Stuttgart. Gutbier, Gutbrod und Stohrer: mit die wichtigsten Stuttgarter Wiederaufbaustrategen, denen Bächer seine architektonische Prägung verdankt. Trotz tiefer Wurzeln in Stuttgart nimmt Max Bächer 1963 einen Ruf als Professor an die TH Darmstadt an, wo er 1975 auch ein Zweigbüro einrichtet und 1984 ganz nach dort übersiedelt. Das Stuttgarter Büro übergibt er seinem Partner Lie. 1994 emeritiert, hält er bis heute Gastvorlesungen etwa in Haifa, Mailand oder an der ETH Zürich. Er gilt nach wie vor als brillanter Redner, Interviewpartner und Publizist und auch als überaus intellektueller Kopf am Übergang vom unmittelbaren Wiederaufbau bis hin zu den unvermittelten Monumentalismen des Betonbrutalismus.

Leicht, fein, einfach: Villa Windstoßer
Und doch: Als Architekt wird Bächer besonders für die Leichtigkeit seiner Eigenheimbauten in den Fünfzigerjahren gerühmt, allen voran das Haus für den Industriefotografen Windstoßer (1957) unterhalb der Neuen Weinsteige, das aussichtsreich über Stuttgarts Süden schwebt. 1959 mit dem Bonatzpreis ausgezeichnet, steht es seit 1996 unter Denkmalschutz – ein für Meister Bächer eher zweifelhaftes Privileg. So fragt sein Stuttgarter Architekturkollege Arno Lederer in dem genannten Ausstellungsheftchen, natürlich in klein: „warum denkmalschutz ..., das haus ist doch brandaktuell, leicht, fein, einfach. es weiß sehr wohl mit dem ort umzugehen. dem hang, an dem es steht und auf den es mit einem sockel antwortet. aber es schaut auch auf die stadt hinunter, mit den großen fenstern und sagt selbst dem, der sich nicht im haus befindet, etwas von der aussicht, vom dialog des objektes mit der spezifischen stuttgarter situation ... unmittelbar lässt es uns ausrufen: ‚oh wie schön, so ganz ohne geschichte‘."
Andere leichte Bauten Bächers sind das heute verunstaltete Haus Schairer in der Stuttgarter Wernhalde oberhalb des Bopser, ein Zweifamilienhaus mit Atelieraufsatz (1953), und ganz in der Nähe eine Häuser-

... und beim Friedhof in Leinfelden.

gruppe in der Bopserwaldstraße (1960). Ganz wichtig natürlich das mitten in der Natur, auf die Birkacher Filder gesetzte, aber sie keinesfalls verschandelnde und bis heute höchst originelle Haus des Gartenarchitekten Hans Luz (1958), mit dem Bächer viel zusammengearbeitet hat. In der Nähe entsteht zehn Jahre später das Haus Ulmer in Stuttgart-Schönberg (1968), quasi als Ableger. Der nach dem Windstoßer-Bau meistgerühmte Eigenheimbeitrag Bächers, das „haus am hang" (die „villa dr. hutt") in Gerlingen, ist ein kleines Gebilde am Berg, dicht an den Hang geklammert, nicht gegen die, sondern mit der Landschaft. Und ganz und gar eigen, und das heißt bei Bächer immer auch „ohne geschichte". Bächers Kollege und Bewunderer Arno Lederer: „unter den wohnhäusern ist eines, das mir ganz besonders gefällt ..., weil es sich am wenigsten an einer bestimmten zeit festmachen lässt: Das haus hutt in gerlingen bei stuttgart."

Bei der Umarbeitung des Freiburger Justizgebäudes in der Salzstraße lässt Bächer sich Ende der Achtzigerjahre auf den Umgang mit historischer Bausubstanz ein. „Bauen im Bestand", ein schwerer Übergang für einen „Neuerer" wie ihn.

Beton und Preise

Allerdings, nach Jahren der Leichtigkeit unterliegt auch Bächer der platten Plumpheit des „Beton brut"; 1968 etwa in einem Stuttgarter Terrassenhaus und ganz besonders in jener merkwürdigen Stadtterrasse „Kleiner Schlossplatz", die er in Gemeinschaft mit seinen Kollegen Kammerer + Belz anstelle von Ludwig Friedrich Gaabs klassizistischem Kronprinzenpalais (1844–1849) setzen ließ. Die grandiose Fassade dieses ansonsten ausgebombten Stadtpalastes war stehen geblieben, aber ihr Abriss zugunsten der Bächer-Belz-Kammerer-Betontorte gehört, wie übrigens vieles aus dieser Zeit, nicht unbedingt zur architektonischen Kulinarik der „Architekturstadt" Stuttgart. Mittlerweile abgebrochen (der Beton soll dabei ein Geräusch von sich gegeben haben, als bisse man in Knäckebrot), entsteht an ihrer statt eine schon vor 25 Jahren dort ins Auge gefasste Städtische Galerie, deren idealer Rahmen wiederum das zugunsten des Kleinen Schlossplatzes abgerissene Kronprinzenpalais hätte abgeben können, das ja vordem als Galerie genutzt wurde ... Bächer hat hierfür (zusammen mit seinen Kollegen Kammerer + Belz) den Hugo-Häring-Preis errungen, für die in milderem, mehr gestaltetem Beton ausgefallene Krematoriumserweiterung auf dem Stuttgarter Pragfriedhof gab es den Paul-Bonatz-Preis (1985). Friedhofsbauten gehören ohnedies zu seinen Standards. Beim Friedhof in Leinfelden (1969) etwa frönt er dem seinerzeit modischen Beton-Monumentalismus. Natürlich hat Bächer auch vielfach außerhalb gebaut – am Ammersee, in Frankfurt, Nauheim, am Rhein und in den Pyrenäen, dazu die Wildwasseranlage für die Olympischen Spiele in Barcelona (1992).
Aber seine überraschendste Arbeit ist nach allem vielleicht doch die Erweiterung des barocken Freiburger Justizgebäudes (1986) der ehemaligen Deutschordenskommende Franz Anton Bagnatos von 1768. Ausgerechnet Bächer hat diesen dominierenden Barockbau zwischen Salzstraße und Insel rekonstruiert und erweitert. In der begleitenden Publikation scheint er zu einer geläuterten Betrachtung von historischer Bausubstanz gekommen zu sein, bleibt sich und der „zweiten" Stuttgarter Schule aber in der ständigen Abwägung von „alt" und „neu" mit dem Akzent auf neu treu: „Flucht in die Vergangenheit? Es wäre bequem und ungefährlich, sich für die schöne Fassade des Franz Anton Bagnato belohnen zu lassen und selbst auf das schöpferische Risiko zu verzichten. Wir haben aber nicht nur das Recht, sondern auch die Pflicht, unsere Gegenwart in die Zukunft hinein darzustellen. Das wird von Fall zu Fall anders aussehen ... Bauen im historischen Kontext stellt die höchsten Anforderungen, weil die Faktoren Geschichte, Zeit und Tradition hinzukommen. Aber verlorene Traditionen kann man nicht durch Bauten zurückholen. Es müssen aus dem Alten neue Traditionen geschaffen werden. Das haben wir mit dem Neubau des Justizgebäudes mit Behutsamkeit und Selbstbewusstsein versucht."

Günter Behnisch (*1923)

Günter Behnisch, 1923 in Dresden geboren, lebt seit mehr als fünfzig Jahren in Stuttgart, wird aber weniger mit seiner Wahlheimat identifiziert als mit seinen weltweit bekannten „Großbauten", dem Olympiadach in München (1972) und dem Plenarsaal in Bonn (1992), die letzte repräsentative Bauaufgabe für die alte Bundesrepublik. Dabei reichen aber gerade die Wurzeln des

Münchner Olympiadachs tief nach Stuttgart, hin zu Frei Otto und Jörg Schlaich, damals Behnischs wichtigsten ingenieurtechnischen Architekturmitarbeitern. Frei Ottos „Institut für Leichte Flächentragwerke" oben auf dem Campus am Pfaffenwald (heute „ILEK"), ein mit Eternit gedecktes, spitz zulaufendes Zeltdach, ist sozusagen das Urprinzip auch des Olympiadachs, über das die „Frankfurter Rundschau" noch 1996, also fast ein Vierteljahrhundert später, befand: „Ein großartiges Beispiel für die Anmut der Transparenz, die Eleganz der Zwanglosigkeit, die Dynamik beschwingter Einzelteile, zusammengefasst unter einem bewegten, wie lose hingeworfenen Dachgespinst."
Behnisch hat in mehr als einem halben Jahrhundert kaum zwanzig Gebäude in seiner Wahlheimat hinterlassen, und die fast alle an der Peripherie, aber architektonisch meist bedeutsamer und origineller als das, was zu dieser Zeit in der City selber ent-

Kann gelassen auf ein exorbitantes Lebenswerk zurückblicken: Der Wahl-Stuttgarter Günter Behnisch.

stand: Kindergärten und Schulen, Institute und Schulungszentren vor allem. In der Innenstadt aber lediglich sein Geschäftsgebäude für die Landesbank Baden-Württemberg (LBBW) am Bollwerk bei der Liederhalle. Nicht unweit davon, bei der Alten Reithalle, hätte sich um 1990 fast eine bizarr spielerische Hochhausskulptur ergeben. In dieser städtebaulich abebbenden Situation hin zum Stuttgarter Westen in Richtung Rosenberg-/Seidenstraße und Hölderlinplatz muss man bedauern, dass Behnischs Modell nicht zur Verwirklichung kam. An anderer Stelle allerdings darf man erleichtert sein, dass *dieser* Behnisch nicht umgesetzt wurde: Nach seiner Idee für ein Technisches Rathaus in Zusammenhang mit etlichen runden Wohntürmen wäre fast das gesamte Bohnenviertel niedergemacht worden. Eine für diesen Architekten eigentlich so untypische wie barbarische Überlegung, auch angesichts der Tatsache, dass

die Stuttgarter Innenstadt im September und Oktober 1944 fast völlig in Schutt und Asche versank – und nun auch noch diese letzte erhalten gebliebene Altstadtinsel einer immer fragwürdiger werdenden Flächensanierungsideologie opfern?

Formfinder

1970 indes, als diese Planung vorgelegt wurde, war das alles andere als unzeitgemäß: Es war Trend, vor allem im Stuttgart Arnulf Kletts. Günter Behnisch ging hier einmal konform mit seiner akademischen Prägung und erwies sich geradezu als Musterschüler einer Art zweiten Stuttgarter Schule, der er auf seine wenn auch non-

konformistische Weise doch irgendwie angehörte, zusammen mit Rolf Gutbrod, Rolf Gutbier, Erwin Heinle, Günter Wilhelm, Max Bächer, Walter Belz und besonders auch Hans Kammerer, dem Zeit- und Schicksalsgenossen. Der hält ihm 1992 zur Verleihung des Molfenter-Preises die Festrede, voll Witz, Hintersinn und unerwarteten Aufschlüssen: „Günter Behnisch und ich sind gleich alt, kamen aus verschiedenen Gefangenenlagern in das gleiche Semester, das erste nach dem Krieg an der Technischen Hochschule in Stuttgart. Ein eigenartiges Studium zwischen neuer Freiheit und allgemeiner Hoffnungslosigkeit, aber mit viel Optimismus."

Und Kammerer, der mit seinem Büro weit mehr im öffentlichen Raum gebaut hat als Behnisch, sich deshalb auch ganz anderen Zwängen zu beugen hatte und immer eher architektonischer Vollstrecker des Bauherrenwillens war denn Baukünstler, nicht ohne Bewunderung über seinen unbefangener und freier agierenden Studienkollegen: „Behnisch und seine Partner hängen weder einer Theorie an noch haben sie eine eigene entwickelt ... (Aber es) war immer wieder die Forderung nach einer ,demokrati-

schen Architektur', verbunden mit Skepsis allen Herrschaftsstrukturen gegenüber, eine Skepsis, die blieb."

Und man denkt an einen anderen, der damals das tief konservative Stuttgart etwas aufgerüttelt hat mit legendären Erfolgen, den Theaterdirektor Claus Peymann, wenn Kammerer weiter über den Formfinder Behnisch nachdenkt: „Eine Suche, die zwangsweise mit scheinbar Festgefügtem, Gesetzgewordenem aufräumt. Bauen ohne den pseudointellektuellen Staub einer vermeintlichen Tradition. Also auch Auflösung – auch Revolution ... Es ist auch eine Architektur der Irritationen, besonders für Puritaner jedweder Richtung ... eine Architektur auch der sorgfältig inszenierten Verwirrung."

Vom Kommilitonen und Kollegen Max Bächer stammt das schöne Aperçu, Behnischs Stuttgarter Arbeiten in Stuttgart zu zeigen, hieße „Säulen nach Athen tragen". Ein typischer, für seinen Wortwitz bekannter Bächer, auch wenn es Behnisch ja kaum vergönnt war, in der Wahlheimat wirksame Stadtzeichen zu setzen. Ein Angebot an die Stuttgarter Innenstadt war 1995 ein kleiner

Gastronomiepavillon für den Platz an der Rathaus-Rückseite. Behnisch dachte sich gewissermaßen ein Wappentier auch für sich als den „Meister des Leichten", einen gläsernen Pavillon in Form einer Libelle. Unser Architekt zu diesem Wettbewerbsentwurf: „Der Platz westlich des Rathauses soll belebt werden. Die Umgebung unterstützt diese Absichten nicht. Das Rathaus wendet diesem Ort seine Rückseite zu, ohne Zugang ... Fraglich ist, ob diese Situation überhaupt aufgewertet werden kann. Aber wenn ... müsste (man) das dann so realisieren, dass Blumen und Libelle den Ort bestimmen." Zwar gab es für diese hinreißende Idee den ersten Preis. Realisiert aber wurde schließlich eine „normale", eine Stuttgarter Lösung.

Den Libellengedanken hatte Günter Behnisch mit seinem Büro schon 1991 vorformuliert, als er den hermetischen Koloss des Betonhochbunkers am Feuerbacher Bahnhof mit Acrylflügeln in einen Omnibusbahnhof verwandelte: „Es bilden sich erstaunliche Lichtspiele auf dem Bodenbelag und der Wand des Bunkers", heißt

es im Bericht zum Wettbewerb, der auch die Stadtbahnhaltestelle in unmittelbarer Nähe umfasste, für die Behnisch lange Tonnenschalen aus Lochblech mit gelber Acrylabdeckung wählte: „Hier scheint immer die Sonne – auch bei Regen."

Innenhof und Glasgondel

Wenn dem Architekten also auch kein allbekanntes Stadtzeichen gegönnt sein mochte, eine „Landmarke" hat er doch gesetzt, wie er selber sein „Dienstleistungszentrum der Landesgirokasse" (jetzt „Landesbank Baden-Württemberg, LBBW") von 1997 nennt. Die „städtebaulich labile Situation" (Behnisch) galt es mithilfe einer solchen Marke zu stabilisieren. Speziell bei dieser LBBW erscheint auch der Stadtplaner Behnisch, zu dessen Prinzipien eben wesentlich das „Demokratische Bauen" gehört. Hier, bei dieser großen Bankanlage

auf einem der allerletzten noch bebaubaren Grundstücke der Innenstadt habe, so Behnisch, „die Bauherrschaft sich dafür ein großes Stück aus der Stadtstruktur" herausgeschnitten. Also fordert er dieser Gunst ihren demokratischen Tribut ab: „So entstand der Gedanke eines attraktiven Innenhofes, der nicht nur für alle einsehbar ist, sondern auch betreten werden kann."
Begehbarer Innenhof mit See, Kino, Restaurant, Büroräumen und zum Zeichen der Landmarke über aller Transparenz auch noch eine Glasgondel wie bei einer Großschleuse. Das Gehäuse für einen Beobachtungsposten: Passt auf, lasst die Stadt dort unten architektonisch nicht noch weiter aus dem Ruder laufen!

Die „Stuttgarter Zeitung" vom 21. Juni 1997 wenigstens war enthusiasmiert: „Hätte es noch eines Beweises bedurft, dass planerische Sorgfalt und formale Nonchalance ein vollwertiger Ersatz für Höhenmeter über N. N. oder marmornen Repräsentationskitsch sein können, hier ist er ... Am Bollwerk ist der Typus in Bewegung geraten. Die Geschosse sind asymmetrisch gestaffelt, von fünf Stockwerken auf den drei Straßenseiten bis zu neun auf der Hofseite. Der Gebäudeteil an der Fritz-Elsas-Straße tanzt, leicht nach innen gedreht, aus der Bauflucht und wird überdies von dem über den Baukörper hinausschiebenden Ende des Büroflügels überragt ... Das Entwurfsprinzip, dass das Kleine sich keinem übergeordneten Ganzen zu unterwerfen hat, sondern die gleichen Rechte genießt wie das Große, gilt freilich auch hier ... Keine Regel verlangt, dass Brüstungen oder Fensterprofile alle gleichfarbig sein müssten. Also sind sie mal schwarz, mal weiß, mal blau, mal grün und alles zugleich an einem Fenster. Keine Direktive befiehlt den Stützen, dort zu enden, wo sie ihre Aufgabe er-

füllt haben. Also haben sie die Chance, als farbige Linie eine Rolle in einem grafischen Potpourri zu übernehmen. Dahinter steckt Günter Behnischs Überzeugung, dass die Dinge ‚tendenziell freiwillig zusammenarbeiten'."

Dekonstuktivismus und Fantasiearchitektur

Nach „Neuer Leichtigkeit" und „Demokratischem Bauen" wird Behnisch insbesondere mit dem Begriff „Dekonstruktivismus" zusammengebracht, also den Irritationen akademisch-konstruktivistischer Erwartungshaltungen an ein Gebäude.
Und von „architektonisch konstruktiven Purzelbäumen" nahe an der Grenze zur „heiteren Collage" spricht Kollege Kammerer angesichts von Behnischs dekonstruktivistischem Meisterwerk, dem HYSOLAR-Institut auf dem Universitätscampus am Stuttgarter Pfaffenwald (1987). Behnisch geht in einer Selbstdarstellung sogar davon aus, dass dies Institut „von vielen weltweit als erstes gebautes Beispiel des Dekonstruktivismus angesehen wird".
Und dann gibt der Meister anhand dieses Gebäudes selber einige verblüffende Anhaltspunkte für den Begriff „Dekonstruktivismus", den noch kaum ein Architektur- oder Kunstlexikon definiert. Da sehr wenig Zeit für Planung und Bauarbeiten gewesen sei, habe man „nicht gleichermaßen ausgedehnt wie bei anderen Projekten planen" können und deshalb „die Institutsräume als vorgefertigte ‚Container' projektiert, um so Zeit zu gewinnen für den Rest:
„Die ‚Container' haben wir dann ‚weniger ordentlich' so aufgestellt, dass ein interessanter Zwischenraum und interessante Außenräume entstehen könnten ... Das Formale ist ähnlich einer Collage geordnet. Vorbedingung für diese Art der Ordnung

sind darin zu sehen, dass deren Elemente selbstständige, für sich lebensfähige, fertige Dinge sind und das Ganze in ein freies Gleichgewicht kommt ... Bei der Arbeit am HYSOLAR-Institut haben wir vor allem im Formalen experimentiert. Die Grenzen des ‚Repertoires' werden hinausgeschoben."
Eine förmliche Fantasiearchitektur ist dann der drei Jahre später entstandene Kindergarten Luginsland bei Stuttgart-Untertürkheim (1990). Ein Spielhaus in Form eines Schiffs – in heiterem Kontrast zu den einförmigen „Erwachsenenhäusern" hier, diesen „ein- bis zweigeschossigen Kuben mit Satteldach", wie Günter Behnisch sagt. Überhaupt ist er von allem Anfang an Schul- und Kindergartenbauer. Hier, bereits 1961 bei der Vogelsangschule im Stuttgarter Westen, zünden seine anti-akademistischen Bauimpulse am leuchtendsten.
Unter seinen Schulen sind viel bekannt gewordene und für ihre Zeit schon immer überraschende Stücke allenthalben im Land verstreut, sei's in Freiburg, Haigerloch und Schopfheim oder sei's das für die Zeiten des finstersten Betonismus geradezu sensationell leichte Progymnasium auf dem

Der Kindergarten als Schiff. Stuttgart-Luginsland 1990.

Der Urwürfel des Dekonstruktivismus steht auf dem Campus der Stuttgarter Universität im Pfaffenwald: Behnischs Hysolar-Institut (1987).

Schäfersfeld im ostwürttembergischen Lorch (1972/73). So nimmt es auch nicht wunder, dass in Behnischs Œuvre-Verzeichnis an vorderster Stelle eine Lehranstalt steht, die Handelsschule Schwäbisch Gmünd (1952–1954), seine erste selbstständige Arbeit nach einer kurzfristigen Tätigkeit (1951/52) im Büro Rolf Gutbrods, dem „Entdecker" des leichten und organischen Bauens für Stuttgart.

1951 hat Günter Behnisch sein 1947 begonnenes Studium mit dem Diplom beendet. Von 1945 bis 1947 war er in englischer Kriegsgefangenschaft, nachdem er den Zweiten Weltkrieg als Marinesoldat mitgemacht hatte. Zum Architekten wurde er – in der Kriegsgefangenschaft. Er berichtet: „1947 kam ich nach Stuttgart, um hier Architektur zu studieren. Zu diesem Schritt hatte mir Bernd Koester geraten, ein Architekt aus Münster, selbst ein Mitglied der ‚Stuttgarter Schule', ein ehemaliger Assistent Paul Schmitthenners. Ihn (Koester) hatte ich getroffen in England, in einem großen Lager für Kriegsgefangene. Er hatte

dort mit anderen eine Architekturausbildung organisiert und durchgeführt. An diesem Ort hatte ich begonnen zu studieren. Koester meinte, die Stuttgarter Schule sei besonders zu empfehlen für einen wie mich, der bis dahin nichts wusste vom Fach – oder wenigstens sehr wenig. Und so kam ich nach Stuttgart."

1967 wurde er Professor für Entwerfen, Industriebauten und Baugestaltung, aber nicht in Stuttgart, sondern, wie der Kollege Max Bächer, in Darmstadt. Seit 1987 ist Behnisch emeritiert. Sein Stuttgarter Büro, das er von 1952 an mit verschiedenen Partnern betrieben hat, führt Sohn Stefan seit 1997 unter der Bezeichnung „Behnisch, Behnisch & Partner".

Schier unübersehbar ist die Reihe der in- wie ausländischen Preise und Auszeichnungen, darunter viele nach Paul Bonatz benannte und auch etliche, höher eingeschätzte, nach dem Namen Hugo Härings. Es scheint im Blick auf Günter Behnisch nicht unbedingt so, dass sich Originalität in der Architektur nicht doch lohnte.

„Architekturnobelpreisträger" (Pritzker-Preis) aus dem Bannkreis Theodor Fischers: Gottfried Böhm.

GOTTFRIED BÖHM (*1920)

Gottfried Böhm ist der Sohn des berühmten Kirchenbaumeisters Dominikus Böhm (1880–1957), auf dessen Vita sich wegen ihrer reichhaltigen Stuttgarter Bewandtnisse kurz einzugehen lohnt, zumal Böhm jun. nach dem Tod des Vaters dessen Büro übernahm und zu einer der künstlerisch interessantesten Architekturwerkstätten der Bundesrepublik weiterentwickelte: Vater Dominikus Böhm, aus Köln stammend, studierte bei Theodor Fischer an der TH Stuttgart und lernte dort zwangsläufig auch Martin Elsaesser kennen, Fischers „Musterschüler". Als Dominikus Böhm 1926 den Ruf als Professor an die Kölner Werkschu-

len bekam und dort auch Leiter der Abteilung für christliche Kunst wurde, holte er seinen Kommilitonen Martin Elsaesser als Lehrer, aber auch als Architekten nach Köln. Elsaesser gelang dort mit dem Erweiterungsbau der Werkschulen beim Ubierring eines seiner expressivsten Gebäude.

Gottfried Böhm nun, 1920 in Offenbach geboren, absolvierte sein Architekturstudium von 1942–1947 an der TH München, wo er unter anderem – nach 1945 – bei dem unter den Nazis in Ungnade gefallenen Robert Vorhölzer (1884–1954) lernte, einem der profundesten Vermittler zwischen Heimatstil und Neuem Bauen. Zwischen 1947 und

1950 wird Böhm zum Wiederaufbau seiner Vaterstadt Köln gebraucht. Danach zieht es ihn, wie viele Architekten seiner Generation, nach Amerika: 1951 arbeitet er für ein halbes Jahr in einem New-Yorker Architekturbüro, wo sich Kontakte zu den in die USA emigrierten Granden des „neuen bauens", Mies van der Rohe und Walter Gropius, ergeben. Danach ist er im Büro des Vaters tätig, das er ja übernehmen sollte. 1963 wird er Ordentlicher Professor für Stadtbereichsplanung an der TH Aachen. Damals entstehen seine beiden Aufsehen erregenden Bauten, die Wallfahrtskirche von Neviges (1963–1968) und das Rathaus Bensberg (1962–1967), eminente Betonkörper, bei aller Eigenwilligkeit stimmig in die Umgebung eingepasst. Sie erinnern nicht nur daran, dass Böhm ursprünglich Bildhauer gelernt hatte, sondern auch daran, dass offenbar über seinen Vater und auch den Lehrer Robert Vorhölzer der Geist Theodor Fischers über ihn gekommen war.

Fertigteilbau mächtig und leicht

Für Stuttgart wird Gottfried Böhm 1985 interessant. Sein Züblin-Haus droben auf den Fildern zwischen Möhringen und Vaihingen, gut zwanzig Jahre nach Neviges und Bensberg, wirkt wie eine Montage, eine Baukastenkonstruktion aus seriellen skulpturalen Einzelteilen. Es ist noch immer wie eine Erscheinung, eine Art Fertigteilkathedrale, mitten im verfransten Industrierand des Stuttgarter Südens. Architektonisch noch immer aufregend: Nicht nur die vorangegangenen, auch die nachfolgenden Industriebauten hier oben stellt dieser so mächtige wie leichte Komplex mühelos in den Schatten. Und wäre es nicht Stuttgart-Möhringen, wäre es irgendeine andere suburbane Situation, der Effekt wäre ähnlich. Nach 25 Jahren ingenieurmäßigen Umgangs mit dem Betonfertigteil im Geschossbau, angefangen bei der Landesversicherungsanstalt in Karlsruhe, entdeckt die Baufirma Züblin hier mittels Böhm für sich selber den Fertigteilbau neu und findet dabei zurück zum plastisch durchgeformten Umgang ihres Firmengründers Eduard Züblin mit dem Werkstoff Beton.

Aus ingenieurtechnischer Sicht erläutert der leitende Züblin-Mitarbeiter Volker Hahn, damals Spiritus Rector jener Ikone der Postmoderne, das Entscheidende am Erscheinungsbild der profanen Basilika in einem Brief an den Baumeister zum Jahreswechsel 1984/85: „Für mich als Ingenieur sind es zwei Aspekte, die bei diesem Bau interessant sind: erstens die tragende Fassade und zweitens der Architekt und die Fertigung. Beide hängen miteinander zusammen ... Die tragende Fassade, d. h. die gestalteten tragenden Teile, ist die Urform des Bauens. Die sakralen Bauten der romanischen und insbesondere der gotischen Kirchen benutzten die tragenden Stützen und Bogen für die äußere (und innere) Gestaltung."

Man bekommt so allein von der Konstruktion auf den Charakter, der schon damals, wie Hahn zu berichten weiß, seine Skeptiker fand: „Das Majestätische an diesem Bau macht uns auch zu schaffen. Da gibt es Bauherren, Kunden, die das auch offen sagen. Sie halten den Bau für großspurig und sind erst beruhigt, wenn wir ihnen die sinnvolle Konstruktion und vor allen Dingen deren Kosten genannt haben."

Das Wesentliche einer solchen „Baukastengotik" ist die tragende Betonfassade, nur möglich geworden, weil das gesamte Gebäude vorgefertigt und dann erst montiert wurde – wie ein mittelalterliches Fachwerkhausgerüst. Und das Überraschende nach all den Orgien des Beton brut drunten in der Stadt und droben ringsum auf dem flachen Filderland war die exemplifizierte Erkenntnis dessen, was etwa schon Eduard Züblin um 1900 wusste: Beton ist formbar.

Und er besteht nicht notwendig nur aus grauem Plattenmaterial. Er lässt sich beispielsweise auch färben: Den buntsandsteinartig wirkenden Farbton fürs Züblin-Haus hat man ganz einfach durch Zusatz von Eisenoxydrot erreicht.

In dem 1985 erschienenen Band „Züblin-Haus" gibt es eine schöne Eloge des damaligen Architekturkritikers der „ZEIT", Manfred Sack. Böhms Gebäude sei unverwechselbar, nirgends finde sich ein „Zeichen von Routine". Böhm mache eben keine „Nebensachen", insofern seien selbst die „Kavaliershäuschen" vor dem westlichen Büroriegel „Hauptsachen". „Er baut nicht, wie man gerade baut, sondern wie er allein es für richtig hält."

Und die Stuttgarter Kunstkritikerin Sibylle Maus würdigt dies Ereignis auf den Fildern bei Möhringen in der Zürcher Architekturzeitschrift „archithese": „Ein solch gigantischer Baukasten aus mineral-oxydgefärbten Betonsegmenten, mit Einzelelementen bis zu zehn und mehr Metern Länge, Stützen und Kegelstümpfen, Bindern und Brüstungsplatten, Treppenstücken und Emporenbrücken – selbst ein solches Riesen-

„Verwaltungskathedrale" und Veranstaltungsort im Niemandsland des Stuttgarter Industriegürtels zwischen Vaihingen und Möhringen.

Sitzt wie ein „i-Tüpfelchen" auf Max Littmanns Württembergischer Staatsoper: Böhms exklusiver Theaterpausen-Pavillon (1983/84).

fabrikprodukt kann auf ein ‚menschliches Maß' zurückzuführen sein. Nicht nur, indem es seine Geschichte zitiert, sondern auch, indem es gegenwärtige Zwänge ignoriert und zum Beispiel Deklarationen von Arbeits- und Freizeitwelt bewusst verwechselt ... Umgekehrt schließt das große ‚Gewächshaus' ein Stück Lebensraum ein, wie es weder Stadt noch Landschaft mehr erlauben, und wie es sich das 19. Jahrhundert noch als exotische Mode leisten konnte ... An den Stirnseiten des gläsernen Reservats sind zwei sechsstöckige Uhrentürme aufgestellt. Die Zifferblätter wirken, vor der ondulierten Ästhetik eines Umspannwerks im Süden und vor der Leere einer monoagrarischen Struktur im Norden, wie die Requisiten einer pittura metafisica. Urbanität als inszeniertes Einzelstück."

Die auf Beton „gegründete" Stuttgarter Baufirma Züblin hatte also ihren Architekten gefunden, wobei man in Böhm nicht nur den „Betonformer" zu bewundern hat. Denn auch der von einem Glashimmel überspannte Innenraum, der, im Doppelsinn, „überdachte" Platz, ist eine Idee, mit der er spätestens seit den Siebzigerjahren umging, etwa beim Entwurf für das Technische Rathaus in Köln, beim Rathaus mit Stadthalle in Rheinberg oder beim Projekt eines Gerichtsgebäudes für Kerpen.

Pritzker Architekturpreis

Die in Neviges begonnene und in Möhringen zum Höhepunkt gebrachte Zusammenarbeit mit Züblin setzte sich 1986 mit der Universitätsbibliothek in Mannheim fort, ein Bau, der zwar nicht die „Kathedralik" des Stuttgarter Verwaltungsbaus hat, was aber auch vermessen gewesen wäre bei einer Bibliothek in unmittelbarer Nachbarschaft zur Mannheimer Jesuitenkirche, einer der bedeutendsten barocken Gotteshäuser Südwestdeutschlands. Böhm arbeitet hier mit großformatigen Fassadenplatten, die, und das macht nun wieder die Unverwechselbarkeit dieses Bauwerks aus, bullaugenförmige Fensteröffnungen haben, durch die sich immer wieder überraschende Blickausschnitte auf die Nachbarschaft ergeben – eine Reminiszenz an die blicklenkenden „Okulare" von Barockgärten, und Mannheim ist ursprünglich ja durch und durch barock.

1983/84 macht der Baumeister auch in der Stuttgarter Innenstadt von sich reden. Im Zug der Umgestaltung von Max Littmanns Großem Haus der Württembergischen Staatstheater galt es, das Foyer zu erweitern. Böhm verpasste dem rationalistischen Monumentalbau einen elegant eingepassten Pavillon mit Glaskuppel – wiederum eigenwillig und stimmig, als hätte ihn auch hier der Genius Theodor Fischers geleitet. 1986, ein Jahr nach Vollendung des Züblin-Hauses, wurde Gottfried Böhm mit dem internationalen Pritzker Architekturpreis ausgezeichnet, einer Art Nobelpreis für seine Zunft. Zur Begründung hieß es: „In seiner über vierzigjährigen Laufbahn hat (er) dafür gesorgt, dass die Komponenten seines Werkes, die die Vergangenheit aufnehmen, gleichzeitig seine Bereitschaft widerspiegeln, das Neueste und Beste aus unserer zeitgenössischen Technologie zu akzeptieren, ob es sich nun um Entwürfe für Kirchen, Rathäuser, öffentlichen Wohnungsbau oder Bürogebäude handelt. Seine im höchsten Maße ansprechende Arbeit verbindet viel von dem, was wir von unseren Vorfahren geerbt haben, mit so manchem, was wir erst kürzlich erringen konnten (und) verbindet diese Elemente auf überraschende und lebendige Weise."

Auch in seinem allerneuesten Werk, der Glaspyramide für die Ulmer Stadtbücherei, eröffnet am 16. April 2004, huldigt Böhm dem Genius Loci, einer ja von Theodor Fischer über den Vater erworbenen Prägung, die er, mittlerweile 84, ins 21. Jahrhundert herübergerettet hat. Nach Richard Meiers Stadthaus von 1993 hat Gottfried Böhm, in der einschlägigen Publizistik nun immer öfter als „Nestor der deutschen Spätmoderne" bezeichnet, Ulm mit seinen 115 000 Einwohnern zu einer neuerlich exorbitanten zeitgenössischen Architektur verholfen, als ginge es darum, auch hier wieder die Haupt- und Architekturstadt Stuttgart turmhoch zu übertrumpfen. Die „FAZ" über Böhms spätes Werk: „Sein Bi-

Die (Glas-)Pyramide von Ulm (2004) – Gottfried Böhm schafft einen magischen Ort in der architektonisch arg malträtierten Altstadt.

bliotheksbau ist, vom quadratischen Grundriss bis zur pyramidalen Steilheit, die gestalterische Quintessenz der Ulmer Bautraditionen, ihrer verzwickten altstädtischen Grundstücke, der waghalsigen Überhänge, mit denen die Bürgerhäuser sich einst in den oberen Stockwerken zusätzliche Fläche erzwangen, und der halsbrecherisch steilen Satteldächer ... Aber Gottfried Böhm und seine Assistenten nahmen auch Rücksicht auf die karge, extrem nüchterne Architektur der Fünfzigerjahre, (jene) nichts sagenden, kleinmütig um Neutralität bemühten Fronten ringsum." Und zur städtebaulichen Wertigkeit heißt es noch: „Von Dauer aber wird die wohltuende Großform sein, die das noch immer zerfetzte Stadtgewebe rings um Rathaus und Münster einfühlsam neu verknüpft. Ein Neubau, wie er so noch nie da gewesen ist und der dennoch das alte Ulm wieder anwesend macht – das ist der richtige Weg. Gottfried Böhm hat ihn schon eingeschlagen, als er 1947 seine Kapelle „Madonna in den Trümmern" in die Ruinen der gotischen Kirche St. Kolumba in Köln stellte."

EGON EIERMANN (1904–1970)

Egon Eiermann zählt zu den umstrittensten deutschen Architekten der Nachkriegszeit. Er gilt als rigoroser Neuerer und Funktionalist. Architektur war ihm vor allem Gebrauchsgegenstand wie etwa ein Anzug, also je und je und nach der neuesten Designermode auswechselbar – eine Art Wegwerfartikel. Gedanken an bauhistorische Substanzerhaltung waren ihm wesensfremd, und seine Schüler tun sich heute schwer mit dem Befund, dass viele seiner Arbeiten mittlerweile selber denkmalwürdig, aber keineswegs mehr modisch sind. Bemerkenswert dann doch, dass der Möbeldesigner Eiermann mehr als dreißig Jahre nach seinem Tod noch immer hoch im Kurs steht.

Egon Eiermann, 1904 nahe Potsdam geboren, zeigte schon früh außergewöhnliche Talente im (Architektur-)Zeichnen, wobei der Knabe romantisch-süddeutsche Sujets bevorzugte – etwa Nürnberg oder Rothenburg o. d. T. Eiermann war mit dem Verkauf seiner Architekturzeichnungs-Drucke derart erfolgreich, dass er sich bereits mit 15 einen eigenen Telefonanschluss legen lassen konnte, damals, 1919, für die meisten Erwachsenen illusorisch. Und es ereignen sich weitere Außergewöhnlichkeiten für den Heranwachsenden – so nimmt er schon mit 16 in einer Art Schnupperkurs an Hans Poelzigs Meisterseminaren im Potsdamer Wildpark teil und erlebt in seinem direkten Wohnumfeld das Entstehen des Babelsberger Filmgeländes – vielleicht die entscheidende Prägung für eine Auffassung von Architektur als vergänglichem Artikel!
Von 1923 bis 1927 studiert er, nach einem Baupraktikum, schließlich richtig bei Hans Poelzig, dem Altmeister des „neuen bauens",

Eiermanns Pforzheimer evangelische Matthäuskirche im Stadtteil Arlinger (1953–1956). Nach dem Dehio der „Prototyp aller Eiermann-Kirchen", mit Formstein-Wänden aus Trümmerschutt.

Für die Hauptverwaltung der IBM Deutschland setzte Eiermann zwischen 1967 und 1972 drei quadratische Pavillons in den Vaihingern Wald bei Stuttgart. Das ihm inhaltlich nahestehende Stuttgarter Baubüro Kammerer + Belz setzte zehn Jahre später (1983/84) noch ein ähnlich geartetes Rechteck dazu.

der ja auch am Stuttgarter Weißenhof mitgearbeitet hat, und dem Theodor Heuss, von Haus aus zunächst einmal Architekturkritiker, in schwieriger Zeit mit die erste große Biografie für einen Architekten der deutschen Moderne widmete (1939). Bereits 1925, mit 21, ist Eiermann Meisterschüler bei Poelzig, und im selben Jahr schon wirkt er an Filmbauten für die UfA in Babelsberg mit. Nach Architekturaufgaben für größere Institutionen (Karstadt, Berliner Elektrizitätswerke) lässt er sich von 1931 bis 1945 als selbstständiger Architekt in Berlin nieder. Während des Dritten Reiches behauptet er sich als „Unangepasster". Er baut Wohnungen und Fabriken, wobei er weder architektonischen noch politischen Verrat begeht. Nur wenige brachten das fertig damals, vielleicht noch ein Hans Scharoun und ein Sep Ruf, mit dem Eiermann nach 1945 bei wesentlichen Projekten zusammenarbeiten sollte.

Die Kriegszerstörung seines Büros in Belitz bei Berlin (1945) zwingt Eiermann zur Flucht in den Süden, in den badischen Odenwald

nach Buchen, der Heimat des Vaters. Von da aus ergeben sich Kontakte nach Karlsruhe, wohin er 1947 einen Ruf an die Architekturabteilung der TH bekommt. Ausgerechnet er, der überzeugte Modernist, wohnt dann erst einmal in einem vor Historismus überquellenden Stadtpalais aus der Zeit um 1900. Auch wenn Eiermann sich 1964 eine Villa in Baden-Baden baut, sein Atelier im Karlsruher Hochhistorismus behält er bis zu seinem Tod (1970) bei.

Hochgelobte Bauten und ein Abriss

Zu den Nachkriegswerken Egon Eiermanns, durch dessen Lehrtätigkeit (seit 1947) Karlsruhe kurzfristig zur wichtigsten Architekturfakultät Deutschlands geriet, gehören die Taschentuchweberei im südbadischen Blumberg (1953/54), die Pforzheimer Matthäuskirche (1956–1958, zusammen mit Sep Ruf), die deutsche Pavillongruppe bei der Weltausstellung in Brüssel (1958), die Kaiser-Wilhelm-Gedächtniskirche Berlin (1958–1961), das Bonner Abgeordneten-Hochhaus („Langer Eugen"; 1967–1972)

und die Hauptverwaltung der IBM Deutschland im Wald von Stuttgart-Vaihingen (1968–1972). Hochgelobte Arbeiten allesamt – Eiermann wurde überhäuft mit berufsständischen Preisen. Aber in Stuttgart wird er immer assoziiert werden mit dem Abriss von Erich Mendelsohns „Kaufhaus Schocken" (1961) zugunsten eines durchaus unerheblichen eigenen Neubaus mit unverkennbarem Häkelmuster („Eierkartons"), das feiner Maschendraht vor nistenden und sterbenden Tauben schützt. Nur, und das macht den Rabiaten zu einem lediglich Radikalen: Sein Briefwechsel gibt ihn als einen an Herz und Seele leidenden Sensibilissimus zu erkennen, oft genug voller Skrupel übrigens, etwa und gerade gegenüber dem Mendelsohn-Bau (Kaufhaus „Schocken", später „Merkur"), Stuttgarts bis heute schlimmste Bausünde, begangen unter dem Tarnmantel von Wiederaufbau und Verkehrsgerechtigkeit. Hier beschleicht den so hochveranlagten wie elitär-ahistorischen Baumeister dann doch eine nachhaltige Ahnung. So schreibt er 1958 an den Generalbevollmächtigten für den Wiederaufbau Stuttgarts, den berüchtigten Professor Hoss, im Übrigen ein Münchner Theodor-Fischer-Schüler: „Sie wissen, dass mein Büro beauftragt ist, den Umbau des Warenhauses Merkur zu bear-

Der „Horten" in Stuttgart, mittlerweile ein „Niemandsbau" – Eiermann ist trotz der „Eierschalen" nicht wiederzuerkennen. Medelsohns Schocken (1928), ein Meisterwerk der Neuen Sachlichkeit, wurde für diese architektonische Unerheblichkeit 1960 abgeräumt. Eine der schlimmsten Bausünden im Nachkriegsdeutschland!

beiten. Ich habe dieser Arbeit zugestimmt in der Hoffnung, wenigstens die alte Front mit dem Treppenhaus von Mendelsohn erhalten zu können, und unsere ersten Projekte liefen auch darauf hinaus. Mehr oder weniger ging aber die Meinung des Bauherrn dahin, das Haus nicht nur umzubauen, sondern möglicherweise abzureißen und durch einen Neubau zu ersetzen. Mit einer solchen Meinungsänderung fiel auch die Möglichkeit, das Mendelsohnsche Bauwerk sinnvoll zu erhalten. Sie fiel umso

mehr, als auch von Seiten der Stadt eine Rückverlegung des Bürgersteigs verlangt wurde. Mit dieser Entwicklung musste ich die Hand reichen zur Vernichtung eines Bauwerkes, dessen Erhaltung mir außerordentlich am Herzen gelegen hätte ... Ich sehe die Zeit kommen, da ich als Bilderstürmer verschrien werde, und ich habe die größte Lust, aus dieser ganzen Sache auszusteigen, da die Voraussetzungen, unter denen ich diese Aufgabe übernahm, sich geändert haben."

Baumeister zwischen den Religionen, Rolf Gutbrod.

ROLF GUTBROD (1910–1999)

Rolf Gutbrod gehört zu den Protagonisten einer Art zweiten Stuttgarter Schule, deren Hauptarbeit im so genannten Wiederaufbau der Jahre 1945–1960 bestand und die sich vor allem durch die Missachtung historischer Bausubstanz definiert.
Er war von 1932 bis 1935 Student bei Paul Bonatz, dem Meisterschüler und Nach-

Gutbrods viel gerühmtes Stuttgarter Hahn-Hochhaus (1962/63), ein leicht bewegter Solitär.

folger Theodor Fischers an der Stuttgarter TH. Und bei Bonatz, dem Exponenten der Ersten Stuttgarter Schule, macht er 1935 auch sein Diplom. Aber lediglich eine Arbeit, das Heizhaus für die Flakkaserne Friedrichshafen (1936), erinnert an die Formensprache des Lehrers und dessen bei den Neckarstaustufen erprobte Einpassung von Industriearchitektur in die natürliche Umgebung. Eine solche „Einpassung" entsprach später kaum mehr Gutbrods Architekturphilosophie. Er praktiziert eher den Solitär, den einzelnen, „gesetzten" Baukörper ohne Rücksicht und Anspielung auf das Ambiente. Insofern konterkariert er als Vertreter der Zweiten auch die Vorgaben Theodor Fischers als dem Begründer der Ersten Stuttgarter Schule.
Gutbrods Biografie ist bewegt. 1910 wird er in Stuttgart geboren, der Vater ist Arzt. Nach Anfängen auf der hiesigen Eliteschule, dem Eberhard-Ludwig-Gymnasium, wechselt er an die Freie Waldorfschule, für die er fünfzig Jahre später einen Neubau erstellt, der ihm 1970 jenen Architekturpreis einbringen sollte, der nach seinem Lehrer Paul Bonatz benannt ist.

1929, nach dem Schulabschluss, unternimmt Rolf Gutbrod längere Reisen nach England und in die Schweiz, absolviert in einem Stuttgarter Ingenieurbüro ein Praktikum, um hernach an der renommierten Architekturabteilung der TH Berlin-Charlottenburg weiterzustudieren. 1930 wieder an der TH Stuttgart, bringt er eine erste Etappe bei den „Häuptlingen" der Ersten Stuttgarter Schule hinter sich: neben Paul Bonatz und dem Architekturtheoretiker Ernst Fiechter noch bei Heinz Wetzel, Hugo Keuerleber und Paul Schmitthenner. Nach 1935, noch ist es möglich zu reisen, besucht er wiederum die Schweiz und England, aber auch Holland und Italien, arbeitet im Stuttgarter Büro Günter Wilhelms mit, erhält 1935/36 seine militärische Grundausbildung und lässt sich schließlich als Freier Architekt in Stuttgart nieder. Von 1937–1945 dient er in verschiedenen Funktionen beim Militär, leitet Bauämter in Friedrichshafen, München und Brüssel, arbeitet als „Feldbauamtsvorstand" in Afrika, von 1941–1943 als Verbindungsingenieur zum Oberkommando der italienischen Luftwaffe sowie als Dolmetscher in Rom. Bis Kriegsende der Organisation Todt (OT)

Die Stuttgarter Liederhalle (1955/56), ein
Hauptwerk der Wiederaufbaumoderne.

zugeteilt, schlägt er sich danach in Starn-
berg als Kraftfahrer durch, beginnt aber bereits Anfang 1946 seinen angestammten
Beruf in „seiner" Stadt Stuttgart, wo ihn
schon bald ein Ruf für Entwerfen an die TH
ereilt. Sieben Jahre später wird er hier
außerordentlicher Professor für Innen-
raumgestaltung und Gastprofessor an der
TU Istanbul (1957–1959). Ehrungen und
Anerkennungen häufen sich: Ordentlicher
Professor an der Stuttgarter TH, Ordentli-
ches Mitglied bei der Akademie der Künste
in Berlin, Professor in Seattle (alles 1961).

Bauen in Arabien
1968 verlegt Gutbrod Büro und Haupt-
wohnsitz nach Berlin, wo ihn Preise und
Anerkennungen weiterhin einholen, so der
August-Perret-Preis für den Deutschen
Pavillon auf der Expo 1967 in Montreal,
ein Zeltdachgebirge und darin mit Frei
Ottos gleichzeitigem „Institut für Leichte
Flächentragwerke" bereits der Prototyp für
das Münchner Olympiadach. Nach dem

erwähnten Paul-Bonatz-Preis für die Waldorfschule in der Stuttgarter Haußmannstraße bekommt er diese Auszeichnung
auch noch für seine Württembergische
Bank am Stuttgarter Schlossplatz (1972)
sowie für das festungsartige Gebäude der
Sparkassenversicherung am Stuttgarter
Pragsattel (1974). Dazu verleiht man ihm
zwei bedeutende Orden: 1971 den „Pour le
Mérite" und im Jahr darauf das Große Ver-
dienstkreuz am Bande mit Stern. Er ist nun
ähnlich hoch dekoriert wie sein Lehrer Paul
Schmitthenner.
Von den frühen Siebzigerjahren an baut
Rolf Gutbrod auch in Saudi-Arabien und
tritt schließlich zum Islam über. 1980 bekommt er für sein Hotel- und Konferenz-
zentrum im saudi-arabischen Riyadh den
Aga-Khan-Preis. Zwei Jahre zuvor hatte er
das Berliner Büro nach einem vielfältigen
und anerkannten Architektenleben an seine
Mitarbeiter weitergegeben.
Der originelle Gestus, der etliche Stuttgarter Gutbrod-Solitäre von den späten
Vierziger- bis in die Sechzigerjahre hinein
begleitet, beginnt mit den Siebzigerjahren
nachzulassen. Noch immer bemerkenswert in seiner „swingenden" Leichtigkeit ist
das fünfstöckige Loba-Hochhaus am Stuttgarter Olgaeck, 1948–1952 zusammen mit
dem TH-Kollegen Rolf Gutbier gebaut. Ein
leicht-sinniges Stück früher Wiederaufbau
vor dem Sündenfall des reinen, monotonen
(„monotonlithischen") Sichtbeton. Es gehört ebenso zu den Ikonen der Stuttgarter

Architektur wie Gutbrods Milchpavillon
oben auf dem Killesberg zur Bundesgartenschau 1950. Eine heitere Materialmischung
aus Naturstein, Beton und Glas, ganz und
gar eigen und bis heute intensiv frequentiert.
Gewissermaßen ein monumentalisierter
Pavillon in der Grundform eines Konzert-
flügels ist dann seine fast gleichzeitig mit
dem Münchener Adolf Abel konzipierte
Stuttgarter Liederhalle, wohl doch sein
Opus magnum (1951–1956), seinerzeit heftig umstritten als „Musikbunker" oder gar
„musikalischer Atommeiler", aber dann
doch auch wieder als „Markstein zeitgenössischer Architektur" erkannt. Es ist *die*
Manifestation seiner ersten und wohl größten Schaffensphase mit ihrem geschickten
Nebeneinander von Beton und Naturstein,
wie man es auch noch bei den Sendesälen
der Stuttgarter Villa Berg studieren kann
(1957).
Die „Los Angeles Times" bezeichnete die
Liederhalle damals als ein „avantgardisti-
sches Auditorium, das einer Weltstadt Ehre
macht". Und in der Tat, es hat nicht geringe Ähnlichkeit mit entsprechenden Arbeiten Hans Scharouns in Berlin, der zurzeit
der Liederhallen-Entstehung übrigens auch
hier am Ort geplant hat. Wie gesagt, die
Einheimischen mochten sich anfangs an

Verwechselbar geworden. Gutbrods
Funkanstalt des damaligen SDR.

das hypermoderne Outfit nicht so recht gewöhnen, hatten sie doch das noble, im Krieg zerstörte, aber danach noch teilgenutzte Vorgängergebäude des in Paris geschulten Hermann Leins aus dem Jahr 1864 vor Augen. Vielen war, so kurz nach dem Krieg, die durchaus bunkerhafte, über weite Teile fensterlose Sichtbetonkomposition von runden und eckigen Bauteilen schlichtweg unheimlich oder zumindest unheimelig. Aber selbst grimmige Gegner ließen sich von den „inneren Werten" überzeugen, besonders von der Akustik. Das Gebäude ist gegen alle anfängliche Bedenken zu einem der bedeutendsten seiner Art in Deutschland geworden. 1949 bereits zum Wettbewerb ausgeschrieben, 1955 zu bauen begonnen und 1956 zum Schwäbischen Sängerfest vollendet, gilt es längst als Inbild der Fünfzigerjahre-Architektur überhaupt.

Sensibler Umgang mit dem Material

In die Zeit von Gutbrods hoher Entfaltung gehören auch die Porsche-Fabrikhallen im Stuttgarter Vorort Zuffenhausen, feingliedrige Sheddach-Gebäude aus hellem Klinker (1951–1953 beziehungsweise 1958/59) und noch immer in Betrieb. Auch insofern waren die Fünfzigerjahre wohl die beste Phase in der Arbeit des nachmalig weltbekannten Stuttgarter Architekten. Mit dem lichten Werkstoff verfährt er so differenziert wie handwerklich solide. Beste (Erste) Stuttgarter Schule, besonders beim Umgang mit dem Material.

1952, in armer Zeit, schien dergleichen noch möglich. „Organisches Bauen" wäre dafür ein Schlagwort, ebenso wie „Menschlichkeit" und „Individualität". Auf Rolf Gutbrods „Porsche" passen sie alle drei, wie auch für die anschließende Sheddachhalle, ein Fabrikbautentyp, der zu Beginn des 20. Jahrhunderts aufkommt, um das neutrale, von Norden fließende Tageslicht besser ausnützen zu können. Aber trotz Nordlicht wirkt das alles sehr südlich hier, wo übrigens die ersten deutschen Porsches gebaut wurden, denn die Firma war 1944

nach Österreich ausgelagert worden und kehrte erst 1951 wieder nach Zuffenhausen zurück. Ein Teil der historischen Produktionsanlage steht heute im Mannheimer Landesmuseum für Technik und Arbeit. Für Gutbrod bedeutete die Arbeit für den Sportwagenhersteller den Durchbruch auf dem Sektor des Industriebaus. Das Landesdenkmalamt hat diese Zuffenhausener Anlage in seine Liste aufgenommen mit der Begründung, dass jene Gebäude auch von „hohem dokumentarischen Wert" seien für die „Geschichte des Automobilbaus in Deutschland".

Mit dem expressiv gezackten Hahn-Hochhaus (1962/63) in der Stuttgarter Friedrichstraße beginnt Gutbrods „monumentalistische" Stuttgarter Phase. Steht dieser 15-stöckige Turm für eine spannungsreiche Gliederung mächtiger vertikaler Baumassen, so ist sein Stuttgarter Funkhaus für den damaligen SDR unter den Maßgaben von Stadtplanung und Nutzung weniger erheblich. Es repräsentiert heute nur noch einen Saurier der Solitärbewegung, bei dem sich der Architekt mit seiner „innovativen" Hervorbringung für weitaus bedeutender gehalten haben mochte als das gewachsene urbane Umfeld. Aber in dieser Hybris war er durchaus nicht der Einzige, seinerzeit, vor allem nicht in Stuttgart!

1999 stirbt Rolf Gutbrod hochbetagt im schweizerischen Dornach, dem Ausgangsort des Anthroposophen Rudolf Steiner. Der Kölner Architekturkritiker Wolfgang Pehnt schreibt in seinem Nachruf: „Seine Bauten waren Ausbrüche aus den Zwängen der ersten Nachkriegsepoche wie des rechten Winkels ... Den Teilen gestand er ihr eigenes Lebensrecht zu. Das Ganze sollte sich aus unterschiedlichen Individuen bilden. Das in Maßen Spielerische und Vielgestaltige lag ihm, der Architektur gern als gebaute Landschaft interpretierte."

Der Milchpavillon auf dem Gelände des Stuttgarter Killesbergs – das architektonische Highlight der Bundesgartenschau 1950.

KAMMERER + BELZ

HANS KAMMERER (1922–2000) und WALTER BELZ (*1927)

Wohl kein Architekturbüro der von uns so genannten Zweiten Stuttgarter Schule war derart wandelbar oder auch wandlungsfähig wie die Baumeistereinheit Kammerer + Belz, die 1955 zu ersten Taten in einer Fellbacher Dachstube zusammenfand, um sich dann später in einer einfachen Mietwohnung der Fünfzigerjahre in Stuttgarts Eugenstraße, also „mittendrin", niederzulassen. Von hier aus setzten sie unübersehbare Zeichen.

Hans Kammerer wurde 1922 in Frankfurt am Main geboren und kam nach Krieg und Gefangenschaft 1947 an die TH Stuttgart, wo er unter anderem mit Günter Behnisch das erste Architektursemester belegte, das sich hier nach dem Krieg zum Studium zusammengefunden hatte. Bereits 1950 machte er sein Diplom. Hernach war er bis 1952 Architekt bei Rolf Gutbier, einem unerbittlichen Modernisten, der Kammerer nachhaltig prägen sollte. Von 1955 bis 1964 bildeten die beiden eine Bürogemeinschaft. Eines der Produkte ihrer Zusammenarbeit ist das Verwaltungsgebäude der Daimler-Benz-AG in Stuttgart-Untertürkheim (1955–1961), ein Scheibenhochhaus und darin dem nördlichen der beiden Universitäts-

gebäude (K 2) eng verwandt, an dessen Erstellung Gutbier damals mit seinen TH-Professorenkollegen Curt Siegel und Günter Wilhelm beteiligt war.

Walter Belz ist 1927 in Stuttgart geboren und hat sein Diplom 1955 ebenfalls hier an der TH abgelegt. Von allem Anfang an arbeitet er im Büro „Gutbier-Kammerer" mit, dem er 1964, nach Gutbiers Ausscheiden, als gleichberechtigter Partner beitritt.

Das Büro Kammerer + Belz wird bald über Stuttgart hinaus bekannt, vor allem durch seinen „Rigorismus" – überwiegend Sichtbeton und rechte Winkel. Später allerdings, mit den Siebzigerjahren, finden sie langsam in die Stadt zurück und beginnen, und darin besteht eben die für ihre Architektengeneration so erstaunliche Wandlungsfähigkeit, sich in gewachsenen architektonischen Zusammenhängen zu orientieren.

Gespür für öffentliche Kritik

„Die großen Dinge sind gemacht", sagen sie 1979 in einem Gespräch mit den „Stuttgarter Nachrichten", nun wollten sie sachte und „um jedes Stück kämpfend" ihre neuesten Projekte angehen – damals das Wulle-Gelände an der Stuttgarter Neckar-

Hohe Zeit für Glas im Rechteck – Kammerer + Belz, das Geno-Zentrum (1969–1972) im Stuttgarter Norden stellt die Weinberge dahinter in den Schatten.

straße und das Postgelände auf dem Cannstatter Seelberg.

Die Wandelbarkeit dieser beiden Architekten, von denen Kammerer 1965 an der TH Stuttgart und Belz 1972 an der TH Darmstadt Ordentliche Professoren wurden, mag damit zusammenhängen, dass sie wohl als Erste „Tentakeln" entwickelten für die (massive) öffentliche Kritik an ihrer Arbeit. Der Überdruss an der Allgegenwart des fantasielos Eckigen – für andere Kollegen ihrer Jahrgänge waren das so Anfang der Siebzigerjahre eher Gemütsregungen „ewig Gestriger". Sie nämlich empfanden sich als „zweite Avantgarde", als Vollender einer verhinderten Moderne.

Kammerer + Belz sind die „Hauptmacher" der seinerzeit provozierenden Schau „Heimat deine Häuser. Eine Ausstellung über

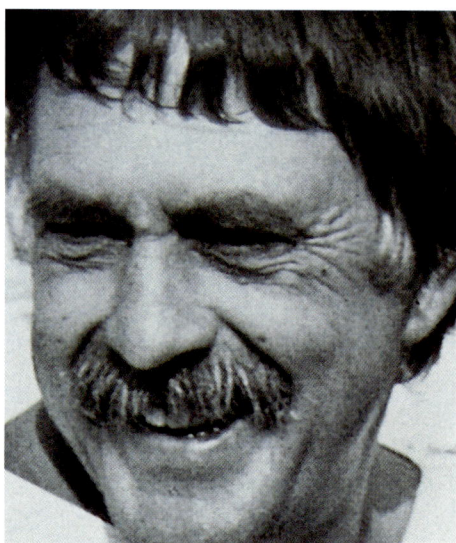

Hans Kammerer und ...

... Walter Belz. Wanderer zwischen den Stilen.

den Deutschen Wohnungsbau" 1963 im Stuttgarter Landesgewerbeamt (LGA; heute „Haus der Wirtschaft"), bundesweit viel beachtet vor allem wegen der Thematisierung des Landschaftsverbrauchs durch das Eigenheim, das mithilfe der Bausparkassen grassierte. Aber die Konsequenz dieser Kritik war dann doch eher Flächensanierung zugunsten gesichts- und charakterloser Wohnhochhäuser, die sich schließlich vor allem auf dem flachen Lande durchsetzten.

Und ähnlich wie der altersgleiche Carlfried Mutschler in Mannheim waten Kammerer + Belz im Stuttgarter Ballungsraum während der Sechzigerjahre weithin sichtbar in Beton. Ob lapidarer Zweckbau wie die Lehen-Schule für Sprachbehinderte (1962–1965) im Stuttgarter Süden, heute ein unelastischer Brocken inmitten harmlosspitzgiebliger Wohnbebauung, oder ob eine alle Maßstäbe und gewachsene historische Zusammenhänge sprengende „Sanierung" wie das Sindelfinger Wurmbergprojekt – im sensiblen Bereich nahe der romanischen Martinskirche, dem Marktbrunnen, der Alten Realschule und vielerlei spätmittelalterlicher Bebauung ein Faustschlag mitten ins Gesicht der Altstadt.

Der Höhepunkt ihrer Betonitis ist der berüchtigte Kleine Schlossplatz in Stuttgarts Stadtmitte (1968–1970), eine Riesenplatte

als städtebauliche Alibiveranstaltung für den so genannten Planiedurchbruch, den Stuttgarts damaliger Oberbürgermeister Arnulf Klett, ja besessen von der Vorstellung einer „autogerechten Stadt", allen Warnungen, Protesten und sensibleren Lösungen zum Trotz (ums Verrecken!) haben musste. Für diesen Betondeckel wurde das Kronprinzenpalais Ludwig Gaabs (1844–1848), repräsentativ für Stuttgarts klassizistisches 19. Jahrhundert, niedergerissen. Selbst Richard Neutra, ein Urvater der Moderne, nannte dieses Schlossplatz-Endprodukt ein „Sichtbetoncenter".

Die akademische Unversöhnlichkeit gegenüber historischer Baukunst und ihrer Bewahrung scheint ja geradezu das Erkennungszeichen jener ersten Nachkriegssemester der Stuttgarter TH, „Denkmalschutz", so Hans Kammerer 1978 bei einer Podiumsdiskussion in Biberach a. d. Riss, „da kann ich doch gleich die Nationalhymne singen".

Diese kahle, kalte Platte wurde seinerzeit sogar mit dem Hugo-Häring-Preis des BDA ausgezeichnet, das sie säumende Gebäude

der „Buchhandlung Wittwer" (ebenfalls Kammerer + Belz) mit dem Paul-Bonatz-Preis. Ausgerechnet mit einem Preis, dessen Namensgeber ein ausgesprochener Gegner des Kronprinzenpalais-Abrisses war. Welche Ironie!

Glaspalast im Weinberg

Kurz darauf entstand ein in Art, Anpassung und Proportion fast noch hypertropheres Stück, der „Glaspalast" des Geno-Hochhauses, inmitten der Weinbau-Kulturlandschaft des Stuttgarter Nordens. Kammerer in all dem ihm eigenen Schalk: „Das spiegelt sich von selber weg." Mitnichten! Eher ist es so, als sei hier in die Rebhänge eine Dependance zur Entleerung von Glascontainern geraten. In jedem Fall ist dies Bauwerk eine Verhöhnung der Zweiten gegenüber der Ersten Stuttgarter Schule: Theodor Fischer, der hier ja seine „Kirche in den Weinbergen", die Erlöserkirche gebaut hatte, wollte die Blickachse zur Stadt unbedingt freihaben. Kammerer + Belz blockieren sie halt im Namen einer offenbar unausweichlichen Baumode.

Das Valet für jegliche Elastizität. Beton als Auftragsmittel. Lehenschule für Gehörgeschädigte im Stuttgarter Süden (um 1970).

Einpassung in empfindliche Baugeschichte: Commerzbank-Glas bei Schickhardts Lapidarium (Renaissance, um 1600).

der und heute, noch immer heftig frequentiert, in diesem sehr verhaltenen Stuttgart doch auch ein Stück demonstrativer großstädtischer Eleganz.

Mit der Karlspassage und ihrer Glaskuppel, dem Bindeglied zwischen Mittel- und Hochbau des Kaufhauses Breuninger landet das Büro in den Achtzigerjahren einen ähnlich innerstädtebaulichen Coup. Auch sie ist als zusätzlicher Stadtraum längst angenommen und reich belebt. Calwer Passage und Karlspassage – hier ist für Stuttgart ein Typus wiederentdeckt, den Paul Bonatz schon in den Zwanzigerjahren zwischen Hindenburgbau und (heutiger) Bolzstraße vorgesehen hatte.

Postareal postmodern

Während der Achtzigerjahre findet das Büro dann auch in die Maßstäblichkeit gewordener Umgebung zurück: Auf dem Cannstatter Seelberg, einem tief württembergischen Industriegelände mit mittelständischen Fabrikbauten aus dem endenden 19. Jahrhundert, entsteht ein Karrée mit Bauten für die Post. Ein überraschendes Wort taucht auf – „Korngröße". Sei's im Blick auf die Umgebung selber, sei's, was die Traufhöhe der vorhandenen Häuser betrifft. Das „Korn", das Maß der Ziegelsteine, des hier wie vielfach im Württembergischen um 1900 vorherrschende Werkstoffs! Kammerer + Belz entdecken den weißen Klinker durch die Ziegelsteinwelt ringsum und passen ihre übrigens reichlich mit Kunst am Bau versehene

Art Signum für eine neue Sicht auf die Stadt, eine Demonstration geläuterten Umgangs mit historischem Milieu.

Es sollte noch besser kommen. In der Calwer Straße, einem von Bomben weitgehend verschonten altstädtischen Quartier zwischen Rotebühl- und Schlossplatz, hat es das Team geschafft, mithilfe des Auftraggebers, der Allgemeinen Rentenanstalt, eine eher heruntergekommene Ecke der Stuttgarter Innenstadt in ihrer Substanz zusammenzuhalten durch eine Passage mit überdachender Glastonne zu optimieren. Damals (1978/79) geradezu ein Wun-

Aber als ausgerechnet die „Achtundsechziger" begannen, solche öd-funktionalistischen Baurüpel im Namen des Fortschritts zu „hinterfragen", ließ die Reaktion des Architekten-Büros nicht lange auf sich warten. Ein erstes Friedenszeichen war das gläserne Treppenhaus der Commerzbank zwischen Heinrich Schickhardts Fruchtkasten und der Stiftskirche, also wieder in sensibler historischer Umgebung, dem „Hinterhof" des Stuttgarter Schillerplatzes. Diesmal kam es eben zu keiner „Sindelfinger Lösung", sondern hier gelang Kammerer + Belz mit einem Mal Subtiles: Ein Glasschacht, in dem sich Baugeschichte spiegelt. Die Sache geriet alsbald zu einer

Rückkehr zur Rundung. Das „Interconti" in der Stuttgarter Neckarstraße.

Postarchitektur sozusagen wie ein Riesenmodell in die Industriebrache ein. Zeitgenössisches Bauen als Aufwertung eines Gründerzeitviertels, denn sogar die Forderung nach „Demokratischer Architektur" ihres Stuttgarter Kollegen Günter Behnisch fand Realisierung: Das Postareal ist auch für Nicht-Postler begehbar und lockt mit großem Freiplatz und einem Brunnen inmitten.

Das Wulle-Gelände an der Stuttgarter Neckarstraße war lange innerstädtisches Niemandsland, für das Kammerer + Belz schließlich eine janusköpfige Lösung vorsahen (1986 bis 1988): Zum Kernerplatz hin die halbrunde Umarmung des Landwirtschaftsministeriums, und an der tiefer liegenden Neckarstraße eine parallele Hotelfassade mit halbrunder Erkerfolge. Alles in ockerfarbenem Backstein. Nicht ganz in der Subtilität, der „Korngröße" umgebender Wohnhäuser, weswegen dieses Areal dann doch etwas monotoner wirkt als die Cannstatter Seelberg-Lösung. Hier wurde, im Gegensatz zur nahen Neuen Staatsgalerie James Stirlings, am Ende eine große innerstädtische Chance verspielt.

Überzeugter Diener des rechten Winkels und seines Ausfüllungsgehilfen Beton – allerdings bis auf eine große Ausnahme: der Mannheimer Carlfried Mutschler.

CARLFRIED MUTSCHLER (1926–1999)

Carlfried Mutschler gehört zu Mannheim wie der Wasserturm. Hier ist er geboren und gestorben, hier hat er den Großteil seiner meist eckigen und sperrigen Betonbauten hinterlassen, hier war sein Epizentrum. Auch wenn er sich aufmachen sollte in sein anderes Architekturbüro nach Frankfurt oder zu seiner Stuttgarter Lehrtätigkeit – Mannheim war sein biografischer und geografischer Mittelpunkt.

1944 muss er, erst 18, direkt nach dem Abitur in den Krieg und gerät sogleich in Gefangenschaft. Nach der Heimkehr beginnt er alsbald mit dem Architekturstudium im nahen Karlsruhe. Naturgemäß bei Egon Eiermann, der dort gerade (1947) seinen Ruf an die TH erhalten hatte. 1951 macht Mutschler sein Diplom bei ihm und wird zu einem seiner konsequentesten „Vollstrecker" – Sichtbeton und Winkel rigoros: Altersheim in Mannheim-Lindenhof, Kaufhaus in Mannheim-Waldhof, evangelisches Gemeindezentrum in Mannheim-Vogelstang, ebendort auch Grundschule, Terrassenhäuser, Geschwister-Scholl-Gesamtschule, Wohnbebauung Herzogenried. In

Heidelberg die Beiträge zur Monstersiedlung Emmertsgrund, das Südasien-Institut oder das Helmholtz-Gymnasium. Alles folgt diesem einmal für richtig befundenen Muster.

Doch da ereignet sich das „Wunder von Mannheim", die „Multihalle" zur Bundesgartenschau 1975. statt Betonkanten nun ein riesiger Walfischbauch aus Gitterwerk mit sanften Rundungen und lichtdurchlässiger PVC-Beschichtung. „Multi" deshalb, weil hier bis heute alle Arten von Veranstaltungen möglich sind. Diese geschwungene und gebauchte Gitterschalenhalle steht in engen Verwandtschaftsbeziehungen zum Deutschen Pavillon in Montreal (1967) und dem Olympiadach in München (1972). Das

Urgebilde für eine solche, die damalige Architektur aus ihren Rechtwinkeln erlösende Denkweise findet sich aber auf dem Campus der Stuttgarter Universität im Pfaffenwald, das „Institut für Leichte Flächentragwerke" (1967/68) Frei Ottos, der natürlich auch an Mutschlers Multihalle wesentlich beteiligt war. Bei seinem Resümee im Katalog zu dieser Wunderhalle gibt er sich selber erstaunt.

Frei Otto will sich bedanken und weiß nicht, wo anfangen: „Ob ich zuerst jene Arbeiter aus vielen Ländern nennen soll, die unermüdlich bei Nebel, Regen, Kälte über die biegsamen Latten turnten, Schrauben anzogen, Seile spannten und dabei hervorragende handwerkliche Arbeit zeigten. Sie glaubten fest an die Richtigkeit der Planung … Vielleicht sollte ich (aber) auch von denen sprechen, die dieses Bauwerk dachten, Carlfried Mutschler und Joachim und Winfried Langner, die den Entwurf konzipierten, verbesserten, änderten."

Beton brut und akademisch einwandfrei: Mutschlers Südasieninstitut auf dem Heidelberger Campus des Neuenheimer Felds (späte Sechzigerjahre).

Die Ausnahme, Mannheims Multihalle im Herzogenriedpark, ein Organismus aus belichteten Gitterschalen.

Mit dem Mannheimer Stadthaus schließlich findet Carlfried Mutschler, wie es in einem Geburtstagsartikel zum 65. heißt, vollends aus den „Eiermannschen Eierschalungen" heraus. Er nimmt für dies Bauwerk im Zentrum Mannheims die barocken (Stadt-)Planungsvorgaben an und errichtet ein Gehäuse in „verhaltenem Klassizismus". So der genannte Glückwunschartikel.
Carlfried Mutschler betrachtet diese zwischen 1986 bis 1991 entstandene, ins Herz seiner Heimatstadt eingepasste Stadthaus-Architektur keinesfalls als Rückschritt, denn auch er spürt die Zeichen der Zeit,

empört sich dann aber doch, dass man sein Werk alsbald „auf einer nostalgisch verquasten Woge kommerziell begründeter Kitschvorstellungen" empfindlich veränderte. Das war 1994. Im selben Jahr wird seine komplex-rechtwinklige, monumentalistische Heidelberger Polizeidirektion vollendet. Mutschlers letzte Arbeit und sozusagen eine Rückkunft zu den Wurzeln.
Carlfried Mutschler stirbt 1999, im selben Jahr wie Rolf Gutbrod, mit dem sich die Wege bei seinem wohl eigentlichen Werk, der Mannheimer Multihalle, gekreuzt hatten.

schiedenen Mentalitäten gehören. So hat er für die Hooghly-Bridge in Kalkutta gar 23 Jahre Bauzeit akzeptiert – eine Geduldsprobe, die wohl jedes andere Büro überfordert hätte. Aber da die indischen Arbeiter nicht schweißen konnten, entschloss sich Schlaich, die Brücke nieten zu lassen, ganz nach der alten Handwerkerweisheit: „Gut genietet ist besser als schlecht geschweißt." Und im Katalog sieht man ein Bild, auf dem indische Arbeiter Nieten über einem einfachen Holzkohlegrill erhitzen. Und das bei einem Vorhaben von 457 Metern Spannweite! Wenn es noch irgendeinen Beweis gebraucht hätte für die sattsam bekannte Sentenz „dem Ingeniör ist nichts zu schwör", Schlaich hat ihn mit seiner 1993 fertig gewordenen Hooghly-Bridge geliefert.
Jörg Schlaich wurde 1934 in Stetten (Remstal) geboren, also mitten im württembergischen Kernland, dessen weltweit wirkender Protagonist er werden sollte. Der Vater war evangelischer Pfarrer – eine Herkunft ähn-

Jörg Schlaich (*1934)

„leicht weit" heißt der unlängst erschienene Katalog zur Ausstellung des Lebenswerks von Jörg Schlaich und seinem langjährigen Partner Rudolf Bergermann im Frankfurter Deutschen Architekturmuseum (DAM). Das erste Mal, dass dieser Architekturtempel Ingenieuren eine Ausstellung widmete. Und sie sind auch die einzigen Bauingenieure, die unter unseren Architektenporträts Aufnahme finden, einfach, weil ihre Objekte an Originalität und Inno-

vationskraft die meisten zeitgleichen Bauwerke überragen.
„leicht weit". Der Titel fordert Deutungen, etwa, das Leichte könne weit und das Weite leicht sein. Daraus spricht vor allem der Brückenbauer – und Jörg Schlaich gilt als einer der bedeutendsten unter ihnen, weltweit. Nicht nur wegen seiner eben atemberaubend leichten Konstruktionen, sondern auch wegen seines Ingeniums im Umgang mit dem Genius Loci, wozu ja auch die ver-

Ein Meister der Übergänge, Jörg Schlaich.

Fast 2000 Jahre überbrückt – Schlaichs Glastonne über dem Römerbad in Badenweiler (2001).

lich der seines Architekten-Kollegen Martin Elsaesser (1884–1957). Schlaich entspricht geradezu beispielhaft der landeshistorischen Erkenntnis, wonach sich die schwäbische Intelligenz nach der „Säkularisierung" des protestantischen Pfarrhauses in Württemberg um 1900 nicht mehr so sehr der Theologie, sondern vermehrt technischen Berufen zugewandt habe – eine Erklärung für den blühenden Maschinenbau im Mittleren Neckarland.

Jörg Schlaich nun studierte unter anderem bei dem Fernsehturmerbauer Fritz Leonhard an der Stuttgarter TH, wo er später selber jahrzehntelang in dem bis dahin einmaligen Fach „Entwerfen für Ingenieure" lehren sollte. So einfach und plausibel wie der Titel seines Katalogs ist auch folgende Antwort in einem darin abgedruckten Gespräch, bei dem Schlaich danach gefragt wird, was Baukunst aus Sicht des Bauingenieurs sei: „Ein Bauwerk, das sich mit seiner natürlichen oder urbanen Umgebung genauso einfühlsam auseinander setzt wie

mit seiner funktionellen und sozialen Aufgabe. Eine dem jeweiligen Zweck angemessene ganzheitliche Lösung, zu der auch die gute Gestaltung gehört. Baukunst ist das Ziel, das Urteil wird später gefällt."

Filigranes Netzwerk statt Betonmasse

Schlaich gehört einer Schule des leichten und sensiblen Bauens an, die ihre Wiege in Stuttgart hat. Ihre beiden anderen Protagonisten: Frei Otto, der Konstrukteur leichter Flächentragwerke, und der Architekt Günter Behnisch. Das Hauptwerk dieses Triumvirats eines neuen, befreienden Bauens ist natürlich allenthalben bekannt: das Münchner Olympiadach.

Jörg Schlaich hat auf allen Kontinenten gebaut. Sein Œuvre umfasst an die 300 Bauwerke – zumeist, aber nicht nur, Brücken. Imposant etwa sein Seilnetzkühlturm Schmehausen im westfälischen Hamm bereits aus dem Jahr 1974. statt plump drückender Stahlbetonmasse ein filigranes Netzwerk. Wie unsere weitgehend industriell geprägten Umfelder auch aussehen könnten, der Ingenieur exemplifiziert es hier praktisch. Aber auch theoretisch, wenn er etwa in der Silvesterausgabe der „Stutt-

Technik und Herkommen in Übereinkunft, die Fußgängerbrücke des Schwaben Schlaich über den Neckar beim Stuttgarter Max-Eyth-See.

garter Zeitung" von 2002 über die erbarmungswürdigen Betonbrücken für die Schnellbahntrassen der Deutschen Bundesbahn wie hier zwischen Köln und Stuttgart räsoniert: „Die sind stupide und gewalttätig. Alte Formen werden verballhornt. Das müsste selbst Laien wehtun. Man könnte die neuen Fertigungstechniken und neuen Werkstoffe nützen, um filigrane Brücken zu bauen ... (Aber) weil niemand Kultur einfordert, hat die Bahn auch keine Rückendeckung, Kultur abzuliefern. Wir bekommen, was wir verdienen."

Der Ingenieur Jörg Schlaich hat in reichem Maß Baukultur initiiert. Darunter viele Überdachungen, bis hin zum Berliner Hauptbahnhof. In Baden-Württemberg hat er sich unter vielem anderen 1993 mit der Überdachung des Gottlieb-Daimler-Stadions und im selben Jahr mit der Überdachung vor dem Ulmer Hauptbahnhof eingebracht. Richtig großstadtartig das Vordach vor dem Heilbronner Hauptbahnhof (2001) für die dort mittlerweile anlandenden Stadtbahnen in Richtung Kraichgau, Karlsruhe und Schwarzwald. Ein offenes Glasdach in die Region als Zeichen für ein stadtbahnoffenes Land, das allerdings die

ganze „Biederness" der Stadt dahinter konterkariert – oder herausfordert.

Jörg Schlaich hat von etwa 190 Bauten für die Bundesrepublik in seinem Heimatland Baden-Württemberg fast siebzig hinterlassen, darunter die Tonnenglas-Überdachung des Römerbads in Badenweiler. Sie hat im Spätsommer 2001 die Eröffnungsgäste zu regelrechten Glücksgefühlen veranlasst. Schlaichs Büro liegt in der Stuttgarter Hohenzollernstraße, ein außerordentliches späthistoristisches Revier. Und hier in der Hauptstadt stehen doch immerhin vierzig Werke von ihm. Naturgemäß war Schlaich an Behnischs HYSOLAR-Institut (1987) auf dem Campus in Stuttgart-Vaihingen beteiligt. Eine solche leichte Bauart musste ja gegen Wind und Wetter vertäut werden. Ebenso wie etwa sein Aussichtsturm auf dem Stuttgarter Killesberg, bereits ein Stadtzeichen wie die Neue Staatsgalerie James Stirlings.

Der Steg über den Neckar (1987–1989) nahe beim Max-Eyth-See steht vor einem mit alten Weinbergmäuerchen aufgestockten Prallhang. Ein natur- und kultivierungsgeschichtlich so interessanter wie empfindlicher Bereich, den, sagen wir ein Beton-

brücken-Brett à la Deutsche Bundesbahn optisch ruiniert hätte. Schlaich setzt auf eine an zwei Masten aufgehängte Drahtseilkonstruktion für den 114 Meter weiten Übergang zwischen Park und den Betonkanten Freibergs. So ist auf Schritt und Tritt bei diesem Hängesteg der unverstellte Blick auf die Umgebung gerichtet – auch auf die stupiden Wohnerektile des Trabanten Freiberg.

Das Büro Schlaich hat Preise, internationale wie nationale, geradezu gescheffelt. Darunter etliche mit dem Namen Hugo Härings, dem Erfinder des „Organischen Bauens", wonach ein gebautes Werk sich – eben organisch – in seine Umgebung einzufügen habe. Die Max-Eyth-Brücke hat ihn natürlich bekommen und auch das HYSOLAR-Institut. Ebenso die Vordächer für die Bahnhöfe Ulm und Heilbronn wie auch die Überdachung des Stuttgarter Gottlieb-Daimler-Stadions. Und natürlich war der Killesberg-Aussichtsturm Hugo-Häring-Preis-würdig.

JAMES STIRLING (1926–1992)

Stirlings Neue Staatsgalerie in Stuttgart (1979–1984) brachte Leben in die hiesige Architekturdiskussion, die seit Jahrzehnten von den akademisch orthodoxen Heilslehren einer Art Zweiten Stuttgarter Schule okkupiert war. Sichtbeton, rechter Winkel, fertig. So hatte man's und so ließ sich auch ohne viel Aufwand an Fantasie gutes Geld verdienen. Zugleich galt man als unanfechtbar, weil progressiv. „Oft genug", so Hermann Glaser in seiner „Kulturgeschichte der Bundesrepublik Deutschland" habe sich „der funktionalistische ‚Idealismus'" ja „lediglich als Kaschierung vordergründiger Wirtschaftsinteressen" erwiesen.

Da aber drang dieser „postmoderne" Brite in die heiligen Fanggründe des hiesigen Spätfunktionalismus ein, um auf die Talsohle eine Architektur zu setzen, die bei den Inhabern der einheimischen Baugesinnung als rückwärts gewandt wo nicht gar „reaktionär" galt. Und selbst ein so nonkonformistischer Kopf wie Frei Otto

wetterte seinerzeit (1977) über jene „neustauferische Festungskulisse".

Der Stuttgarter Architekturpublizist Vittorio Magnago Lampugnani sieht damals in dieser „Postmoderne" einfach nur eine notwendige Weiterentwicklung der Architektur und beruft sich dabei auf den „Homo ludens" des niederländischen Kulturhistoriker Johan Huizinga und dessen Gebot, das Spielen wiederzuentdecken, wenn Rationalität und Kritik versagen. Auf Stirling angewendet, wird so der akademisch erstarrte „Wiederaufbaustil" der zweiten Stuttgarter Schule durchbrochen, ganz im Sinn der Siebzigerjahre, wo man ja „verkrustete Strukturen" aufbrechen wollte. Nach der Krise der architektonischen „Moderne", wie sie sich spätestens um die Wende von den Sechziger- zu den Siebzigerjahren abgezeichnet hatte, machte sich eine ganze Generation von Architekten daran, das Spielen wieder zu üben. Der bekannteste, virtuoseste, künstlerischste und wohl plausibelste unter ihnen aber war James Stirling.

1926 im schottischen Glasgow als Sohn eines Schiffbauingenieurs geboren, ungefähr gleich alt wie die Protagonisten der Zwei-

Beim Nachdenken. Neuerer aus den Gefilden der Postmoderne: der Schotte James Stirling hat Architektur nach Jahrzehnten der Not wieder unter die Stuttgarter gebracht.

ten Stuttgarter Schule, studierte er in Liverpool und London. Schon seine ersten Arbeiten aus den frühen Fünfzigerjahren, so ungewöhnlich wie modern, verraten doch auch immer etwas vom Genius Loci des umgebenden Kontextes und weniger von der Anpassung an den damals wegweisenden „Internationalen Stil". Internationales Aufsehen dagegen erregte sein Ingenieurgebäude für die Universität Leicester, von 1959 bis 1963 entstanden, also zur nämlichen Zeit wie die beiden Kollegiengebäude der TH Stuttgart. Aber welch ein Unterschied! Lampugnani nennt Leicester das „erste von Stirlings großartigen Werken"

Das Ensemble an der Schneise. Die Neue Stuttgarter Staatsgalerie und dahinter die Trompeten-Öffnung des Musikhochschul-Turms.

Wellen, Rippen, Sprossen. Für den Stuttgarter Bauakademismus um 1980 geradezu obszöne Elemente. Stirlings Neue Staatsgalerie von G. G. Barths Alter Staatsgalerie her betrachtet.

und – wie gesagt bereits 1959 –, „eine spektakuläre Überwindung des orthodoxen Funktionalismus". Allein deshalb, weil der Baumeister hier nicht nur Nutzungsaspekte aufnimmt, sondern auch intensiv auf die englische Glasarchitektur des 19. Jahrhunderts anspielt.

An-Spielung: Von hier führt, zumindest für Stirlings Architekturphilosophie, zwangsläufig ein Weg nach Stuttgart, wo im ersten Jahrzehnt des 20. Jahrhunderts der zitierfreudige Posthistorist Theodor Fischer gelehrt und viele Spuren hinterlassen hat. Für Stirling ist (also) Postmoderne keine Regression, keine „Nostalgie", wie es ihm seine Stuttgarter Gegner mit Ingrimm vorgeworfen haben, sondern schlicht Weiterentwicklung.

Dialog zwischen den Formen

Ein erstes dahingehendes Credo entwickelt er schon 1957 in einem Aufsatz über Regionalismus und Moderne, in der er erst einmal die Neubewertung einiger englischer Architekten der Jahrhundertwende würdigt – im Gegensatz zu Deutschland war man auf der Insel eben zwanzig Jahre voraus. Stirling damals: „Es ist offensichtlich ..., dass die Neuerungen des Kontinents aus den Zwanziger- und Dreißigerjahren zu einer Weiterentwicklung unfähig sind, vor allem deshalb, weil sie heute akademisch und für die gegenwärtige Situation unbrauchbar geworden sind."

Der „Modern Style", dem man in Stuttgart eben als dem „Neien" zu frönen beginnt, ist nach Stirling also bereits in den späten Fünfzigern am Ende. Aber noch sucht der Architekt nach einer Form des „Kontextualismus", nach einem Dialog, einer Verständigung zwischen vorhandenen und neuen Formen. Sein Vorbild darin, der Finne Alvar Aalto, von dem er lernt, dass moderne Bauten nicht unbedingt einen visuellen Bruch mit der Umgebung zur Folge haben müssen.

Aber die Synthese zwischen „abstrakt" und „repräsentativ", den Parametern seines architektonischen Schaffens, sollte Stirling erst gut zwanzig Jahre nach diesen Überlegungen, von 1979 bis 1984 mit der Neuen Stuttgarter Staatsgalerie gelingen. In einem Aufsatz zu ihrer Einweihung definiert er „abstrakt" als den mit der Moderne identifizierten Stil, verbunden mit Kubismus, Konstruktivismus und De Stijl „und all den ,ismen' der modernen Architektur". „Repräsentativ" indes sieht er als Verbindung von „Tradition, Bodenständigkeit, Geschichte, Wiedererkennung und generell den eher zeitlosen Belangen des architektonischen Erbes".

Stirling gibt in einer Art Selbstinterpretation zu erkennen, dass beide Aspekte in seinem Schaffen seit 1950, also von vornherein vorhanden waren. Aber was die Stuttgarter Arbeit anbelangt, kommen städtebauliche Überlegungen und Reflexionen zur Monumentalität selber hinzu, und man mochte damals, 1977, stoßseufzen, warum man einen wie Stirling nicht schon vor zwanzig, dreißig Jahren gehabt hatte. Etwa, wenn er zu dem Befund kommt, dass Stuttgart zwar im Zweiten Weltkrieg stark zerbombt, aber, „durch den Wiederaufbau der Nachkriegszeit noch mehr zerstört" worden sei, „sodass die Erhaltung von Bausubstanz einen wichtigen Aspekt des Wettbewerbes (für die Neue Staatsgalerie)" darstelle.

Er unternimmt es nun, sich mit seinen Mitteln, die er das „monumental Informelle" nennt, den Prototyp Museum, wie ihn Barths klassizistische Alte Staatsgalerie (1838–1843) ja verkörpert, weiterzuentwickeln. So, wenn er Analogien durch die Sandsteinverkleidung schafft, *dem* Werkstoff des Stuttgarter Klassizismus. Damit erreicht er die „Gleichzeitigkeit des Ungleichzeitigen", auch das so eine Substanz aus Stirlings Philsophie.

Humorvolle Inszenierungen historischer Substanz

Die Neue Staatsgalerie ist deshalb zum Wurf geworden, weil sie den hier eher zufällig erhalten gebliebenen Rest historischer Substanz ernst nimmt und für unsere Zeit fortschreibt. Auf selbstverständliche Weise wird dabei aber auch der „demokratischen Architektur" Genüge getan, indem das ganze Ausstellungsareal über eine Rotunde zu betreten ist, die einen Skulpturenhof umschließt. Hierin und auch im spielerischen Umgang mit den architektonischen Elementen ist James Stirling gar nicht mehr so weit von Günter Behnisch entfernt, wie es noch in den giftigen Auseinandersetzungen der späten Siebzigerjahre den Anschein gehabt haben mochte: Bei einem architektonischen Stadtspaziergang Behnischs Ende der Neunzigerjahre scheint denn auch der Meister des Dekonstruktivismus mit dem Meister der Postmoderne seinen Frieden gemacht zu haben. Behnisch spricht hier vom „seinerzeit viel diskutierten Neubau für die Erweiterung für die Staatsgalerie (James Stirling, Michael Wilford, 1979–1984), bei der die Schwere des postmodernen Vokabulars durch humorvolle Inszenierungen wettgemacht wurde."

In den „Stuttgarter Nachrichten" hieß es am 16. September 1977 zur Vorstellung des Modells unter der Überschrift „Eine Wunde vernarbt": „Stirlings Konzeption ... kommuniziert intensiv mit der unmittelbaren Umgebung, eben der spätklassizistischen Staatsgalerie, sowohl in Gestalt wie Material, denn Stirling will mit Sandstein und Glas bauen. Architektonisch sicherlich eigenwüchsig ist eine Art Trommel als Kernstück des Gebäudes, aus Naturstein, ein offenes Zentrum als Herzstück, in dem dann die Skulpturen zu sehen sein werden ... Die Urbanstraße, von der aus die Trommel zu begehen sein wird, ist mit ihrem ,Hinterland' wieder mehr an die Stadt angebunden. Beye (der damalige Staatsgalerie-Direktor) schließt überdies nicht aus, dass man in jenem Herzstück auch Feste feiern könnte, ein zweiter öffentlicher Binnenraum demnach, nachdem uns kürzlich über den Dichter Grass ... der Hof des Alten Waisenhauses entdeckt wurde."

Intuitiv hatte der schottische Baumeister nicht nur die Form- und Materialkomponenten des Stuttgarter Spätklassizismus erkannt, ein Talent übrigens, das ihn mit Theodor Fischer verbindet, sondern vor allem das, woran die Autostadt Stuttgart am meisten Mangel litt, an innerstädtischem Erlebnisraum. Wenn es auch bis jetzt nicht gelungen ist, von diesem außergewöhnlichen Bauwerk her den Autofluss hinüber zum Staatstheater am anderen Ufer zu überbrücken, hat doch der Hinweis auf die innerstädtische Ereignislosigkeit, unter OB Klett ja systematisch hergestellt, Wirkung gezeigt: Bei der Internationalen Gartenbauausstellung IGA 1993 wurde der weite Bereich zwischen Altem Waisenhaus bis hinauf zum Killesberg zu einer autofreien Erlebniszone in einer ausgiebigen Park- und Anlagenlandschaft.

James Stirling stirbt 1992. Sein Compagnon Michael Wilford baut das Ensemble um die Neue Staatsgalerie im Areal zwischen Urban- und Konrad-Adenauer-Straße weiter. Dazu gehören die Neue Musikhochschule mit ihrem wahrzeichenhaften, amphorenartigen Rundturm, dessen Motiv einer stattlichen Schmuckvase entstammt, die einst vor der Alten Staatsgalerie anstelle des Reiterdenkmals Wilhelms I. von Württemberg stand. Derzeit ziert sie die Fläche zwischen Neuer Staatsgalerie und dem Haus der Geschichte, dem Schluss-Stück dieses britischen Stuttgarter Ensembles. Der Landesmetropole verleiht es – trotz allem – den Rang eines stilvereinenden Architekturorts, den allerdings noch immer seine Tiefbauten, Schneisen und Gräben fürs Auto dominieren. James Stirlings „Neue Staatsgalerie": Das markanteste Gebäude an all diesen Stuttgart Verkehrsbauwerken, so einzigartig, dass es längst auch jeder daran vorbeieilende Autofahrer kennt.

Gleichwohl, als eine schnell vorbeiziehende Kulisse für die Automobilisten – täglich sollen es 100 000 sein – war dieses Bauwerk nie gedacht. Seit 1977 gab es ja die Hoffnung, dies Gebäude, mit dem übrigens ein „weltweiter Museumsboom" eingeleitet wurde, gebe endlich Anlass, diesen Fahrzeuggraben Konrad-Adenauer-Straße zu überdecken, umso eine begeh- oder besser noch „flanierbare" Kulturmeile zu schaffen. Dann hätte der Bau vollends seinen Sinn erfüllt. Denn, so die „Stuttgarter Zeitung" in einem Resümee zum zwanzigjährigen Bestehen 2004: „In der ganzen Welt gerieten Museumsneubauten (nun) zu Erneuerungsprojekten, die nicht nur der Stadtreparatur und -ergänzung dienten, sondern auch das Image der Städte veränderten und ihren Einwohnern ein neues Lebensgefühl gaben. Die Neue Staaatsgalerie ist dabei vom Skandalon zum emblematischen Bau dieser Entwicklung geworden, ihrem Klassiker."

Im Stil des Meisters weitergearbeitet: der stadtzeichenhafte Musikhochschulturm von Stirlings Partner Michael Wilford.

Anhang

Literatur

Allgemeine Darstellungen, Nachschlagewerke

_ Allgemeine Deutsche Biographie (ADB) ...

_ Architekturlexikon der Schweiz, 19./20. Jahrhundert. Isabelle Ruski/Dorothee Huber (Hg). Basel/Boston/Berlin 1998

_ Georg Dehio, Handbuch der deutschen Kunstdenkmäler. Baden-Württemberg I, Regierungsbezirke Stuttgart und Karlsruhe. München/Berlin 1993

_ ders., Handbuch der deutschen Kunstdenkmäler, Baden-Württemberg II., Regierungsbezirke Freiburg und Tübingen. München/Berlin 1997

_ Heike Frommer, Kleine Baugeschichte Baden-Württembergs. Stuttgart 2002

_ Hermann Glaser, Kulturgeschichte der Bundesrepublik Deutschland 1945–1989. 3 Bde, München 1985–1989

_ Joachim Göricke, Bauten in Karlsruhe, ein Architekturführer. Karlsruhe 1980

_ Kurt und Gretl Hoffmann, Architekturführer Stuttgart und Umgebung. 3. Aufl. Stuttgart 1983

_ Johannes Jahn/Wolfgang Haubenreißer, Wörterbuch der Kunst. Stuttgart 1995

_ Hans-Joachim Kadatz (Bearb.), Seemanns Lexikon der Architektur. 3. Aufl. Leipzig 2001

_ Hans Koepf/Günther Binding, Bildwörterbuch der Architektur. 3. Aufl. Stuttgart 1999

_ Hans Koepf, Schwäbische Kunstgeschichte. Bd. 1, Romanik und Städtebau, Bd. 2, Baukunst der Gotik, Bd. 3, Plastik und Malerei der Gotik, Bd. 4, Renaissance, Barock, Klassizismus. Konstanz/Stuttgart 1962–1965

_ Kunsttheorie und Kunstgeschichte des 19. Jahrhunderts in Deutschland. Texte und Dokumente Bd. 2: Architektur. Stuttgart o. J.

_ Vittorio Magnago Lampugnani (Hg), Hatje, Lexikon der Architektur des 20. Jahrhunderts, Stuttgart 1983

_ Wilhelm Lübke, Geschichte der Architektur von den ältesten Zeiten bis zur Gegenwart. Leipzig 1884

_ Oscar Mothes (Hg), Illustriertes Baulexikon. 2 Bde., 3. Aufl., Leipzig/Berlin 1874

_ Lewis Mumford, Die Stadt, Geschichte und Ausblick, 2 Bde. München 1979

_ Eduard v. Paulus (Hg), Kunst- und Altertumsdenkmale im Königreich Württemberg. Inventar Schwarzwaldkreis. Stuttgart 1897

_ derselbe, Inventar Neckarkreis. Stuttgart 1889

_ Eduard v. Paulus/Eugen Gradmann (Hg), Kunst- und Altertumsdenkmale im Königreich Württemberg. Inventar Jagstkreis. Eßlingen 1907

_ dieselben, Inventar Donaukreis. Eßlingen 1914

_ Dieter Planck (Hg), Vom Vogelherd zum Weissenhof, Kulturdenkmäler in Württemberg. Stuttgart 1997

_ Reclams Kunstführer, Deutschland II, Baden-Württemberg, Stuttgart 1979

_ Stuttgart Handbuch. Stuttgart 1985

_ Hartwig Schmidt, Archäologische Denkmäler in Deutschland. Rekonstruiert und wieder aufgebaut. Stuttgart 2000

_ Ulrich Thieme/Ulrich Becker („Thieme-Becker"), Allgemeines Lexikon der bildenden Künstler von der Antike bis zur Gegenwart, 37 Bde. Reprint der Originalausgabe von 1907 bis 1950. Leipzig 1999

_ Hans Vollmer, Allgemeines Lexikon der bildenden Künstler des 20. Jahrhunderts, 6 Bde. Leipzig 1953 bis 1962. Reprint Leipzig 1999

_ Martin Wörner und Gilbert Lupfer, Stuttgart, ein Architekturführer. 2. Aufl., Berlin 1997

Einzeldarstellungen

A

_ Ernst Adam, Baukunst der Stauferzeit in Baden-Württemberg und im Elsaß. Stuttgart/Aalen 1977

_ Manfred Akermann/Traute Uhland-Clauss, Bauzeugen der Stauferzeit im östlichen Schwaben. Stuttgart/Aalen 1977

_ Altstadtprospekte 2003/2004, Bürgerforum Altstadt Ravensburg 2003

_ Architektur in Deutschland. In: Das Kunstwerk, zeitschrift für bildende kunst, april/juni 1979

_ Fritz Arens / Reinhold Bührlen, Wimpfen, Geschichte und Kunstdenkmäler. Bad Wimpfen 1991

_ Oliver Auge, Kleine Geschichte der Stuttgarter Stiftskirche. Stuttgart 2001

B

_ max bächer, anhand von bildern. bauten aus 5 jahrzehnten. architekturgalerie am weißenhof (Hg), o. J.; Stuttgart um 2000

_ Das römische Badenweiler. Führer zu archäologischen Denkmälern in Baden-Württemberg, Bd. 22. Landesdenkmalamt Baden-Württemberg (Hg u. a.), Stuttgart 2002

_ Helmut Bader, Der Schönberg und sein Aussichtsturm, ein Wahrzeichen von Pfullingen (Theodor Fischers Aussichtsturm auf dem Schönberg). Pfullingen / Ulm 1978

_ Karl Baedecker, Heidelberg, kurzer Stadtführer, 3. Aufl. Freiburg 1982

_ ders., Karlsruhe, kurzer Stadtführer, 4. Aufl. Freiburg 1982 – ders., Stadtführer Mannheim, Ostfildern-Kemnat / München 1988

_ ders., Stuttgart, Stadtführer, 6. Aufl., Stuttgart 1983

_ Hermann Bauer / Hans Sedlmayr, Rokoko, Struktur und Wesen einer Europäischen Epoche. Köln 1992

_ Julius Baum, Die Stuttgarter Kunst der Gegenwart. Stuttgart 1913

_ Günter Behnisch, Behnisch & Partner, Bauten und Entwürfe, Stuttgart 1975

_ Günter Behnisch, Bauten in Stuttgart. Ausstellungskatalog architektur-galerie am weißenhof. Stuttgart 2003

_ Walter Belz, Kritische Texte, Darmstadt 1980

_ Rudolph Bernhard (Hg), Kunst und Künstler in Stuttgart, Stuttgart 1979

_ Peter Beye, Staatsgalerie Stuttgart, 2. Aufl., Stuttgart 1984

_ Klaus von Beyme, Der Wiederaufbau, Architektur und Städtebaupolitik in beiden deutschen Staaten. München 1987

_ Urs Wilhelm Boeck, Karl Alexander Heideloff, Diss. phil. (Masch.) Tübingen 1956

_ Paul Bonatz (1877–1956), Stuttgarter Beiträge 13. Stuttgart 1977

_ ders., Leben und Bauen. Stuttgart 1950

_ Axel Burkarth, Württembergische Architekten und Staatsbaubeamte der ersten Hälfte des 19. Jahrhunderts. Museumsblatt Heft 8, 1992

C

_ Curjel & Moser, Städtebauliche Akzente um 1900 in Karlsruhe. Europäische Kulturtage Karlsruhe 1987. Jahrhundertwende. 29. 3.–10. 5. 1987. Ausstellungskatalog Badischer Kunstverein Karlsruhe 1987

D

Dammerstock-Siedlung

_ Ausstellung Karlsruhe, Dammerstock-Siedlung. Die Gebrauchswohnung 23 Typen 228 Wohnungen. Oberleitung Professor Dr. W. Gropius. Faksimile des Originalkatalogs von 1929 (entwurf k. schwitters hannover !), Karlsruhe 1989

_ Paul Schütz, Die Dammerstocksiedlung vor dem Hintergrund der kommunalen Wohnungs- und Planungspolitik in Karlsruhe von 1920–1930. 2. Aufl., Karlruhe 1989

_ Richard Döcker (1894–1968), Ein Kolloquium zum 100. Geburtstag. Dieter Kimpel und Dieter Worbs (Hg). Stuttgart 1996

_ Heide Drüsedau / Ulrich Gohl / Claudius Zier, „Unter Schutz", Denkmalgeschützte Bauten im Stuttgarter Osten. Stuttgart 2000

_ Werner Durth, Deutsche Architekten, Biographische Verflechtungen 1900–1970. 2. Aufl. Stuttgart 1987

E

_ Egon Eiermann, Die Kaiser-Wilhelm-Gedächtniskirche. Kristin Feireiss (Hg). Berlin 1994

_ ders., Bauten in Baden-Württemberg 1946–1972. Egon Eiermann-Gesellschaft (Hg). Heidelberg 2000

_ Martin Elsaesser (1884–1957), Ein Architekt im Spannungsfeld zwischen Theodor Fischer und Ernst May. Seminarbericht. Referate des Bauhistorischen Seminars vom SS 1997 und WS 1997/98 am Institut für Architektur der Universtität Stuttgart. Leitung Dietrich W. Schmidt. Stuttgart 1998

_ Gerhard Everke, Das Karlsruher Ständehaus. In: Baden-Württemberg im Zeitalter Napoleons, Bd. 2. Stuttgart 1987

_ Senta Everts-Grigat / Karlheinz Fuchs, Züblin, 100 Jahre Bautechnik 1898–1998. Stuttgart 1998

_ Reinhard Ewald / Christel Köhle-Hezinger / Jörg Könekamp (Hg), Stadthaus-Architektur und Alltag in Esslingen seit dem 14. Jahrhundert: Hafenmarkt 8 und 10. Weißenhorn 1992

F

_ Paul Faerber, Nikolaus Friedrich von Thouret. Stuttgart 1949

_ Philipp Filtzinger / Dieter Planck / Bernhard Cämmerer (Hg), Die Römner in Baden-Württemberg. 3. Aufl., Stuttgart 1986

_ Finanzministerium Baden-Württemberg (Hg), Neue Staatsgalerie Stuttgart. Stuttgart 1984

_ Erich Franz, Pierre Michel d'Ixnard (1723–1795), Leben und Werk. Weißenhorn o. J.

_ Günther Franz, Hohenheim, Geschichte und Gegenwart. Stuttgart 1979

_ Max von Freeden, Balthasar Neumann – der Baumeister. In: Die Abteikirche Neresheim, H. Tüchle und OSB P. Weißenberger (Hg), S. 337–353. Neresheim 1975

_ Hermann Fünfgeld / Hans Heeg / Jörg Huckenbroich / Edgar Lerch, Der Stuttgarter Fernsehturm. Südfunkhefte 13, Stuttgart 1986

G

_ Ludwig Glaeser, the work of frei otto and his teams 1955–1976. Stuttgart 1978

_ ders. the work of frei otto. The Museum of Modern Art New York, 1972

_ Ulrich Gohl, Gesichter ihrer Zeit. Unbekannte Stuttgarter Bau- und Kulturdenkmale. Stuttgart 1992

_ Roland Großberger, Die Villa Franck in Murrhardt, Denkmalpflegerisches Konzept für einen Villengarten in der nach-historistischen Umbruchphase. Diplomarbeit TU Berlin, Fachbereich Landschaftsplanung, 1996

_ Niels Gutschow/Peter Herrle/Karl Beer (1886–1965). Zürich/Stuttgart 1990

H

_ Hugo Häring in seiner Zeit. Symposion und Ausstellung. Biberach a. d. Riss, Mai 1982

_ Ulrich Hangleiter, Theodor Fischer als Kirchenbauer. Weißenhorn 1999

_ Johann Jakob Hässlin, Stuttgart. 3. Aufl. München 1968

_ Uta Hassler, Die Eremitage Waghäusel, Jagdschloß, Zuckersilos und ausgestopfte Löwen. Denkmalstiftung Baden-Württemberg (Hg), Stuttgart 1994

_ Heimat, Deine Häuser, Eine Ausstellung über den Deutschen Wohnungsbau (Max Bächer, Wilfried Beck-Erlang, Hans Kammerer, Hans Luz etc.), Stuttgart 1963

_ Wilfried Hansmann/Florian Monheim, Balthasar Neumann. Köln 1999

_ Valentin Hammerschmidt (Hg), Zwischen Klassizismus und Jugendstil. Zur Architektur des Historismus. Seminar-Reader Universität Kaiserslautern, WS 1982/83

_ Erwin Heinle/Fritz Leonhardt, Türme aller Zeiten, aller Kulturen. Stuttgart 1988

_ Volker Himmelein/Klaus Merten/Wilfried Setzler/Peter Anstett (Hg), Barock in Baden-Württemberg. Stuttgart 1981

_ Christian von Holst, Johann Heinrich Dannecker, der Bildhauer. Stuttgart 1987

_ ders. (Hg), Schwäbischer Klassizismus zwischen Idee und Wirklichkeit (1770–1830). Stuttgart 1993

_ Volker Hahn, Bauen mit armiertem Beton. Eduard Züblin. Leben und Wirken eines Ingenieurs in der Enwickslungszeit des Stahlbetons zu Beginn des 20. Jahrhunderts. VDI-Schriftenreihe, Heft 2. Düsseldorf 1984

_ Theodor Heuss, Hans Poelzig, Das Lebensbild eines deutschen Baumeisters. Reprint der Originalausgabe von 1939. Stuttgart 1985

_ Heinrich Hübsch, In welchem Style sollen wir bauen? Karlsruhe 1828

I, J

_ Heike Iffert/Falk Jaeger, 100 Bauwerke in Stuttgart. München/Zürich 1984

_ Inventur, Stuttgarter Wohnbauten 1865–1915. Stuttgart 1975

_ Reginald R. Isaacs, Walter Gropius, Der Mensch und sein Werk. 2 Bde, Berlin 1983/84

_ Dörthe Jakobs, Sankt Georg in Reichenau-Oberzell. Der Bau und seine Ausstattung. 3 Bde., Stuttgart 1999

_ Ulrike Jehle-Schulte Strathaus, Das Zürcher Kunsthaus, ein Museumsbau von Karl Moser. Diss. ETH Zürich, Institut für Geschichte der Architektur. Basel/Berlin/Boston 1982

_ Jürgen Joedicke, Architektur im Umbruch, Geschichte, Entwicklung, Ausblick. Stuttgart 1980

_ Neues Justizgebäude in Freiburg, Salzstraße 28, Ehemalige Deutschordenskommende. Finanzministerium Baden-Württemberg (Hg). Stuttgart 1986

K

_ Gert Kähler, Architektour, Bauen in Stuttgart seit 1900. Braunschweig/Wiesbaden 1991

_ Kammerer und Belz, Werkbericht. Stuttgart 1972

_ Kammerer und Belz, Kucher und Partner, Werkbericht. Stuttgart 1985

_ Erwin Keefer, Rentierjäger und Pfahlbauern 14 000 Jahre Leben am Federsee. Stuttgart 1996

_ Volker Keller, Mannheim, Verlorene Schätze. Mannheim 2002

_ Ulrich Kerkhoff, Eine Abkehr vom Historismus oder Ein Weg zur Moderne, Theodor Fischer. Stuttgart 1987

_ Hans Andreas Klaiber, Philippe de La Guêpière. Lebensbilder aus Schwaben und Franken VII, 1960

_ Heinrich Klotz, Architekten in der Bundesrepublik. Berlin/Frankfurt am Main/Wien 1977

_ Ehrenfried Kluckert, Heinrich Schickhardt als Wasserbauingenieur. Brosch. zur gleichnamigen Ausstellung. Stuttgart 1987

_ Eberhard Kneller, Birkach und seine Kirche, Ein Beitrag zur Geschichte des Ortes. Plieningen 1930

_ Hans Koepf, Die Stuttgarter Baumeisterfamilie Joerg. In Schwäbische Lebensbilder VI, 1957, S. 41–60

_ ders., Baudenkmäler in Baden-Württemberg. Berlin/Köln/Mainz/Stuttgart 1979

_ Wilhelm Kohlhaas, Stuttgart, so wie es war. 2. Aufl. Düsseldorf 1971

_ ders., Stuttgart, ehemals, gestern und heute. Düsseldorf 1976

_ ders., Das war Stuttgart. Stuttgart 1977

_ Gabriele Kreuzberger, Fabrikbauten in Stuttgart. Veröffentlichungen des Archivs der Stadt Stuttgart Bd. 59. Stuttgart 1993

_ Hubert Krins/Joachim Feist, Barock in Süddeutschland. Stuttgart 2001

L

_ Gottfried Leiber, Friedrich Weinbrenners städtebauliches Schaffen für Karlsruhe. Zwei Teile. Karlsruhe 1996 (T I) und Mainz 2002 (T II)

_ leicht weit, Light Structures. Jörg Schlaich/Rudolf Bergermann. Ausstellungskatalog Deutsches Architekturmuseum (DAM) Frankfurt. München/Berlin/London/New York 2003

_ Norbert Lieb, Barockkirchen zwischen Donau und Alpen. 3. Aufl., München o. J. (um 1970)

_ ders., Die Vorarlberger Barockbaumeister. 3. Aufl. München/Zürich 1976

_ Sönke Lorenz/Wilfried Setzler (Hg), Heinrich Schickhardt, Baumeister der Renaissance. Stuttgart 1999

_ Ludwigsburg 2004, Pflegen und Bewahren, Restaurierungen Schloß Ludwigsburg. Finanzministerium Baden-Württemberg (Hg). Ludwigsburg 2004

_ Ludwigsburg 2004, Neues Corps de Logis, Keramikmuseum, Appartement Carl Eugen. Finanzministerium Baden-Württemberg (Hg). Ludwigsburg 2004

_ Ludwigsburger Schloßfestspiele (Hg), Das Ludwigsburger Schloßtheater. Kultur und Geschichte eines Hoftheaters. Leinfelden-Echterdingen 1998

_ Hans Luz, Vom Vorgartenmäuerle zum Grünen U, Vierzig Jahre Landschaftsgärtner, Ein Werkbericht. Stuttgart 1992

M

_ Antero Markelin/Rainer Müller, Stadtbaugeschichte Stuttgart. Stuttgarter Beiträge Heft 15. Stuttgart 1985

_ Irene Markowitz, Schloß Benrath. Berlin/München 1981

_ Sibylle Maus/Karl G. Geiger, Theodor Fischer in Württemberg. Ausstellungskatalog Württembergischer Kunstverein Stuttgart. Stuttgart 1989

_ Friederike Mehlau-Wiebking, Richard Döcker, ein Architekt im Aufbruch zur Moderne. Braunschweig 1989

_ Richard Meinel, Stuttgart in Alten Ansichtskarten Bd. 2. Frankfurt am Main 1978

_ Erich Mendelsohn, Dynamik und Funktion, Realisierte Visionen eines kosmopolitischen Architekten. Ausstellungskatalog, Institut für Auslandsbeziehungen (IfA). Stuttgart 1999

_ Klaus Merten, Nikolaus Friedrich von Thouret als württembergischer Hofbaumeister 1798–1817. In Baden-Württemberg im Zeitalter Napoleons Bd. 2. Stuttgart 1987

_ P. Andreas Michalski (OSB), St. Peter zu Wimpfen im Tal (Steiner Kunstführer Nr 675), 5. Aufl. München 1973

_ Hans Otto Mühlhausen, St. Peter im Schwarzwald. 4. Aufl. Regensburg 1995

_ Roland Müller (Hg), Die evangelische Stadtpfarrkirche in Stuttgart-Gaisburg. Veröffentlichungen des Archivs der Stadt Stuttgart Bd. 86. Stuttgart 2001

_ Münsterbauverein Schwäbisch Gmünd (Hg), St. Johanniskirche in Schwäbisch Gmünd. Schwäbisch Gmünd 1989

_ Multihalle Mannheim. In: Mitteilungen des Instituts für Leichte Flächentragwerke (IL) Nr. 13. Stuttgart 15. 8. 1978

_ Carlfried Mutschler + Partner, Bauten und Entwürfe. Mannheim 1976

_ diess., Bauten und Entwürfe. Mannheim 1994

N

_ Elisabeth Nau, Hohenheim Schloß und Gärten. Sigmaringen 1978

_ Winfried Nerdinger (Hg), Theodor Fischer, Architekt und Städtebauer (1862–1938). Berlin/München 1988

_ Balthasar Neumann in Baden-Württemberg, Bruchsal-Karlsruhe-Stuttgart-Neresheim. Ausstellung und Katalog zum Europäischen Denkmalschutzjahr 1975. Stuttgart 1975

_ Wolf von Niebelschütz, Züblin-Bau. Zum sechzigjährigen Firmenjubiläum. Stuttgart 1958

O

_ Roland Ostertag (Hg), Das Bosch-Areal. Reihe Stuttgarter Beiträge. Stuttgart 2004

P

_ Bernhard Pankok (1872–1943), Kunsthandwerk, Malerei, Graphik, Architektur, Bühnenausstattungen. Ausstellungskatalog Württembergisches Landesmuseum. Stuttgart 1973

_ Friedrich Pfäfflin (Berab.), Wilhelm Hauff und der Lichtenstein. Marbacher Magazin 18/1981

_ Theodor Pfizer, Paul Bonatz (1877–1956). In: Lebensbilder aus Schwaben und Franken, XIV, 1980

_ Die Pfullinger Hallen und ihr Stifter Louis Laiblin, Beiträge zur Pfullinger Geschichte, Jhg. 1982, Heft 3. Pfullingen 1982

_ Ellen Pietras, Die Kirchenbauten von Heinrich Dolmetsch, Ein Architekt im Königreich Württemberg. In Reutlinger Geschichtsblätter Jhg. 2001, NF 40, Reutlinger Geschichtsverein 2001

R

_ Kerstin Renz, Philipp Jakob Manz (1861–1936), Industriearchitekt und Unternehmer Diss. Institut für Architekturgeschichte der Universität Stuttgart 2003

_ dies., Gebaute Industriekultur 1861–1936, Der Architekt Philipp Jakob Manz. Ausstellungskatalog Schramberg 2000

_ Wilfried Rössling, Curjel & Moser, Architekten in Karlsruhe. Karlsruhe 1986

_ Sabine Rieckhoff/Jörg Biel, Die Kelten in Deutschland. Stuttgart 2001

_ Matthias Roser, Der Stuttgarter Hauptbahnhof – ein vergessenes Meisterwerk der Architektur. Stuttgart 1987

_ Simone Rümmele, Mart Stam. Zürich/München 1991

S

_ Anette Schavan (Hg), Schulen in Baden-Württemberg. Stuttgart/Leipzig 2001

_ Wulf Schirmer/Joachim Göricke, Architekten der Fridericiana – Skizzen und Entwürfe seit Friedrich Weinbrenner. In Fridericiana, Zeitschrift der Universität Karlsruhe, Heft 18. Karlsruhe 1975

_ (Adolf G. Schneck), Das Haus auf der Alb in Bad Urach, Tagungsstätte der Landeszentrale für politische Bildung Baden-Württemberg. Restaurierungsbericht, Projektleitung Hellmut Kuby. Träger Land Baden-Württemberg/Oberfinanzdirektion. Veröffentlicht in Glasforum 5, 1992, S. 31–42

_ Helmut Schlichtherle/Barbara Wahlster, Archäologie in Seen und Mooren. Den Pfahlbauten auf der Spur. Stuttgart 1986

_ Harald Schuhkraft, Stuttgarter Straßen-Geschichte(n). 3. Aufl. Stuttgart 1986

_ ders., Damals über Stuttgart, Innenstadt und Vororte in Luftbildern aus den zwanziger bis vierziger Jahren. Stuttgart 1988

_ Petra Simon/Margit Behrens, Badekur und Kurbad. Bauten in deutschen Bädern 1780–1920. München 1988

_ Wilhelm Speidel, Giovanni Salucci, Sein Leben und Schaffen. Stuttgart 1936

_ Elisabeth Spitzbart, Karl Joseph Berckmüller (1800–1879), Architekt und Zeichner. Karlsruhe 1999

_ Johann David Steingruber, Markgräflicher Hofbaumeister (1702–1787), Leben und Werk. Landbauamt Ansbach etc. Ansbach 1987

_ Bernhard Sterra, Das Stuttgarter Stadtzentrum im Aufbau, Architektur und Stadtplanung 1945–1960. Stuttgart 1991.

_ James Stirling, Buildings & Projects, 1950–1974. Oxford/New York 1975

_ ders., Die Neue Staaatgalerie Stuttgart. Stuttgart 1984

V

_ Arthur Valdenaire, Friedrich Weinbrenner, Sein Leben und seine Bauten. Karlsruhe 1919

_ Joesef Vassillière, Ein Bummel durch Bad Wimpfen. Schwäbisch Hall 1991

_ Andreas K. Vetter, Adolf G. Schneck, Die stille Reform auf dem Weißenhof. architektur-galerie am weißenhof. Baunach 2003

_ ders., Richard Döcker, Siedlung, Haus, Farbe. architekturgalerie am weißenhof. Baunach 2003

_ Vom Vogelherd zum Weißenhof, 75 Jahre Württembergische Gemeindeversicherung. Stuttgart 1996

_ Wolfgang Voigt/Hartmut Frank (Hg), Paul Schmitthenner 1884–1972. Katalogbuch zur Ausstellung „Schönheit ruht in der Ordnung". Deutsches Architekturmuseum (DAM) Frankfurt. Tübingen/Berlin 2003

W

_ Gustav Wais, Alt Stuttgarter Bauten im Bild, Stuttgart 1951

_ Friedrich Weinbrenner, Architect of Karlsruhe. A Catalogue of the Drawings in the Architectural Archives of the University of Pennsylvania. David B. Brownlee (Hg). Philadelphia 1986

_ Friedrich Weinbrenner, 1766–1826. Ausstellungskatalog, Institut für Baugeschichte an der Universität Karlsruhe, 1977 – Friedrich Weinbrenner und seine Schule. Zeichnungen aus dem Architekturarchiv der Universität Philadelphia (USA) und

_ Friedrich Weinbrenner und seine Schule. Entwürfe zu Theaterbauten aus deutschen und schweizerischen Sammlungen. (Beides Broschüren zur Ausstellung der Stadtgeschichte im Prinz-Max-Palais). Karlsruhe 1987

_ Frank Werner, Alte Stadt mit neuem Leben, Architekturkritische Gänge durch Stuttgart. Stuttgart 1976

_ August Wintterlin, Reinhard Ferdinand Heinrich Fischer (1746–1813) in Württembergische Künstler in Lebensbildern, S. 29–32. Stuttgart, Leipzig, Berlin, Wien 1895

_ ders. und ebenda, Nikolaus Friedrich Thouret (1767–1845), S. 172–178

_ ders. und ebenda, Karl Etzel (1812–1865), S. 399–405

_ ders. und ebenda, Heinrich Schickhardt (1558–1634), S. 1–14

_ ders. und ebenda, Christian Friedrich Leins ...

_ Winfried Wischermann, Romanik in Baden-Württemberg. Stuttgart 1987

_ Hans Jakob Wörner, Architektur des Frühklassizismus in Süddeutschland. München/Zürich 1979

_ Reinhard Wortmann, Das Ulmer Münster. Große Bauten Europas Bd. 4, 2. Aufl. Stuttgart 1981

_ Württembergisches Landesmuseum Stuttgart (Hg), Vorderösterreich, nur die Schwanzspitze des Kaiseradlers? Stuttgart 1999

Weißenhof

_ Fünfzig Jahre Weißenhofsiedlung. Eine neue Bauausstellung zum Thema „Wohnen". Eine Dokumentation von Bodo Rasch, Frei Otto und Bertold Burkhard. Stuttgart 1978

_ Jürgen Joedicke/Christian Plath, die Weißenhofsiedlung. Stuttgart 1977

_ Karin Kirsch, Die Weißenhofsiedlung, Werkbundausstellung: „Die Wohnung" – Stuttgart 1927. Stuttgart 1987

_ Karin Kirsch, Kleiner Führer durch die Weißenhof-Siedlung. Stuttgart 1989

_ Hermann Nägele, Die Restaurierung der Weißenhofsiedlung 1981–1987. Stuttgart 1992

Z

_ Oswald Zenkner, Schwetzinger Schloß-Garten. 26. Aufl., Schwetzingen 1989

_ Eduard Züblin A.G., Bauwerkeverzeichnis 1898 bis 1961. Stuttgart 1962

_ Züblin-Bau im Bild von 1898 bis 1961. Stuttgart 1962

_ Züblin 1898–1973, 75 Jahre Züblin-Bau. Stuttgart 1973

_ Züblin engineering. Esslingen 1982

_ Züblin-Haus. Eduard-Züblin-AG Stuttgart (Hg). Stuttgart 1985

Register

Bildnachweis

Die Mehrzahl der neuen Aufnahmen machte Karl G. Geiger, soweit es sich um unten nicht genannte historische Aufnahmen und Portraits handelt, stammen sie aus dem Archiv von Dr. Karlheinz Fuchs.

JF	=	Joachim Feist Pliezhausen
EH	=	Eberhard Hehl, Tiefenbronn
LMZ	=	Landesmedienzentrum Baden-Württemberg
saai	=	Südwestdeutsches Archiv für Architektur und Ingenieurbau, Karlsruhe
WGS	=	Weißenhofgalerie Stuttgart
LDA-BW	=	Landesdenkmalamt Baden-Württemberg
ALM	=	Archäologisches Landesmuseum Baden-Württemberg

S12 lu Pfahlbaumuseum Unteruhldingen; S12 o, ru Archäologisches Landesmuseum Baden-Württemberg (ALM); S12 ru, S13, S14 o Landesdenkmalamt Baden-Württemberg (LDA-BW) (S13 u Luftbild O. Braasch); S15 u Römermuseum Hechingen-Stein; S16, S17 (LDA-BW); S18 ru A. Wais, Stuttgart; S27 u J. Feist Pliezhausen (JF); S29 Landesmedienzentrum Baden-Würt-

temberg (LMZ-BW); S36 lu Stadtarchiv Rottweil; S38 o Stadtarchiv Marbach; S40 u JF; S41 l H. Haug Schwaigern; S41 r ROTRUN/Knöll Altenried; S44 r Eberhard Hehl Tiefenbronn; S44 l LMZ; S45 EH; S47 u LDA-BW; S48, S49 EH; S50 Stadt Pfullingen; S52 u LMZ; S53 u LMZ; S55 o JF; S55 ul EH; S55 ur LDA (Otto Braasch); S57 o LMZ; S58 u LMZ; S59 o Realbild Stadtarchiv Leonberg; S59 u Stadt Calw; S62 EH; S63 JF; S64 JF; S65 ol JF; S66 u JF; S67 u, or JF; S67 ol ROTRUN/Knöll; S68 JF; S69 ul ROTRUN/Knöll; S70 or ROTRUN/Knöll; S71 u JF; S72 JF; S73 ul JF; S73 o A. Wais, S73 ul EH; S74 JF; S82 lu EH; S82 o JF; S82 ru EH; S84 o A. Wais, S88 EH; S89 JF; S90 JF; S91 u JF; S94 o P. Wais; S96 o P. Wais; S102 o, S113, S114 ROTRUN/Knöll; S197 o JF; S110 l P. Wais; S129 P. Wais; S130 o; S149 JF; S152 u saai S162ul A. Wais; S165 Denkmalstiftung Baden-Württemberg; S166 u Stadtarchiv Reutlingen; S172 o saai; S172 u Archiv Fa. Aescilap Tuttlingen; S173 o LDA-BW; S174 u saai; S176 Nachlass Pankok: S182 l LDA-BW; S195 u WGS S199 o LDA-BW; S199 u Häring-Archiv; S204, S205 WGS; S206 Landesbildzentrale Baden-Württemberg; S218 Vitra Desing-Zentrum; S220 o WGS; S222 WGS;

S229 u W. D. Gericke, Beinstein; S229 o saai; S230 o A. Brugger Stuttgart; S231 o Universitätsarchiv Stuttgart, S237 o saai: S238 Deutsche Architeturmuseum Frankfurt Katalog „leicht weit".

Die Bilder von Karl G Geiger auf den Seiten 51, 77, 78, 79, 80, 112, 113, 124 wurde mit freundlicher Unterstützung und Genehmigung der Staatlichen Schlösser und Gärten Baden Württemberg aufgenommen. Der Autor dankt dafür!

Nicht in allen Fällen war es uns möglich, den Rechteinhaber ausfindig zu machen. Berechtigte Ansprüche werden selbstverständlich im Rahmen der üblichen Vereinbarungen abgegolten.

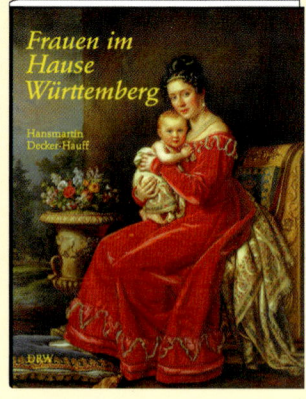